权威·前沿·原创

皮书系列为
“十二五”国家重点图书出版规划项目

中国社会科学院创新工程学术出版项目

国际城市蓝皮书
BLUE BOOK OF WORLD CITIES

总　编／王　战　于信汇

国际城市发展报告（2015）

ANNUAL REPORT ON WORLD CITIES (2015)

国际创新中心城市的崛起

主　编／屠启宇
副主编／苏　宁　张剑涛　邓智团

社会科学文献出版社
SOCIAL SCIENCES ACADEMIC PRESS (CHINA)

图书在版编目(CIP)数据

国际城市发展报告. 2015，国际创新中心城市的崛起/屠启宇主编. —北京：社会科学文献出版社，2015. 1
（国际城市蓝皮书）
ISBN 978 - 7 - 5097 - 6866 - 2

Ⅰ. ①国… Ⅱ. ①屠… Ⅲ. ①城市经济 - 经济发展 - 研究报告 - 世界 - 2015 Ⅳ. ①F299. 1

中国版本图书馆 CIP 数据核字（2014）第 289378 号

国际城市蓝皮书
国际城市发展报告（2015）
——国际创新中心城市的崛起

主　　编 / 屠启宇
副 主 编 / 苏　宁　张剑涛　邓智团

出 版 人 / 谢寿光
项目统筹 / 郑庆寰
责任编辑 / 郑庆寰　陈　颖

出　　版 / 社会科学文献出版社 · 皮书出版分社（010）59367127
地址：北京市北三环中路甲 29 号院华龙大厦　邮编：100029
网址：www. ssap. com. cn
发　　行 / 市场营销中心（010）59367081　59367090
读者服务中心（010）59367028
印　　装 / 北京季蜂印刷有限公司

规　　格 / 开　本：787mm × 1092mm　1/16
印　张：23. 75　字　数：358 千字
版　　次 / 2015 年 1 月第 1 版　2015 年 1 月第 1 次印刷
书　　号 / ISBN 978 - 7 - 5097 - 6866 - 2
定　　价 / 79. 00 元

皮书序列号 / B - 2012 - 233

致　谢

本书撰写获得如下资助：

上海社会科学院蓝皮书出版资助

上海市科技发展基金软科学研究基地项目资助

北京市发展和改革委员会“全球城市发展动态”项目资助

特此致谢！

欲了解国际城市发展最新动态，请关注“国际城市观察”微信公众号。

《国际城市发展报告（2015）》
编　委　会

主要编撰者简介

屠启宇 本书主编，博士，上海社会科学院城市与人口发展研究所副所长，上海社会科学院与华东师范大学双聘教授，上海市规划委员会社会经济文化专业委员，上海市软科学研究基地“上海市创新型城市发展战略研究中心”首席专家。主要研究方向：城市战略规划、城市创新体系、社会系统工程。

苏 宁 本书副主编，博士，上海社会科学院世界经济研究所副研究员。主要研究方向：城市经济、国际城市比较。

张剑涛 本书副主编，博士，上海社会科学院城市与人口发展研究所副研究员，中国城市规划学会学术工作委员会委员。主要研究方向：城市开发、城市空间结构。

邓智团 本书副主编，博士，上海社会科学院城市与人口发展研究所副研究员。主要研究方向：城市经济。

李 健 博士，上海社会科学院城市与人口发展研究所副研究员。主要研究方向：城市经济与空间规划。近年聚焦于全球生产网络视角下的地方产业升级与高科技城市转型研究。

林 兰 博士，上海社会科学院城市与人口发展研究所副研究员。主要研究方向：技术创新、高技术产业、城市文化。

汤　伟　博士，上海社会科学院国际关系研究所副研究员。主要研究方向：国际体系、城市网络、环境变化。

闫彦明　经济学博士，金融学博士后，上海社会科学院经济研究所研究员。主要研究方向：区域金融、金融产业组织。

陶希东　理学博士，上海社会科学院社会调查中心研究员。主要研究方向：社会治理、城市管理。

赵晓梅　建筑历史与理论博士，北京建筑大学讲师，上海社会科学院城市与区域研究中心兼职研究员。主要研究方向：城市文化遗产保护。

高　慧　理学硕士，上海社会科学院城市与人口发展研究所助理研究员。主要研究方向：人口社会学。

摘　要

整整20年前的1995年1月1日，世界贸易组织（WTO）在瑞士日内瓦正式成立，全球贸易体系开启了新时代。20年间，经济全球化席卷全球，构建了一张全球生产网络。各大洲的一大批城市因为在全球生产网络中担当了商品贸易、服务贸易、资金流动的枢纽节点作用，而崛起成国际城市、世界城市乃至全球城市。

2015年的全球格局中，全球贸易体系正经历20年来最为重大的重构。林林总总的区域贸易安排所酝酿的是更高水平的自由贸易体系，其核心诉求就是通过知识产权保护、环保标准、劳工标准等给予各类创新以更高的尊重与保护。与之呼应，全球经济的纽带正从全球生产网络向全球创新网络升级。一批主要担当信息流动、知识流动和人才汇集枢纽节点的城市正在崭露头角。我们把这些城市称为“国际创新中心城市”，它们将成为国际城市发展的新标杆。

2010～2014年的短短4年间，根据澳大利亚咨询机构2thinknow的测算，全球范围进入国际创新中心城市评价视野的城市已从330余个增长到440余个。以创新为主题的城市竞争已然展开。然而，世人对于塑造国际创新中心城市的规律还知之甚少，国际创新中心城市显然不是单纯加大创新投入或照搬创新体系就能够塑造而成的。创新功能的发育实际上涉及整个城市的再造。这恰恰同本报告撰写伊始所提出的推动城市整体升级、打造“国际城市2.0”的思路相吻合。2015年度本报告再次跟踪全球40个代表性城市开展国际城市2.0评价，并撰写了近40个案例，以期为各城市开展面向创新的新征程提供镜鉴。

2014国际城市十大关注

一　国际城市关注创新功能，谋划从财富中心、资本中心转向科技创新中心

创新成为2014年国际城市发展实践中最为频繁的关键词。面对世界经济进入深度调整转型期，全球竞争从经济竞争、产业竞争前移到科技进步和创新能力的竞争、人才的竞争。各国城市纷纷加大对科技创新的重视程度，谋划从财富中心、资本中心转向创新中心，例如纽约提出“何时超越硅谷”之问，新加坡提出打造亚太创新中心，伦敦、东京、香港等都对科技创新在城市发展中的价值日益关注，国际城市利用自身人才和资源集聚的优势在科技创新中的地位正在快速上升。与此同时，国际城市从传统财富中心、资本中心向科技创新中心转型发展尚未出现典型的成功案例。这对发展中国家的国际城市建设科技创新中心提供了后发优势的机遇和挑战。中国推动以创新为主的经济转型。以北京、上海为代表的特大型城市努力在推进科技创新、实施创新驱动发展战略方面走到世界前列，加快向具有全球影响力的科技创新中心进军。

二　埃博拉病毒在西非爆发并影响全球多地，世界枢纽城市面临挑战

2014年2月几内亚发生新一轮埃博拉疫情，此后该疫情呈现加速蔓延态势，由利比里亚和塞拉利昂向全球蔓延。8月8日，世界卫生组织发表声

明，宣布埃博拉疫情为国际突发公共卫生事件，需要做出“非常规”反应。9月5日，世界卫生组织又表示，埃博拉病毒的传播速度加快，已成为全球性的威胁。截至目前，爆发于西非国家的埃博拉疫情已导致17942人疑似或确认感染，其中6388人丧生。西班牙、美国等发达国家也均出现确证病例，且是经由航空渠道输入的病例。埃博拉蔓延说明基于航空运输的世界城市网络可成为疾病传播的主要渠道，一方面航空网络将地方性的疾病整合到全球化进程，遥远的城市比临近的农村更可能遭受传染疾病的袭击，由此全球主要航空枢纽，同时也多是主要国际城市迫切需要更加完善的疾病管控系统予以应对。另一方面发展中国家的城市区域极有可能是各种疾病传播蔓延的源头，国际社会如何给予及时有效的帮助也日益成为关键。

三　多国城市放弃申办重大赛事，映射国际大都市反思“大事件”推动作用

2014年，多个城市连续放弃申办冬奥会、举办亚运会等重大赛事。1月17日、5月26日和10月2日，瑞典斯德哥尔摩、波兰城市克拉科夫、挪威奥斯陆分别决定放弃申办2022年冬奥会，普遍理由是“投入巨大”和“奥运场馆赛后利用价值不大”。4月17日，越南总理对外宣布，河内将放弃举办第18届夏季亚洲运动会。原因是财政吃紧，无法满足场地设施建设的需要。这种连续放弃大型赛事的情况在一年中集中出现，反映出各国反思“大事件”对城市发展战略推动作用的新动向，国际城市对于大事件承办“只算政治账、不算经济账”的阶段趋于终结。后危机时代，在国际城市财政普遍处于紧缩状态的背景下，以重大赛事、重大会议、重大会展为代表的“大事件”举办对于城市可承受能力的考验与日俱增。同时，以网络为核心的新一代信息技术的普及，使得“大事件”对于城市软实力的提升作用相对削弱。市民社会对于相关大型活动在财税、生活质量、基础设施后续利用等诸多方面的疑虑也成为影响“大事件”落地的重要因素。

四　香港“占中”活动影响城市正常运行，凸显城市社会各方沟通融合重要性

2014年9月28日，香港特别行政区发生违法的“占领中环”活动，至12月15日“占领区”清障行动完成，共持续79天。在此期间，金钟、旺角等主干道被大批示威者占据，交通和民生大受影响，交通物流、零售、旅游、金融市场均受到不同程度的干扰，损失巨大。香港学者测算，餐饮业每日损失超过5000万元港币，零售业销售每天损失约1.1亿元港币，整体经济损失每天高达10亿元港币。更严重的是，还造成了恒生指数暴跌，每天约有16亿元港币的财富流失，引发市场和投资者对香港这一国际金融中心在金融服务业可靠性、稳定性方面的担忧。香港作为国际自由港和金融中心的世界城市地位受到严重影响。这说明城市内部秩序紊乱会对城市经济、城市文化、城市氛围等长远发展构成重大冲击进而影响自身在区域和世界城市体系的定位。城市内部尤其世界城市内部的居民在全球化影响下价值观日益多元，理性对话、和平沟通、兼容并包，在法治的基础上寻求共识比以往任何时候都显得弥足珍贵。

五　种族案件抗议活动席卷全美，反映族群冲突已成移民城市发展长期挑战

2014年，美国城市因种族案件而爆发的抗议活动席卷多个主要城市。8月9日，美国密苏里州弗格森市，非裔青年迈克尔·布朗在没有携带武器的情况下遭遇白人警察威尔逊枪击身亡，引起当地以黑人为主的社区的大规模示威抗议，继而演变为骚乱。11月底，因该案白人警察达伦·威尔逊被免予起诉引发的骚乱席卷美国，扩散至170多个城市。12月3日，纽约史泰登岛大陪审团做出7月17日导致黑人艾瑞克·加纳被扼喉致死的被告潘塔莱奥警官免予起诉的裁决，再次在纽约、芝加哥等城市引发大规模抗议。美

国大城市连续发生的因种族案件引发的抗议与骚乱表明，族群冲突已成为国际大都市需要长期关注的社会问题。人口结构与族群的多元，是国际大都市的重要特征，也为相关城市带来发展的活力和多样性特征。但这一特征对大都市经济、社会、文化的包容性与和谐性提出更高的要求。在美国经济复苏的大背景下，种族案件在大城市的剧烈反应表明，城市的经济发展并不意味着族群问题的偃旗息鼓，经济、社会的和谐与公平方能为族群间的良性互动提供坚实的基础。

六　中国京津冀协同发展，启动世界最大首都圈一体化建设进程

2014 年 2 月 26 日，在北京举行的京津冀协同发展工作座谈会上，习近平要求打破思维定式，从国家战略层面要求对京津冀一体化加以推进，并提出了 7 个方面的具体要求，同时明确指出，实现京津冀协同发展，是实现京津冀优势互补、促进环渤海经济区发展、带动北方腹地发展的需要，是一个重大国家战略。至此，打造以北京为核心的首都经济圈，实现京津冀协同发展战略，全面上升为国家重大战略。这一国家重大战略的实施，对破除限制资本、技术、产权、人才、劳动力等生产要素自由流动和优化配置的各种体制机制障碍，提高城市群的综合国际竞争力、综合承载能力、内涵发展水平和生态治理水平，真正打造类似大伦敦都市区、大东京都市圈、大巴黎都市区等具有全球影响力的现代大都市圈经济，进而辐射和带动“一带一路”建设，促进世界大都市区协同发展，均具有十分重大而深远的世界意义和中国影响。

七　中国推动“一带一路”战略，引发全球对于“丝路城市”概念的关注

2014 年 11 月 8 日，中国宣布出资 400 亿美元成立丝路基金，再配合以

亚洲基础设施投资银行、金砖国家开发银行以及上海合作组织开发银行等资金金融安排，“新丝绸之路经济带”和“21 世纪海上丝绸之路”的战略构想进入实质性启动阶段，“一带一路”沿线发展得到全世界的广泛关注。其中特别是沿线的所谓“丝路城市”发展前景被广泛看好。在丝绸之路发展史上，陆上从西安经中亚阿拉木图、塔什干、伊斯兰堡，中东德黑兰、巴格达、大马士革、伊斯坦布尔，到东欧布达佩斯、维也纳；海上从泉州、广州经南海马六甲，印度洋马德拉斯、果阿、卡拉奇，波斯湾姆斯凯特，红海吉达、亚历山大，到地中海威尼斯，一批城市在串联陆海贸易线路中获得巨大发展。丝路城市提供的不仅是商人驿站和交易市场，还是旅行者交流技术、习俗、语言和思想的场所。正是由于这些城市作为枢纽，欧亚间的科学、艺术、文学、宗教、工艺和技术得以在丝绸之路沿途得到分享和传播。而丝路城市本身也在长期发展中形成了擅长交流、多元融合等共同城市品格和适应多样化线路的高弹性丝路城市网络。随着新丝绸之路的拓展，可以预期将有更多新老丝路城市在联通沿线国家和地区的交流发展中实现复兴与崛起。

八　网络打车工具风靡国际城市，显示网络力量“自下而上”促进智慧城市建设新趋势

2014 年，以“嘀嘀”、“快的”为代表的打车软件，成为中国大城市居民获得出租车服务的重要新渠道，网络叫车量迅速提升。中国网络打车软件的发展，是网络打车软件在国际城市快速拓展的缩影。2014 年 6 月 7 日，美国的 UBER 网络打车软件企业完成 12 亿美元的新一轮融资，总估值达 182 亿美元。该应用服务已进入 36 个国家和地区的 100 个城市。网络打车软件风靡国际城市的现象，不仅映射出相关企业在交通新市场领域的竞争，更在深层次上反映出网络力量在推动智慧城市建设的巨大力量。当前的智慧城市概念中，更多强调城市基础设施的智能化以及高技术硬件的使用，体现的是“硬件提升”与“自上而下”层面驱动城市智能化发展的路径。而网

络打车软件则显示出网络企业与民众创新性利用互联网资源，以市场与创新手段“自下而上”提升城市智能发展水平，以“软件革新”促进城市运行效率提升的巨大潜力。这一现象在深层次上折射出智慧城市在社会动员与创新－市场互动方面的巨大发展潜力。

九 首个“世界城市日”举办“城市转型与发展”成为关注主题

2010年上海世博会闭幕论坛上与会者共同倡议将2014年10月31日定为首个世界城市日。这也是第68届联合国大会决议设立的联合国第一个以城市为主题的国际日，也是第一个由中国政府倡议并成功设立的国际日。首届“世界城市日”的主题是“城市转型与发展”，意在促进各级政府和社会团体、个人共同应对城市化进程的挑战，协助解决国内外各类城市的可持续发展问题。在城市转型过程中，城乡迁移、不可持续的消耗和生产、社会不平等、环境恶化和气候变化等压力明显，需要各国城市间合作应对，探索可持续发展之路。“世界城市日”的确立和举办将持续地推动为全球性城市问题提供最新的解决方案，从而通过以人为本的方式，实现可持续的城镇化，并构建起可持续发展的城市，使城市成为人类能够过上有尊严的，健康、安全、幸福和充满希望的美满生活的地方。

十 首个城市国际运行标准ISO37120发布，体现城市可持续发展共识

2014年5月15日，由世界标准化组织建立的第一个城市国际标准ISO37120在加拿大多伦多全球城市峰会期间正式发布。城市ISO37120从城市服务和生活品质两个方面出发，涵盖经济、教育、能源、环境、财政、火灾与应急响应、治理、健康、休闲、安全、庇护所、固体垃圾、通信与创新、交通、城市规划、废水、水与卫生等17个方面，提出100项指标衡量

城市可持续发展状态。面对全球城市化发展的各种挑战，世界各国以及国际组织由于指标设定和应用方面的不一致，造成不同城市之间的可比性不强，限制了共享城市可持续发展最佳实践经验的机会。正是在此背景下，世界标准化组织建立 ISO37120 综合评价城市可持续发展状况的指标体系，帮助不同层次城市衡量其城市服务和生活品质的管理绩效，通过城市间的横向比较，及时发现城市推进可持续发展过程中的不足之处，并与其他城市分享成功经验。

目 录

ⅠB Ⅰ 总报告

B Ⅱ 城市创新篇

B Ⅲ 城市战略篇

BⅣ 城市经济篇

BⅤ 城市社会篇

BⅥ 城市文化篇

BⅦ 城市生态篇

𝔹Ⅷ 城市治理篇

𝔹Ⅸ 城市空间篇

𝔹Ⅹ 中国城市最佳实践

皮书数据库阅读使用指南

总 报 告

General Report

B.1

国际创新中心城市的崛起

——2015 年国际城市发展趋势

邓智团 屠启宇*

摘 要：2015 年，全球范围城市理论与实践的关键词无疑是创新。创新已经从摆脱危机的政策选项之一，升格为在新一轮全球城市格局重塑中脱颖而出的唯一战略选项。本文围绕创新中心城市的内涵、特征、功能以及当前国际创新中心城市的等级格局进行了介绍。特别指出，建设国际创新中心城市过程是一个全方位的城市升级过程，实际上是国际城市 2.0 模式所讨论的内容。

关键词：国际创新中心城市 国际城市 2.0 全球创新网络

* 研究生陆雯承担了数据整理工作，特此致谢！

一　创新主导竞争与国际创新中心的内涵

（一）创新已成为国际城市竞争的新焦点

当前，全球竞争态势正整体转向创新的竞争。世界主要国家、地区对创新的重视不断升级，推出了一系列的创新发展战略。如欧盟委员会于2014年7月发布了《迈向数据驱动型经济》的政策文件。美国著名智库——美国信息技术与创新基金会在2013年11月发布了《支持数据驱动型创新的技术与政策》的报告，鼓励开展数据驱动型创新。法国创新2030委员会于2013年底向法国总统提交了咨询报告，提出了到2025年发展重点领域的七项目标。俄罗斯总理梅德韦杰夫批准《俄罗斯联邦至2030年科技发展预测》报告，确定俄罗斯未来将优先发展信息通信技术、生物技术、医学和健康、新材料和纳米技术、自然资源合理利用、运输和空间系统、能效提高与节能等关键发展领域和研发重点。德国推出了《德国联邦研究与创新报告2014》，旨在继续推进高技术战略，以进一步推进科研体系创新。韩国在前五次产业技术创新计划的基础上，近期提出了《第六次产业技术创新计划（2014～2018年）》。

从城市层面来看，顶级的全球城市纷纷转向塑造城市的创新、创意中心功能。纽约已成为美国最重要的创新中心城市之一。在金融危机的探底期（2007～2011年），在包括硅谷在内的全美主要创新城市（地区）风险投资成交额绝对下降的同时，纽约则出现了风险投资交易额34%的上升。伦敦立足于文化创意与科技创新的融合，在2012年奥运会之后出台新一轮市长发展计划，提出“城市战略机遇空间”概念，如原遭废弃的肖尔迪奇地区（Shoreditch）已经转型成为一个繁荣的高科技地区，容纳3200家科技公司和4.8万个就业岗位。根据世界贸易和发展会议2013年5月公布的数据显示，2011年创意商品和服务的世界贸易总额达创纪录的6240亿美元，比2002年增加了一倍，平均年增长率为8.8%。发展中国家创意商品的出口增长更为迅猛，同期年增长率为 12.1%。许多新的城市区域正逐渐成为主要的经济和文化引擎，特别是亚太及拉美地区的一些城市，如曼谷、拉各斯、墨西哥城、孟买、首尔等。

（二）国际创新中心概念辨析

事实上，国际创新中心并不是一个全新的概念，与此含义相近的概念较多，如世界科技中心（汤浅光朝，1962）、全球科技创新中心、技术成长中心、国际研发中心（黄鲁成，2004）、国际产业研发中心（杜德斌，2004）和国际创新中心等。这些概念的内涵并没有显著差异，具体比较结果见表 1。

表 1　国际创新中心与相关概念的辨析比较

序号	名称	内涵	特点	概念来源
1	世界科技中心	指某一时期，在科学技术水平上处于世界先进地位的国家（地区）	强调以国家为单位，是某一时期主要科学技术的发源地，处于世界领先地位。并在历史上存在明显的转移现象。世界科技中心转移的顺序是：意大利（约 16 世纪）→英国（约 17 世纪）→法国（约 18 世纪）→德国（约 19 世纪）→美国（约 20 世纪）	1962 年，汤浅光朝发表《科学活动中心的转移》，提出"世界科技中心"概念
2	全球科技创新中心	研究机构、创新型企业和风险投资的集聚地区	好的高等院校和研究机构、能带来专门知识和经济稳定的老牌公司和跨国公司、人们创办新企业的积极性和提供风险资本的创新环境	2000 年 7 月，《连线》排出全球前 50 名科技创新中心
3	技术成长中心	众多的研究机构、创新型企业和风险投资集聚在一起的地区	这种技术成长中心分散在全世界，从硅谷到班加罗尔，再到突尼斯的艾尔噶萨拉，形成了串联技术发展的众多网络体系，并且有层次	2001 年，联合国在《连线》评选的全球科技创新中心基础上提出
4	国际研发中心	国际研发资源与活动的聚集区域	集聚大量的高成长公司，可以带动周边地区经济的发展，有利于吸引人才，有利于科技信息的获取，有利于服务业的发展，有助于促进所在地区高技术产业的发展	北京工业大学黄鲁成教授 2004 年提出

续表

序号	名称	内涵	特点	概念来源
5	国际产业研发中心	城市或地区集聚众多的跨国公司、全球性和区域性的研发机构，世界新产品和新技术的创新源地	集聚跨国公司的研发机构，是世界新产品和新技术的创新源地，以企业和新产品、新技术为主要考察对象，未涵盖为企业创新提供基础理论研究支撑和人才培训的教育科研机构等内容	2004年，华东师范大学杜德斌教授提出了“国际产业研发中心”概念
6	国际创新中心	集聚创新要素和创新成果，具有国际影响力的城市	主要仍然是强调技术创新，包括与技术创新相关的创新要素、创新成果等，并具有国际影响力	2010年，深圳提出“国际创新中心”建设

（三）国际创新中心城市的特质

（1）创新性。国际创新中心城市通常是一个国家或地区甚至全球的新知识、新技术和新产品的产生中心，是科技创新机构集聚、创新活动发生频繁的区域，同时，其创新文化发达、创新氛围浓郁。因而，创新性是其最根本的特征。

（2）集聚性。国际创新中心城市另一个最本质的特征是集聚性，即随着创新集聚地的发展，其吸引力不断增加，越来越多的创新资源向区内集中，这些资源包括高校、科研机构、企业研发机构、研发人员、研发辅助配套设施及服务等。

（3）系统性。国际创新中心城市首先是一个由各种创新资源在空间上集聚形成的区域创新系统的概念，创新的成败与绩效并非单纯取决某一创新主体，而是诸多因素相互关联、集成、互动、整合的结果。为此，有提出“创新系统”、“创新生态系统” 作为对创新中心的表述。

（4）成长性。国际创新中心城市并非一下子就出现的，而是一个不断壮大的成长过程。其成长性特征可以用创新资源的集聚过程来表现。由于集聚经济效应和规模经济效应的影响，越来越多的研究机构将向此区域集聚，从而使得这一区域不断发展壮大。

（5）外向性。创新主体的构成、功能以及设施方面都体现出国际创新中心城市明显的外向性特征。创新主体除了区域内部的高校和研究机构外，更为重要的是跨国公司的研发机构。当某个城市或区域逐渐成为创新集聚地时，它会吸引众多的具有强大研发实力的跨国研发机构进驻。而且大多数情况下，国际巨头研发中心的进入又反过来会产生显著的示范和集聚效应，促进更多的外资研发机构和本土研发机构向该区域集中，从而推动本区域和周边地区的快速发展。

二　国际创新中心城市等级体系的浮现与国际城市2.0

国际创新中心可以兼顾科技和文化的发展。根据相关研究，创新是一个内涵广泛的概念，包括通常意义上的科技创新、制度创新、文化创意等。因此，通过限定内涵的方法，将创新的含义限定在科技创新和文化创意上，使得国际创新中心同时兼顾科技与文化的发展。

（一）国际创新中心城市的基本功能

（1）研究开发功能。开发创新功能是国际创新中心城市最重要的功能，它集聚了智力、技术、人才、信息、资金以及沟通社会支撑服务渠道的资源要素等，在众多跨国公司以及本地创新企业的推动下，成为创新产业的孵化器和基地。当然，国际创新中心城市的创新不仅包括知识创新、技术创新，而且还包括服务创新、工艺创新、管理创新、体制创新等。

（2）资源配置功能。国际创新中心城市的资源配置功能体现在两个方面，即要素的集聚功能和要素的优化组合功能。规模效应推动了国际创新中心城市集聚功能的出现。各种资源要素的汇集，又扩大了区域对跨国公司的吸引力，提高了区域系统的创新能力。在这种路径依赖和规模效益递增的作用下，国际创新中心城市形成了资源要素积累的良性循环，实现了资源要素的优化配置。

（3）科技辐射功能。国际创新中心城市不仅自身要具备较强的科技创新能力，还要拥有较强的科技要素及产品的对外输出能力，这就是国际创新中心城市的科技辐射功能。通过辐射、渗透、转移和扩散，国际创新中心城市将其自身开发和研制的专利技术、专有技术、先进工艺、生产技术、管理经验等向其他地区推广和扩散，使整个区域在科技协作、生产配套、信息及咨询服务等方面不断提升。

（4）教育培训功能。国际创新中心城市运行的主体有三个：企业、科研院校和政府。三个主体彼此配合，为地区提供更多符合市场需求的高级技术人才，使地区具备了教育培养功能。科研院校是促成国际创新中心城市形成的重要因素，原因就是它能为地区科技创新系统提供人力资源。同科研院校相比，企业培养的人才更贴近市场的实际需要。政府在教育培训上的作用体现在为社会劳动者（特别是一些难以就业的人员）提供岗位培训，提供一些资金支持和辅助企业人员进入高校进行培训。

（5）发展标志功能。第一是技术创新机制的示范作用。硅谷是最早出现的国际创新中心，其发展模式和形成机制已经被众多发达国家和发展中国家效仿。第二是政策、措施和制度的示范作用，如产业政策、投资政策、税收政策、金融政策、房地产政策、价格政策、设备折旧政策、专利政策、外贸政策、关税政策、环境政策、知识产权政策、人才培训与流动政策以及舆论宣传政策等。一些国际创新中心城市的形成与政府的推动息息相关，比如法国的巴黎、韩国的仁川、新加坡以及中国台湾的新竹。第三是企业运行机制的示范作用。国际创新中心城市的企业，特别是跨国公司研发机构，在创新机制和管理模式上对其他企业具有良好的示范作用。

（二）国际创新中心城市的等级分化

打造具有高度创新能力的国际创新中心城市，正成为各国占领新的科技制高点进而控制全球经济、政治与文化的主要方式。位于澳大利亚的国际咨询公司 2thinknow 自 2007 年开始致力于研究“全球创新城市指数”。对于创新采取了一个广义的认识，把科技创新能力、科技成果产业化能力和文化创意能力都纳入了考察范围。当前，“全球创新城市指数”的考察对象已从2010年的331个城市增长到2014年的445个城市，真实反映了加入创新行列的国际城市数量的扩张。同时，根据创新能力的城市创新能力等级也在分化、细化，从最初的“创新核心”、“创新枢纽”、“创新节点”三个等级，发展为最新的五个等级：“创新核心”（Innovation Nexus）包括旧金山－圣何塞、纽约、伦敦、波士顿、巴黎、维也纳、慕尼黑、阿姆斯特丹和哥本哈根等40个城市，其中上海排第35位；“创新枢纽”（Innovation Hub）包括休斯敦、杜塞尔多夫、奥斯丁、斯特拉斯堡、达拉斯－沃斯堡、奥兰多、迈阿密、亚特兰大等97个城市，其中北京排第50位、深圳排第74位、台北排第87位、南京排第127位；“创新节点”（Innovation Node）包括里约热内卢、孟菲斯等166个城市，其中苏州排第182位、成都排第189位、广州排第190位、杭州排第208位、长春排第232位、天津排第234位、澳门排第249位、东莞排第268位、西安排第272位、武汉排第280位；“创新影响者”（Innovation Influencer）包括胡志明市、科威特市、波哥大等90个城市，其中珠海排第319位、青岛排第352位、沈阳排第362位、哈尔滨排第367位；“创新启动者”（Innovation Upstart）包括内罗毕、明斯克、卡拉奇、达卡等51个城市，其中烟台－威海排第409位。

对于国际创新中心的识别尝试还可以追溯到2006年世界经济论坛和麦肯锡公司联合发布的“全球创新热图”（Innovation Heat Map）。这一研究基于专利增长、创新活动的多样性和创新规模，将全球城市的创新能力划分为四类：“涓流”、“温泉”、“汹涌的海洋”和“萎缩的池塘”。“涓流”是在创新发展初期的城市；“温泉”为快速发展期的城市；“汹涌的海洋”则是创新规模和产业都较具规模并保持高速增长的城市，如东京、洛杉矶、纽约、芝加哥等城市；“萎缩的池塘”则是经历创新快速发展阶段后的老工业中心城市，如美国的纽瓦克、罗切斯特等城市。根据“全球创新热图”的研究，在21世纪之初的大多城市均处于“涓流”阶段，而发展中国家的一些城市，如上海、深圳以及印度的班加罗尔则已经上升到“涌动的温泉”阶段，新的城市升级大分化已现端倪。

（三）国际创新中心建设规律与国际城市2.0升级

国际创新中心城市的建设具有一定规律。考察全球领先的创新中心城市可见，其大致分为两类，一类是传统的全球城市。因为集聚高端人才、信息和资金及各类融资服务，一旦认识到创新功能的重要性，比较容易由资本驱动向创新驱动转型。伦敦、纽约、东京都属于此类的代表，兼具了全球金融商务中心和国际创新中心的功能。另一类是以硅谷、班加罗尔、特拉维夫、新竹为代表，它们在传统的全球经济版图中可能无足轻重，但因具备了“创新友好”的城市条件，成为创新的孕育地，对高端人才、信息和资金形成吸引力，进而成长为创新的集聚地，实现崛起。

有关“创新友好”城市条件的研究，西班牙电信数据公司（Telefónica Digital）和创业基因公司（Startup Genome）提出了重要创见。其于2012年发布的《创业生态系统报告》提出，历史上几乎所有高增长的科技初创公司仅诞生于常见的三四个创业生态系统，如硅谷和波士顿。不过，目前这一趋势似乎已经发生变化。同时，创业精神在全球的大爆发正催动新的创业生态系统在全球兴起。《创业生态系统报告》的考虑因素包括了创业产出、资金、公司业绩、人才、基础设施的支持、创业者的心态、引领潮流的趋势以及与硅谷相比的生态系统分化。

这一创新、创业生态系统的思路正吻合于本报告的观点与2014年开发的“国际城市2.0指标”，这一指标本质上就是考察相关城市的升级能力。我们认为进入21世纪第二个十年以来，城市发展理念、范式已发生重大变化，即从原先的经济集中、资本控制为主向经济发展、社会包容和谐、环境优美、政治善治、文化引人入胜等方面转变，而这些方面又必然对空间结构和形态产生影响。建设国际创新中心，同样需要从经济、社会、文化、生态、治理和空间等全方位进行塑造。

经济方面。产业发展高度、经济基础（市场规模）以及新兴产业发展，是国际创新中心城市的重要内涵，也是国际创新中心城市的基础。

社会方面。降低城市准入门槛、提升平等和包容水平、降低创新人才和创新机构的进入门槛，是国际创新中心城市的重要支撑和保障。

文化方面。良好的创作环境以及文化的多样性，能提升创新中心城市的创新活力，提升创新中心城市的创新能级，是国际创新中心城市的重要特征。

生态方面。环境污染少，城市环境宜居，有利于提升创新中心城市的吸引力，是国际创新中心城市集聚和留住企业和人才的重要保障。

治理方面。安全、公正、公平的城市治理环境，同样有利于提升创新中心城市的吸引力，是推动国际城市创新能力提升的重要保障。

空间方面。城市基础设施水平高、通勤时间少等均是吸引人才的重要砝码。应推动创新的空间响应，如“支柱核心”（Anchor Plus）模式、“城市区域再造”（Re-imagined Urban Areas）模式和“城市化科技园区”（Urbanized Science Park）模式。同时，国际创新中心城市应附带有辐射带动区域发展引擎的功能。

三　2015年国际城市2.0指标分析方法与计算结果

（一）国际城市2.0评价体系

国际城市2.0指标，基于城市升级的内涵与动力认识，设计思路确定为经济、社会、文化、治理、生态和空间六个方向，进而根据以上国际城市的六个基本特征，形成国际城市评价指标体系的基本框架（见图1）。

在此基础上考虑到城市统计指标取得的可能性和数据质量，建立由6个一级指标和18个二级指标组成的国际城市评价指标体系（见表2、表3）。

国际城市评价指标的选取除了依据国际城市基本特征外，还遵循了以下一些原则。

（1）公开性。基础数据以公开发布的指标为准，便于社会各界进行核实和索引。

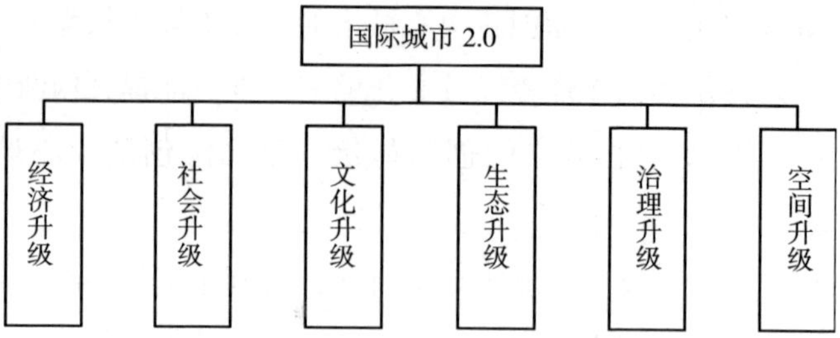

图 1　国际城市 2.0 指标设计框架

表 2　国际城市 2.0 评价指标体系

单位：%

一级指标	二级指标(x_{ij})	指标性质	权重(a_j)
经济升级	金融市场指数	指数、正向指标	5.93
	经济指数	指数、正向指标	4.82
	智力资本和创新指数	指数、正向指标	5.93
社会升级	公平指数	指数、正向指标	6.67
	生活成本指数	指数、正向指标	5.37
	城市准入门槛指数	指数、正向指标	4.63
文化升级	创作环境	指数、正向指标	4.26
	美术馆、博物馆	数值、正向指标	5.37
	旅游目的地	数值、正向指标	7.04
生态升级	宜居指数	指数、正向指标	6.57
	环境指数	指数、正向指标	5.37
	污染指数	指数、逆向指标	4.72
治理升级	健康、保障指数	指数、正向指标	5.52
	安全指数	指数、正向指标	4.48
	政治权利指数	排名、逆向指标	6.67
空间升级	交通和基础设施指数	指数、正向指标	6.20
	通勤时间指数	指数、逆向指标	5.93
	城市面积占大都市区面积比重	数值、适中指标	4.54

（2）标准化。基础数据尽量以各国统一的统计指标为基础，以保证指标口径的一致性。

（3）简洁化。在由基础指标形成三级指标的过程中，尽可能遵守统计规范，即使用规范的指标名称、规范的合成方法，以真实反映指标值的变化和波动。

表 3　国际城市评价指标说明

二级指标	含义	参考数据来源	发布机构
金融市场指数	金融市场指数是对国际金融中心城市的发展核心优势的测度。金融市场指标包括四个子要素，分别是资本市场、外汇市场、银行市场和保险市场。着重反映资本市场、外汇市场、银行市场、保险市场等金融市场的规模、稳定性和成熟度	《新华－道琼斯国际金融中心发展指数(2013)》	新华社中经社控股集团指数中心和标普道琼斯指数有限责任公司共同发布
经济指数	对市场规模、市场吸引力、经济活力、人力资本、商业环境、规章和风险进行评估	《全球城市实力指数 2013》(*Global Power City Index 2013*)	森(Mori)纪念基金会都市战略研究所
智力资本和创新指数	智力资本和创新是社会发展和经济增长的“发动机”。通过研发占国内生产总值的百分比来测算	《机遇之都 6》(*Cities of Opportunity 6*)	普华永道会计师事务所(PricewaterhouseCoopers LLP)
公平指数	公平涉及经济发展的利益的系统性分配，通过法律框架确保一个“公平的竞争环境”，保护穷人等弱势群体的权利	《世界城市年度状况报告 2012/2013》(*State of the World's Cities 2012/2013*)	联合国人居署(United Nations Human Settlements Programme, UN-Habitat)
生活成本指数	通过城市的市民体验，判断一个城市的生活质量	《机遇之都 6》(*Cities of Opportunity 6*)	普华永道会计师事务所(PricewaterhouseCoopers LLP)
城市准入门槛指数	该指标反映了城市的世界结网程度，以及其在社会、经济、文化等方面的吸引力	《机遇之都 6》(*Cities of Opportunity 6*)	普华永道会计师事务所(PricewaterhouseCoopers LLP)
美术馆、博物馆	在主流旅游书中介绍的美术馆、博物馆数	《全球城市实力指数 2013》(*Global Power City Index 2013*)	森(Mori)纪念基金会都市战略研究所
创作环境	基于对具体目标城市工作居住人员以及曾在多个目标城市工作居住过的人员的问卷	《全球城市实力指数 2013》(*Global Power City Index 2013*)	森(Mori)纪念基金会都市战略研究所

续表

二级指标	含义	参考数据来源	发布机构
旅游目的地	在该城市停留至少一个晚上以上的国际游客产生的消费支出	《万事达全球旅游目的地城市指数（2014）》（*MasterCard 2014 Global Destination Cities Index*）	万事达公司（MasterCard Worldwide）
宜居指数	对工作环境、生活成本、安全和保障、生活环境、生活设施进行评估	《全球城市实力指数 2013》（*Global Power City Index 2013*）	森（Mori）纪念基金会都市战略研究所
环境指数	对生态、污染、自然环境进行评估	《全球城市实力指数 2013》（*Global Power City Index 2013*）	森（Mori）纪念基金会都市战略研究所
污染指数	评估城市的总体污染，涉及水污染、空气污染	《城市生活质量指数 2014 年中期》（*Quality of Life Index for Country 2014 Mid Year*）	能比奥（Numbeo）城市数据门户网站
健康、保障指数	考察市民的活力、凝聚力和先进的社会经济成就	《机遇之都 6》（*Cities of Opportunity 6*）	普华永道会计师事务所（PricewaterhouseCoopers LLP）
安全指数	犯罪指数是对某一个城市或国家整体犯罪水平的评估。安全指数是犯罪指数的反面	《城市生活质量指数 2014 年中期》（*Quality of Life Index for Country 2014 Mid Year*）	能比奥（Numbeo）城市数据门户网站
政治权利指数	该数据考察城市对全球思想和观点的影响力。具体涵盖了对城市中国家政治组织总部、国际非政府组织总部、大使馆和智库数量的评估	《世界财富报告 2014》（*The Wealth Report 2014*）	莱坊（Knight Frank）顾问公司
交通和基础设施指数	指标关注整个城市交通和基础设施的角色，使人们高效地结合在一起，加深了城市的生活方式	《机遇之都 6》（*Cities of Opportunity 6*）	普华永道会计师事务所（PricewaterhouseCoopers LLP）
通勤时间指数	关于花费在工作通勤上的时间、消耗时间的不满程度、交通的 CO_2 消耗量和在交通系统中的整体低效率的综合指数	《城市生活质量指数 2014 年中期》（*Quality of Life Index for Country 2014 Mid Year*）	能比奥（Numbeo）城市数据门户网站
城市面积占大都市区面积比重	该指标用来评估城市的紧凑程度	《经济合作与发展组织大都市地区的土地和人口》（*Land and Population of the OECD Large Metropolitan Areas*）	经济合作与发展组织秘书处（Secretary-General of the OECD）

城市的选择主要基于以上报告的前50名城市，具体指标选择这些机构在某些单项领域具有权威数据的，最终形成现有的18个二级数据和40个考察城市。如新华社中经社控股集团指数中心和标普道琼斯指数有限责任公司共同发布的《新华－道琼斯国际金融中心发展指数》、普华永道会计师事务所（Pricewaterhouse Coopers LLP）的《机遇之都6》（*Cities of Opportunity 6*），森（Mori）纪念基金会（森纪念财团）都市战略研究所的《全球城市实力指数2013》，万事达公司（MasterCard Worldwide）的《万事达全球旅游目的地城市指数（2014）》，全球最大数据网络公司之一的Numbeo的《城市生活质量指数2014年中期》以及莱坊（Knight Frank）顾问公司的《世界财富报告2014》和经济合作与发展组织秘书处（Secretary-General of the OECD）的《经济合作与发展组织大都市地区的土地和人口》。

（二）国际城市评价方法

国际城市评价采用统计综合评价方法，即在国际城市评价指标体系的基础上，应用综合评价方法将不同量纲的指标加以综合而形成无量纲化的二级评价值，将这些评价值按照经济、社会、文化、生态、治理、空间六个模块合成为六个一级评价值（一级指数），然后再将这六个一级指数合成为总指数。各级评价值指数的计算方法如下。

（1）数据收集。一是从联合国人居署（United Nations Human Settlements Programme，UN-Habitat）的《世界城市年度状况报告2012/2013》等报告中获取原始数据；二是针对部分缺失数据（缺失数据在18%左右），采用专家打分法进行补充，数据值取专家打分的平均值。

（2）标准化处理。为方便对数据进行统一比较，对数据进行无量纲标准化处理。本报告采取较为常用的极值（min-max）标准化方法。处理过程包括以下几个步骤。

对于正向指标的处理公式：

$$y_{ij} = \frac{x_{ij} - \min\limits_{1 \leqslant i \leqslant m} x_{ij}}{\max\limits_{1 \leqslant i \leqslant m} x_{ij} - \min\limits_{1 \leqslant i \leqslant m} x_{ij}} \times 100, (1 \leqslant i \leqslant m, 1 \leqslant j \leqslant n)$$

对于逆向指标的处理方法：

$$y_{ij} = \frac{\max\limits_{1\leqslant i\leqslant m} x_{ij} - x_{ij}}{\max\limits_{1\leqslant i\leqslant m} x_{ij} - \min\limits_{1\leqslant i\leqslant m} x_{ij}} \times 100, (1 \leqslant i \leqslant m, 1 \leqslant j \leqslant n)$$

对于适中指标的处理方法：

$$y_{ij} = \frac{\max\limits_{1\leqslant i\leqslant m} | x_{ij} - X_0 | - | x_{ij} - X_0 |}{\max\limits_{1\leqslant i\leqslant m} | x_{ij} - X_0 | - \min\limits_{1\leqslant i\leqslant m} | x_{ij} - X_0 |} \times 100, (1 \leqslant i \leqslant m, 1 \leqslant j \leqslant n)$$

其中，y_{ij}为标准化数据，x_{ij}为原始数据，X_0为适中参考值，m为城市数，本文为40，j为指标数，本文为18。其中经专家打分和讨论，本报告唯一适中指数的“城市面积占大都市区面积比重”的适中参考值为38%。

标准化后的变量值范围在0～100，数据基本呈正态分布，最大值为100，最小值为0。

（3）指标权重赋值。通过专家打分法，取得各个指标的权重（见表2）。

（4）指标得分计算。通过计算得到各个指标的得分情况，通过加总得到各个分类的得分，以及总得分，并对得分进行排序，得到各个分类指标以及总得分的排名数据。得分计算公示为：

$$Z_i = \sum \alpha_j \cdot y_{ij}$$

Z_i为第i个城市的分项得分或综合升级能力得分，α_j为第j个指标的权重，y_{ij}为标准化后的第i个城市第j指标的标准化数据。

（三）计算结果与总体情况

2015年国际城市2.0指标包括反映城市整体升级能力的城市综合排名以及六项次级排名，分别考察经济升级能力、社会升级能力、文化升级能力、生态升级能力、治理升级能力、空间升级能力。并按排名的差距划分了第一至第五集团，处于同一集团的城市，虽然得分也有不同，但我们认为其差距非实质性，应作为同等水平。整体情况如下所示。

综合升级能力方面：西方城市仍在整体占据优势，第一、第二集团中除东京和新加坡外，基本上都是美欧城市。亚洲城市多数集中在第三、第四集团。金砖国家城市在转型升级方面出现显著分流，上海、北京进入第三集团，圣保罗、莫斯科、孟买、约翰内斯堡都处于最后的第五集团。

经济升级能力方面：除传统意义上的三大全球城市经济升级能力较强之外，绝大多数城市的经济升级能力都不容乐观，经济升级能力得分在60分以下的城市占所有观察城市总数的80%。纽约、伦敦和东京仍然是40个城市中三个经济升级能力最强大的城市，也是传统意义上的三大全球城市。东亚城市排名显著提升靠前，我国的上海、北京的经济升级能力排名较高，但得分仍然不高。

社会升级能力方面：亚洲城市、欧洲城市占据排名前列。北美城市问题加大，最高排名仅为第27位（华盛顿）。同中国以外的其他金砖国家城市一样，都排名靠后。

文化升级能力方面：亚洲城市情况尴尬，仅东京进入第三集团、新加坡进入第四集团，其他全部处于最低的第五集团。文化升级方面也是传统全球城市地位最为稳固的领域，只有伦敦、巴黎、纽约三个城市处于第一集团，且得分遥遥领先。

生态升级能力方面：第一集团除温哥华外全部为欧洲城市，特别以北欧城市居多，体现了欧洲城市在生态领域的领先地位。处于最后的第五集团只有北京与莫斯科两个城市，显示同其他城市仍有较大的生态升级差距。

治理升级能力方面：第一集团全部为首都城市（华盛顿、东京、柏林）。仍然是除中国以外的金砖国家城市垫底，构成第五集团。

空间升级能力方面：第一集团主要有两类城市构成，一类是40个城市中的相对中小规模城市（布鲁塞尔、苏黎世、新加坡），还有一类是普遍认为城市快速发展中空间挑战较大的城市，包括布宜诺斯艾利斯、北京、上海、首尔等。空间升级也是所有六个分维度评价中，得分差距最小的，最高得分为77.37，最低得分为38.44（见表4）。

表 4　国际城市 2.0 选定的 40 个城市的排名与分组

单位：分

排名	综合升级能力			经济升级能力		
	城市	得分	层级	城市	得分	层级
1	伦敦	78.39	Ⅰ	纽约	94.04	Ⅰ
2	东京	74.47		伦敦	91.82	
3	巴黎	71.18		东京	89.14	
4	纽约	64.69	Ⅱ	香港	76.74	Ⅱ
5	新加坡	64		巴黎	72.4	
6	苏黎世	62.44		新加坡	69.57	
7	维也纳	62.16		悉尼	63.6	
8	阿姆斯特丹	61.4		多伦多	61.66	
9	柏林	61.3		上海	59.03	Ⅲ
10	华盛顿	61.16		旧金山	58.84	
11	法兰克福	59.1	Ⅲ	法兰克福	57.52	
12	悉尼	58.7		苏黎世	56.99	
13	斯德哥尔摩	58.6		北京	55.98	
14	日内瓦	57.87		芝加哥	54.73	
15	香港	57.72		华盛顿	52.66	
16	上海	56.41		日内瓦	50.36	
17	慕尼黑	56.23		斯德哥尔摩	50.19	
18	首尔	56.03		柏林	49.33	Ⅳ
19	多伦多	55.7		首尔	48.64	
20	布鲁塞尔	55.58		慕尼黑	48.61	
21	北京	55.56		波士顿	48.25	
22	哥本哈根	55.49		洛杉矶	47.74	
23	温哥华	54.77		阿姆斯特丹	47.08	
24	旧金山	53.55		温哥华	45.69	
25	墨尔本	52.44		哥本哈根	41.9	
26	大阪	49.7	Ⅳ	维也纳	40.42	
27	巴塞罗那	48.64		大阪	37.76	Ⅴ
28	波士顿	48.04		台北	37.43	
29	马德里	47.03		墨尔本	37	
30	芝加哥	46.92		布鲁塞尔	36.15	
31	福冈	45.69		巴塞罗那	28.46	
32	米兰	45.35		莫斯科	27.29	
33	台北	44.99		马德里	27.11	
34	洛杉矶	44.1		福冈	25.91	
35	布宜诺斯艾利斯	39.45	Ⅴ	米兰	20.68	
36	圣保罗	36.45		吉隆坡	18.93	
37	吉隆坡	36.22		约翰内斯堡	13.26	
38	莫斯科	36.22		布宜诺斯艾利斯	11.18	
39	孟买	30.12		圣保罗	10.85	
40	约翰内斯堡	20.16		孟买	6.23	

续表

排名	社会升级能力			文化升级能力		
	城市	得分	层级	城市	得分	层级
1	北京	96.14	Ⅰ	伦敦	89.82	Ⅰ
2	上海	78.38		巴黎	76.93	
3	东京	77.85		纽约	74.71	
4	新加坡	77.62		华盛顿	55.23	Ⅱ
5	伦敦	77.23		维也纳	53.72	
6	巴黎	76.84		旧金山	53.38	
7	法兰克福	70.45		阿姆斯特丹	49.58	Ⅲ
8	香港	69.87	Ⅱ	东京	48.64	
9	哥本哈根	67.18		慕尼黑	46.84	
10	维也纳	66.58		悉尼	41.47	
11	马德里	65.04		柏林	40.12	
12	苏黎世	64.87		莫斯科	39.12	Ⅳ
13	阿姆斯特丹	64.61		洛杉矶	38.23	
14	墨尔本	63.78		波士顿	33.42	
15	日内瓦	63.6		墨尔本	33.34	
16	首尔	63.32		新加坡	33.11	
17	布鲁塞尔	62.87		法兰克福	32.34	
18	悉尼	62.79		米兰	32.19	
19	慕尼黑	62.53		巴塞罗那	30.79	
20	大阪	60.99		多伦多	30.31	
21	温哥华	60.34		温哥华	29.52	Ⅴ
22	福冈	60.26		上海	29.49	
23	巴塞罗那	60.14		芝加哥	29.16	
24	米兰	60.13		首尔	27.42	
25	斯德哥尔摩	58.85	Ⅲ	布鲁塞尔	26.73	
26	台北	58.69		斯德哥尔摩	25.72	
27	华盛顿	57.79		哥本哈根	25.23	
28	莫斯科	55.23		北京	23.26	
29	柏林	54.92		香港	22.84	
30	波士顿	54.81		布宜诺斯艾利斯	22.13	
31	吉隆坡	53.11		马德里	21.17	
32	孟买	53		日内瓦	20.28	
33	圣保罗	50.53		圣保罗	20.08	
34	布宜诺斯艾利斯	48.95	Ⅳ	苏黎世	19.71	
35	纽约	48.11		大阪	19.44	
36	旧金山	46.11		孟买	14.64	
37	多伦多	44.83		约翰内斯堡	12.9	
38	洛杉矶	37.71	Ⅴ	吉隆坡	10.27	
39	芝加哥	35.3		台北	8.7	
40	约翰内斯堡	13.77		福冈	7	

续表

排名	生态升级能力			治理升级能力			空间升级能力		
	城市	得分	层级	城市	得分	分组	城市	得分	层级
1	斯德哥尔摩	91.24		华盛顿	87.4		布鲁塞尔	77.37	
2	维也纳	88.94		东京	86.3	Ⅰ	苏黎世	73.78	
3	苏黎世	88.05		柏林	83.15		新加坡	73.24	
4	日内瓦	86.21	Ⅰ	多伦多	79.7		布宜诺斯艾利斯	72.55	
5	柏林	83.6		悉尼	78.72		首尔	72.22	
6	温哥华	80.33		伦敦	78.12		北京	72.1	Ⅰ
7	哥本哈根	80.25		香港	76.39		上海	71.41	
8	阿姆斯特丹	78.71		布鲁塞尔	76.32	Ⅱ	芝加哥	70.85	
9	东京	77.91		纽约	75.34		巴塞罗那	70.78	
10	法兰克福	74.95		新加坡	74.75		伦敦	70.19	
11	福冈	71.57		苏黎世	72.07		吉隆坡	69.07	
12	巴黎	70.49		巴黎	70.47		华盛顿	68.87	
13	马德里	68.69		温哥华	69.7		台北	68.4	
14	墨尔本	68.62		维也纳	65.38		东京	67.6	
15	大阪	66.9	Ⅱ	首尔	65.33		日内瓦	67.16	
16	多伦多	65.55		斯德哥尔摩	63.93	Ⅲ	大阪	63.27	
17	慕尼黑	64.94		上海	60.92		阿姆斯特丹	62.78	Ⅱ
18	伦敦	63.31		北京	60.71		福冈	62.58	
19	巴塞罗那	63.13		阿姆斯特丹	60.15		香港	62.39	
20	首尔	62.53		日内瓦	59.93		斯德哥尔摩	61.97	
21	悉尼	62.52		波士顿	59.51		哥本哈根	61.79	
22	新加坡	55.46		法兰克福	57.64		法兰克福	61.71	
23	布鲁塞尔	55.21		慕尼黑	57.48		巴黎	61.33	
24	米兰	55.05	Ⅲ	哥本哈根	56.55		米兰	58.97	
25	台北	50.97		旧金山	55.86	Ⅳ	圣保罗	58.95	
26	旧金山	50.3		墨尔本	55.36		慕尼黑	58.69	
27	圣保罗	47.35		芝加哥	52.15		墨尔本	58.25	
28	吉隆坡	45.46		洛杉矶	50.89		旧金山	58.01	
29	华盛顿	45.24		大阪	50.09		维也纳	57.5	Ⅲ
30	纽约	44.68		台北	47.93		柏林	56.76	
31	波士顿	43.17		福冈	47.13		洛杉矶	54.96	
32	芝加哥	41.9		布宜诺斯艾利斯	46.3		马德里	54.33	
33	上海	40.09	Ⅳ	马德里	45.49		多伦多	52.31	
34	香港	38.02		莫斯科	45.12		纽约	52.23	
35	洛杉矶	36.19		米兰	44.84	Ⅴ	波士顿	48.51	
36	布宜诺斯艾利斯	35.55		巴塞罗那	37.59		莫斯科	46.02	
37	孟买	32.87		孟买	36.6		悉尼	44.17	Ⅳ
38	约翰内斯堡	30.63		圣保罗	31.18		温哥华	43.11	
39	北京	24.62	Ⅴ	吉隆坡	20.8		约翰内斯堡	38.57	Ⅴ
40	莫斯科	4.62		约翰内斯堡	14		孟买	38.44	

四　2015年40个城市的国际城市2.0指标排名分析

利用核密度分布图和柱形分布图，通过层级划分，在观察的40个城市中，包括综合升级能力、社会升级能力、生态升级能力、治理升级能力和空间升级能力均呈现向好的态势，升级能力得分较高的城市相对较多，而涉及创新的两个方面的升级能力评价，包括经济升级能力和文化升级能力，则得分较低，表明当前国际城市的创新升级能力难度较大，亟须政府层面重视经济升级能力和文化升级能力的提升。

（一）综合升级能力排名

作为所有指标中用来反映城市整体升级能力的城市综合排名，是由经济升级能力、社会升级能力、文化升级能力、生态升级能力、治理升级能力、空间升级能力六个次级指标加权计算得到。

首先，借助核密度函数分布图（Kernel Density Distribution），发现40个城市综合升级能力得分的分布呈负偏态分布，50～80分中间段的城市有29个，占总数近3/4，成为中间力量，且其分布偏右，表明40个观察城市的总体发展相对较好，大多城市的得分在平均水平以上（见图2）。

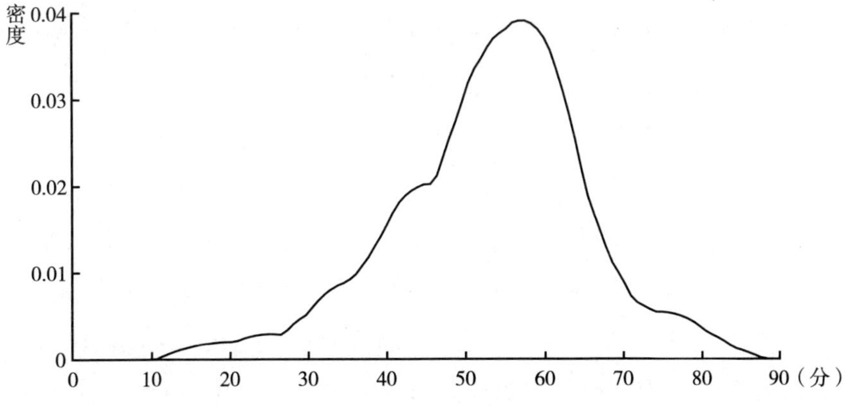

图2　40个城市综合升级能力得分排名的核密度函数分布

利用柱形分布图对分布进一步分析，可以发现，城市得分在高得分区和低得分区域存在间断，并非连续，在65～70分区间以及25～30分区间缺少城市。柱形分布图也进一步验证了这些城市的得分相对集中，中间分值者较多。当然得分的两极化现象也是存在的，在观察的40个城市中，只有三个城市的得分在70分以上，综合排名第一的城市为伦敦，得分为78.39分；而低于35分的城市只有两个，最后一名的约翰内斯堡得分为20.16分，其得分仅相当于伦敦的26%（见图3）。

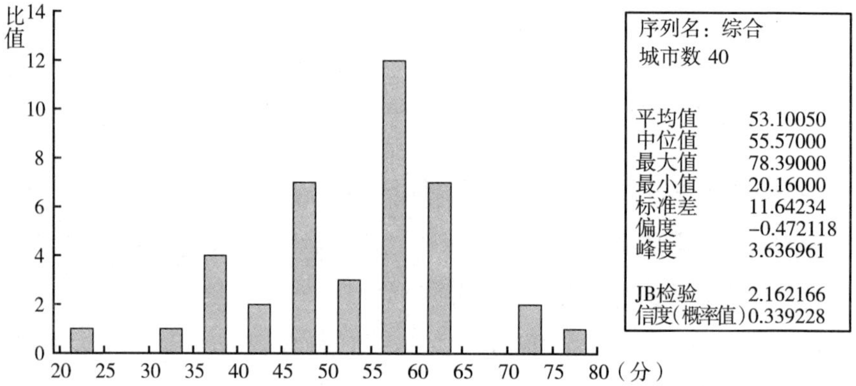

图3　40个城市综合升级能力得分排名的柱形分布

在此基础上，依据40个城市的得分分值以及分布情况，从高到低可以分为五个层级，后面六个分项指标得分排名在分组过程中，采用同样的方法，均划分为五个层级，每个层级不考虑城市的个数，只考虑城市的得分（见表4、图4）。

第一层级包括伦敦（78.39分）、东京（74.47分）、巴黎（71.18分）三个城市，其得分均在70分以上。在这一层级中，伦敦、东京、巴黎是传统的三个全球城市，其影响力一直较为稳定，综合升级能力排名得分高。

第二层级包括纽约（64.69分）、新加坡（64分）、苏黎世（62.44分）、维也纳（62.16分）、阿姆斯特丹（61.4分）、柏林（61.3分）和华盛顿（61.16分）七个城市，得分在60～70分区间。纽约与新加坡的得分相对较高，这也反映出第二层级内部也存在较大的差距。而传统意义上的全球顶级城市纽约，其得分和排名则相对较低，包括公平指数、生活成本指数、宜居指数、环境指数、污染指数、安全指数及交通和基础设施指数七个指标的得分甚至低于40个城市的平均值。

第三层级包括法兰克福（59.1分）、悉尼（58.7分）、斯德哥尔摩（58.6分）、日内瓦（57.87分）、香港（57.72分）、上海（56.41分）、慕尼黑（56.23分）、首尔（56.03分）、多伦多（55.7分）、布鲁塞尔（55.58分）、北京（55.56分）、哥本哈根（55.49分）、温哥华（54.77分）、旧金山（53.55分）和墨尔本（52.44分）15个城市，区间为50~60分。这一区间集聚了多达15个城市，占全部城市的1/3强。这一区间的城市主要是欧美发达国家的重点城市，但随着我国经济、社会的全面崛起以及本来较为发达的香港，因此，来自于新兴市场国家的上海和北京等进入了这个层级，排名分别为第16位和第21位。而且上海的排名仅次于第15位的香港。

第四层级包括大阪（49.7分）、巴塞罗那（48.64分）、波士顿（48.04分）、马德里（47.03分）、芝加哥（46.92分）、福冈（45.69分）、米兰（45.35分）、台北（44.99分）和洛杉矶（44.1分）九个城市，分值区间为40~50分。这个区间的城市主要是美国和日本的次级中心城市以及发达水平稍弱于西欧的南欧国家的城市。我国台湾地区的台北排名为第33位，其总体得分已经较香港、上海和北京有较大的差距。

第五层级为布宜诺斯艾利斯（39.45分）、圣保罗（36.45分）、吉隆坡（36.22分）、莫斯科（36.22分）、孟买（30.12分）和约翰内斯堡（20.16分）六个城市，区间为40分以下。来自南美的布宜诺斯艾利斯成为这个区间城市中得分最多者，要显著高于其他城市的得分。值得注意的是，这些得分较低的六个城市，从区域分布来看，主要是在金砖国家中，巴西的圣保罗（36.45分）、俄罗斯的莫斯科（36.22分）、印度的孟买（30.12分）和南非的约翰内斯堡（20.16分）。可以看出，金砖国家城市发展水平与世界发达国家城市相比仍有一定的差距，整体竞争力仍然有限。

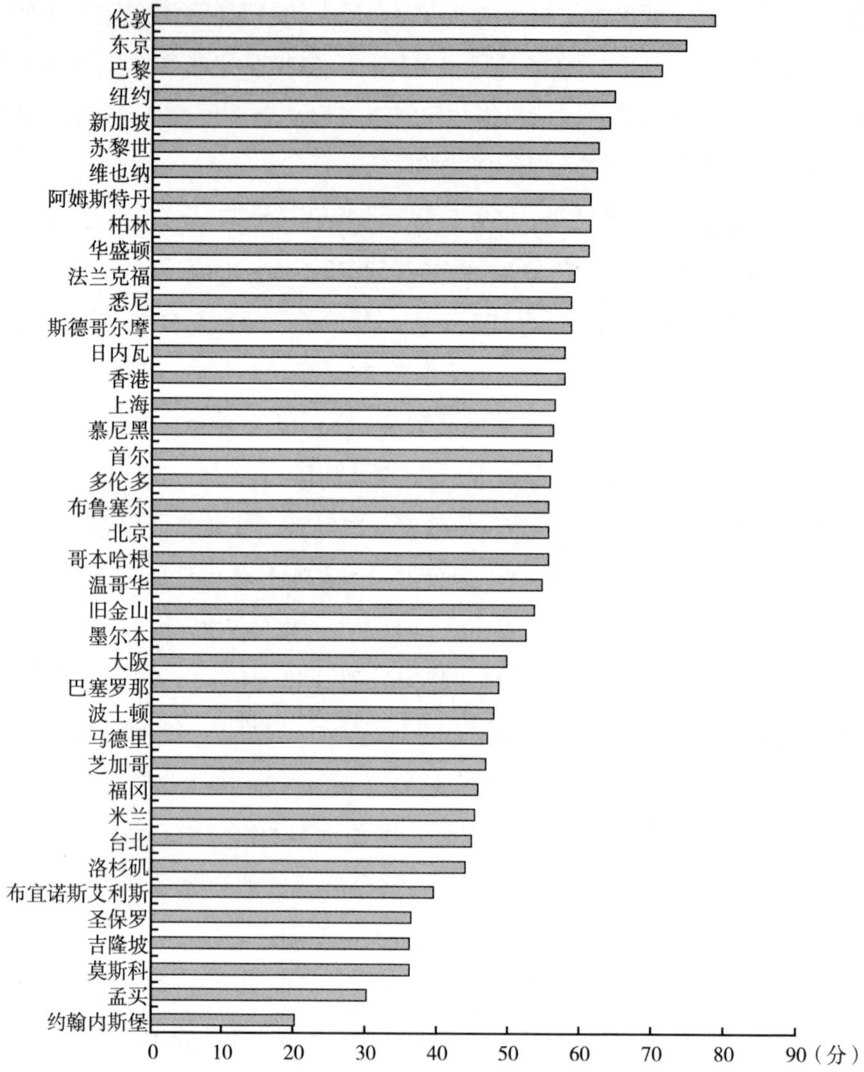

图4　40个城市综合升级能力排名

（二）经济升级能力

经济指标设计基于的理论设想是国际城市功能正逐步由资本控制和流量节点向资本和创新双重功能转化，然而国际贸易保护主义的兴起、全球资本流量的下降，使得创新尤其是科技创新对城市发展的影响趋于扩大，由此国际城市 2.0 的发展动力应是资本流量和科技创新的有效融合。按照这种思路这里的二级指标有三个，为金融市场指数、经济指数、智力资本和创新指数。金融市场指数主要用来测度资本流量，包括四个子要素，分别是资本市场、外汇市场、银行市场和保险市场，反映其规模、稳定性和成熟度；经济指数是对市场规模、市场吸引力、经济活力、人力资本、商业环境、规章和风险进行评估；智力资本和创新指数通过研发占国内生产总值的百分比来测算。

借助核密度函数分布图（Kernel Density Distribution），发现 40 个城市经济升级能力得分的分布相对较为均衡，接近正态分布，但左侧相对较多。这表明，被观察的 40 个城市经济发展水平相对最高层级而言，有相对落后且集中的现象。得分低于 60 分的城市共 32 个，超过 3/4，高于 60 分的城市仅 8 个，占总数不到 1/4（见图 5）。

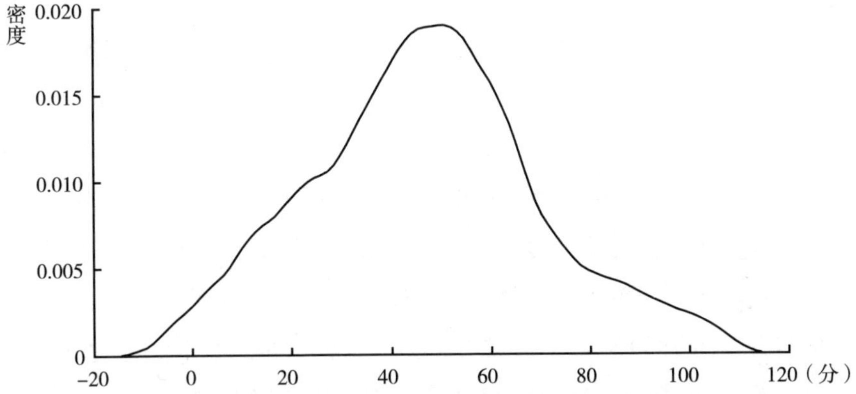

图 5　40 个城市经济升级能力得分排名的核密度函数分布

通过柱形分布图，可以进一步发现，城市得分在高得分区和低得分区域存在间断，并非连续，在 80 ~ 85 分区间以及 30 ~ 35 分区间缺少城市，柱形分布图也进一步验证了这些城市的得分相对集中，中低得分城市较多。城市经济发展的极化现象特别显著，得分在 80 分以上的城市仅纽约、伦敦和东京三个城市，且均接近或高于 90 分。经济升级能力排名第一的城市为纽约，得分为 94.04 分；最后一名的孟买得分为 6.23 分，其得分仅不到纽约得分的 10%（见图 6）。

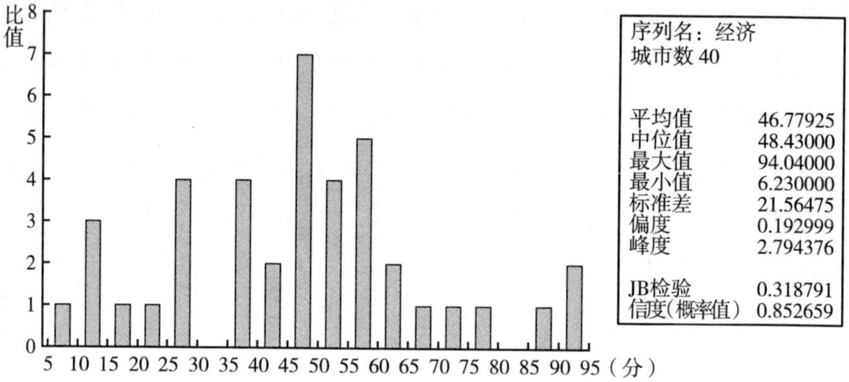

图6　40个城市经济升级能力得分排名的柱形分布

在此基础上，依据40个城市的得分分值以及分布情况，从高到低可以分为五个层级（见表4、图7）。

第一层级包括纽约（94.04分）、伦敦（91.82分）和东京（89.14分）三个城市，其得分均接近或超过90分。这是三个传统的全球城市，其经济实力一直很强。

第二层级包括香港（76.74分）、巴黎（72.4分）、新加坡（69.57分）、悉尼（63.6分）和多伦多（61.66分）五个城市，得分在60～80分区间。香港、巴黎和新加坡的得分相对较高，接近或高于70分，悉尼和多伦多的得分略高于60分，这也反映出这一层级内部也存在较大的差距。

第三层级包括上海（59.03分）、旧金山（58.84分）、法兰克福（57.52分）、苏黎世（56.99分）、北京（55.98分）、芝加哥（54.73分）、华盛顿（52.66分）、日内瓦（50.36分）和斯德哥尔摩（50.19分）九个城市，区间为50～60分。这一区间占40个城市的1/5强。这一区间的城市主要是欧美发达国家的重点城市，但随着我国经济快速发展，上海和北京也进入了这个层级，排名分别为第9位和第13位，高于处于东亚地区的韩国首尔和我国台湾地区的台北。

第四层级包括柏林（49.33分）、首尔（48.64分）、慕尼黑（48.61分）、波士顿（48.25分）、洛杉矶（47.74分）、阿姆斯特丹（47.08分）、温哥华（45.69 分）、哥本哈根（41.9 分）和维也纳（40.42 分）九个城市，分值区间为 40～50 分。这个区间的城市主要是欧美的次级中心城市以及东亚的首尔。

第五层级为大阪（37.76 分）、台北（37.43 分）、墨尔本（37 分）、布鲁塞尔（36.15 分）、巴塞罗那（28.46 分）、莫斯科（27.29 分）、马德里

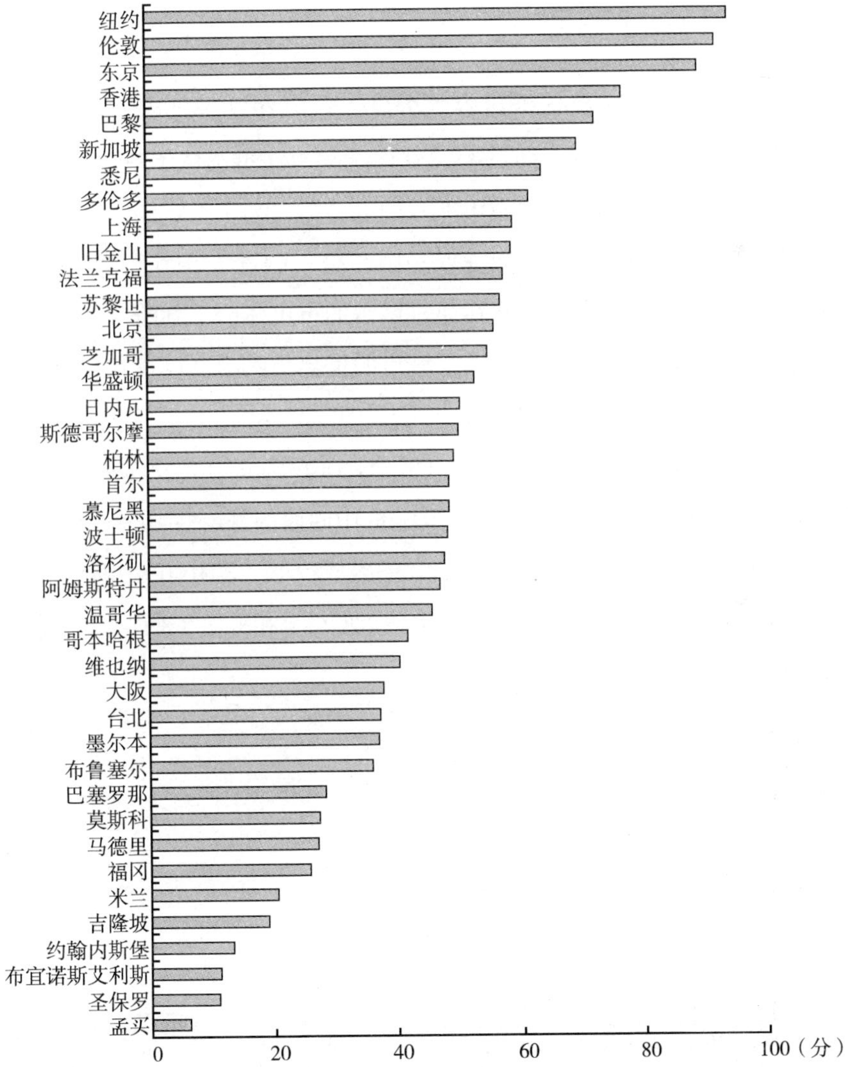

图 7　40 个城市经济升级能力排名

（27.11 分）、福冈（25.91 分）、米兰（20.68 分）、吉隆坡（18.93 分）、约翰内斯堡（13.26 分）、布宜诺斯艾利斯（11.18 分）、圣保罗（10.85 分）、孟买（6.23 分）14 个城市，区间为 40 分以下，超过观察城市的 1/3，表明受观察城市的经济发展整体有待进一步提升，与顶级城市的差距仍然十分明显。

（三）社会升级能力

社会指标的设计主要依据包容性程度。包容性发展已成为社会主流价值，这种价值落实到城市评价上需要量化测度，这里选取了三个二级指标，如公平指数、生活成本指数、城市准入门槛指数。公平指数涉及经济发展利益的系统性分配，通过法律框架确保一个“公平的竞争环境”、保护穷人弱势群体的权利；生活成本指数意在通过城市的市民体验，判断一个城市的生活质量；而城市准入门槛指数反映了城市的世界结网程度以及其在社会、经济、文化等方面的吸引力。

借助核密度函数分布图（Kernel Density Distribution），发现 40 个城市社会升级能力得分呈负偏态分布，50～70 分的中间段的城市有 26 个，约为总数的 2/3，成为中间力量，且其分布偏右，偏离值较小，表明 40 个观察城市的社会发展相对较好，得分非常接近，且大多城市的得分在平均水平以上（见图 8）。

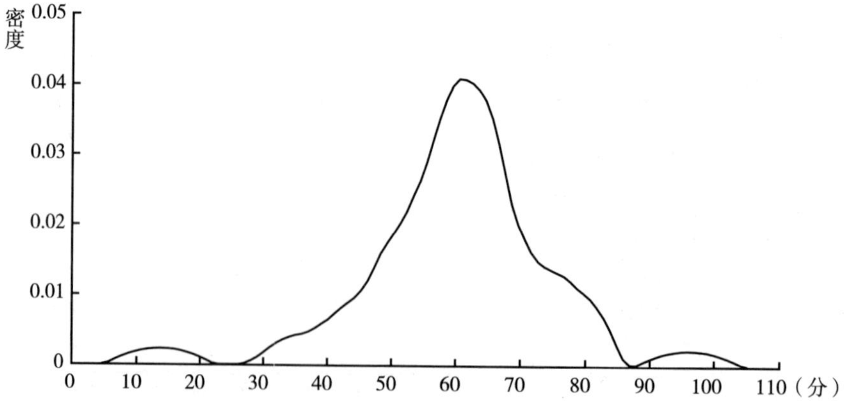

图 8　40 个城市社会升级能力得分排名的核密度函数分布

利用柱形分布图对分布进一步分析，可以发现，城市社会发展得分在高得分区和低得分区域存在显著的间断，在 80～95 分区间以及 15～35 分区间缺少城市，柱形分布图也进一步验证了这些城市的得分相对集中，有 13 个城市的得分在 60～65 分区间。当然得分的两极化现象也是存在的，在观察的 40 个城市中，只有一个城市的得分在 90 分以上，随后迅速降低，第二名得分则低于 80 分。综合排名第一的城市为北京，得分为 96.14 分；而低于 40 分的城市只有三个，最后一名为约翰内斯堡，得分为 13.77 分（见图 9）。

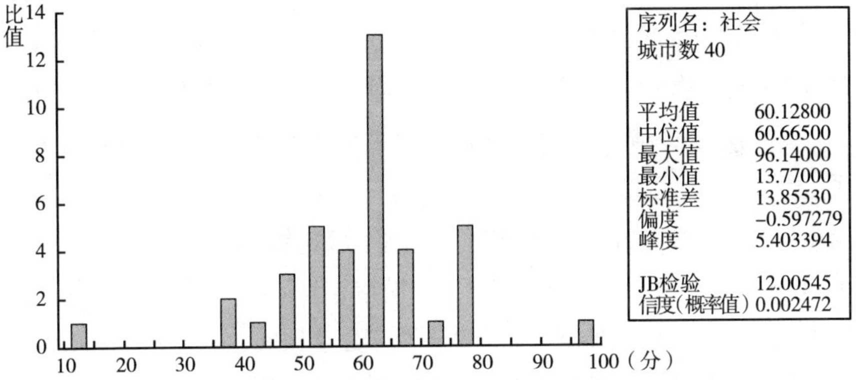

图 9　40 个城市社会升级能力得分排名的柱形分布

在此基础上，依据 40 个城市的得分分值以及分布情况，从高到低可以分为五个层级。（见表 4、图 10）

第一层级包括北京（96.14 分）、上海（78.38 分）、东京（77.85 分）、新加坡（77.62 分）、伦敦（77.23 分）、巴黎（76.84 分）、法兰克福（70.45 分）七个城市，其得分均在 70 分以上。在这一层级中，北京和上海的得分相对较高，与基尼系数低（取决于官方公布的统计数据）以及北京、上海提供低廉的基本公共服务供给（交通、食物）有关，北京的公平指数和生活成本指数均为 40 个城市中的最大值。而东京、新加坡、伦敦、巴黎和法兰克福则都为发达国家的顶级城市。

第二层级包括香港（69.87 分）、哥本哈根（67.18 分）、维也纳（66.58 分）、马德里（65.04 分）、苏黎世（64.87 分）、阿姆斯特丹

（64.61 分）、墨尔本（63.78 分）、日内瓦（63.6 分）、首尔（63.32 分）、布鲁塞尔（62.87 分）、悉尼（62.79 分）、慕尼黑（62.53 分）、大阪（60.99 分）、温哥华（60.34 分）、福冈（60.26 分）、巴塞罗那（60.14 分）、米兰（60.13 分）17 个城市，得分为 60～70 分区间，占所有观察城市比重的近一半，可以反映出当前全球范围的社会发展均衡化呈现了很好的状态。

第三层级包括斯德哥尔摩（58.85 分）、台北（58.69 分）、华盛顿（57.79 分）、莫斯科（55.23 分）、柏林（54.92 分）、波士顿（54.81 分）、吉隆坡（53.11 分）、孟买（53 分）、圣保罗（50.53 分）九个城市，区间为 50～60 分。这一区间集聚的城市，占所有城市的 1/5 强。这一区间的城市主要是欧美发达国家的重点城市，也包括来自发展中国家的印度孟买和巴西圣保罗，表明社会的发展与所在国家的发展相关性要低于经济发展与国家间的关系。

第四层级包括布宜诺斯艾利斯（48.95 分）、纽约（48.11 分）、旧金山（46.11 分）和多伦多（44.83 分）四个城市，分值区间为 40～50 分。来自美国的纽约、旧金山和加拿大的多伦多处于这个区间，主要原因是这些城市公平指数和生活成本指数的得分都远低于观察城市的平均值。

第五层级为洛杉矶（37.71 分）、芝加哥（35.3 分）和约翰内斯堡（13.77 分）三个城市，区间为 40 分以下。来自美国的洛杉矶和芝加哥成为这一层级的两个城市，与其城市过高的生活成本和较高的城市准入门槛相关。尽管南非的约翰内斯堡城市准入门槛不高，但使其成为所有观察城市中社会升级能力得分最低城市的原因是极低的公平指数和过高的城市生活成本。

（四）文化升级能力

软实力，基于对文化本身直正的尊重，文化也不再仅仅为经济服务。那么文化本身又表现在哪些方面呢？指标设计给出三个二级指标，创作环境，美术馆、博物馆，旅游目的地。文化作品的创作环境表现的是创作氛围，数据来源于对具体目标城市工作居住人员以及曾在多个目标城市工作居住过的人员的问卷；美术馆、博物馆是在主流旅游书中介绍的美术馆、博物馆数；

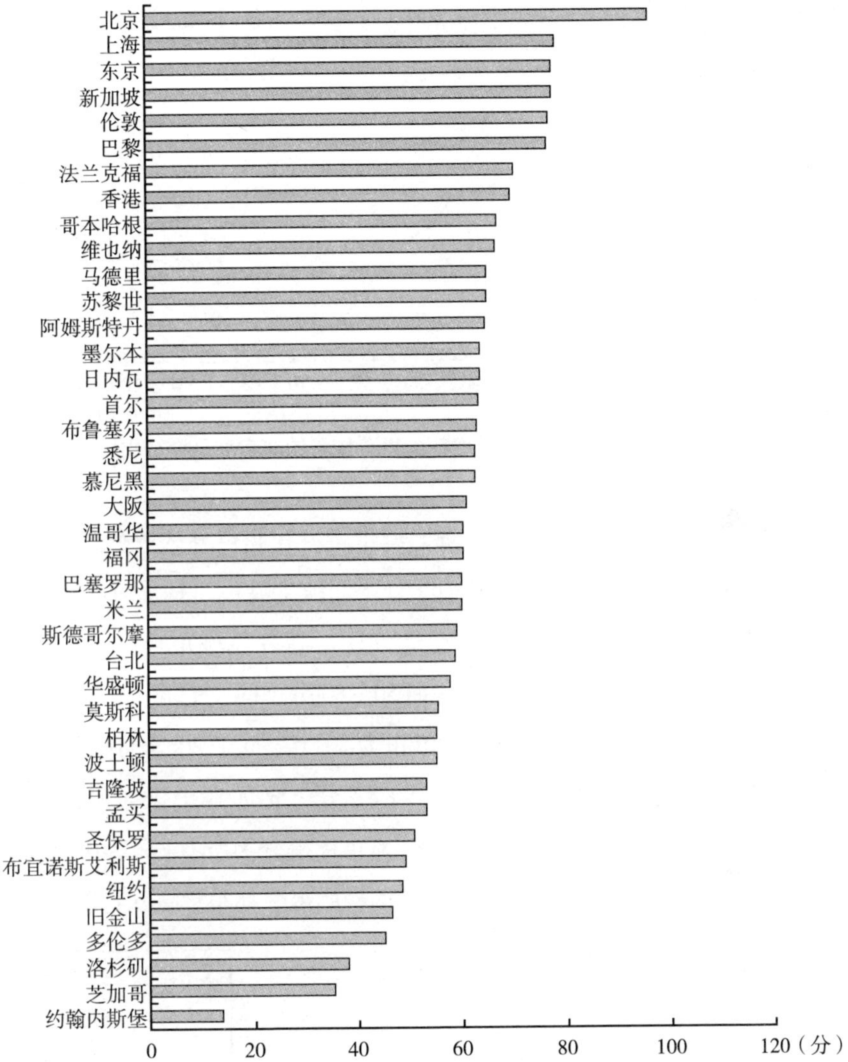

图 10　40 个城市社会升级能力排名

旅游目的地指在该城市停留至少一个晚上以上的国际旅客数量及其消费支出。

借助核密度函数分布图（Kernel Density Distribution），发现 40 个城市文化升级能力得分的分布成正偏态分布，且偏离值较大。表明在所有六个次级指数得分中，文化是所有 40 个观察城市中发展最为极化的，且大多城市的文化升级能力得分相对较低（见图 11）。

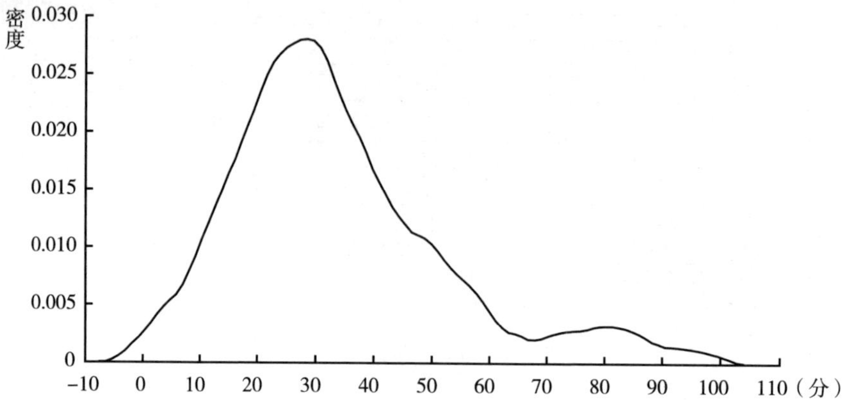

图 11　40 个城市文化升级能力得分排名的核密度函数分布

利用柱形分布图可以进一步发现，城市得分在高得分区域存在间断，并非连续，在 60～70 分区间以及 80～85 分区间缺少城市，柱形分布图也进一步验证了这些城市的得分相对集中在低分区，高分值城市非常少。低于 50 分的城市为 34 个，超过总数的 80%，而 50～80 分中间段的城市仅有 5 个，低于 40 分的城市为 29 个，低于 30 分的城市为 20 个，低于 20 分的城市有 7 个。综合排名第一的城市为伦敦，得分为 89.82 分，要远高于排名第二的巴黎（76.93 分），主要原因是伦敦的旅游目的地指标得分为所有城市中的最大值，且其创作环境指数和美术馆、博物馆指标两者的得分都非常高（见图 12）。

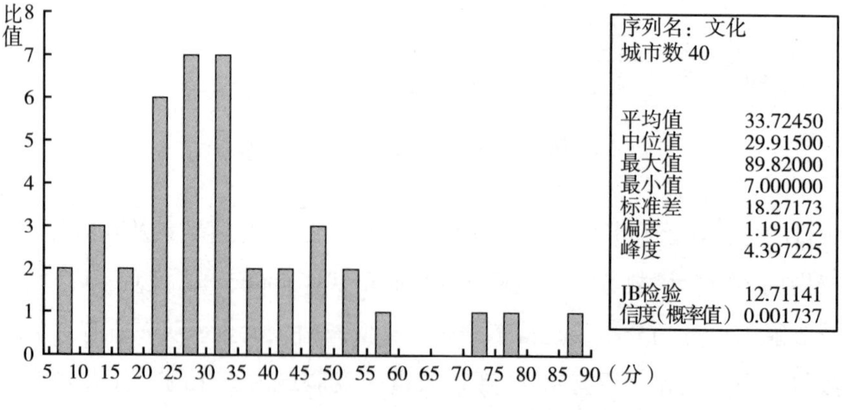

图 12　40 个城市文化升级能力得分排名的柱形分布

在此基础上，依据40个城市的文化升级能力得分分值以及分布情况，从高到低可以分为五个层级（见表4、图13）。

第一层级包括伦敦（89.82分）、巴黎（76.93分）、纽约（74.71分）三个城市，其得分均在70分以上。在这一层级中，伦敦、巴黎和纽约是传统的世界文化城市，其影响力一直较为稳定，特别是伦敦文化指标的得分大大高于排名第二、第三位的巴黎和纽约，与伦敦成为世界最主要的旅游目的地有至关重要的联系。

第二层级包括华盛顿（55.23分）、维也纳（53.72分）和旧金山（53.38分）三个城市，得分为50~60分区间。这一层级的得分相对第一层级差距非常明显，差值在20分以上，且城市数量较少，仅三个。

第三层级包括阿姆斯特丹（49.58分）、东京（48.64分）、慕尼黑（46.84分）、悉尼（41.47分）和柏林（40.12分）五个城市，区间为40~50分。这一区间的城市主要是欧美发达国家的重点城市以及东亚日本的东京。

第四层级包括莫斯科（39.12分）、洛杉矶（38.23分）、波士顿（33.42分）、墨尔本（33.34分）、新加坡（33.11分）、法兰克福（32.34分）、米兰（32.19分）、巴塞罗那（30.79分）和多伦多（30.31分）九个城市，分值区间为30~40分，占观察城市的22.5%。这个区间的城市主要是美国和日本的次级文化中心城市以及来自南亚地区的新加坡。

第五层级为温哥华（29.52分）、上海（29.49分）、芝加哥（29.16分）、首尔（27.42分）、布鲁塞尔（26.73分）、斯德哥尔摩（25.72分）、哥本哈根（25.23分）、北京（23.26分）、香港（22.84分）、布宜诺斯艾利斯（22.13分）、马德里（21.17分）、日内瓦（20.28分）、圣保罗（20.08分）、苏黎世（19.71分）、大阪（19.44分）、孟买（14.64分）、约翰内斯堡（12.9分）、吉隆坡（10.27分）、台北（8.7分）和福冈（7分）20个城市，占所有观察城市数的50%，区间为30分以下。这些城市得分较低的原因主要是旅游目的地指数得分相对伦敦十分低（当然，旅游目的地指数本身可能存在缺陷，像美国和中国之类幅员辽阔的大国，大量的旅游者是国内游客，而以伦敦、巴黎为代表的地域面积相对较小的国家，大量的游客都是国际游客，因此其得分就相对较高）。我国的上海、北京、香港和台北四个城市文化升级能力得分都相对较低，排名分别为第22位、第28位、第29位和第39位。香港的短板为创作环境和美术馆、博物馆指标得分较低，上海则相对只有旅游目的地指标得分较低，北京则三个指标的得分均低于上海，台北同样如此，三个指标的得分都相对较低。在该层级集中了总数近一半的城市，与所选取的指

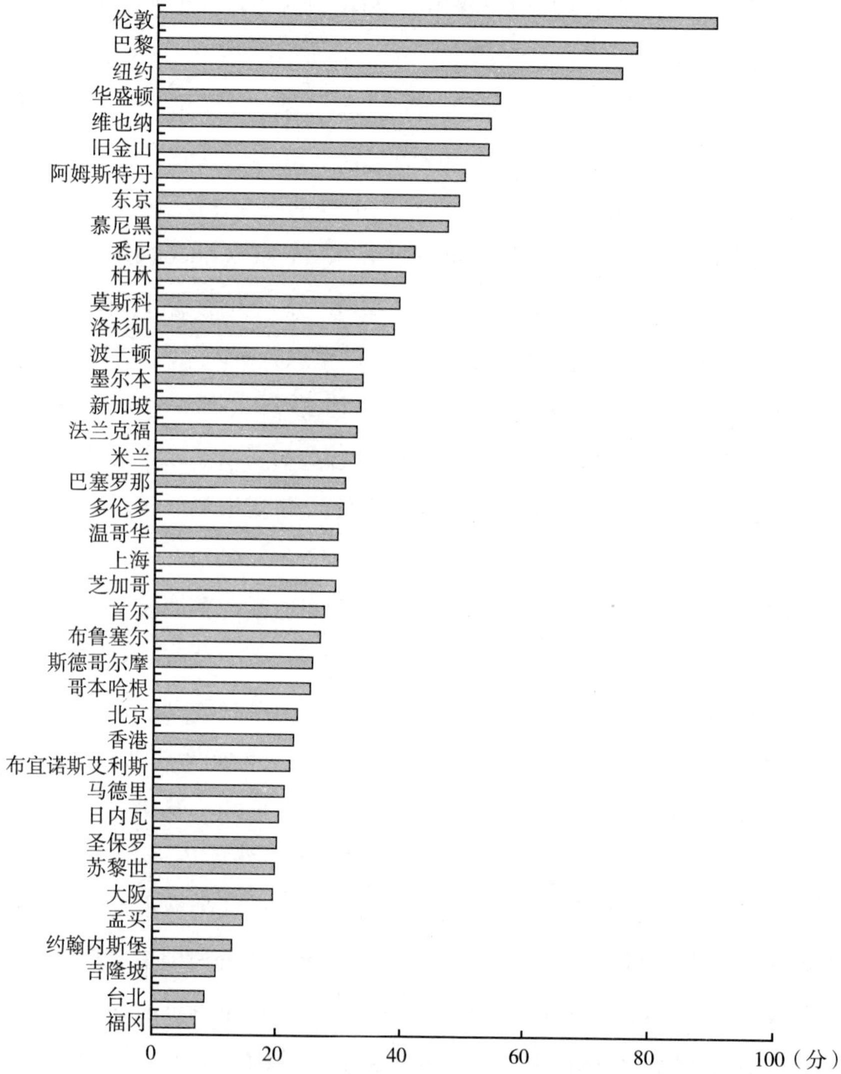

图13　40个城市文化升级能力排名

标有一定的关系，但同时也反映了文化的发展相对其他指标来看，难度要更大一些，发展速度也更慢一些。

（五）生态升级能力

生态指标的设计采用以人为本的立场，充分尊重人生活在其中的实际感受，因此，二级指标采用了宜居指数、环境指数和污染指数。宜居指数评估工作环境、生活成本、安全和保障、生活环境、生活设施；环境指数主要评估生态污染和自然环境；污染指标主要评估城市的总体污染，涉及水污染、空气污染，其中空气污染扮演重要角色。

借助核密度函数分布图（Kernel Density Distribution），发现40个城市生态升级能力得分的分布相对较为集中，呈负偏态分布，表明所有观察城市的生态水平都相对较好（见图14）。

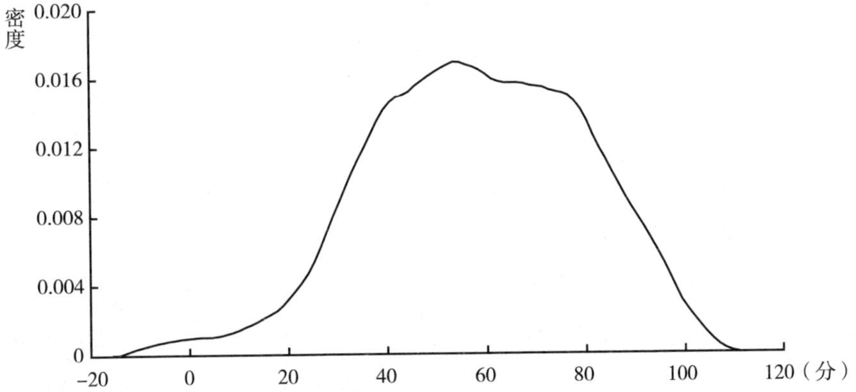

图14　40个城市生态升级能力得分排名的核密度函数分布

利用柱形分布图进一步分析，可以发现，城市生态升级能力得分在高得分区非常集中。得分在50分以上的城市有26个，占总数的近2/3，低于40分的城市仅七个，而低于30分的城市仅两个，表明该指标的情况要好于社会和文化指标的发展情况。综合排名第一的城市为斯德哥尔摩，得分为91.24分；得分最低的城市为莫斯科，得分为4.62分（见图15）。

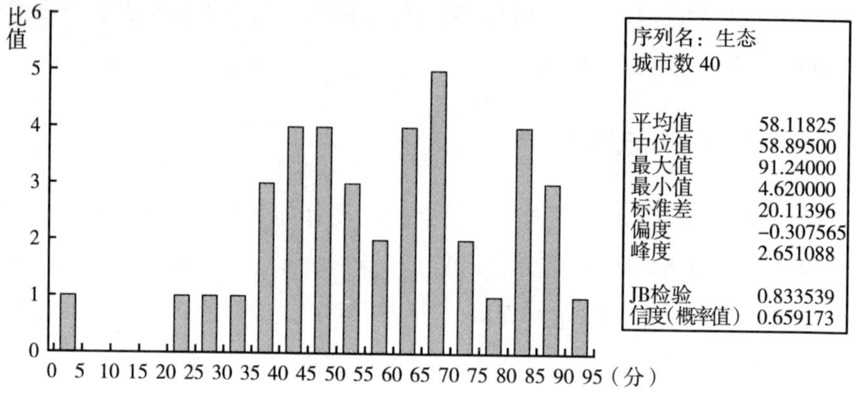

图 15　40 个城市生态升级能力得分排名的柱形分布

在此基础上，依据 40 个城市的得分分值以及分布情况，从高到低可以分为五个层级（见表 4、图 16）。

第一层级包括斯德哥尔摩（91.24 分）、维也纳（88.94 分）、苏黎世（88.05 分）、日内瓦（86.21 分）、柏林（83.6 分）、温哥华（80.33 分）、哥本哈根（80.25 分）七个城市，其得分均在 80 分以上。这些城市都是常识中生态环境非常优越的城市，特别是北欧瑞典的斯德哥尔摩生态环境最好，得分在 90 分以上，其三个生态方面的指标得分均极高，而环境优美的瑞士有苏黎世和日内瓦两个城市进入这一层级。

第二层级包括阿姆斯特丹（78.71 分）、东京（77.91 分）、法兰克福（74.95 分）、福冈（71.57 分）、巴黎（70.49 分）、马德里（68.69 分）、墨尔本（68.62 分）、大阪（66.9 分）、多伦多（65.55 分）、慕尼黑（64.94 分）、伦敦（63.31 分）、巴塞罗那（63.13 分）、首尔（62.53 分）和悉尼（62.52 分）14 个城市，得分为 60 ~ 80 分区间。

第三层级包括新加坡（55.46 分）、布鲁塞尔（55.21 分）、米兰（55.05 分）、台北（50.97 分）和旧金山（50.3 分）五个城市，区间为 50 ~ 60 分。

第四层级包括圣保罗（47.35 分）、吉隆坡（45.46 分）、华盛顿（45.24 分）、纽约（44.68 分）、波士顿（43.17 分）、芝加哥（41.9 分）、上海（40.09 分）、香港（38.02 分）、洛杉矶（36.19 分）、布宜诺斯艾利斯（35.55 分）、孟买（32.87 分）和约翰内斯堡（30.63 分）12 个城市，分值区间为 30～50 分。我国的上海处于这个区间，虽然上海的宜居指数较高，但上海的环境指数和污染指数的得分则相对较低，从而拉低了上海生态指数的总体得分。

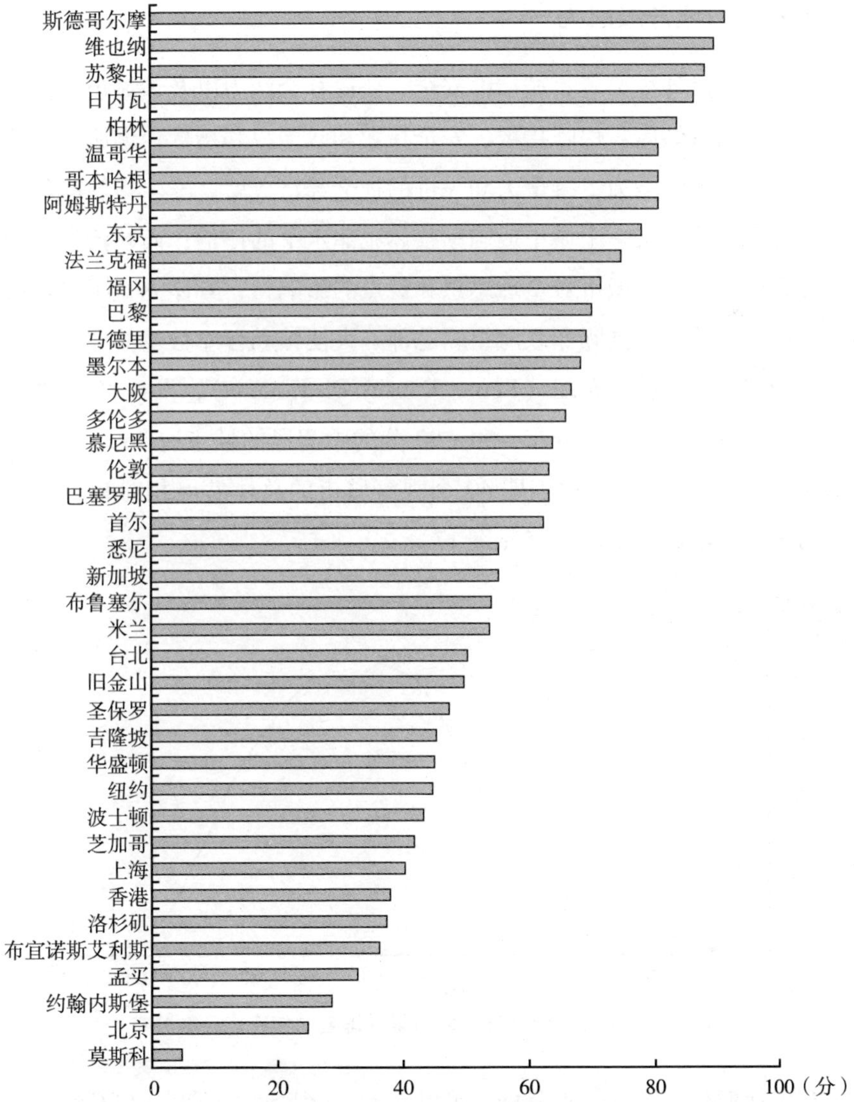

图 16　40 个城市生态升级能力排名

第五层级为北京（24.62 分）和莫斯科（4.62 分）两个城市，区间为30 分以下。可以看到该层级的城市数量极少。北京的污染指数极低，成为所有观察城市中得分最低的城市。而莫斯科的生态指数得分较低与其宜居指数和环境指数的得分较低相关。

（六）治理升级能力

治理指标设计主要考察城市的安全、公民社会活力以及该城市的国际影响力，主要采取健康、保障指数，安全指数和政治权利指数。健康、保障指数主要考察市民的活力、凝聚力和先进的社会经济成就；安全指数就是犯罪指数的反面，是对某一个城市或国家整体犯罪水平的评估；而政治权利指数主要考察该数据考察城市对全球思想和观点的影响力，具体涵盖了对城市中国家政治组织总部、国际非政府组织总部、大使馆和智库数量的评估。

借助核密度函数分布图（Kernel Density Distribution），发现 40 个城市治理升级能力得分呈负正态分布，50～80 分的中间段的城市有 26 个，占总数近 2/3，成为中间力量。这表明 40 个观察城市的总体发展相对较好，大多城市的得分在平均水平以上（见图 17）。

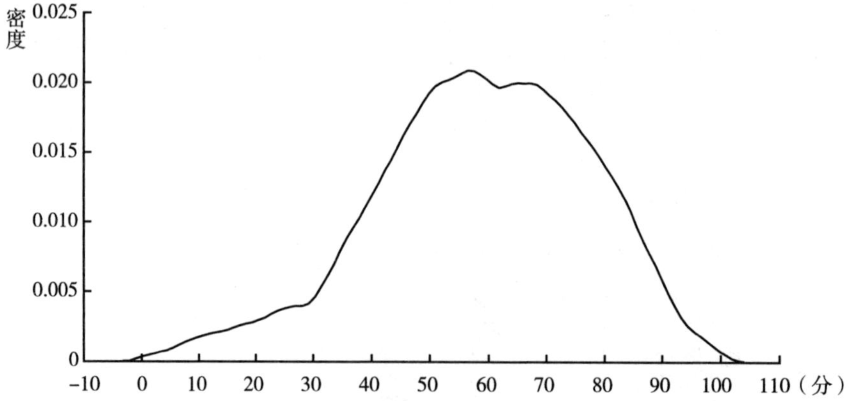

图 17　40 个城市治理升级能力得分排名的核密度函数分布

利用柱形分布图进一步分析，可以发现，这些城市的得分相对集中，中间分值者和高分值者较多。在观察的 40 个城市中，有 12 个城市的得分在

70分以上，综合排名第一的城市为华盛顿，得分为87.4分；而低于50分的城市有11个，最后一名的约翰内斯堡得分为14分（见图18）。

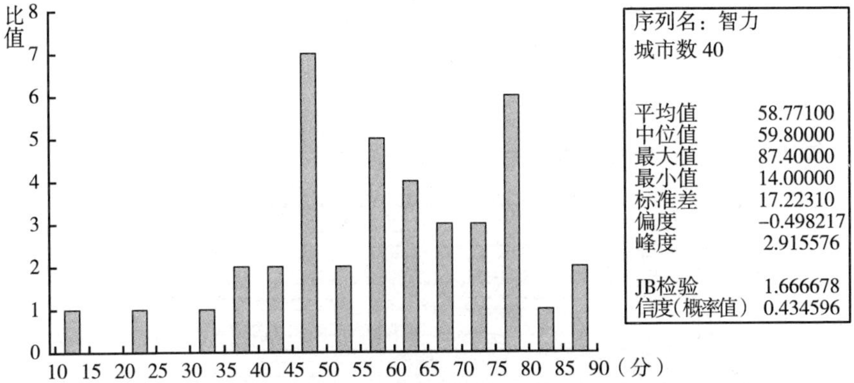

图18　40个城市治理升级能力得分排名的柱形分布

在此基础上，依据40个城市的得分分值以及分布情况，从高到低可以分为五个层级（见表4、图19）。

第一层级包括华盛顿（87.4分）、东京（86.3分）和柏林（83.15分）三个城市，其得分均在80分以上。第一名的华盛顿其拥有最高的政治权利排名，且其安全指数也拥有极高的得分。而东京和柏林，则因为较为均衡的、高的安全指数而使得该指标得分较高。

第二层级包括多伦多（79.7分）、悉尼（78.72分）、伦敦（78.12分）、香港（76.39分）、布鲁塞尔（76.32分）、纽约（75.34分）、新加坡（74.75分）、苏黎世（72.07分）和巴黎（70.47分）九个城市，得分为70~80分区间。这些城市的差异，主要是在安全指数得分上，特别是伦敦、纽约和巴黎三个城市皆因安全指数得分相对较低，而使得总得分较低。

第三层级包括温哥华（69.7分）、维也纳（65.38分）、首尔（65.33分）、斯德哥尔摩（63.93分）、上海（60.92分）、北京（60.71分）、阿姆斯特丹（60.15分）七个城市，区间为60~70分。上海和北京两个城市位于该层级，上海的政治权利排名低于北京，但上海安全，健康、保障指数要高于北京，从而导致上海治理升级能力得分高于北京。

第四层级包括日内瓦（59.93 分）、波士顿（59.51 分）、法兰克福（57.64 分）、慕尼黑（57.48 分）、哥本哈根（56.55 分）、旧金山（55.86 分）、墨尔本（55.36 分）、芝加哥（52.15 分）、洛杉矶（50.89 分）、大阪（50.09 分）10 个城市，分值区间为 50～60 分。这些城市的排名主要是受限于其政治权利指数。

第五层级为台北（47.93 分）、福冈（47.13 分）、布宜诺斯艾利斯（46.3

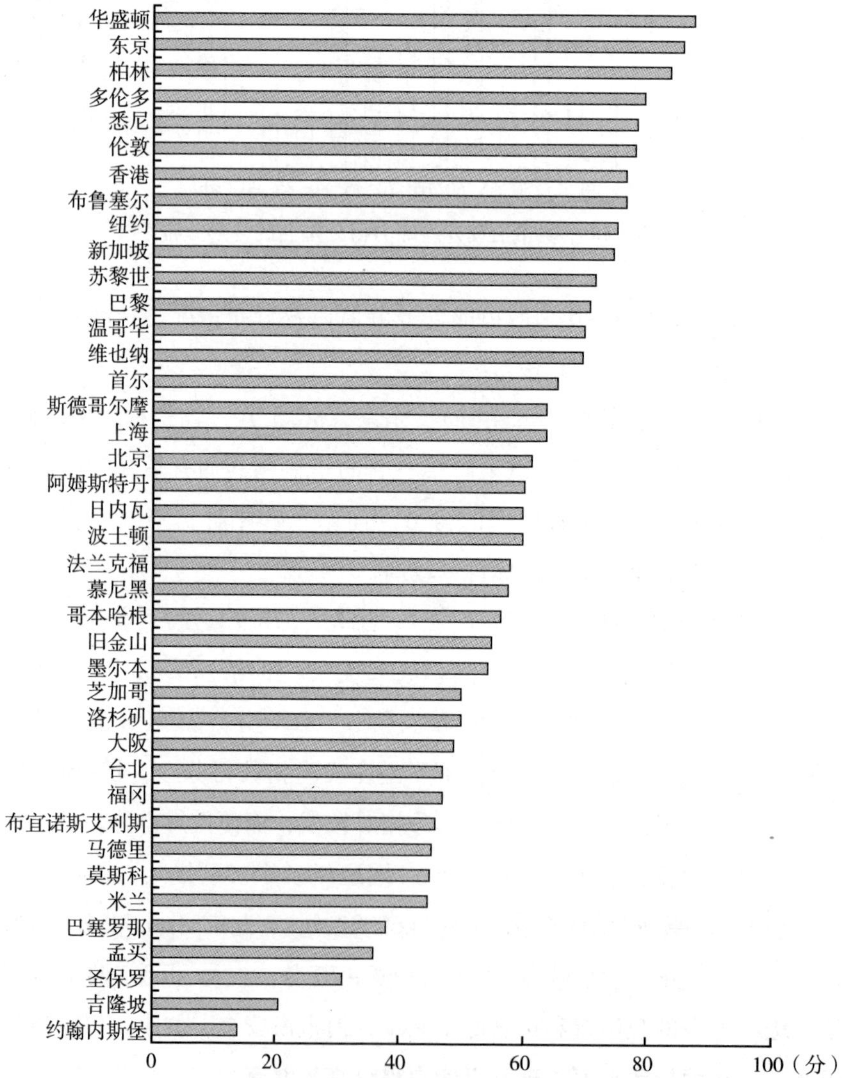

图 19　40 个城市治理升级能力排名

分）、马德里（45.49分）、莫斯科（45.12分）、米兰（44.84分）、巴塞罗那（37.59分）、孟买（36.6分）、圣保罗（31.18分）、吉隆坡（20.8分）、约翰内斯堡（14分）11个城市，区间为50分以下。

（七）空间升级能力

城市经济、社会、文化、生态、政治都会落实到城市的空间，而对空间的测量主要基于三个方面，其空间测量可分为三个：交通和基础设施指数、通勤时间指数、城市面积占大都市区面积比重。交通和基础设施指数关注整个城市交通和基础设施如何使人们高效互动，加深城市生活方式；通勤时间指数指的是关于花费在工作通勤上的时间、消耗时间的不满意程度、交通的 CO_2 消耗量和交通系统整体低效率的综合指数；城市面积占大都市区面积比重主要用来评估城市紧凑程度。

借助核密度函数分布图（Kernel Density Distribution），发现40个城市空间升级能力得分呈负偏态分布，表明40个观察城市的总体发展相对较好，大多城市的得分在平均水平以上（见图20）。

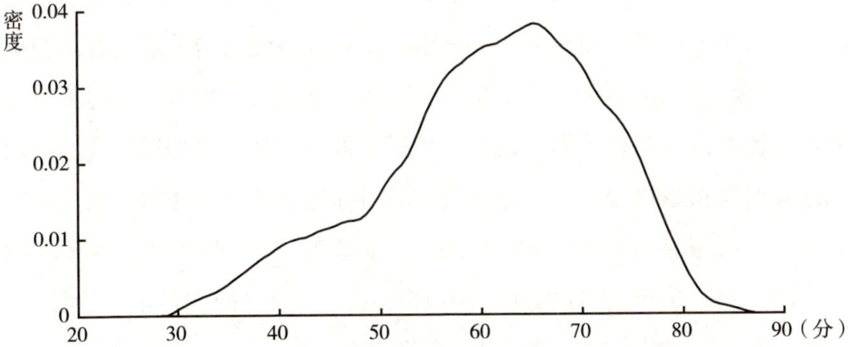

图20　40个城市空间升级能力得分排名的核密度函数分布

利用柱形分布图对分布进一步分析，可以发现，城市得分在高得分区高度集中，50分以上的城市为34个，70分以上的城市有10个，而低于50分的城市只有6个，低于40分的城市为2个（见图21）。空间得分能力得分排名第一的城市为布鲁塞尔，得分为77.37分；孟买的得分为38.44分，是所有观察城市中得分最低者。

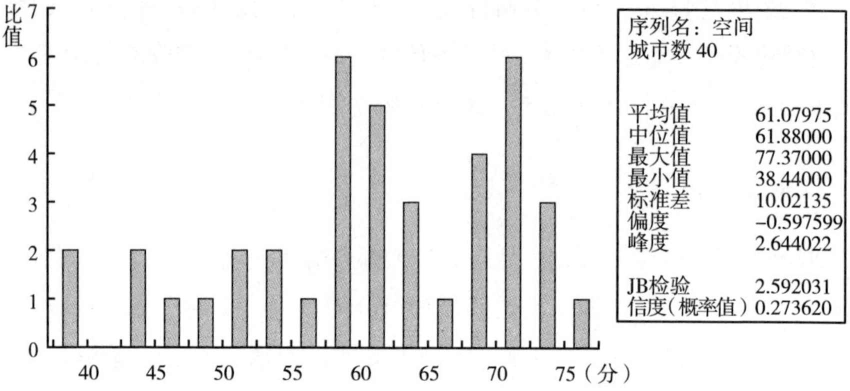

图 21　40 个城市空间升级能力得分排名的柱形分布

在此基础上，依据40个城市的得分分值以及分布情况，从高到低可以分为五个层级（见表4、图22）。

第一层级包括布鲁塞尔（77.37 分）、苏黎世（73.78 分）、新加坡（73.24 分）、布宜诺斯艾利斯（72.55 分）、首尔（72.22 分）、北京（72.1 分）、上海（71.41 分）、芝加哥（70.85 分）、巴塞罗那（70.78 分）、伦敦（70.19 分）10 个城市，其得分均在 70 分以上。比利时首都布鲁塞尔因通勤时间指数得分最高，而成为所有城市中空间升级能力得分最高者。我国的北京和上海也进入该层级，主要受益于交通和基础设施指数以及通勤时间指数和城市面积占大都市区面积比重三个指数得分均衡，且相对较高。而伦敦则因通勤时间指数得分较低，导致其空间指标的总体得分相对较低。

第二层级包括吉隆坡（69.07 分）、华盛顿（68.87 分）、台北（68.4 分）、东京（67.6 分）、日内瓦（67.16 分）、大阪（63.27 分）、阿姆斯特丹（62.78 分）、福冈（62.58 分）、香港（62.39 分）、斯德哥尔摩（61.97 分）、哥本哈根（61.79 分）、法兰克福（61.71 分）、巴黎（61.33 分）13 个城市，得分为 60～70 分区间。

第三层级包括米兰（58.97 分）、圣保罗（58.95 分）、慕尼黑（58.69 分）、墨尔本（58.25 分）、旧金山（58.01 分）、维也纳（57.5 分）、柏林（56.76 分）、洛杉矶（54.96 分）、马德里（54.33 分）、多伦多（52.31

分)、纽约（52.23 分）11 个城市，区间为 50～60 分。

第四层级包括波士顿（48.51 分）、莫斯科（46.02 分）、悉尼（44.17 分）和温哥华（43.11 分）四个城市，分值区间为 40～50 分。这四个城市得分较低，主要是因为其城市面积占大都市区比重得分过低。

第五层级为约翰内斯堡（38.57 分）和孟买（38.44 分）两个城市，区

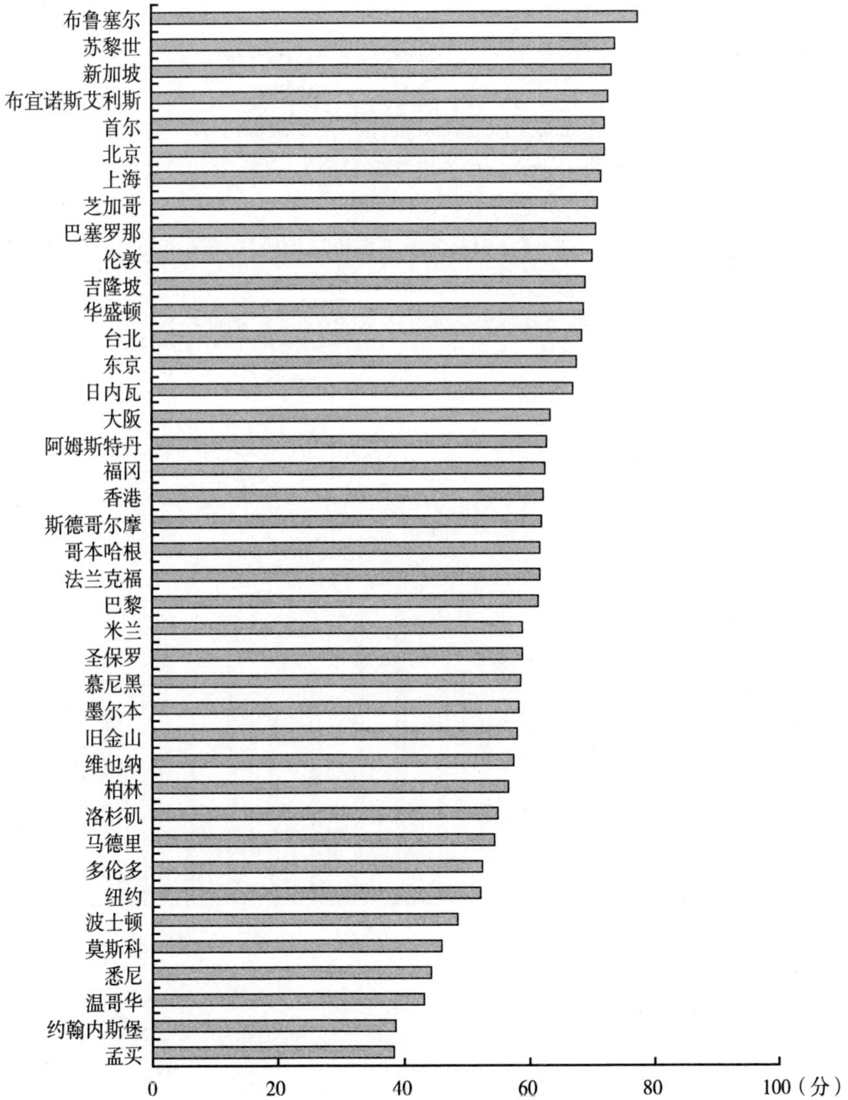

图 22　40 个城市空间升级能力排名

间为 40 分以下。这两个城市空间升级能力得分较低，主要是因为两个城市的交通和基础设施指数得分均极低。

参考文献

2thinknow, *Ity Innovation Economy Classifications and Rankings*, 2014, http: //www.innovation-cities. com/innovation-cities-index - 2014 - global/8889.

World Economic Forum, *Innovation Heatmap*, http: //weforumihm. org/about. html.

杜德斌:《上海创建国际产业研发中心的战略研究》,《科学与科技管理研究》2005 年第 4 期。

黄鲁成、李阳:《针对国际 R&D 中心的中国城市定位研究》,《市场经济研究》2004 年第 6 期。

刘金玉:《未来 10 年深圳将建成国际级创新中心》,《深圳商报》2010 年 9 月 7 日，第 A17 版。

附：典型城市

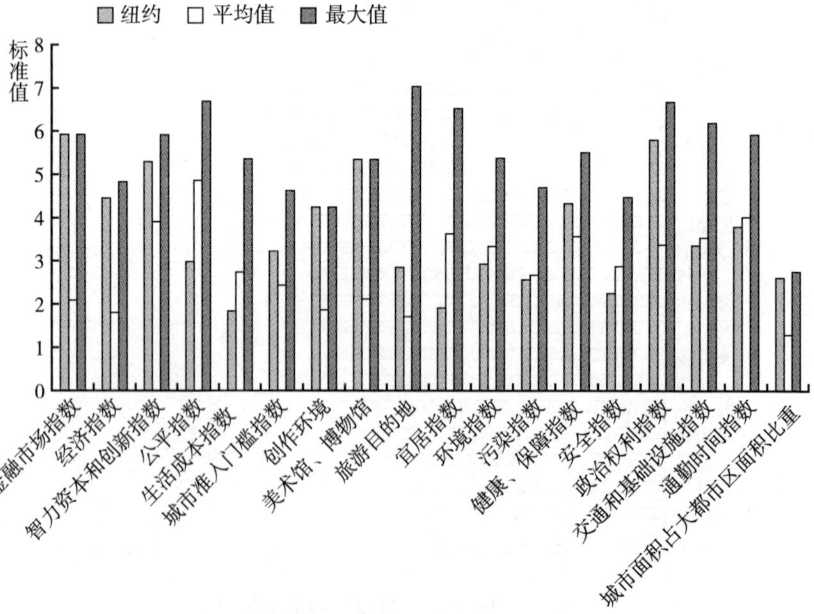

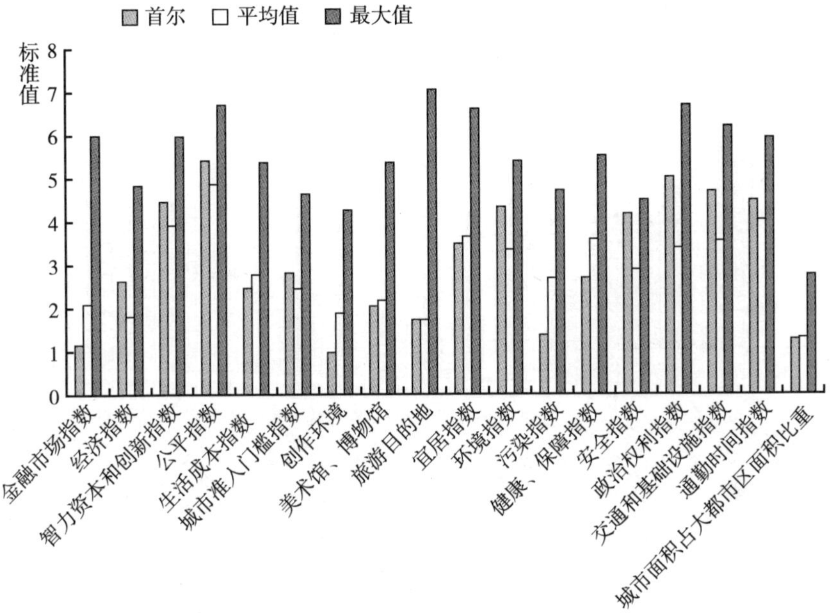
首尔
平均值
最大值
标准值
0
1
2
3
4
5
6
7
8
金融市场指数
经济指数
智力资本和创新指数
公平指数
生活成本指数
城市准入门槛指数
创作环境
美术馆、博物馆
旅游目的地
宜居指数
环境指数
污染指数
健康、保障指数
安全指数
政治权利指数
交通和基础设施指数
通勤时间指数
城市面积占大都市区面积比重

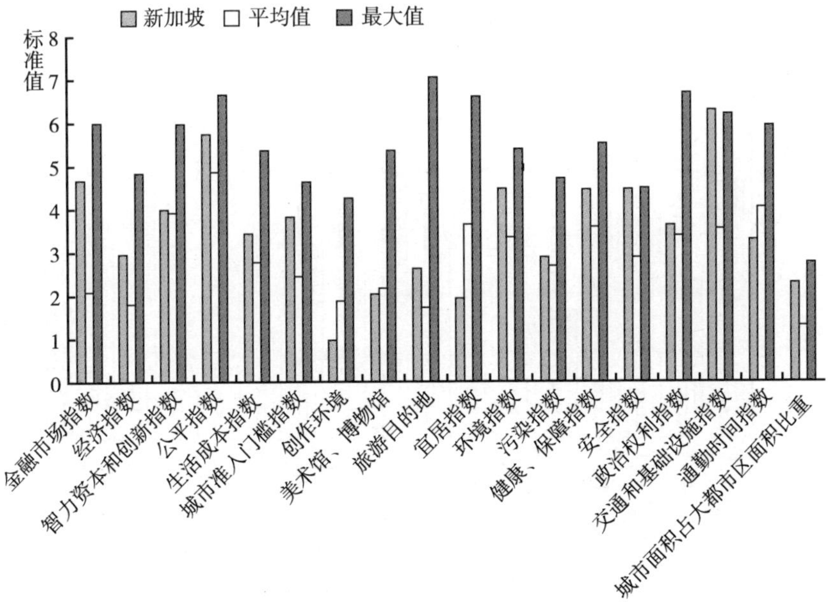
新加坡
平均值
最大值
标准值
0
1
2
3
4
5
6
7
8
金融市场指数
经济指数
智力资本和创新指数
公平指数
生活成本指数
城市准入门槛指数
创作环境
美术馆、博物馆
旅游目的地
宜居指数
环境指数
污染指数
健康、保障指数
安全指数
政治权利指数
交通和基础设施指数
通勤时间指数
城市面积占大都市区面积比重

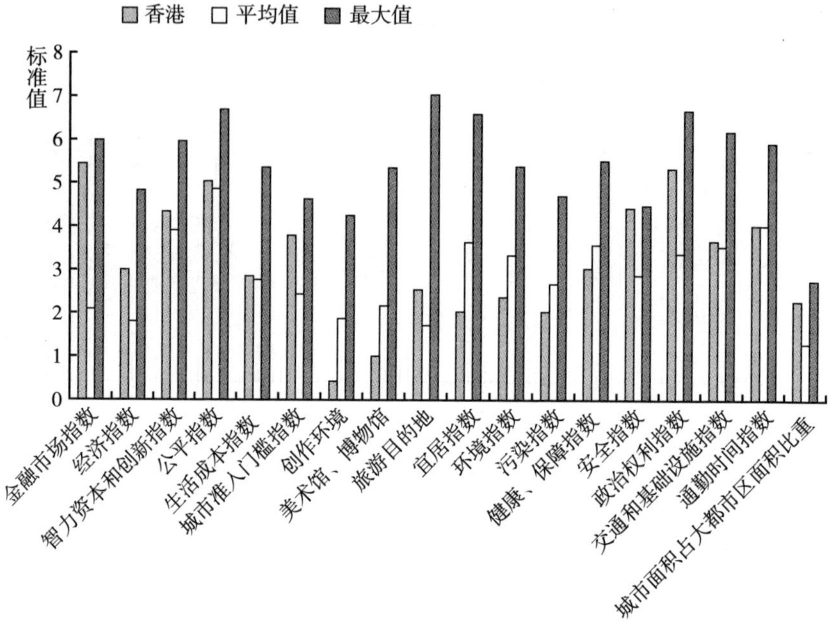
香港
平均值
最大值
标准值
8
7
6
5
4
3
2
1
0
金融市场指数
经济指数
智力资本和创新指数
公平指数
生活成本指数
城市准入门槛指数
创作环境
美术馆、博物馆
旅游目的地
宜居指数
环境指数
污染指数
健康、保障指数
安全指数
政治权利指数
交通和基础设施指数
通勤时间指数
城市面积占大都市区面积比重

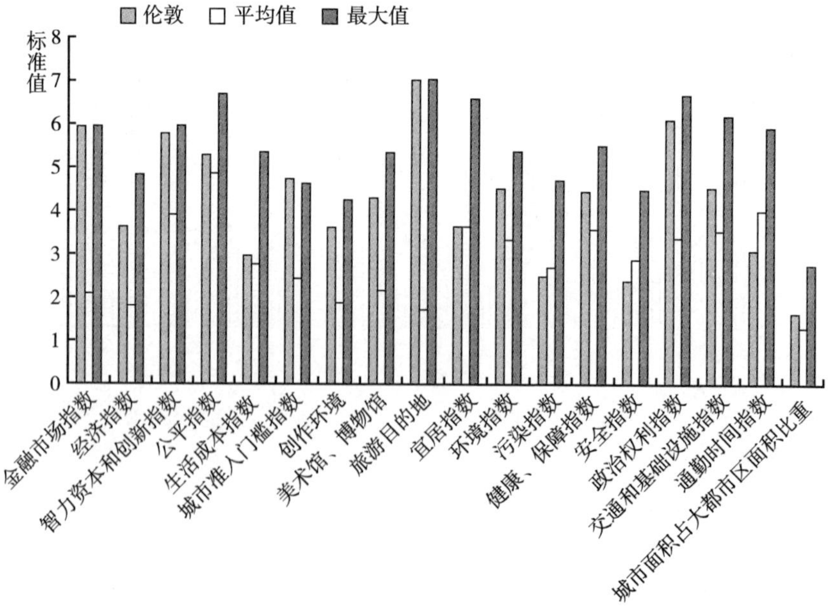
伦敦
平均值
最大值
标准值
8
7
6
5
4
3
2
1
0
金融市场指数
经济指数
智力资本和创新指数
公平指数
生活成本指数
城市准入门槛指数
创作环境
美术馆、博物馆
旅游目的地
宜居指数
环境指数
污染指数
健康、保障指数
安全指数
政治权利指数
交通和基础设施指数
通勤时间指数
城市面积占大都市区面积比重

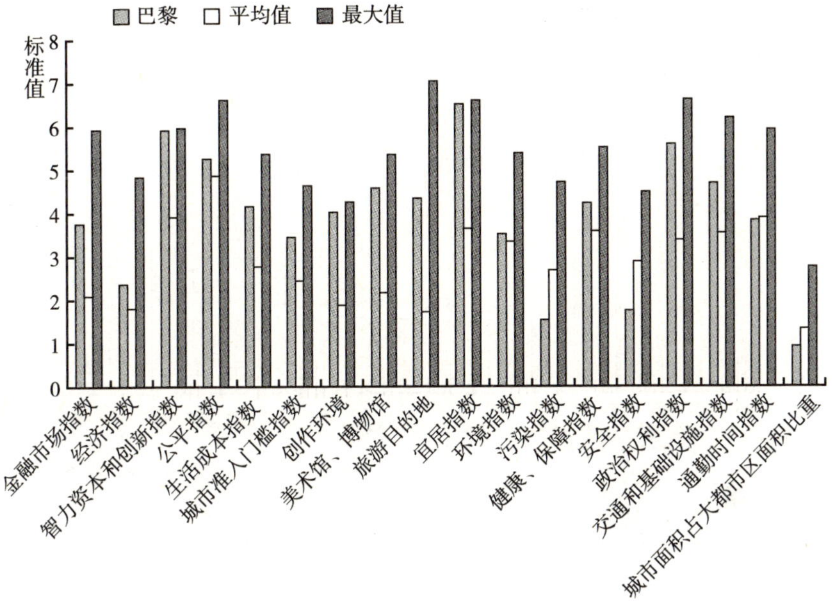
巴黎
平均值
最大值
标准值
8
7
6
5
4
3
2
1
0
金融市场指数
经济指数
智力资本和创新指数
公平指数
生活成本指数
城市准入门槛指数
创作环境
美术馆、博物馆
旅游目的地
宜居指数
环境指数
污染指数
健康、保障指数
安全指数
政治权利指数
交通和基础设施指数
通勤时间指数
城市面积占大都市区面积比重

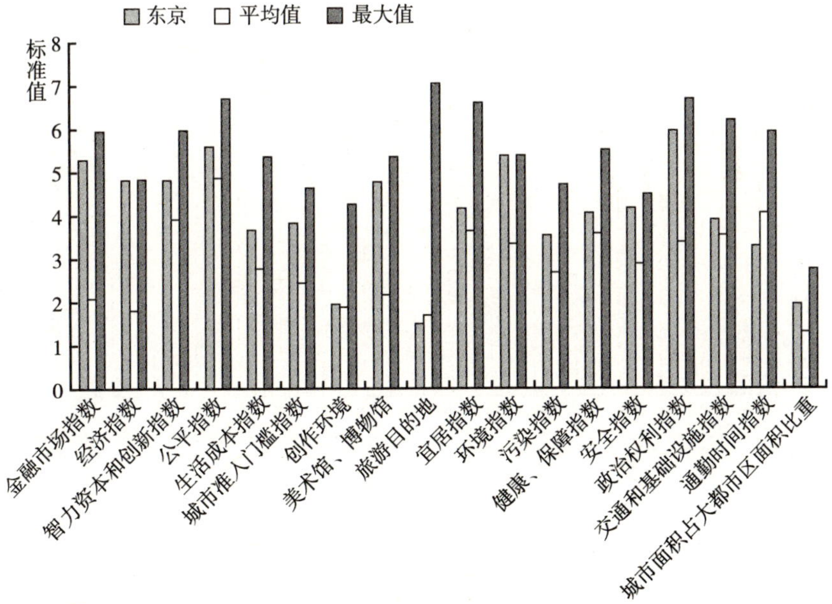
东京
平均值
最大值
标准值
8
7
6
5
4
3
2
1
0
金融市场指数
经济指数
智力资本和创新指数
公平指数
生活成本指数
城市准入门槛指数
创作环境
美术馆、博物馆
旅游目的地
宜居指数
环境指数
污染指数
健康、保障指数
安全指数
政治权利指数
交通和基础设施指数
通勤时间指数
城市面积占大都市区面积比重

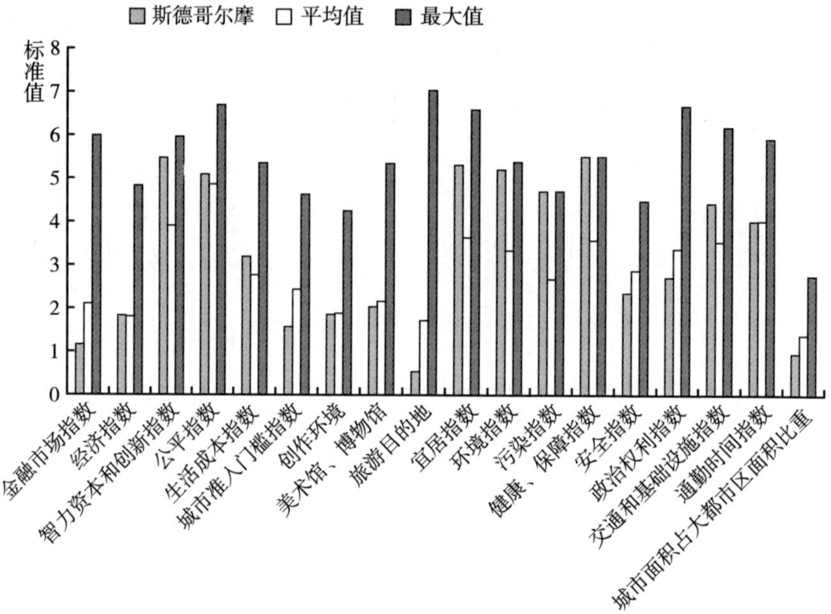
斯德哥尔摩
平均值
最大值
标准值
0
1
2
3
4
5
6
7
8
金融市场指数
经济指数
智力资本和创新指数
公平指数
生活成本指数
城市准入门槛指数
创作环境
美术馆、博物馆
旅游目的地
宜居指数
环境指数
污染指数
健康、保障指数
安全指数
政治权利指数
交通和基础设施指数
通勤时间指数
城市面积占大都市区面积比重

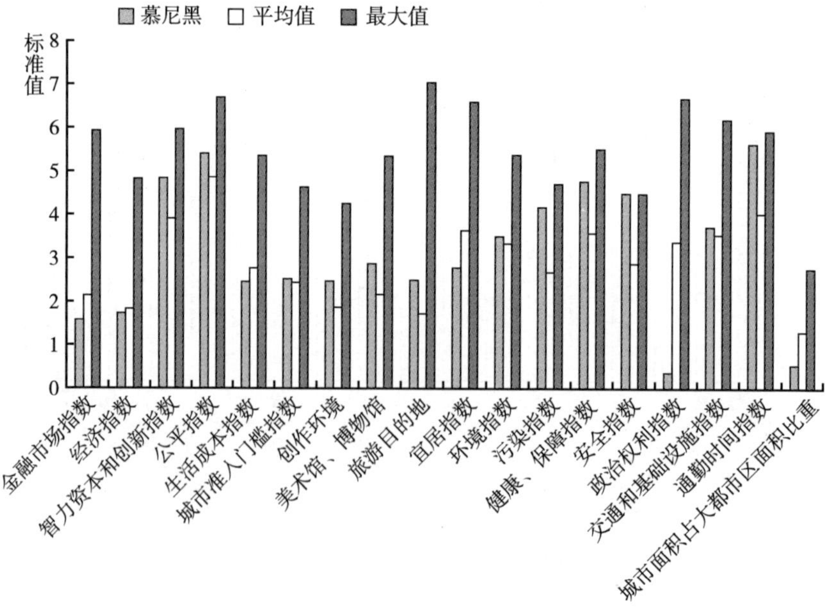
慕尼黑
平均值
最大值
标准值
0
1
2
3
4
5
6
7
8
金融市场指数
经济指数
智力资本和创新指数
公平指数
生活成本指数
城市准入门槛指数
创作环境
美术馆、博物馆
旅游目的地
宜居指数
环境指数
污染指数
健康、保障指数
安全指数
政治权利指数
交通和基础设施指数
通勤时间指数
城市面积占大都市区面积比重

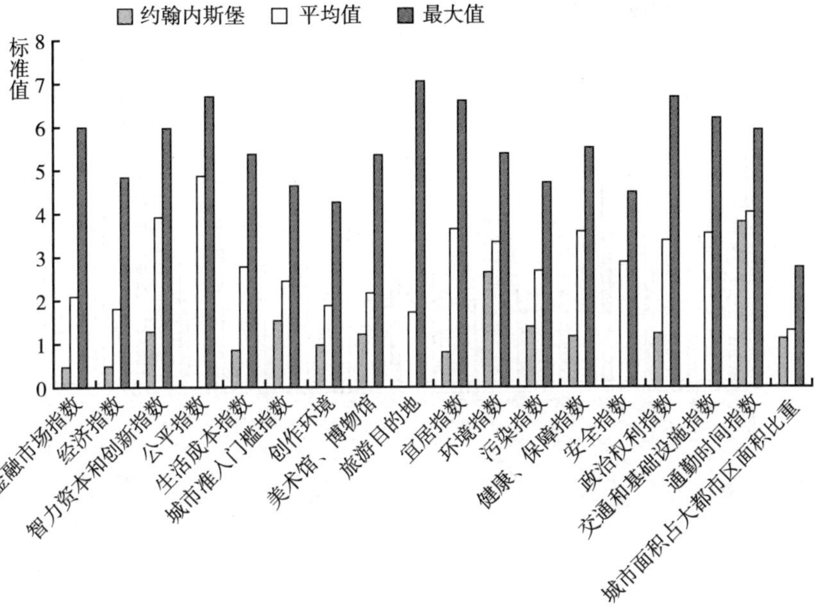
约翰内斯堡
平均值
最大值
标准值
0
1
2
3
4
5
6
7
8
金融市场指数
经济指数
智力资本和创新指数
公平指数
生活成本指数
城市准入门槛指数
创作环境
美术馆、博物馆
旅游目的地
宜居指数
环境指数
污染指数
健康、保障指数
安全指数
政治权利指数
交通和基础设施指数
通勤时间指数
城市面积占大都市区面积比重

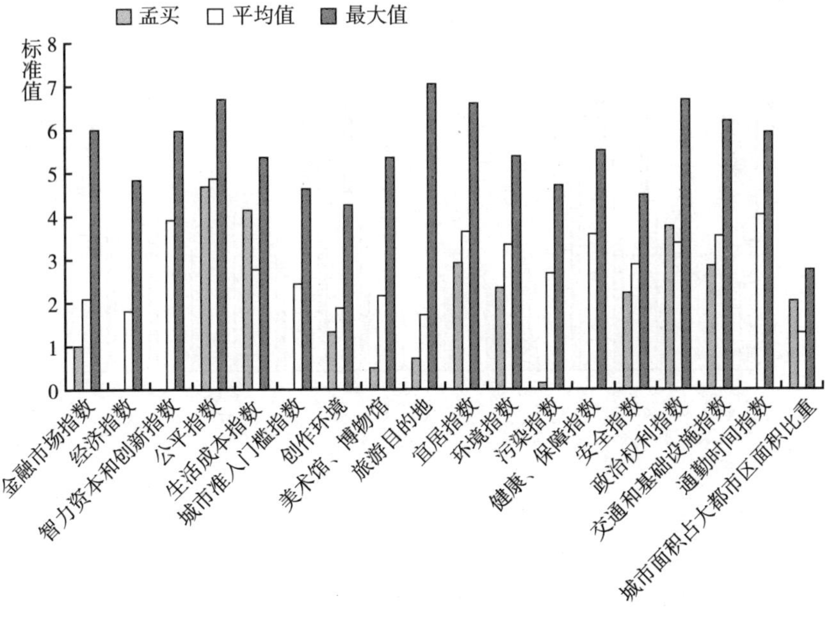
孟买
平均值
最大值
标准值
0
1
2
3
4
5
6
7
8
金融市场指数
经济指数
智力资本和创新指数
公平指数
生活成本指数
城市准入门槛指数
创作环境
美术馆、博物馆
旅游目的地
宜居指数
环境指数
污染指数
健康、保障指数
安全指数
政治权利指数
交通和基础设施指数
通勤时间指数
城市面积占大都市区面积比重

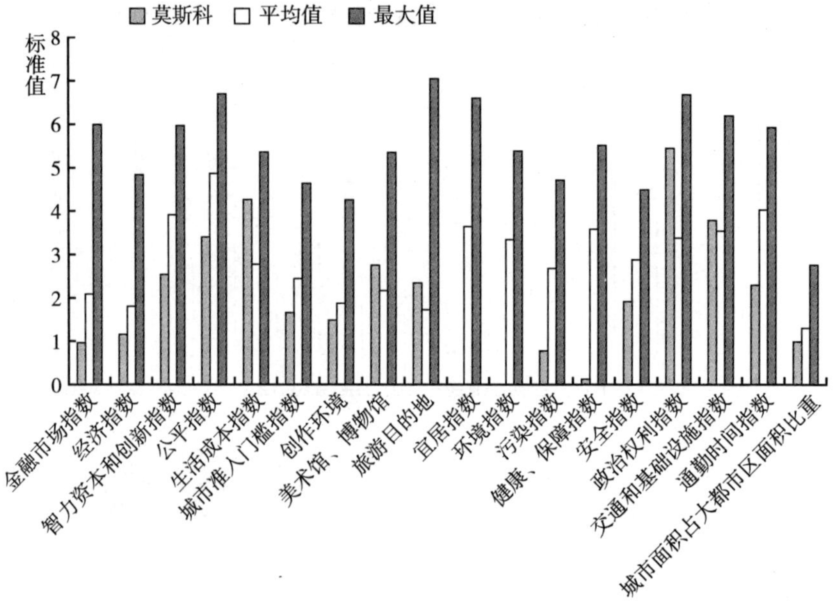
莫斯科
平均值
最大值
标准值
8
7
6
5
4
3
2
1
0
金融市场指数
经济指数
智力资本和创新指数
公平指数
生活成本指数
城市准入门槛指数
创作环境
美术馆、博物馆
旅游目的地
宜居指数
环境指数
污染指数
健康、保障指数
安全指数
政治权利指数
交通和基础设施指数
通勤时间指数
城市面积占大都市区面积比重

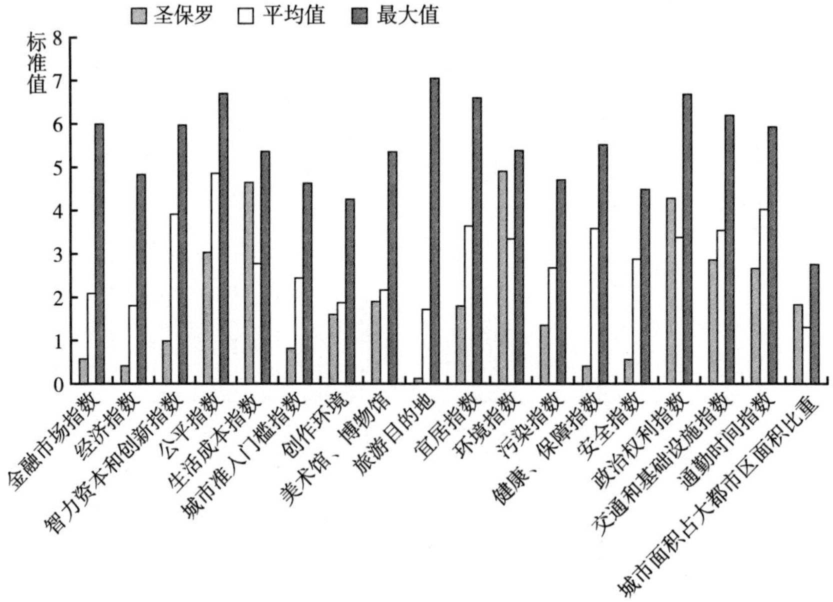
圣保罗
平均值
最大值
标准值
8
7
6
5
4
3
2
1
0
金融市场指数
经济指数
智力资本和创新指数
公平指数
生活成本指数
城市准入门槛指数
创作环境
美术馆、博物馆
旅游目的地
宜居指数
环境指数
污染指数
健康、保障指数
安全指数
政治权利指数
交通和基础设施指数
通勤时间指数
城市面积占大都市区面积比重

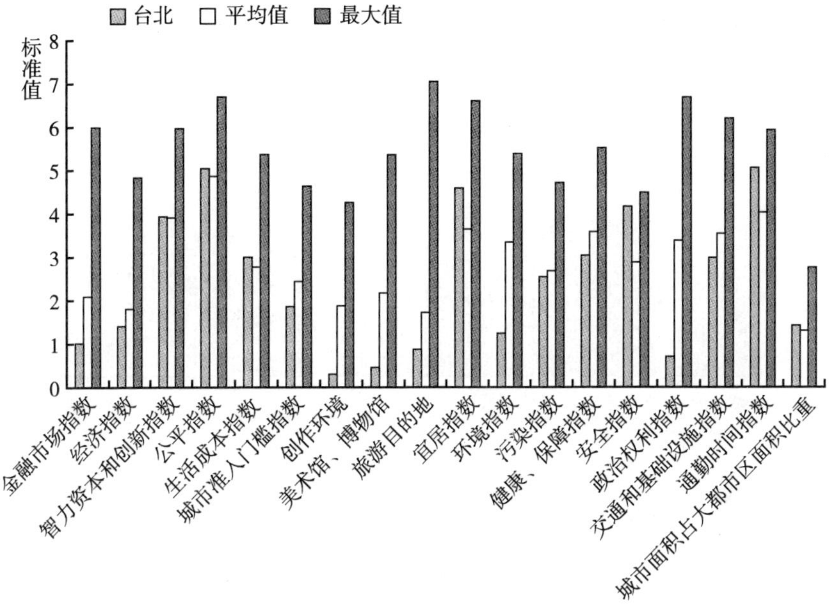
台北
平均值
最大值
标准值
8
7
6
5
4
3
2
1
0
金融市场指数
经济指数
智力资本和创新指数
公平指数
生活成本指数
城市准入门槛指数
创作环境
美术馆、博物馆
旅游目的地
宜居指数
环境指数
污染指数
健康、保障指数
安全指数
政治权利指数
交通和基础设施指数
通勤时间指数
城市面积占大都市区面积比重

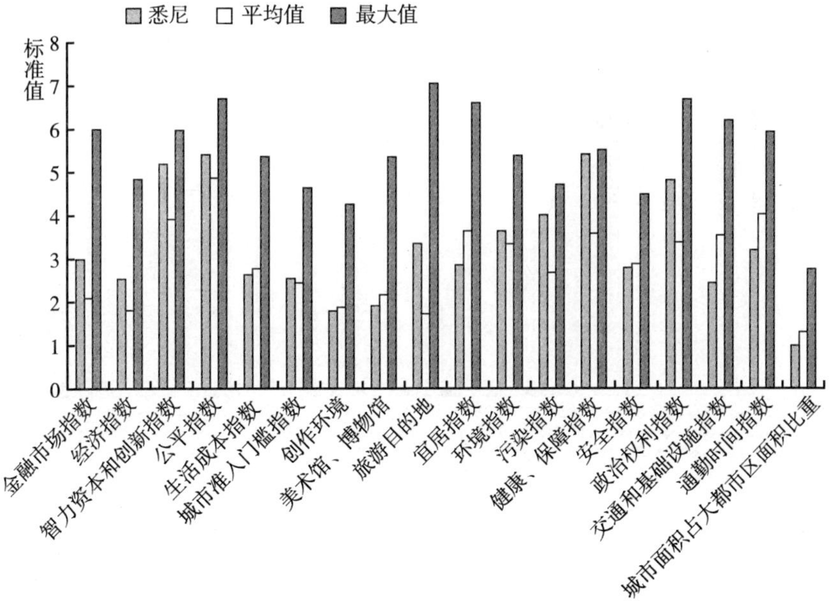
悉尼
平均值
最大值
标准值
8
7
6
5
4
3
2
1
0
金融市场指数
经济指数
智力资本和创新指数
公平指数
生活成本指数
城市准入门槛指数
创作环境
美术馆、博物馆
旅游目的地
宜居指数
环境指数
污染指数
健康、保障指数
安全指数
政治权利指数
交通和基础设施指数
通勤时间指数
城市面积占大都市区面积比重

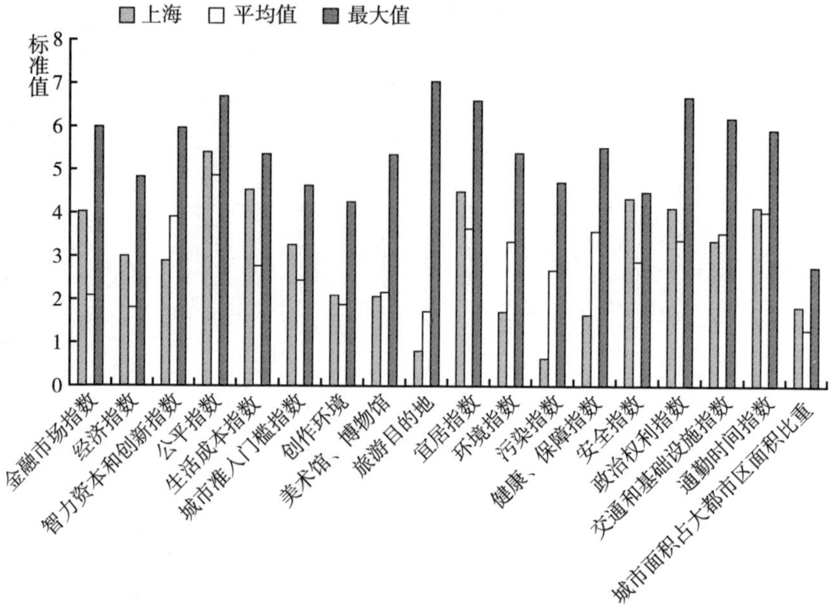
上海
平均值
最大值
标准值
8
7
6
5
4
3
2
1
0
金融市场指数
经济指数
智力资本和创新指数
公平指数
生活成本指数
城市准入门槛指数
创作环境
美术馆、博物馆
旅游目的地
宜居指数
环境指数
污染指数
健康、保障指数
安全指数
政治权利指数
交通和基础设施指数
通勤时间指数
城市面积占大都市区面积比重

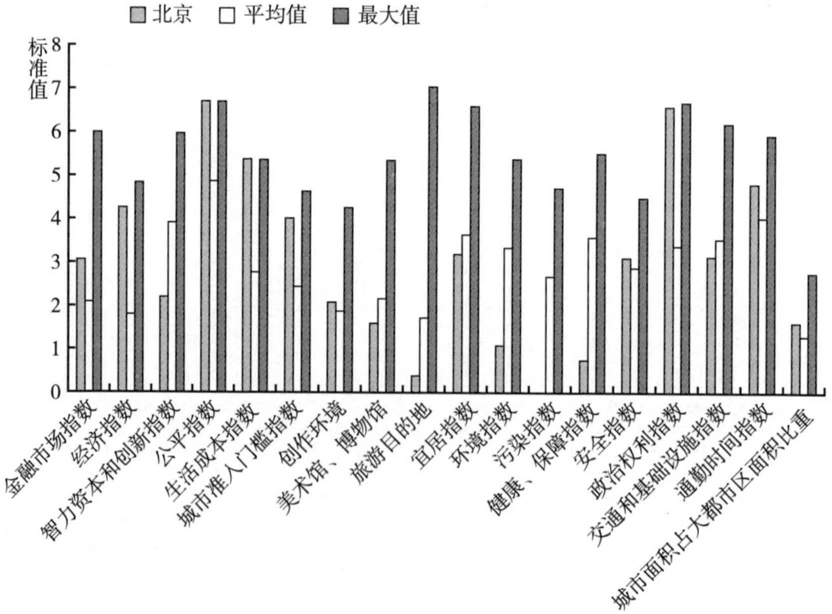
北京
平均值
最大值
标准值
8
7
6
5
4
3
2
1
0
金融市场指数
经济指数
智力资本和创新指数
公平指数
生活成本指数
城市准入门槛指数
创作环境
美术馆、博物馆
旅游目的地
宜居指数
环境指数
污染指数
健康、保障指数
安全指数
政治权利指数
交通和基础设施指数
通勤时间指数
城市面积占大都市区面积比重

城市创新篇

Urban Innovation

B.2

发达国家城市创新地理的培育机制

李　健

摘　要：在对城市的研究中，如何理解创新城区空间组织演化机制并用以指导实践发展是当前重要课题。本报告借鉴布鲁金斯对创新城区资产构成的分析，把握创新城区演化的角色体系，进而从企业维度、政府维度对创新城区的成长机制进行考察，基于此提出发展启示。

关键词：创新城区　创新地理空间　成长机制

作为一种全新的空间结构形态，创新城区与过去以地租理论为核心主线的城市空间组织截然不同。那么，以何种要素来重新解释创新城区空间组织演化机制并用以指导实践发展就成为亟须解决的问题。布鲁金斯《创新城区的崛起：美国创新地理的新趋势》报告通过对创新城区资产构成进行分析，把握创新城区演化的角色体系，进而从企业维度、政府维度对创新城区的成长机制进行考察，对不同主体推进创新城区发展的作用和渠道进行了梳理。

一　创新城区的资产构成

创新城区包括驱动创新性、包容性和可持续发展等全新社会内涵，其中的作用机制仍有待挖掘。与基于功能分工的城市空间组织或围绕城市交通枢纽发展形成的城市活动中心发展机制不同，创新城区主要包括三种构成：经济资产、空间资产、网络资产，通过三种资产的互动作用推进创新城区发展。其中经济资产包括驱动、培育与支撑创新性环境的企业、机构和组织；空间资产包括三类主体，即公共领域空间、私人领域空间、连接创新城区与其他城区的渠道；网络提升创新经济集群的价值与产出的能力，已得到学术界乃至产业界的广泛认可，网络资产主要分为“强连接”与“弱连接”两种，其判别标准主要来自行为体之间的联系频度、相互关系的情感强度、互动行为的互惠度等。

以上三种资产的相对力量在不同社区有所不同。有的地方创新城区脱胎于强的经济资产集群，但可能缺乏重要的空间资产，需要重新进行城市空间总体规划和设计；在另外一些案例中，创新城区空间资产丰富，但是经济资产、网络建设亟待强化。创新城区只有通过三种资产的有机结合，特别是在一种活跃性、支持冒险的文化氛围中才能得到最好的发展，形成创新生态系统。一个好的创新生态系统就是人群、企业以及地方之间的良好协同关系，这些有利于思想产生和加速商业化运作。

报告提出，通过研究和访谈都显示，支持冒险的文化可以不断提升创新效率，包括：通过风险投资来开发项目并容忍失败；打破传统的、垂直性的等级体系，重视从二三十岁的年轻人到更具经验的领导阶层的人才多元性；改变研究机构和组织中存在的传统规则，企业间可以自由流通思想，共享空间和技术；具有长远目光而非追求短暂回报，因为创新过程在突破阶段很难得到收益。

许多资产可能表现为一种传统要素，这些资产已经成为城市经济发展的重要组成部分，它们正被重新设计来支持创新活动、贸易部门等，推进城市经济发展。例如研究性大学，过去往往被描述为一个具有研究部门的教学机构，但现在正日益成为推进创新活动商业化和进入市场的主体力量，工作内容包括高效率技术转移办公室、投资创新加速器、鼓励和支持相关产品、开发临近土地并集中这些未来的经济增长力量。

二　创新城区的推进主体

从目前的经验看，创新城区大概包括三种类型："支柱核心"型（Anchor Plus），主要是位于中心城区，在主要的支柱创新机构周边形成大规模的混合功能开发和参与主体，典型代表包括坎布里奇市的肯戴尔广场、费城大学城、匹兹堡的大奥克兰社区等。"城市区域再造"型（Re-imagined Urban Areas），一般是旧城改造区域，区域内的工业或仓库区有待功能利用转型，通过与先进研发机构与支柱性企业的合作共同推动区域创新发展，典型代表包括波士顿的南岸区域、旧金山的 Mission 海湾、西雅图南湖联合区域及布鲁克林海军码头区域。"城市化科技园区"型（Urbanized Science Park），一般位于郊区及城市远郊的区域，这些以往是孤立、蔓延式的区域，通过高密度开发及融合一系列零售、酒店等新功能来提升城市开发，北卡罗来纳创新三角区域、威斯康星-麦迪逊大学的研发园区、弗吉尼亚大学研发园区以及亚利桑那大学科技园等都是典型代表。

但创新城区到目前为止仍然属于一种地方化现象，包括政府、企业、大学、开发商等积极参与其中并推动发展。从美国最近的发展趋势看，一些国家级或者全球性机构已通过资本及设施投资创新城区建设。按照目前的发展趋势，未来创新城区在尺度和规模方面都将持续增加，这主要受市场和人口、开放创新、地方政府及地方领先投资公司等驱动。如果创新城区在更大范围内充分发挥其潜力，包括那些具备专业知识的资产富裕公司、公民实体、金融机构都会进行规模投资，推动创新城区的规划和建设。

（一）企业吸引力

到目前为止，地方机构和民间投资仍然在推进创新城区发展的动力体系方面扮演主要角色，利用地方机构的资产作为撬杆吸引更广泛的投资。也有全球性的技术巨头如微软、谷歌，大型医药企业如 Pfizer 和 Novartis，大型城市开发公司如森林城市企业等，开始注意创新发展的趋势，开始投资边缘创新城区。但整体而言，大型企业和全球机构尚未发力。要充分推进全社会特别是企业力量对创新区域的关注，需要突出以下几个方面。

1. 创新城区是一个独立城市次级空间地理单元，具有和传统城市新区一样的高投资回报

当风险和收益日益明显的时候市场开始形成，投资者便可以采用明智的投资方式。追踪创新城区经济趋势（包括居住增长、房地产价值评估、商务信息和增长、技术转移活动）将会给予投资者大规模进入市场的信心。投资于创新型企业和创业企业的公司，可以从更宽广的城市和大都市区尺度来考察投资环境。那些专注于混合利用开发和城市零售开发的企业（如 Post Properties，Whole Foods）将会视创新城区为肥沃的地理土壤，积极布局以销售他们的产品和服务。那些能提供创新产品和服务的企业（如法律、审计、市场营销、咨询等）也将会转移布局。

考虑到创新城区对于工作岗位供给的巨大潜力、社会慈善等，公司和公民都意识到推进创新、包容发展的红利。此外，考虑到这些创新社区的企业家精神，通过社会募集来推进创新和社区计划的需求将会成倍增长。简言之，创新城区代表着市场创造的一种形式，随着数据和分析日益突出，这种市场形式将会在规模及尺度上实现增长。先行企业在初始投资中获取的高收益，使得常规投资的标准化和范式逐步建立。

2. 创新城区最终需要被认为是一个统一的资产体系，具有多元投资的协同效应，强化彼此之间的价值联系

金融机构、政府机构、社会服务全面融资（例如股权投资、贷款和赠款等）需要布局于一个小的地理空间，互动作用的方式在于提升不同要素的价值。与之比较，创新城区提供一个可能的工具来实现“横向思考跨越产业和部门”，并且克服城市投资中来自于破碎资源的“垂直分散”的倾向。随着创新城区的演化，能够刺激新的金融创新和释放新的资本流，大型商业银行则会通过特殊措施来将他们的无空间属性的产品和金融工具进行空间连贯，其他大型金融机构可能直接投资于设计、执行、管理等新领域业务的企业和中介机构。最后的发展结果就是：有足够的早期风险资本和商业借贷来支持创新城区中企业的建设和扩张，通过房地产、小型商业、社区借贷等来强化区域建设，为企业和员工提供奋斗的场所和混合利用的办公空间。

（二）政府原动力

到目前为止，美国政府并没有刻意鼓励创新城区的崛起，甚至并没有意识到这种发展趋势。政府积极参与会加速创新城区的建设和成长，丰富这种新趋势的内涵，主要可以发挥三方面的重要作用：刺激创新和创业、融资和调整土地及改善基础设施、提升人力资本。

1. 刺激创新和创业

在美国，如果没有联邦政府投资基础和应用科学、各州政府建设公立大学等基础力量，很难想象在20世纪后期会出现硅谷、创新三角及波士顿大都市区等知识城市。联邦政府和州政府的一系列发展政策为创新提供了机构平台，促进了思想的产生和商业化运作及企业的成长、扩张。

美国联邦政府和州政府在过去的创新发展阶段分别发挥了不同作用。例如，联邦政府在研究资金资助方面发挥主要作用，在2011财年的研究实际支出约为1257亿美元，而州政府（地方政府）大概只有38亿美元的支出，多数是投向大学及学院的学术研究。联邦政府也通过中小企业管理部门以及进出口银行的借贷等支持创业、企业扩张和贸易活动。与之比较，州政府主要投资公立大学及与地方产业集群、竞争优势、税务、旧城改造和更新等投资性支出密切相关的高端研究活动。无论是对于联邦政府还是州政府而言，最重要的是保持现状和提供持续的平台来资助支持创新。在当前财政紧缩现状下，保持现状就是最大的胜利。但仍然有几个方面的目标需要联邦政府和州政府考虑。

• 高级研发机构再布局。考虑到创新空间地理的转移，联邦政府和州政府应该考虑到在创新城区布局新的或者成熟的高端研发设施的再布局。联邦政府在俄亥俄州的 Youngstown 设立第一家国家制造业创新研究所，临近中小企业制造业集群；加州政府在旧金山的 Mission Bay 地区设立再生医学研究所；公立大学高端研究设施向创新城区的转移也已经变成一种趋势。在未来 10 年里，政府需要思考高级研发机构的再布局，以更好地刺激市场和考虑政府投资的回报率。

• 瞄准研究资金。随着联邦政府投资于研发领域的资金变得更少，州政府将会扮演更加重要的作用，这有利于保持地方特定行业的地位和竞争优势。最近在加利福尼亚、马萨诸塞、新泽西、纽约、得克萨斯等州出现针对这种发展趋势的公民征求意见活动。

• 催化资金。地方政府往往通过特殊的税收政策和支出政策等推进创新活动机构平台的成长，包括纽约政府在最近花费 4500 万美元帮助俄亥俄州的爱迪生焊接研究所搬迁到水牛城。与此同时，马萨诸塞州也投资 500 万美元来帮助建设坎布里奇的实验中心设施。这类目标性投资都填补了基础科学和应用研究的基础资金需求。

2. 融资和调整土地及改善基础设施

政府传统上一直在融资和调整城市土地等方面发挥最大作用。在不同层面上，各级政府都会直接或间接地投资交通、公园、住宅等基础设施。就创新资本而言，联邦政府和州政府对于基础设施的投资在近些年变得不太可靠，这主要受困于财政紧张和党派意见不同。因此，需要保证这类资金的持续性，才能保证创新城区的持续建设。

• 基础设施障碍的清除。许多创新城区特别是那些位于滨水区和中心城区的地方，仍然存在一些过去发展如20世纪中期高速公路建设所带来的空间伤疤，这些伤疤往往将统一的社区分割，破坏城市街道的有机组织和城市空间的连接性，将这样的基础设施清除可以刺激创新市场的发育。波士顿滨水区创新城区的建设，就是将高速路拆除，进而将滨水区与波士顿大都市区更好地联系在一起而形成。

• 智慧利用税收刺激。创新城区通常要面临城市历史文化价值保护的难题。如果对这些建筑进行改造，能够成为一个区域品牌的重要组成部分，创新城区仍然倾向于承担这个包袱，即使这个地块因为工业利用而遭受污染需要重新整治，这个整治的成本可能超过其市场价值。在这个过程中可以借鉴针对文物保护、棕地治理、土地征集的税收政策，特别是在创新城区的开发过程中可以更好地利用并推广，例如圣路易斯的Cortex区域通过利用税收政策已经取得较好的成功。

• 智慧的资产标准。当居住、零售和小规模的创新活动已经围绕交通转乘站点和支柱机构开始运转的时候，创新城区就开始形成。过去，联邦政府禁止这种混合利用发展模式，而是建设一个公共平台为某个家庭提供资助。随着2008年全球性金融危机后的住房改革，混合利用开发和多户家庭标准将会对创新城区的发展提供帮助。

3. 提升人力资本

在城市和大都市区域，联邦政府和州政府深深影响着基础教育和技能培训。在2011财年，美国教育部花费680亿美元用于高等教育方面，州政府同样花费2610亿美元在高等教育领域，在整体教育方面地方政府的花费更是超过6000亿美元，美国劳工部花费97亿美元在劳动力技能培训方面。创新城区能够从政府大规模投资方面获益，特别是创新城区发展需要的特殊教育和特殊技能。为此，有几个模式值得关注。

• 学徒实习制。在南卡罗来纳州几个重要的产业集群中，企业实施学徒实习制度，为在职员工提供有效的在职培训机会。这个模式出自南卡罗来纳州理工学院系统，与企业建立实习联系。

• 俄勒冈的职业途径。更多关注俄勒冈人取得高等教育证书的数量，注重为需要高于高中水平但低于大学水平要求的工作岗位做好准备。该项目通过全州 17 所社区大学推行，例如在波特兰社区大学，职业培训计划主要推进的课程和证书包括会计、制造和医学编码。

• 纽约州路径。该模式是为一些后进学生培养在技术、制造、健康服务及金融等领域的工作技能，该模式是一个持续六年，涵盖高中、大学、职业培训等诸多阶段的培训进程。

三　创新城区的未来发展与启示

创新城区在美国已经成为重要的发展趋势，体现出新的发展理念："要开放而非封闭、要企业家精神而非官僚主义、要网络化而非等级化"等。创新城区也强化了城市发展的本质：人才集聚场所推动人们交流知识和思想，皮特·霍尔认为这个过程即为"创新、模仿和提升的过程"。创新城区当前的活动主体依然以地方角色为主，但未来跨国公司和资本将会很快嵌入这个新城市地理的空间，活动主体和力量的变化必然加快创新城区的扩张和发展进程，作为地方政府应该适应这个趋势，最终推进包容性经济在创新城区的率先实现。

1. 在经济资产、空间资产建设的过程中，重视网络资产的建设

在资本驱动阶段，投资、土地开发成为城市建设中的重点领域。但在创新驱动发展的阶段，交易成本超过土地成本成为创新企业成本构成的主要组成部分。因此，通过重视网络资产的建设，可以发挥优化投资环境的功能，降低企业成本。

2. 充分发挥政府在创新城区建设中的引领作用

实际上，创新城区作为一个独立的城市新功能空间，与传统城市功能空间一样需要多元主体参与开发，但在发展初期，政府投资的撬杆作用仍然需要充分发挥。从美国创新城区的发展经验看，包括创新创业、土地开发、税收政策、基础设施及人力资本培训等诸多领域的建设和发展都需要政府发挥

引领作用。

3. 在创新城区建设中，必须突出企业的参与

即便在美国，当前的创新城区建设仍然是以政府投资为主。但作为市场的核心力量，强化企业的全面介入、构建多元投资的体系才是创新城区持续健康发展的保证。从未来发展的趋势看，不仅是地方企业，包括国家级、全球性大型企业都有融入创新城区建设的潜力。

4. 结合城市发展趋势推进创新城区建设

当前我国特大城市都进入旧城改造和园区转型升级的发展阶段，从美国创新城区的发展类型看，包括“城市区域再造型”、“城市化科技园区”分别与之对应。高校、科研院所生产的创新创意知识同样进入辐射阶段，对应“支柱核心”型。剖析不同类型创新城区发展机制，在城市发展进程中推进创新城区建设应该成为当前阶段的重要任务。

参考文献

Bruce Katz, Julie Wagner, *The Rise of Innovation Districts*: *A New Geography of Innovation in America*, Brookings Institution, 2014.

Richard Florida, *Startup City*: *The Urban Shift in Venture Capital and High Technology*, Toronto: Martin Prosperity Institute, 2014.

Suzanne Berger, *Making In America*: *From Innovation to Market*, Cambridge: MIT Press, 2013.

B.3
发展中国家的创意经济塑造机制*

林 兰

摘 要： 地方创意经济的发展已经引起专家学者的普遍重视。地方创意经济发展的目的是建立各文化部门的关联、扩大文化选择、提高文化生存，使经济生活不仅可持续而且可变革。本文分析了地方的“文化表达”和地方创意经济发展的必要条件及其可能产生的积极结果。

关键词： 地方 文化 创意经济

世界贸易和发展会议 2013 年 5 月公布的数据显示，2011 年创意商品和服务的世界贸易总额达创纪录的 6240 亿美元，比 2002 年增加了一倍，平均年增长率为 8.8%。发展中国家创意商品出口增长更为迅猛，同期年增长率为 12.1%。许多新的城市区域正逐渐成为主要的经济和文化引擎，特别是亚太及拉美地区的一些城市，如曼谷、拉各斯、墨西哥城、孟买、首尔等。

报告指出，“文化经济”考量的是文化要素究竟能否转换为文化经济，取决于文化与社会的关系。从这个意义上来说，经济应该是文化的一部分。当前，地方文化发展失败的地方主要在于：没有将文化最终聚焦到人，没有在满足个人需求的基础上进行经济发展；忽略了对话，没有倾听个人的文化诉求。地方创意经济发展的目的本身不仅仅是解决经济发展的需要，更重要

* *Creative Economy Report 2013: Widening Local Development Pathways*, UNESCO, 2013, http://www.unesco.org/culture/pdf/creative-economy-report-2013.pdf.

的是建立非独立的、相互关联的创意经济部门，以扩大人们的选择范围，提高生存能力，使经济生活不仅可持续而且可变革。

一　地方（Local）尺度“文化表达”的特点

发展中国家的“文化表达”往往在小的地域范围内产生，因为是地方性的，所以会形成各式各样的“文化能量”。这些“文化能量”具有积极的意义，如激发民众想象力、增强应变能力，增加社会资本，在参与者之间建立起强联系，增强个人的自我认同感，发现文化参与者等。

在许多情况下，决策者（政府）很难对小区域的“文化表达”做出反应，因为地方性的“文化表达”往往就像一个“自由社会”——艺术表达多样、自由、开放、灵活、对抗正统和教条。因此，地方尺度的创意经济政策需要考虑的方面十分广泛。

二　发展中国家地方创意经济发展的要素分析

1. 融资渠道

毫无疑问，发展中国家创意经济发展最主要和最为棘手的挑战是融资，因为文化类企业的运作是非营利和商业活动的混合体。在某些情况下，持续的补贴是不可或缺的，因此保持资金平衡至关重要。这种挑战在发达国家屡见不鲜，在发展中国家更加突出。一个有趣的现象是，由于后发性的发展特点，发展中国家文化创意产业部门的资金多来自于在发达国家的文化交流发展合作预算，而不是从地方政府预算获得，这也从另一个侧面证明了文化合作的重要性。

2. 文化经济

在采取任何激励创意经济发展的措施之前必须要明确：文化经济不是一个抽象的概念，而是在特定情况下由演员、中介机构和消费者等多元创造－消费群体构成的。因此，需要细致考虑文化产品的生产、分配和消费比重，以确保每个文化经济的参与者有所得。

要做到这一点，必须充分了解经济和文化的互动。对创意经济来说，文化不是一个简单的“层面”和与经济割裂的东西，而是日常生活中经济活动的过滤器；文化创意就是人与社会复杂关系网络随着时间推移积累的经济行为，在不同的地方形成特定的文化创意产业。对于 Local 这个空间尺度来说，创意经济的路径依赖表现得十分显著，历史的积淀十分重要，自然环境和历史遗产是创意产业发展的关键基础。

3. 克服阻碍

文化机构在促进创意产业发展中具有积极的作用，对于城市重建起到了催化作用。在发展中国家，由于税收基础有限，竞争激烈，社会、经济、法制基础薄弱（如食品安全无法得到保障、基础设施落后、生存环境相对恶劣），往往阻碍投资方对于这些机构的大量投资。

在发展中国家，发展创意经济的一个重要的障碍是距离和隔离。虽然数字平台可以解决距离的问题，但它仍然不可避免地产生面对面交流的障碍，以至于不可能产生像发达国家那样的高度聚集的创造性环境，阻碍文化生产者和消费者之间的联系与沟通。而文化机构在这里扮演了一个重要的角色，即通过搭建各种平台，消除时间和空间隔离产生的创意经济发展的地方区位劣势。

4. 知识产权

地方的创意经济发展需要一个正常运作的知识产权系统。这个系统为创意经济各方主体提供多方面的机会，通过管理创意的所有权帮助其增值，从而促进文化产品和服务贸易，惠及个体创作者以及创意社区。知识产权系统提供的奖励、鼓励投资机制和可持续的商业发展模式，有助于产生持久的经济效益和社会效益。

能提供有效的健全的版权保护的知识产权制度可以使当地的文化活动真正成为经济发展的引擎，通过创作者在当地社区中的创作产生收益。文化的表达由广泛的社会要素构成，版权法规政策能够保障渗透到基层的创意创作有经济机遇，即产生经济效益的可能。值得一提的是，这也是发展中国家以社区为基础的创意经济融入国家和全球经济、提高当地文化发展潜力的有效手段，对最不发达的国家和地区来说尤为重要。

5. 以人为本

（1）利益平衡

在决策和资源分配时找到个人利益和集体利益的平衡点是十分不易的，也难以保持。将文化创意产业建成崇尚道德和社会目标的社区型产业往往需要很长的酝酿期，需要各个利益方良好的沟通并制定复杂的谈判原则。

（2）不同意见

文化创意的表现力和情感维度中往往折射出不和谐甚或辩论式的表达，因此文化创意的繁荣客观上需要听取不同意见。其面临的危险莫过于在发展的过程中丢失了“文化的”和“创新的”元素，生产的新文化产品仅仅“旧瓶装新酒”，仅是“基于业务发展的文化表达”，从而错过加强对话和辩论的机会，最终错过对被边缘化人群的文化创新、创意开发。

（3）跨越边界

尽管“文化表达”可能引起摩擦，但它们也能克服摩擦。例如音乐、文学、电影和剧院都可以使移民者增强对社区文化的熟悉程度，使其摆脱物理空间和隐蔽的束缚，在社区中探索、识别、表达自己新的身份。

6. 创意扩张

（1）跨国关系和流程

创意经济的发展不受国界制约，相反，它使复杂的人、思想、资源、产品形成错综复杂、紧密联系的网络，有助于地方文化的全球化拓展。由于物理连接在文化创意发展中是一个十分重要的手段，因此支持文化创意产业的数字平台建设是当前的发展热点。仍然重要的是地方之间的物理连接、创意工作者的国际流动及其产生的多元社会都对整个世界的文化发展做出了贡献。

（2）进入全球市场

地方的文化最终将进入国际市场。从经济效益来看，即使发展中国家的文化市场只占全球市场的一小部分，但走出去的文化仍然可以获得比在国内发展更大的成功和更多的销售回报，从而更好地降低成本和提高国民收入。此外，培育国际消费者和国际消费市场是至关重要的，因为许多创意产业产品的最大需求来自于本地不能提供的外国来访者和海外消费者。为提高文化创意生产的效率、扩大生产能力、提高文化产品出口市场的竞争力，有必要建立全球尺度的文化发展联盟和文化合作伙伴。联盟中的文化创意企业保留自主性，却可将文化的触角延伸至投资市场（而非仅仅局限于最终产品市场），进而拓展了文化的国内和国际市场。

（3）数字连接

数字连接是拓展创意文化尺度的重要手段。在高度局域化的文化和创意产品市场中，数字连接将有助于使得原本十分割裂甚至冲突的文化要素融合起来，加强其中的“社会关系”和“社会连接”。当前，信息技术已经加速渗透到发展中国家经济发展的各个角落，对于文化发展来说，数字连接有可能实现文化鸿沟的跨越，使不同 Local 具有不同浓厚地域特征的文化要素得以被互相认同和接受，并最终相互融合。

对于发展中国家来说，电力等基本生活服务设施不完备、收入过低，常常阻碍家庭在计算机和互联网技术上的投入，但是社区文化站和艺术中心可以帮助解决这一问题，其可作为一个枢纽节点以低数字技术含量和低成本与外界实现文化联系。

（4）流动性和多样性

全球－地方的文化连接是通过文化工作者和游客的高流动性来实现的，新传媒技术、廉价航班和短期工作签证的出现为文化工作者跨境交流提供了便捷。对于发展中国家来说，其实现往往会受到限制，特别是因为签证的限制。联合国教科文组织公约曾提倡，发达国家对发展中国家实行签证方面的优惠待遇，以方便发展中国家的艺术家、文化工作者向发达国家流动和进行文化交流。这些优惠的待遇包括简化签证入境手续、允许停留和临时旅行、收取较低的签证费用等。

7. 促进机制

合理的促进机制有助于文化创意产业在地方尺度寻找到合适的发展路

径。这些机制包括投资的规模和形式，能否为本地居民提供文化实践机会和实践手段等，包括社会团体的自发性、利益分享计划、文化经纪人角色、企业国内规模以及可供分享的评估方法等。

8. 企业规模

形成合理的企业规模是地方尺度文化创意产业发展必须注意的问题，符合当地资源禀赋、发展现状与规划愿景的企业规模必须建立在案例调查分析的基础上，不切实际和野心太大的文化创意发展规划都可能造成不必要的风险。因为在很多情况下成功的创意工作坊规模仍然很小，并没有进入高级化生产阶段。精心制作的商品的高价格取决于稀缺的价值，而一旦进入高级生产阶段则会因产品大量充斥市场而削弱高利润。此外，增加的产量需要更多的信贷资金、广告费用和更高的薪酬支持，无法实现一到两人运作的小单位生产可以规避的风险。当然，如果较好地实现了文化产品和相关服务的全电子格式，利用数字平台和社交媒体可以使企业（或个人）尽可能地获得广泛市场。

9. 投资导向

困惑投资规模的最大问题是——资金投向何处。一种选择是倾向于投向较少依赖复杂基础设施或资本的行业，如音乐。因为随着数字化生产方式的确立，文化的分散性参与变得可能，但可能产生战略性生产过剩的风险：由于产业的进入壁垒降低，流行音乐、写作和表演可能出现极端的劳动过剩；如果广泛投资发生，一定会随之而来的后果是，只有极少数的个体艺术家或创作生产商可能取得突破性成功。另一种选择是孕育一个有活力的文化创意产业发展的地方语境，基于本地文化内在发展机制投资相关行业，既可以避免过度依赖文化产品出口，又可以避免对个别企业“押宝”。

10. 政府资源

对地方经济规模、结构进行科学、客观的评判与预测是规划、发展创意经济不可或缺的论证基础。很多地方政府有关经济方面的统计数据不甚完善，从而为本地文化创意发展规划设置了障碍。很多情况下，创意产业的成功都折射出地方政府的政治意愿，并受益于地方政府的金融投资。因此，发展文化创意产业的首要任务就是摸清详细的、个案基础上的当地经济结构和功能的实况以及地方具有的可以实现正反馈收益的资源禀赋。

11. 促进技能

是什么使创新繁荣？可以肯定的是，一些为小型和微型企业制定的产业政策发挥了积极的作用。但是，一个更好的答案是创意在许多方面都太新，创意产业没有现成的经验可以“借鉴”，因此发展技能和能力就显得十分重要。以下工作重点有助于促进发展技能和能力的提高：①贸易自由化；②去除文化交流人员的流动障碍；③增加旅游机会；④对知识产权的推广和保护；⑤促进贸易便利化；⑥基础设施的建设。

三　发展中国家地方创意经济发展产生的革命性影响

1. 促进企业与商业发展（影响度41%）

（1）创意风险孵化

阿尔巴尼亚——选取空间建立创意产品的生产中心和销售点，并在这个空间内实现相关技能的代际传递。尼加拉瓜、巴勒斯坦——在企业管理、企业专业化技术、营销技能和获得小额信贷的资金方案的发展方面为企业家提供技术支持和培训。乌拉圭——建立文化工厂，在音乐和视听作品方面为年轻人和妇女提供技能训练和产品的风险开发机会；为农村创业者建立文化企业孵化器，为其提供培训、辅导、业务发展规划的支持和融资支持。

（2）拓展市场机会

柬埔寨——培训了547位艺术家，使其在本地进行创意文化产品生产并帮助营销其产品。中国——注重国际时尚杂志中创意元素的汲取，举办相关展览和交易会。哥斯达黎加——举办跨文化食品节，农民可以推广产品和生产方法，加强食品文化市场网络的建设。洪都拉斯——在技术和方法论上支持56个企业提高产品质量，并建立新的产品线，开放这些产品的国家和国际市场。乌拉圭——为80位艺术家在提高产品质量和产量上提供技术支持，并建立新的产品线和帮助提高国内、国际知名度。埃及——通过社区计划，帮助 140 位妇女成为新的制片人，并为计划提供七个行业密集的技术培训。

（3）描绘组织架构蓝图

乌拉圭——建立了永久的公共－个体协调机制，启发、支持在音乐产业方面共同努力的创作家和创业家。塞内加尔——成立文化演员协会，拟定标准化的合同，并为创意文化者规定工资范围以确保其收入。哥斯达黎加——建立一个中小企业的支持指导办公室，专注于在条件不好的城市和地区推广和孵化文化业务。塞内加尔——在著作权问题上为文化者提供工作室进行有组织的培训，并书面规定提高本地艺术家在文化市场中的地位。

（4）建立小额信贷体系

埃及——建立小额信贷制度和创业培训计划，为接收信贷者提供市场营销和业务发展培训。尼加拉瓜（企业）——保护和促进本地的文化艺术传统，为优化经济结构和提供生产就业机会的企业提供可持续的贷款信用。

2. 增强社会凝聚力（影响度27%）

（1）保护传统节日，推广传统食品

毛里塔尼亚——建立了 12 个区域或国家文化节，促进创新和文化产业，促进无形遗产的保护。尼加拉瓜——在当地节日中展示传统舞蹈、音乐、服装、珠宝首饰、艺术乐器和其他传统地方文化等表现形式。哥斯达黎加——识别并保护本地农产品知识，培育 20 个组织机构来整合相关知识。厄瓜多尔——收集和传播与农产品技术相关的社区传统知识。

（2）提倡种群平等，增强对话交流，确立制度化荣誉

柬埔寨——建立一个奖励具有与非物质文化遗产相关水平的高知识、技能的个人－团体系统。波斯尼亚和黑塞哥维那——在废弃的当地学校为超过 5000 个孩子建立一个跨文化夏令营。埃塞俄比亚——建设涵盖政府机构、社区领袖、公民社会的跨宗教对话论坛。摩洛哥——提高妇女在地方选举、教育培训中的地位，提高认识度，鼓励政治参与，增加妇女对政治代表权的理解。巴勒斯坦——为 92 个学生提供音乐训练，新设立了展示青年管弦乐

团成就的一些地方性节日。

3. 促进政府公共政策（影响度16%）

（1）建设网络信息系统，实现创意文化机构化教育，举行本地创意文化会议

哥斯达黎加——建立一个在线文化信息系统，来确保和度量本国艺术文化的国际传播。阿尔巴尼亚——开发、认证、发起、推动新的文化资源管理硕士课程。洪都拉斯——建立和加强金融创新文化（文化项目）的本地－区域治理。

（2）制定跨部门文化政策，促进更好的协调

厄瓜多尔——制定一个优先少数民族和被边缘化群体的跨部门文化政策，并由国家四部委联合设计与批准。摩洛哥——改进协调各种国家机构和公民社会，来提高决策者对文化和自然遗产的社会经济潜能的认知。

（3）制定可持续文化发展策略，加强当地文化策略规划

洪都拉斯——为当地 14 个文化中心或文化屋制定自我持续发展策略，以整合当地文化政策和优化文化投入。摩洛哥——将社区综合设计的文化政策纳入当地发展规划，消除文化等级，并将其作为选拔官员和发展市民社会的驱动力。莫桑比克——实施“参与式文化规划”，使社区成员能够将传统知识纳入当地文化发展策略。

4. 吸引消费者（影响度16%）

（1）建立文化中心，实现文化资产管理，实行文化遗产登记

制定五年管理计划，优先保护当地的有形文化遗产；建立一个数据保护管理的自动化系统，以监测不可移动的文化景点和乡村景点。波黑——利用当地一个恢复的中世纪城堡，创建一个新的文化中心。塞内加尔——将文化遗产记录在世界遗产名录中。

（2）制定市场策略，优化旅游线路，推广传统美食

阿尔巴尼亚——开发五种新的营销工具，支持文化遗产利用，提高本地旅游产品的国际知名度。莫桑比克——新设了四个旅游路线，以充分利用当地金融资本。厄瓜多尔——通过建立直接的、可持续的产品链培育当地传统

美食市场。

(3) 实施资助计划

土耳其——制定一个拨款计划，来支持当地小规模文化基础设施的建设，以促进当地旅游部门的发展。

四 发展中国家地方创意经济的主要成果

1. 社会融入

(1) 加强个人与社会团体的文化发展能力

南非——以创收为目的，为20位循环艺术界的残疾人士提供培训课程。乌拉圭——为经济条件不好的年轻人提供工作室，来发现、实现其音乐能力。巴西——对工作室进行编整，来训练本地年轻制片人。

(2) 提高文化认识度

尼日尔——开放六个电台，创立新的电视辩论节目，设立景点来提高艺术家在公共活动中的认知度。克罗地亚——推出文化公共活动，如“书之夜”，促进民间阅读，推进出版业、文化业发展。

(3) 加强艺术创意能力

圣卢西亚——训练了200位首次接触Steel Pan（一种乐器）的表演者。多哥——侧重于设计思路与创作技巧，训练了基于数字技术的20位艺术师。乌拉圭——为约1000位摇滚乐、打击乐、透视乐的年轻人的职业化提供了工作室。

2. 企业及商业发展

(1) 提高文化作品的市场化程度

贝宁——在省会城市周围设立了100个销售点，如科托努市场，来帮助本地生产的CD开拓市场。阿根廷——成立“年轻人才电影节”，展示了15部短片，并确保其在数字公共电视上的传播。喀麦隆——建立了中非电影和音像产品的区域数据库，创设超过400个主题来促进它们的传播和商品化。马达加斯加——通过国家博览会的文化产品推广和建立创新伙伴关系，加强了当地以纺织为基础的创意产业市场。巴巴多斯——促进加勒比音乐更多地参与北美音乐节。

（2）加强当地文化的商务拓展能力

尼日尔——为13位剧院管理员和经理设立并培训了一系列文化管理课程。塔吉克斯坦——培育在经营管理和融资中训练有素的音乐家和音乐推广人。南非——开发了一个“艺术赞助管理工具包”，借以获取文化艺术赞助并发展业务合作关系。塞尔维亚——为164名文化活动参与者设立了12个培训计划，教授文化企业培训课程。莫桑比克——在文化管理、市场营销和融资方面培养出约80位年轻人，促进文化产品商品化并促进自我就业。

（3）培养创造性文化企业，设立文化创意种子资金和批准方案

塞尔维亚——在文化企业内部建立孵化器来支持10个文化业务的发展；为选定的寻求融资启动业务的青年企业家提供了6个、每个最多3500美元的资金扶持方案。

（4）重视文化专业培训与教育

刚果——提供工作空间和设备来培训艺术家，使用新的信息技术。阿根廷——设立了为期一年的阶段管理、服装设计和创意写作课程，培训了610位青年。塞内加尔——建立了Yakaar表演艺术中心，并对30位管理人员进行培训。危地马拉——为本地青年推出了一种新的视听培训中心课程，在编剧、编辑和后期制作技巧方面进行培训。

3. 加强文化创意网络

（1）区域合作，成立专业的网络和协会

孟加拉国——为使亚太国家致力于共同推动文化和创意产业，制定《达卡宣言》，从制度层面加强区域合作。莫桑比克——在文化产业的年轻创意人之间进行促进交流的网络建设。墨西哥——建立了“U40墨西哥”这一年龄在40岁以下的文化工作者和艺术家网络。

（2）实现决策者的知识共享

古巴——建立了一个涵盖拉丁美洲14个国家的研究人员和在视听领域工作的专业人员的交流网络。克罗地亚——成立专业组织，加强出版行业和

相关创意产业利益相关者之间的合作。

4. 加强文化建设的服务与公共政策制定能力

（1）提高文化认知度，加强文化机构能力

尼日尔——组织六次广播辩论和相关场景，提高公众对艺术家的认识和认同。多哥——通过培训课程加强政府机构在艺术与文化上的发现和管理能力。

（2）加强决策者和管理者的组织能力

塞内加尔——加强150位原来就具有高水平文化管理能力的工作人员的管理技巧。老挝——改进了五个政府机构的决策者和办事员之间的协调机制，更好地理解UNESCO在国家层面对于文化多样性的诠释。

（3）制定文化发展战略计划

格林纳达——建设了国家文化政策（2013～2017年）来促进文化产业发展。多哥——制定了一个十年国家计划（2013～2023年），以确保六个子区域文化活动和文化政策的战略实施。波斯尼亚和黑塞哥维那——建立了一个三年的电影产业发展战略和行动计划。

（5）绘制文化地图

南非——开发了五个指标，作为正在实施的关键决策和艺术融资标准化的测量标准。肯尼亚——确定关键的文化产品和服务，以应对文化产业自下而上发展时面临的挑战。克罗地亚——通过文化产业路线图研究，制定和发布政策文件，并做了出版界的经济因素与图书立法的文化政策建议的分析。

五　对中国城市发展文化创意的启示

综观以上国家和地方尺度的文化创意发展案例，我们在进行地方尺度创意经济发展时，首先，必须坚持以价值链分析为基础的文化投资方向，以确保文化不再仅仅是娱乐，而能在娱乐的同时产生更多的经济效益，这也是保持文化生命力和可持续性的基本需要。其次，不仅要重视文化工作者的培训，还要重视决策者和管理者的相关培训。培训的内容不仅要针对文化和艺术本身，还要满足文化艺术产品商品化的基本要求，例如，需要进行融资培训、市场分析培训、管理培训等。最后，要重视区域、区际、国际文化网络的建设，可以使一些很小的地方性节日和节庆活动融入更大区域甚至国际的文化艺术展示网络中，以谋求在更大的舞台上展现文化魅力、实现文化价值。

参考文献

Creative Economy Report 2013：*Widening Local Development Pathways*，UNESCO，2013，http：//www. unesco. org/culture/pdf/creative-economy-report −2013. pdf.

Spaas，G. （2012），*Maaya Entrepreneurship*：*the entrepreneurial model for the Festival sur le Niger*，Bamako：La Sahélienne Edition.

The Economist（*2013*），“Downtowns：Where Cities Start to Decline，Economic Diversity is the *Thing that Can Save Them*，” 17 August 2013.

Shaheed，F. （2013），*The right to freedom of artistic expression and creativity. Report of the Special Rapporteur in the field of cultural rights*，New York，United Nations General Assembly，Human Rights Council.

B.4

地方创新重构美国经济地理版图

苏　宁

摘　要：本文以美国布鲁金斯学会《创新城区的崛起：美国创新地理的新趋势》研究报告为基础，探讨“创新城区”这一新概念的发展状况及主要特点。文中重点分析了创新城区与传统创新区的主要区别，归纳创新城区的主要内涵、发展模式、动力特征以及相关创新城区发展的主要路径和举措，并对中国相关城市的创新区域发展提出建议。

关键词：创新城区　美国　城市更新　科技政策

创新区域的建设是世界城市发展面对的重要主体。2014 年 5 月，美国布鲁金斯学会发布了《创新城区的崛起：美国创新地理的新趋势》（*The Rise of Innovation Districts*：*A New Geography of Innovation in America*）研究报告，提出了“创新城区”的新概念，并基于创新城区在美国及全球发展状况的分析，总结归纳了这一新型城市创新空间模式的内涵、模式、发展趋势等问题。①

一　创新城区的发展概况

在过去 50 年中，以硅谷为典型的区域成为创新空间的主流。此类创新

① 本文主要基于美国布鲁金斯学会《创新城区的崛起：美国创新地理的新趋势》（*The Rise of Innovation Districts*：*A New Geography of Innovation in America*）研究报告的介评，并进行了中国启示的研究分析，特此致谢。

空间的特征为往往位于大都市区的郊区，靠近与其他区域空间隔离的大学校区，只能依靠汽车通勤，在生活品质以及就业、住房、娱乐的综合服务功能方面有所忽视。

目前，一种被称为“创新城区”（Innovation Districts）的新型城市空间模式正在发端。根据布鲁金斯学会的定义，此类区域为一个集聚了高端研发机构、企业集群以及创业企业、企业孵化器及促进机构的城市空间。同时，创新城区还具备物理空间上的紧凑特性，交通的通达性，技术的网络性以及居住、办公与零售功能的混合特性。①

创新城区的出现揭示了一种新的大趋势的出现，这一趋势将改变民众与企业的区位偏好。在这一过程中，经济结构、空间布局以及社会网络之间的联系属性将得到重新建构。近期，越来越多的创新型企业与人才集聚或迁移到紧凑且基础设施便利的中心城市。相比于环境优良的绿色区域，知识密集型的著名企业更倾向于将企业内的关键性机构布局在接近其他企业、研发实验室以及大学的区域内。在后者的范围内，上述机构之间能够分享创意，进而形成一种“开放创新”（Open Innovation）的机制。

在诸多机构与企业精英的引领下，创新城区在美国与全球的数十个城市与大都市区中涌现，并表现出与传统规划模式大相径庭的类型与能级特征。在全球范围，巴塞罗那、柏林、伦敦、麦德林、蒙特利尔、首尔、斯德哥尔摩以及多伦多等城市都有正在发展中的创新城区案例。在美国，位于中心城区或次中心城区“支柱机构”（Anchor Institution）周边的创新城区发展迅猛，与这一现象相关的城市包括亚特兰大、巴尔的摩、布法罗、坎布里奇、克利夫兰、底特律、休斯敦、费城、匹兹堡、圣路易斯以及圣迭戈等市。此类区域还在波士顿、布鲁克林、芝加哥、波特兰、普罗维登斯、旧金山以及西雅图等城市出现。这些城市中的旧工业区等废弃区域因之得到重建或再规划。

---

① Bruce Katz, Julie Wagner, *The Rise of Innovation Districts: A New Geography of Innovation in America*, Brookings Institution, 2014.

二　创新城区的类型

从整体来看，创新城区整合了企业、教育机构、创业者、学校、混合功能开发、医疗创新、高回报投资等一系列要素，上述要素由交通体系连接、由新能源支撑、由数字科技联网作为媒介。创新城区的组成部分体现出被著名学者萨森称为“城市特质”（Cityness）的特性，即复杂性、高密度、文化与人口结构的多样性以及新旧事物的层次性。《商业周刊》的评论将之概括为“富有生机、活力的社区，而非无菌隔离的研究仓房”。①

创新城区的内在特质基本包含了经济性、物理性与网络性三类要素，这些要素与一种互助性、风险担当的文化氛围共同构成了一种“创新生态系统”（Innovation Ecosystem）。在这一系统下，大多数创新城区可归纳为以下三种类型模式。

1.“支柱核心”（Anchor Plus）模式

这一模式的创新城区主要位于中心城市的市中心区，其特征为：在主要的支柱创新机构周边形成大规模的混合功能开发，参与创新资源的商业化拓展的相关公司、延伸企业、企业主大量积聚的格局。“支柱核心”型创新城区的典型代表包括坎布里奇市的肯戴尔广场、费城大学城、圣路易斯市、匹兹堡的大奥克兰社区、亚特兰大中心区等。

2.“城市区域再造”（Re-imagined Urban Areas）模式

该模式的创新城区一般临近历史性水岸空间，区域内的工业或仓库区处于物理空间及经济结构的转型过程中，创新性增长为这一转型提供了一条新路。其改变进程往往受益于交通体系、历史建筑遗存以及与高租金的市中心区的临近性，上述因素与先进研发机构及支柱性企业共同推动了区域的创新发展。波士顿的南岸区域、旧金山的 Mission 海湾、西雅图南湖联合区域以

---

① Pete Engardio, “Research Parks for the Knowledge Economy,” *Bloomberg Business Week*, June 1, 2009.

及布鲁克林海军码头区域均是此类区域的典型代表。

3.“城市化科技园区”（Urbanized Science Park）模式

此类创新城区一般位于郊区及城市远郊区域，这些以往孤立、蔓延式的创新区域通过增大密度以及融合一系列零售、酒店等新功能等举措推进了城市化水平。北卡罗来纳创新三角区域，作为20世纪最具有标志性的研发型校区，成为此类模式的典型代表。2012年，创新三角区发布新的未来50年战略规划方案。该规划提出集中建筑与基础设施的原则，规划新增一个具备活力的中心区、1400个多户居民住房、零售业以及轻轨交通体系，从而避免以往依赖轿车的隔离性环境。与北卡创新三角园区有着相似城市化发展趋势的园区还包括威斯康星－麦迪逊大学研发园区、弗吉尼亚大学研发园区以及亚利桑那大学科技园等。

三　创新城区的作用

金融危机后，美国大都市区普遍采取多种经济、创新、贸易手段以应对经济转型期带来的诸多挑战和问题。创新城区便成为新一轮地方经济发展与升级的关键组成部分，其作用表现在以下几个方面。

1. 创新城区通过整合、平衡经济体系中的不同力量，增强了城市与大都市区促进就业的能力

创新城区使企业、企业主、职工、研发人员与投资者能够在相对分离的机构和部门中围绕商业化的创新创意进行协作，共同研究与创造针对市场的新发现。其通过将不同知识与专业技能背景的人员集聚在较高密度的城市化区域，促进了多行业、产业之间的创新联系，从而推动了一种新型的“融合经济”的建构。

2. 创新城区有助于增强企业家对经济增长与就业创造的关键性作用

企业家及创业企业对城市与大都市区就业增长的作用已得到研究的支撑，而创新城区能够在多方面促进这一作用的发挥。区域内的协作性设施与空间能够提供较低费率、较低风险的工作空间，同时提供分担高额技术成本

的技术性空间，从而减少企业的间接成本。此外，创意性项目与网络能够为初创企业提供创意来源，并促进其与咨询机构、专家团队与潜在投资者形成有效的联系。

3. 创新城区能够在贫困与社会失衡加剧的当下提供质量更高、更具可得性的就业机会

美国大量的新兴创新城区与中低收入社区临近，为弱势群体提供了就业与受教育机会。创新城区的领导阶层已经开始致力于通过投资可承受住房、教育、基础设施、改善互联网连接度以及间接地通过提高税收等手段将资源用于复兴上述社区。这些城区的领导者们特别关注通过涵盖高科技领域以及零售与服务业的就业培训，提高本地居民进入劳动力市场的能力与水平。

4. 创新城区能够减少碳排放，并促进更为紧凑的居住与就业空间形态

创新城区通过交通、历史建筑、传统街区、既存基础设施的战略性综合利用提升了居住与就业的密度，从而为区域的可持续发展提供动力。部分创新城区开始以可再生能源作为区域内的主要动力源，同时与科技企业共同改良区域内的建筑、街道、公园以及实验室，进行可持续项目的应用实验。

5. 创新城区能够帮助城市与都市区提高税收收入，促进收支平衡

市政当局的税收往往依赖于地产、企业与消费税。创新城区能够通过提升区域经济活力、提高住房价值以及提升对产品与服务的需求等方式促进税基的上升。城市税收收入的提升有助于在联邦投资相对下降的情况下，保证对基础设施、公共安全、可承受住房、地方学校以及其他必须服务的投资。

四　创新城区的构成要件

创新城区既与传统的相互分离的商业与居住区不同，也与近期依托公共交通枢纽的城市活力中心不同，其内在包括三大构成要件，即经济要素、物理空间要素、网络要素。

1. 经济要素（Economic Assets）

经济要素包括驱动、培育与支撑创新性环境的企业、机构与组织等。这一要素可分为三类主体：创新驱动者、创新培育者以及社区便利设施。

（1）创新驱动者主要为以市场化为目标，开发前沿技术、产品、服务的研发机构、医疗机构、大企业、小微企业、创业企业与企业家等力量。由于区域的产业结构各有不同，因此不同创新城区的创新驱动者的组成情况也大相径庭，从而形成了各自的特色。

（2）创新培育者主要是为创新个体、企业以及其创意的发展提供支持的公司、组织以及相关群体。这些主体包括为创新性经济服务的孵化器、加速器、概念论证中心、技术交易平台、业务共享空间、地方高校、就业培训企业、促进专业技能的社区学院等。在部分创新城区，法律咨询机构、专利律师以及风险投资公司也投入创新领域的服务。高科技产业的快速发展创造了对服务性产业的需求，从而带动了高教育水平的就业机会。创新培育者的高度集聚也成为创新城区区别于传统商务区与研发园区的重要特征。

（3）社区便利设施为区域内的居民与就业者提供重要的服务，包括医疗诊所、商店、酒店、咖啡馆、小型宾馆、地方零售等。有学者指出，相关社区便利设施不仅能够满足城区的消费需求，而且能够提升区域新型经济背后的社会互动程度。

2. 物理空间要素（Physical Assets）

物理空间要素包括三类主体，分别是：公共领域的物理空间、私人领域的物理空间、连接创新城区与大都市区的物理空间。

（1）公共领域物理空间是对公众开放的空间资源，如公园、广场、街道等具有活力的地方性空间。创新城区的公共空间经过重新规划创制，具有数字化的可通达性，即在空间内嵌入式配备高速互联网、无线局域网、计算机与数字播放设备等。其空间属性可归纳为“数字化空间”，空间内融合了环境技术、数字系统与物理空间模式等特性。公共空间中的街道被灵活地转化为创新技术的实验场所。如在波士顿、巴塞罗那、埃因霍温、赫尔辛基、首尔等城市，街道与公共空间被用于测试新型街灯、废弃物收集、交通管理系统以及数字技术。

（2）私人领域物理空间主要为私人拥有的以新手段促进创新行为的建筑与空间。这些私人空间往往源于传统类型资产，如多阶层住房、社区服务零售店、研发与商务复合体等，经过重新设计改造以服务创新型人群。以商务楼宇为例，此类建筑往往针对初创企业规划提供更具弹性的工作空间、实验室空间以及更小、成本可负担的区域。

（3）连接创新城区与大都市区的物理空间为一系列旨在消除区域间壁垒，增进区间联系与连通性的空间资源。对于部分创新城区而言，消除先进研发机构与城区其他区域之间的物理阻隔十分关键，相关手段包括建设自行车专用道、步行道、步行街以及具有活力的公共空间等。

3. 网络要素（Networking Assets）

网络要素的包容性是创新城区关注的重点，网络提升创新经济集群的价值与产出能力已经得到各界的认可。从类别来看，网络要素主要分为“强连接”与“弱连接”两种，其判别的标准主要来自于行为体之间的联系频度、相互关系的情感强度、互动行为的互惠度等。

（1）“强连接”网络要素主要指推动强化相似领域的相互联系。此类要素包括“技术常客”（Tech Regulars）、工作室以及专业科技人员的培训会、创新集群专业会议、产业会议与月度例会、地方企业与企业家的博客平台等。

（2）“弱连接”网络要素主要指推动建立新兴的，特别是跨领域间的创新联系。其形式包括网络早餐会、创新中心、跨产业的黑客马拉松、技术创业课程班，甚至包括为增强不同创新群体的交流，在不同创新项目承载楼宇之间精心设计的公共空间。

五　推进创新城区发展的主要措施

由于各创新城区地方行为主体、区域资源层次、经济、空间、网络条件的差异，不同个体间的发展经验各有特色，但综合考察创新城区的总体发展路径，仍有一些带有共性的策略与原则凸显其间。

1. 建立创新领导层的合作网络

领导层的合作网络主要指由区域内关键机构、企业与部门的领导者构成的群体，这一群体形成机制性的合作以推进区域的规划、完善、营销与治理。从创新城区的实践来看，领导层的合作网络结构可分为三种模式。

第一种模式为著名的“三螺旋”模式，即区域内的产业、创新高校与政府的领导层共同形成有机互动网络，并通过研发中心与孵化器等创新媒介促进区域创新能力的提升。在巴塞罗那、圣路易斯、瑞典吉斯塔科技城（Kista Science City）、埃因霍温的案例中，创新城区的形成之初就建构了清晰的“三螺旋”模式。

第二种模式主要依托一个核心协调主体促进区域发展，即以个人、团队或专门成立的组织作为“催化者”、“服务者”和“协调者”，推动区域全过程发展。这一区域协调主体的职能包括整合分散的创新行为、协助有分歧的领导者达成共识以及促进创新进程的实施等。

第三种模式是依托市长核心作用的合作网络构建模式。市长在创新城区的建设与发展过程中发挥重要的推动作用。如前西雅图市长格里格·尼克尔斯就在该市的南湖联盟区域的发展中发挥了重要作用，对道路与能源等基础设施建设做出了关键性的决策。

2. 设定发展愿景

发展愿景能够为创新城区提供经济、空间、社会维度的短、中、长期发展规划。同时，发展愿景能够有效整合区域内的不同力量和要素，包括经济集群、地区与区域的支柱性机构与企业、物理空间、设计优势以及其他文化要素等。在不同的发展愿景规划下，有相似地理条件和机构平台的创新城区往往在发展的机遇方面产生巨大差异。发展愿景的设定要点包括以下几个层面。

（1）厘清区域的比较优势

创新城区往往通过精确地分析、实践与判断自身优势，进而积累相关数据与信息，推进发展愿景的制定过程。在比较优势的分析方式上，主要形成了两种模式，一种是通过自上而下的方式分析相关区域的产业与企业发展特征，另一种模式则通过企业自下而上的方式明确新的区域发展方向。

（2）规划创新机构的合理组合

创新城区的发展不能简单依靠区域既有研发机构的利用，而应关注多类型研发创新机构的有效组合。相关创新城区高度关注前沿技术与生物医药企业、私立或公立高校、医学院等创新机构的布局，以使先进的研发要素能够配置到合理的区位中，以提升上述企业和机构的投资回报。

（3）重新规划空间布局

创新城区的实践表明，对区域内的物理空间进行重新布局，以使区域的复杂性、密度以及混合功能形成均衡的状态至关重要。这些物理空间的布局调整需要在土地使用、分区规划以及现有基础设施上进行一系列调整，以便形成有利于创新的新格局。

3. 吸引人才与技术

人才与技术是区域创新的两大引擎。创新城区的人才不仅包括技术研发人员，也包括技术市场推广人才。技术不仅包括传统与产业相关的科技要素，也包括大数据等新兴科技要素。人才与技术两个领域均需要系统的规划与推进。

（1）吸引、保持与发展人才

创新城区吸引人才的方法包括有组织的块区域项目、营销项目以及有针对性的猎头行动，这些措施的目标不仅包括本国的受高等教育人员或技术工人，也包括全球范围的上述人才。保持区域的人才则需要形成人才的持续性供应通道，特别是关注对区域内或邻近高校的毕业生的吸引。发展人才是需要最大时间与资源支撑的措施，同时也是创新城区发展的核心目标之一。发展人才需要区域企业、创业公司的快速发展以提供人才容量，也需要区域为创新部门构架一套适应前者发展的科技工程劳动者供应体系。

（2）推动技术与物理空间的无缝连接

一方面，先进技术能够为创新的概念化、研发、原型、制造等不同阶段提供重要平台。这种平台作用促使创新城区积极投资建设实验室等技术提升设施。另一方面，创新城区的实践也表明，将技术内嵌于标准公共基础设施中，也能为创新提供重要平台。

4. 推动包容性增长

包容性增长指的是将创新城区作为平台，促进临近社区共享教育、就业的机遇，并为城市中的低收入群体提供其他的机会。

（1）推动综合性社区更新

根据近期对美国城市研发园区的调查，45%的研发园区临近贫困社区。因此，创新城区中的支柱性机构，特别是高校等创新主体，往往通过多方面的策略提升临近社区的公共安全、教育质量、数字化联通水平，同时扩展可承受住房与零售业的开发机会。

（2）提高劳动力市场的参与度

创新城区往往能够在多个领域提高就业水平，包括住房、建筑、医疗、技术、服务与零售等领域。创新城区有意识地雇佣、培训及支持当地人才，其目标在于为低收入就业者提供更具流动性的职业发展路径，并为此类群体提供家庭可持续性的收入。此外，创新城区能够使资本与就业机会回流到城市核心区及城市化的郊区科技园区，从而增加就业机会的可得性。

（3）促进当地企业发展

部分创新城区制定了专业化项目规划，以促进本地企业的成长。一些创新城区的支柱性机构着力与当地企业建立联系，以购买后者的产品与服务，进而建构起当地的供应链。

5. 确保资本的可得性

资本对于创新城区的发展与扩展起到了重要的动力作用。多种形式的金融资源支撑着基础科学与应用研究、创新的商业化、创业企业发展、城市居住、产业、商业房地产功能、基础设施、教育与培训机构等，为创新生态系统的建立提供了催化剂。因此，创新城区需要设定系统的策略，以提高吸收多样性资本资源的能力。

（1）促进地方资本的整合与重新配置

许多创新城区都着力整合分散的公共、私人以及民间资本，并通过对地方资源的引导与合理协调，促进资本投资于区域的发展。地方机构的部分资本也通过解冻等环节，促进区域的城市更新，从而为创新发展提供更良好的环境。

（2）为吸引更大范围的私人、民间与公共部门投资设定路线图

创新城区要充分发挥自身潜力，其对于吸引城市乃至大都市区以外的投资至关重要。为此，创新城区需要对投资进行综合考虑，针对不同领域的创新活动，设计有针对性的投资渠道与策略。

六　创新城区对中国创新型城市建设的启示

1. 创新功能与城市功能的空间融合值得高度关注

美国及全球创新城区的发展，揭示了创新空间发展的一个全新趋势，即创新区域将超越传统上空间相对隔离、自我发展的“园区”阶段，向具有城市综合功能与开放性的“城区”阶段转变。创新城区强调的混合功能特征，显示出创新功能与居住、生活、商务、娱乐功能的空间融合趋势。这种变化，在深层次上折射出创新的内涵从以科技为主的“硬”创新，向以创意为核心的“软－硬”结合的综合创新发展的趋向。中国的创新区域建设，仍停留在传统的空间隔离性的“园区”阶段，这使得创新要素与城市经济、社会、文化发展的互动有限，反过来也影响了创新的产业化及在地化应用。因此，借鉴国际创新城区的发展经验，促进创新功能与城市功能的空间融合，谋划打造中国大都市区自身的创新城区具有很强的现实意义。

2. 关注“支柱核心”性创新机构在城市区域发展中的关键性作用

国际创新城区的发展经验中，十分关注、支持“支柱核心”创新机构的作用发挥。创新城区往往以此类机构作为发展依托，进行综合配套，从而提升区域的整体发展水平。这种以核心创新机构为支撑点推动区域发展的模式，有助于在创新区域发展过程中找到主要的创新要素源头，形成较为明确的创新发展格局。中国的创新区发展过程中，往往对于核心机构在城区整体发展过程中的作用较为忽视，只注重此类机构在科技方面的作用，缺乏整体性的作用规划。因此，相关城市可借鉴国际经验，分析区域内高校、创新型大企业在区域发展中的优势所在，因势利导，形成“支柱核心”带动模式

的创新城市区域发展格局。

3. 重视远景规划对创新区域的引领作用

国际创新城区的实践表明，设定区域整体的远景规划，有助于形成区域分步骤、综合性的发展态势，构建创新要素与区域经济、社会、文化有机互动的良性循环。相关远景规划包括区域的比较优势、创新要素组合、空间布局等重要环节的整体安排，能够有效提升区域创新优势与经济集群、文化特质之间的融合发展。反观国内创新区的发展规划，往往更多关注技术层面的阶段推进步骤，且规划涵盖时段较短，无法对区域整体发展形成高瞻远瞩的引导。相关城市在进行新一轮创新区域发展谋划时，可借鉴美欧创新城区的经验，构建基于区域比较优势要素分析之下的创新城区中长期远景规划，从而起到纲举目张之效。

4. 以创新城区建设推动城市传统区域的综合更新

大量国际创新城区的发展，都基于对城市中心区衰败区域的更新改造。创新创意要素的引入，能够为城市更新引入更多的文化、技术内涵，从而避免传统的城市更新只是推倒重建，或单纯修旧如旧的纯物理性更替，为区域的更新提供更多的“内容”。这种“城市特质”的更新，某种程度上看才是城市更新的终极目标。国内的创新区建设，往往与城市更新相分离，其空间规划时，往往倾向于在未开发或欠开发区域进行建设，以避免提升建设成本。而借鉴国际经验，可尝试在中心城区，特别是居住、商务、生活等综合功能较为齐备的传统街区进行创新城区的规划。这种融城市更新于创新城区建设的做法，主要适应了创新区从“园区”向“城区”转变的趋势，能够充分利用城市成熟区域已经具备的多样性要素，实现区域的混合功能布局和理性增长。

参考文献

Bruce Katz，Julie Wagner，*The Rise of Innovation Districts*：*A New Geography of Innovation in America*，Brookings Institution，2014.

Lydia DePillis, "Dinosaur Makeover: Can Research Triangle Park Pull Itself Out of the 1950s?" *New Republic*, October 12, 2012.

George Bugliarello, "Urban Knowledge Parks Knowledge Cities and Urban Sustainability," *International Journal Technology Management* 28 (3) (2004): 388 - 394.

Richard Florida, *Startup City: The Urban Shift in Venture Capital and High Technology*, Toronto: Martin Prosperity Institute, 2014.

Suzanne Berger, *Making In America: From Innovation to Market*, Cambridge: MIT Press, 2013.

Richard Florida, *The Rise of the Creative Class And How It's Transforming Work, Leisure and Everyday Life*, New York: Basic Books, 2002.

城市战略篇

Urban Strategy

B.5

悉尼实施“全球夜间城市”远期规划

苏 宁

摘 要： 本文以悉尼构建城市夜间功能的《开放悉尼》中长期规划为基础，探讨悉尼建设“全球夜间城市”的主要战略体系。文中重点分析了悉尼对夜间经济发展的核心思想，对悉尼夜间经济收益及民众需求进行了梳理。文中聚焦该市在夜间功能全球化、连通性、多样化、魅力安全、响应性方面的战略举措设计，并对中国相关城市的夜间功能发展提出建议。

关键词： 悉尼 全球夜间城市 夜间经济 战略规划

悉尼作为澳大利亚重要的全球城市，创新性将提升城市的“夜晚功能”（Night Function）作为重要的发展方向，并提出了“全球夜间城市”（Global

Night-time City）的新概念。[①] 该市最新制定了《开放悉尼：“悉尼夜间未来方向”战略与行动计划 2013 - 2030》（*Open Sydney: Future Directions for Sydney at Night, Strategy and Action Plan 2013 - 2030*，以下简称《开放悉尼》）中长期计划，确立了悉尼发展夜间经济的核心战略，其旨在提升该市夜间经济的连通性、多样性、创新性，进而通过城市夜间功能的提升以形成全新的夜间体验，实现与城市日间活动的平衡，并促进社会的包容性。

一　悉尼的夜间经济规模与需求

1. 悉尼的夜间经济收益

作为澳大利亚的全球城市，悉尼市的 GDP 产出占全澳的7.5%。而该市的夜间经济对这一份额做出很大贡献。根据 2011 年该市对夜间经济收支状况的统计，2009 年该市夜间经济活动产出达 150 亿澳元，提供了 28.4% 的全市就业，年税收额约 4.57 亿澳元。[②]

在总产出结构中，4.25 亿澳元来自于酒水类经营（酒类零售、酒吧），14 亿澳元来自于咖啡厅、餐厅与快餐店，8.69 亿澳元源自娱乐类经营，包括影院、创新与表演、体育娱乐、赛马赛狗等。商业与零售销售超过 39 亿澳元。23 亿澳元为基础设施服务，34 亿澳元为其他服务（图书馆、档案馆、建筑工程与技术服务、市场分析与统计服务、广告服务）。

当然，夜间经济并非无本万利之举，其发展也带来一系列成本，2009 年其成本据估算达 1.25 亿澳元。这些成本包括州与地方政府两级的支出，主要为交通、警务、健康以及保洁等地方服务的支出，其中有 3000 万澳元由悉尼市负担。

---

① 本文主要基于悉尼市政府 *Open Sydney: Future Directions for Sydney at Night, Strategy and Action Plan 2013 - 2030* 中长期规划的介评，并进行了中国启示的研究分析，特此致谢。

② City of Sydney, *Open Sydney: Future Directions for Sydney at Night, Strategy and Action Plan 2013 - 2030*, 2013.

在夜间经济的受众与活动模式方面，悉尼的部分区域的夜间行人量超过了日间，在11点以后活动的人群中仅有6%的年龄超过40岁。统计显示，在乔治街、牛津街等繁华区域，周六夜间的步行道路使用量达到每小时5000~7500人次。午夜1点以后，人群的拥挤程度开始下降，反社会行为也随之下降。

2. 悉尼民众的夜间需求

2011年，《开放悉尼》计划举行了公众咨询会，民众提出了对城市夜间功能的需求，主要包括以下几个方面。

（1）交通需求，包括24小时轨道与公交车辆、更多出租车、更多停车区域、连接夜间活动区域的穿梭巴士。

（2）面向所有年龄群体的更为多样性的活动，而非仅局限于18~25岁阶段，包括高质量的深夜餐饮与购物。

（3）美化悉尼街道、吸引更多民众的创新性灯光夜景。

（4）更多的基础设施，如公共厕所等。

（5）具有悉尼风格的饮酒文化。

（6）减少官僚习气，更多关注协作。

悉尼民众对于该市夜间活动的认可主要体现在以下几个方面。

（1）重要的大事件与户外节庆活动。

（2）不断增长的小型酒吧景观与餐饮文化。

（3）悉尼乡村的独特风貌。

（4）以公众咨询引领政策形成的方式。

二　悉尼“夜间经济”远期规划的战略体系

根据《开放悉尼》的远期规划体系，该市夜间经济发展目标由五大要素构成，分别为：全球化悉尼（A Global Sydney）、连通性悉尼（A Connected Sydney）、多样化悉尼（A Diverse Sydney）、魅力安全悉尼（An Inviting and Safe Sydney）、响应性悉尼（A Responsive Sydney）。

（一）战略目标一：全球化悉尼

悉尼认为，引领性的全球城市应具备良好的治理体系，能够在政府、企业与其他部门间形成有机互动，表现出强大领导力和管理能力的城市。全球化悉尼的战略目标旨在通过协作性的治理体系，整合城市的设计、多样性、安全、创新、创意、经济增长、领导力等资源，将悉尼打造成为具有全球识别性的“夜间城市”（Night-time City）。

1. 全球化悉尼的关键性行动

规划认为，推进全球化悉尼应从四个方面设定主要行动方向。

（1）以亚太地区顶级餐饮、现场音乐与娱乐目的地为目标，提升悉尼在上述领域的国际地位。

（2）创建一套新型全球夜晚城市指数，对国际城市进行排名。

（3）创建一套全国性的夜间经济成本收益衡量体系，对澳大利亚及全球城市的夜间经济进行比较研究。

（4）创设“开放悉尼”圆桌论坛，每年召开会议，发布相关行动与计划的研究报告，并进行跟踪监测。

2. 构建全球领导力

悉尼政府认为，该市对夜间经济的深入研究与公众咨询活动为全球首创，这种领先状况有助于使其在建设夜间城市方面走在所有全球城市的前列。

为了形成夜间经济的全球领导能力，悉尼市计划与新南威尔士州的“餐饮目的地伙伴计划”进行合作，建设亚太区域的餐饮之都。同时，构建世界级的政策与反应机制，以适应悉尼夜间经济的需要。

悉尼计划组织优秀研究者与智库，开发夜晚城市全球指数（Night Cities Global Index），该指数以夜间经济的表现为指标，对全球的主要城市进行排名评价。悉尼力争进入该指数的前三名。同时，该市还将建立一套夜间经济的成本收益分析体系，主要基于夜间经济规模、步行者数量、拥挤程度、经济多样性、反社会行为以及其他对游客数量有影响的因素进行分析，并努力使该分析方式具有国际可比性。通过上述计划，悉尼希望与其他全球城市就夜间经济形成协作促进趋势，并创建关于此领域的国际性政策实践网络。

3. 优化治理与协作行动

悉尼政府提出，良好的治理对于全球城市的夜间管理优化至关重要。治理的优化，有助于形成城市在暗夜之中的秩序与组织性。因此，治理体系的优化是建构世界顶级夜间城市的关键因素。

悉尼市在优化治理体系方面已经取得了多方面的成功经验，其与新南威尔士州警务部门建立了紧密合作，但在企业、政府部门、居民及其他主体间的协作方面仍有待进一步提升。为此，悉尼市计划建立年度性的“开放悉尼”圆桌论坛会议，以展示其在治理领域的成果及行动方向。

同时，悉尼市计划与州、地方、民间等多重角色建立夜间发展方面的机制性协作体系。该市将与州政府形成高层级的联合目标组，推进完善新南威尔士州范围内的夜间经济发展问题。悉尼计划建立包括公众、企业与政府部门的夜间经济长效讨论机制，并对长期规划进行五年一次的公众咨询。此外，悉尼还将构建该市与新南威尔士警务部、酒类管理办公室、博彩与酒类执照集团的正式沟通机制，从而在部门间建立有效、长期的协作体系。

（二）战略目标二：连通性悉尼

《开放悉尼》规划提出，随着夜间活动的就业者、居民与游客数量的增加，对夜间交通的需求与日俱增。而具备一体化、通达性、清洁、安全与高频率特性的公共交通体系是悉尼夜间经济的重要支撑。

1. 连通性悉尼的关键性行动

（1）制定城市交通的连通性战略。

（2）实现夜间公交车服务数量倍增，建设夜间穿梭巴士线路。

（3）对悉尼夜间出租车的地段划分、设计、运营进行全面规划整合。

（4）建设夜间悉尼网络端口及应用程序。

（5）将商业活动与大事件、活动机遇相关联，形成对于城市从业者、居民、游客而言更为具有连通性的夜间体验。

2. 更具连通性的交通体系

面对悉尼夜间经济的诸多人群，该市的公共交通服务水平仍未能较好地满足前者的诸多需求。特别在夜间出租车的服务方面，民众的呼声尤为高涨。根据新南威尔士大学的统计，23%的民众称其夜间倾向于搭乘出租车回家。而仅有20%的民众对出租车可得性的程度感到满意。同时，《开放悉尼》规划中，良好的夜间交通体系，与城市的安全息息相关。

为提升悉尼夜间交通体系的连通性，《开放悉尼》规划提出了诸多新的思路，以改善夜间交通的有效性。其一，悉尼计划在晚高峰之后的时段，提升既有轨道、轻轨、公交车等公共交通工具的发车频率，特别是实现夜间公交车班次的倍增；市政当局计划全面梳理、调整夜间公交车站与出租车扬招点的布局、设计、安保与灯光情况，以提升民众在搭乘夜间公共交通时的安全感。其二，提升出租车的可获得性。悉尼计划对夜间出租车的扬招地点进行系统分析和重新布局，以使扬招点能够满足最大范围的需求。为提高午夜至凌晨5点的出租车供应，悉尼市将建设半夜后的出租车车费“预支付”系统。其三，提高停车与自行车资源的供给。悉尼市拟全面评估临近购物街、影院、剧场以及餐饮等商业与混合功能区域的停车控制体系，以提升进入中心城区的顾客数量。为鼓励自行车的使用，悉尼将提供更多安全的深夜自行车停靠点与租赁点，同时将探索建立具备传感器激活照明的自行车专用道。

3. 连接商务活动、大事件与游客

悉尼是澳大利亚的主要商务、旅游目的地，澳大利亚超过一半的国际游客和2/3的商务访客均会到访该市。2010年，来自中国大陆与香港的游客首次成为该国最大的国际游客群体，占总游客的13.1%。《开放悉尼》规划指出，悉尼的夜间经济将能够为商务、游客与大事件的互动连接提供重要的契机。

针对游客网络信息缺失的问题，《开放悉尼》提出将夜间游客信息与连通性作为重要的建设方向。规划提出，悉尼将在中心城区设立至少在周五和周六开放到夜间10点的公用信息亭，并增加服务于日间和夜间游客的公用

信息亭的数量。同时，悉尼市与新南威尔士“目的地”项目进行合作，创建一站式的悉尼夜间情况网站与手机客户端软件，增加民众获取夜间交通、活动、特色服务信息的渠道。

《开放悉尼》规划提出“一揽子游客体验”（Packaging Visitor Experiences）的概念，旨在通过将夜间大事件、零售、服务、餐饮、住宿等一系列内容加以串联，使悉尼游客得到多样性的体验。

（三）战略目标三：多样化悉尼

悉尼政府认为，伟大的全球城市能够为不同年龄、生活方式、文化与家庭形态的民众提供优异的多样化选择。悉尼逐渐老龄化的人口结构为夜间的商业活动提供了新的机遇。良好的经济多样性能够带来更加完善的人口多样性，从而促进民众的群体融合。

1. 多样化悉尼的关键行动

（1）设立年度性的“不眠之夜”或白夜活动，使悉尼的文化机构与画廊在一年中的某一天通宵开放。

（2）设立澳大利亚首家24小时开放的图书馆。

（3）形成包含夜间内容的零售行动计划、游客接待计划、旅游行动计划、文化政策等组成的新政策体系。

（4）对关键性深夜活动区域发展的管理。

（5）构建对悉尼其他区域夜间经济发展机遇的政策性扶持。

2. 多样化的选择

《开放悉尼》规划提出，有成功的夜间功能的全球城市，既能够提供休闲、娱乐活动的广泛选择，也能够为多种类型的人群提供公共或私营的夜间活动吸引点。提高夜间活动的选择能够为悉尼的地方经济提供诸多收益。更为重要的是，多样性的选择能够提供更具包容性的夜间城市，提高城市的安全性，减少犯罪率。

悉尼政府计划采取一系列举措，为夜间经济提供更为多样化的选择，主要包括：其一，延展夜间零售，悉尼拟鼓励零售业企业延长开张时间，在部分区域的新零售业者将自动获得延长的营业时限（如从原本的下午5点延长至夜间10点）。同时，增加夜间公共交通班次，以配合夜班就业者的出行需求。其二，文化展演延长计划。悉尼拟制定一套文化政策，鼓励城市的创新创意文化活动能够在白天和夜晚均如常进行。如前述的“不眠之夜”活动，推进文化机构设立通宵开放日。其三，更多的娱乐选择。政府将推动现场音乐会、电影以及其他形式的临时性节目能够在公共空间或公园更为便利地展演。其四，夜间餐饮选项。悉尼将制定游客接待行动计划，以在餐饮、酒类与住宿等行业间形成协作关系。同时，提供并拓展快餐车文化，在悉尼街道内提供移动、创新、高品质的饮食。其五，对既有夜间活动空间的新利用。悉尼计划鼓励利用屋顶区域，特别是城市商务区建筑的屋顶区域，在确保对周边民众不造成不利影响的前提下，进行餐饮、酒吧与影院的开发。其六，为夜间就业者提供更多的就业岗位。

3. 多样性与规划发展

悉尼对夜间经济的长远发展十分重视，该市提出对于不同区域的夜间经济发展应采取不同的规划政策。这些多样性的政策主要包括如下几个方面：第一，在关键性区域采取限制性发展策略。对于部分已经出现明显问题的区域，采取限制夜间经营、高准入度牌照发放等手段进行限制性引导。第二，规划分散化的夜间经济。悉尼计划敦促新南威尔士州政府发布“反集群”法令，防止大型的酒吧与夜总会紧邻发展，为中小精品店、餐饮店提供更多的空间。第三，噪音控制。悉尼计划构建环境噪音水平的空间分布图，以规划手段控制噪音水平，如规定某些夜间营业区域建筑的外墙厚度必须双倍于标准尺寸。第四，环境可持续发展策略。悉尼市政当局计划推动更多的夜间经营企业成为“优质建筑伙伴”计划的成员，以改善其环境的外部影响。

（四）战略目标四：魅力安全悉尼

《开放悉尼》规划认为，全球性夜间城市应有兼具审美与功能的设计风格，进而使公共空间与街道具有吸引力和趣味。优秀的设计应有助于调整公共空间的行为模式，并改善城市的饮酒文化。

1. 魅力安全悉尼的关键性举措

（1）对深夜活动区域的管理。

（2）为残疾人服务的寻路标识和应用客户端软件。

（3）关键街区的高审美标准灯光建设策略。

（4）公共厕所的数量增加与策略调整。

（5）问题区域的监控摄像头体系。

2. 公共空间优化

《开放悉尼》规划提出，能够提供优质服务与活力的高质量公共空间，是夜间经济的基础性要素。夜间公共空间的质量取决于公共基础设施、街道空间与管理体系的综合。为了提升悉尼夜间公共空间的服务质量，悉尼市政府计划在以下几个方面进行中长期的推进：第一，以大事件模式推动区域管理，重点协调新南威尔士州的警务、交通部门以促进区域交通、安全、保洁等事务的联动，同时以大事件标准提升临时及永久性设施的质量。第二，创新性与功能性灯光战略。对夜间照明制定兼具功能与审美特性的整体战略，采用 LED 照明，同时延长主要街区的夜间照明时间并提升对低层级活动及区域的照明保障。第三，更有效的游客寻路体系。悉尼计划制定全新的游客寻路战略，以综合提升城市日间和夜间的标识系统，将采取传统与新兴技术为残疾人以及不同语言文化人群提供有效的寻路标记。第四，提升街道的步行体验。悉尼市政府将在主要的夜间活动街道提供更多的休息座椅、室外餐饮、零售连锁点、公共艺术服务。第五，增加公厕服务。悉尼计划将所有既有公厕都提升为 24 小时服务，从而提升夜间公厕使用的便利性，在夜间活动的高峰时段和区域，将设置更多的流动公厕。第六，提高街道清洁度。悉尼计划在主要的夜间活动街区安装更多数量、更为大型的垃圾箱，同时对快餐点周围的垃圾箱采取特殊设计。此外，悉尼将在夜间街区提供 24 小时街道清洁服务，并提升商业废弃物的循环利用系统效率。第七，提高警务与安保人员的存在感。悉尼市政府将与新南威尔士州政府协同提升夜间街头警务巡逻次数，特别针对夜间醉酒人员采取协助手段，防止醉酒诱发犯罪的发生。同时，通过在关键性地区建设高分辨率视频监控网络，提升对此类区域犯罪活动的监控水平。

3. 提升饮酒文化层次

《开放悉尼》规划对悉尼当前的饮酒文化及反社会行为之间的关联高度重视。根据统计，80%的民众认为，澳大利亚人有过度饮酒方面的问题。而夜间大量醉酒人员的集聚将引发犯罪、伤亡以及健康问题。为此，该规划提出将改变饮酒文化作为长期的目标加以推进。主要包括：其一，在关键性公共区域限制饮酒，以降低反社会行为的风险。其二，公告酒类饮用的状况及带来的问题，引导民众合理适度饮酒。其三，推行饮酒教育计划。悉尼市通过与新南威尔士州共同制定长期的教育计划，对存在饮酒风险的酒客提供安全饮酒的教育，同时督促新南威尔士州健康部门形成涉及饮酒的警务、医疗服务方面的指导文件。

（五）战略目标五：响应性悉尼

《开放悉尼》规划认为，管理良好的全球夜间城市应能够对居民、商务人士、就业者的需求形成迅速的响应，并在经济发展与居住舒适性之间取得平衡。为了达到城市的响应性，应制定明确的规划与便利的执照申领程序，降低程序的烦琐性，为悉尼夜间活动或商业活动的开展提供便利的条件。

1. 响应性悉尼的关键性举措

（1）制定定期更新的执照准入系统。

（2）提高地方居民的诉求－响应程序运行水平。

（3）建立奖惩性红绿灯体系，提高区域制度运行效率。

（4）每年度设立101个研讨会系列，使企业与非营利部门能够对准入程序提出建议。

（5）地方性乡村规划体系。

2. 构建响应性规范

《开放悉尼》规划提出，功能完备的全球城市应具备规则完善的夜间经济体系，其制度设置应具有清晰的监督与执行程序。悉尼民众对夜间经济的一个重要关注点在于是否对于营业时间以及酒类法规具备有效的执行力以及噪音、安全管控制度。悉尼市政府认为，城市对于数量不断增长的居民需求的及时响应，是实现有效管理的中心环节。

为了提升对夜间业务管理需求的响应性，悉尼市政府计划在以下几个领域进行系统性推进：其一，优化开发申请程序。政府将进一步优化夜间项目开发的审批流程，并对已通过项目的各类信息进行网络公示，相关信息包括营业时间、运营类型、室外餐饮状况及其他相关信息。其二，优化酒类执照申领程序。悉尼市政府计划与新南威尔士州政府合作优化酒类执照准入体系，使其成为定期更新的系统，从而对酒类经营进行及时管控。悉尼市政府计划特别对重点区域、码头、游艇等相关领域的管理制度进行调整，及时应对此类区域醉酒行为可能造成的影响。其三，调整营业时间制度。悉尼仍将避免居民区的营业过晚，计划制定“窗口性营业时段”，具体包括在该时段禁止提供酒精饮料服务、音乐音量必须调低等硬性规定。其四，提高安保水平。悉尼市政府将制定针对酒吧、夜总会等夜间活动场所的安保最佳实践导则，建立身份证件扫描网络体系，以进行监控。其五，提高投诉－反馈体系的效率。市政当局计划借鉴纽约市的经验，建议一套“一次呼叫”类型投诉－反馈系统，以简化反应流程。其六，提高管制与执行的有效性。悉尼市计划以月度事故、紧急处理数据为基础，建立具有奖惩性质的执照申领系统，以调节夜间高危区域的管理应对水平。

3. 改善烦琐程序与官僚主义

悉尼认为，具有活力的夜间经济体系应具备清晰、简便的商业运行流程，使经营行为十分便利。特别值得关注的是，为了鼓励对于夜间经济十分重要的创新创意活动，必须减少管制之中的繁文缛节和无谓牵制。

为改善上述问题，《开放悉尼》规划提出三个主要推进方向：第一，强化对既有管理程序的引导。政府将通过年度研讨会的形式，帮助企业了解现有管理制度的运行程序，包括项目开发申请、规划控制、公共健康、噪声与建筑要求等方面的基本要求。同时，以网络工具提升现有管理程序的有效性。第二，优化大事件相关事宜的处理程序。悉尼计划召开由企业、结构、非营利组织共同参加的研讨会，以规划大事件的相关事宜，协调相关开发许可、费用、资助等事宜，从而对夜间大型活动的处理流程进行协调和优化。第三，管理流程优化。悉尼市政府将对涉及项目申请、酒类执照申办等夜间活动的管理中存在的烦琐程序进行清理，以提高相关程序的顺畅度。

三　悉尼“全球夜间城市”战略的主要启示

1. 应高度关注全球城市“夜间功能”的战略作用

悉尼对全球城市“夜间功能”的长远规划以及“全球夜间城市”概念的提出，是对于全球城市功能建设的全新视角。长期以来，对于全球城市的功能分析，更多从类别和网络作用领域入手。悉尼提出的夜间经济和夜间功能视角，从时间角度进行了新的划分，从而也为我们提供了理解全球城市功能的新角度。随着人口的多样化和社会发展的成熟，夜间经济愈发成为城市发挥自身影响力、提升发展质量的重要手段。夜间经济的多样性和综合性，也是长期受到忽视的。而事实上，全球城市的夜间功能，恰恰能够充分体现城市自身的特色与“软实力”。因此，中国全球城市或国际化大都市的建设，不仅应从传统的类别性功能划分入手，也应从夜间经济的时段视角切入，形成有针对性的综合、前瞻性的规划，进而能够独辟蹊径，走出中国特色全球城市的一条新路。

2. 以夜间战略整合城市经济、文化、大事件、安全等多方面要素

悉尼的夜间战略框架设计囊括了国际化、连通、多样性、安全等多个方面，具有综合性的特征。悉尼市政府对于全球夜间城市的构想中，也极为强调对于经济、文化、大事件、安全、管理等多因素的整合，同时关注城市、州等不同层级机构之间的协作。这种对于多种要素的综合考虑充分显示全球城市夜间功能的多样性与复杂性。从悉尼的规划中不难看出，大城市，特别是国际性特大型城市的夜间功能不仅服务于城市本体或经济层面，而且是城市综合实力的重要投射渠道。悉尼的规划思路表明，夜间功能中经济、文化、安全等不同领域的发展具有较日间功能更强的互动性，相互之间的影响

与联系强度极大。因此，中国的大都市在规划夜间功能拓展或发展的过程中，需要将多因素统筹考虑，防止仅从经济层面推进“夜市”型的单一夜间功能。

3. 公众参与对城市夜间功能建设极为重要

《开放悉尼》规划中，在夜间功能的建构设计方面，高度关注公众参与以及政府、企业、非政府组织之间的互动与讨论，表现出鲜明的“开放式”规划的特征。在五大总体目标设定中，专门将“响应性”作为目标提出，反映出政府对民众需求的关注。同时，在交通、信息等建设领域，十分关注残疾人、外籍人士等相对弱势群体的需求，采取诸多细致的服务提升手段。这些情况表明，与带有“机械性运行”特征的日间功能相比，城市夜间功能的发挥带有更多的多样性、有机性特征，更有赖于公众的深层次需求和配合。因此，关注公众的需求，引导公众参与到城市夜间功能建设中来异常重要。

4. 重视针对夜间功能的城市基础服务体系建设

悉尼的夜间功能规划中，高度重视为夜间功能量身定做的针对性基础服务体系建设。在《开放悉尼》规划中，对夜间出租车、公交车、公共厕所、警务监控，乃至快餐点周边的特殊容量垃圾桶都有明确的建设计划。这些基础性服务虽然会消耗大量的城市财政资源，但能够在很大程度上决定城市夜间功能的层次和吸引力水平。对全球城市的夜间活动而言，由于相对缺乏自然光线环境的保障，安全、便利问题对夜间活动的意义远超日间活动。而上述针对性的基础服务体系的建设，便能够在安全、便利方面起到至关重要的支撑作用。借鉴悉尼的规划经验，中国城市的建设过程当中，应更为注重有针对性的基础服务体系建设，方能润物细无声地形成自身的独特影响力。

参考文献

City of Sydney，*Open Sydney：Future Directions for Sydney at Night*，*Strategy and Action Plan 2013 – 2030*，May 2013.

Kathy Jones, Associates, *City of Sydney: Night Time City Policy-Consultation Report*, June 2011.

Bevan, T., Turnham, A., Longwood, *M & Hadfield P. Sydney's Night Time Economy: Cost Benefit Analysis*, A Report for the City of Sydney Council, 2011.

City of Sydney, *Draft Transport Strategy and Action Plan*, 2011.

City of Sydney, *Interim Waste Strategy: Managing the City of Sydney's Resources for a Sustainable Future*, Consultation Draft, September 2011.

B.6

芝加哥和墨西哥城构建新型城市伙伴关系

汤 伟

摘 要： 芝加哥和墨西哥城建立了新型城市经济伙伴关系，旨在贸易、创新、教育等领域共同发起一系列合作以增加就业、扩张高端产业，进而增强自身在全球范围内的竞争力。芝加哥和墨西哥城伙伴关系的启示有三点：将经济贸易关系纳入城市间的姐妹关系；尽可能根据自身的产业基础和发展线索搜索自身经济贸易伙伴城市，强化贸易和商务联系，分享创新性政策，增强竞争力；加深创新、教育合作和人力资本投资。

关键词： 城市经济伙伴 区域网络 芝加哥 墨西哥

2013 年 11 月，芝加哥市和墨西哥城正式签订新型城市间合作协议。该协议并不是常见的或者典型的城市间姐妹文化交流协议，而是全球城市经济伙伴关系。这种伙伴关系宗旨是在贸易、创新、教育等领域共同发起一系列倡议以增加就业、扩张高端产业，进而增强自身在全球范围内的竞争力。随着全球经济一体化，城市和都市区域构建的网络越来越成为城市和地区发展的骨架，而那些期望城市成功的市长和地区领导者们发现只有与伙伴构建战略伙伴关系才能有效加强不同市场之间的思想、投资、人才、商品和服务流动。

一 墨西哥城和芝加哥城市间贸易伙伴关系的主要内容

芝加哥和墨西哥城1991年即建立姐妹城市，并在此基础上共享经济资产、贸易和投资双边关系，进而形成“芝加哥－墨西哥全球城市伙伴关系”。伙伴关系主要目的是构建更为正式的双边贸易关系，通过贸易、投资和创新方面的合作在双边城市扩展就业和经济机会，特别是在高端行业。双方还在一些具体领域进行合作：出口和外国直接投资、创新和研究、教育和人力资本，并在各自的联邦和地方法律基础上加强协调。另外，双方还决定协调发展与经济相关的关键领域的战略和活动，譬如水、可持续技术、旅游业、移民和文化，进而加强各自的竞争优势。这就需要建立全新的城市伙伴关系，主要内容包括以下几个方面。

在经济发展方面，推进商业和政府会议以鼓励双方共同认可的战略领域投资；在遵守国际和国家管制规则的前提下推进旅游、商业和文化交流，发展多样化的地方市场，促进商品和服务贸易。

在出口方面，加强关键领域商品和服务领域贸易，以遵守北美自由贸易区规则；为关键领域的小型、中等规模的公司寻找出口投资伙伴，以推进他们在相关城市的发展；提升企业家，包括移民、墨西哥裔美国企业家在商务扩展中的角色地位和作用，进而扩大对伙伴城市的出口。

在国际直接投资方面，支持公司对伙伴城市的扩张或额外投资；只要遵守现存的规制和管制就可对伙伴城市的投资进行有效支持；对来自伙伴城市的投资确定规范化程序，进而确认相应机会。

在创新、研究、教育和人力资本方面，分享知识和高度专门化的技术以推进经济领域的创新；搭建大学伙伴关系以发展商业化的创新型技术，满足关键领域公司的需求，或者增强合作伙伴的生产能力以共同生产先进产品和服务；对在芝加哥的墨西哥裔本科生和研究生，或者在墨西哥城的美国本科生或者研究生进行资助，推动他们对双边城市的合作做出相应贡献；进行关键部门的劳动力训练和技术分享，设计出最佳战略；通过主要大学代表组建的墨西哥城－芝加哥教育小组扩展教育机会，以共同研究、教育学生和学术交流，这个小组将会发布最后报告以确认大学议程；共同推进联邦层面的改革以影响伙伴城市移民的流动和雇用。①

二　创建城市贸易伙伴关系的要旨

芝加哥和墨西哥城构建城市伙伴关系的重要性，不仅基于两个城市市场高度相互依赖，地方产品贸易额超过 17 亿美元和紧密的文化联系，还必须置于更为宏大的全球化背景下进行，这就是全球化发展趋势和北美自由贸易区建设。实际经过二十年的经济一体化建设，北美自由贸易区内部贸易的数量和质量已高度分化。北美贸易大概占据美国贸易的 1/4。2011 年，美国和第一大贸易伙伴加拿大、第三大贸易伙伴墨西哥交换了价值 1.2 万亿美元的商品和服务，这大概和美国与日本、韩国以及整个金砖国家贸易量的总和差不多。从价值链来看，美国不仅是最终商品交易市场，而且是生产环节的所在地。至少，从墨西哥和加拿大进口的商品中有 1/4 包含美国生产成分。而从中国和欧洲进口的商品，美国制造成分仅为 5 个百分点。

从价值链角度看，高端行业无疑是最重要的，包括高端工程、研发密集性部门，譬如航天航空、汽车、电子和精密仪器等。高端行业对国家和国民经济也有着显著的影响力。它们占据了不成比例的增长、贸易、研发股份，它们一旦创新并实现乘数效应就可通过供应链传导到其他行业从而进入我们的日常生活。实际上，高端行业是美国贸易的重要部分，占据了美国和加拿大、墨西哥总贸易量的 47%，占据出口世界其他国家和地区的很大一部分。电子、交通装备、重工业等高端行业占据了北美出口的 1/3。更重要的是，当前全球化还出现新趋势，包括日益提升的劳动力成本、新能源和技术、有

---

① Http：//www.brookings.edu/～/media/Programs/metro/gci%20mexico/GCEP%20CHI%20MEX%20MOU_FINAL.pdf.

利的人口趋势，这些都给北美以新的比较优势。而这种比较优势进一步确立北美这个贸易平台的地位。

北美作为独特的有着竞争力的生产和贸易平台，主要为城市和大都市区域网络所驱动，而这些城市和大都市区域又是贸易和投资的引擎和中心。目前，北美有432个人口超过10万人的都市区域，这些都市区域占据了77%的大陆人口，占据北美86%的经济产出。高端行业在这些都市区域贡献更多，集中了更多企业所要求的技术工人、资本和高端研究资产，如80%的汽车产业和91%的航天产业。实际上，北美不仅仅是三个国家国民经济的总和，而且可视为生产和贸易构建而成的一连串大都市区域综合体。都市区域不仅是北美经济的引擎，而且还是洲际商品和贸易的核心。美国、加拿大商品和服务价值的85%不是从都市区域开始就是从都市区域结束，反映了城市和都市区域是强有力的生产和关键消费者角色。以墨西哥城为例，整个都市区域与美国的贸易额为560亿美元，在所有的墨西哥城市区域中占据首位。墨西哥城的贸易伙伴还包括大的美国城市譬如休斯敦、洛杉矶和芝加哥等。实际上，航天、汽车、电子信息等六个高端行业都市区域所占据的贸易额已上升到令人不可置信的97%。以汽车行业为例，呈现典型的北美一体化特点，汽车行业平等地被三个国家的都市区域所分享，其内在机制在于全球竞争迫使汽车行业寻找更为低廉的成本环境，汽车集群就在墨西哥的普埃布拉、蒙特雷、阿瓜斯卡连特斯等城市。

贸易不仅发生在国家之间也发生在城市间的事实还进一步从航天工业得以说明。航天工业中西雅图和蒙特利尔主导了整个贸易关系。而墨西哥也有日益兴起的航天零部件生产城市，主要集群在瓜伊马斯、奇瓦瓦和克雷塔罗等。尽管西雅图和蒙特利尔是主要航天竞争者——波音和庞巴迪的所在地，但这个城市区域的确已培养了世界级供应的生态系统进而加速贸易进程。西雅图的Korry电子对庞巴迪供应飞机座舱面板；蒙特利尔的SF精确电子则向西雅图出口波音777的零部件，而庞巴迪也是位于华盛顿的Royell精确生产线的主要顾客。

既然墨西哥城这样的都市区域已成为北美最重要的贸易和生产区域，那么每个城市和都市区域都应该知道如何使自身适应北美贸易新机制。而这需要墨西哥、加拿大和美国在北美贸易和竞争力方面做出有效行动，体现在四点：第一，必须有智能基础投资使得货物能跨境流动；第二，必须最终完成贸易谈判，譬如跨太平伙伴关系；第三，必须使管制和关税程序联盟和流程化；第四，三个国家必须建立相应协调机制以应对外国直接投资，共同生产将会使每个国家受益，尤其新工厂在北美的任何地方设置的时候。

当然城市、都市区域或者州领导人必须强烈支持上述国家行为，通过高端行业贸易塑造经济定位扮演关键角色，这里可以执行三阶段战略。

第一，设置目标。在城市和城市区域层次上，领导人网络——跨越政府、工业和公民社会——必须为他们的经济设置目标，探索市场驱动的路径，进而衍生出发展趋势。每个城市都需要对各自独特的经济形式和潜力做出市场评估，然后会同公司、政府、大学和公民机构一起设计，在不同起点基础上执行、测量定制经济。这足以说明商业计划如何帮助城市区域驱动就业增长和经济的结构性调整。

第二，国家领导人围绕期望目标进行行动，持续对与经济竞争力和增长有着关键影响的要素和物质—创新、人力资本和基础设施进行投入。譬如，私人公司与区域公共研发机构合作：通过创新增加产品研发；商业化，为公共部门的发现带来更多的经济收益；电子商务，将小型商业与公共机构的IT资源合作；工业组织，将更多的公共和私营利益相关者合作解决内部创新。人力资本角度，墨西哥格雷罗还进行劳动力培养。格雷罗国家航天大学与工业组织全力合作以培养、训练地方学生和劳动力。从基础设施看，波特兰完成地区性出口规划，地方领导人聚焦于最大的出口商的基础设施建设。他们发现希尔斯博勒的技术集群和到东方机场的高速公路存在瓶颈，领导人就进行有目标、可行动以及可承担的干预以将最关键的公司与全球市场连接起来。通过对创新、人力资本和基础设施的战略研究，国家领导人成功定位并连接他们的贸易伙伴以寻求全球市场的扩展。

第三，城市区域领导人应该与北美的伙伴们构建网络以加强互惠的贸易和共同生产联系，正如芝加哥市长和墨西哥城市长对国际城市间经济合作设置相应的标准，与他们的全球合作伙伴合作进而在经济意义上更好地利用。当然，这也制造出了强烈的贸易城市网络以驱动全球经济的扩展。这些都说明城市、都市区域和州领导必须在贸易、投资，提升自身社区竞争力以及整个大陆的竞争力方面扮演核心角色。

三　墨西哥城和芝加哥城市伙伴关系对中国的启示

墨西哥和芝加哥签订的合作协议说明城市伙伴关系能加强这两个城市的关系促进就业和经济增长，推进两个城市共同资产的增长，譬如研究、创新和人力资本。当然，芝加哥和墨西哥城也可就贸易、文化流动和经济历史进行资本化。芝加哥和墨西哥城综合伙伴关系构建内容和历程也给中国城市带来启示。

第一，应将双边姐妹城市提升至更高水平，尽快将经济贸易关系纳入城市间的双边关系。城市应帮助伙伴城市先锋行业的小型、中等规模的公司在自身城市找到顾客，而伙伴城市也能帮助自身扩大出口。为了重新扩大和增进市场动力，应推进投资程序流程化，特别是那些有兴趣在每个市场定位和扩张的城市。

第二，尽可能根据自身的产业基础和发展线索找到自身经济贸易伙伴城市。譬如，旧金山中国项目正与其在上海、北京以及广州的办公室合作帮助30个总部位于旧金山的重要的高科技公司以及河湾地区公司获取重要联系。显然，地方和州领导人正强化贸易和商务联系，分享创新性政策，增强竞争力。

第三，注重与产业、贸易上的伙伴关系加深创新、教育合作和人力资本投资。亚利桑那州立大学与蒙特雷理工的产业聚焦的伙伴关系加深凤凰城和蒙特雷的关系，他们还在航天物流方面设置了共同的硕士学位，成立了可持续的全球研究所以检验双方的水资源创新管理。须指出的是，克雷塔罗州正在与全球航天公司进行有效的合作，譬如庞巴迪，正与墨西哥、加拿大和美国的地方大学进行合作以确保他们的经济引擎有着稳定的技术工人和供应链，进而提升整个大陆的贸易、生产和竞争水平。

参考文献

The Memorandum of Understanding to Establish the Global Cities Economic Partnership between Chicago and Mexico city, http://www.brookings.edu/~/media/Programs/metro/gci%20mexico/GCEP%20CHI%20MEX%20MOU_FINAL.pdf.

Bruce Katz, *GCI Mexico Presentation on Metro North American Competitiveness*, http://www.brookings.edu/research/presentations/2013/11/18-gci-mexico-katz.

简·雅各布斯：《城市与国家财富——经济生活的基本原则》，金洁译，中信出版社，2008。

杨杰、倪鹏飞、李超：《城市联系度和要素禀赋对城市可持续竞争力的影响》，《中国流通经济》2014年第1期。

B.7

约翰内斯堡制定社会发展导向的“2040”战略*

张剑涛

摘　要：约翰内斯堡作为南非的经济中心和新兴的国际大都市，在非洲经济社会发展中有着重要的地位。为了应对复杂多变的国际环境，促进城市的长期可持续发展，提升城市竞争力，结合自身潜力和特点，政府制定了“2040”发展战略。其主要目标是：①提升生活品质，推动以发展为基础的包容性社会；②提供一个宜居和可持续的城市环境，使城市基础设施可支撑低碳经济；③成为一个就业充分和充满竞争力的经济体，激发个人潜能；④建设一个高效积极的政府，带动区域发展并具备国际竞争力。

关键词：约翰内斯堡　“2040”发展战略　可持续发展

约翰内斯堡作为南非的经济中心，同时也是非洲的经济中心之一、新兴市场国家发展的代表之一。其经济社会发展取得了世人瞩目的成绩。为了在今后保持长期的国际竞争力，跻身更高层级的国际大都市之列，约翰内斯堡政府制定了“面向2040年的城市发展战略”（*Joburg 2040 Growth and Development Strategy*，Joburg 2040 GDS）。这个战略规划的根本目标是使约翰

---

* 本文主要基于约翰内斯堡市政府的 *Joburg 2040 Growth and Development Strategy*（*GDS*）。

内斯堡成为更宜居、更具活力、更具竞争力的多元包容性国际大都市，可以为其市民提供可持续、可适应和充满活力的高品质生活。因此，这个规划不仅是政府行为，它同时包含了约翰内斯堡不同阶层、群体、组织、社区的意见和想法。规划中包含了一系列今后城市发展的战略选择以及每五年为一个阶段的发展规划，用以引领每一时期内的城市发展目标以及相应政策措施、活动和财政安排。

一　城市愿景

1. 世界快速变化中的城市发展策略

当今世界变化日新月异，城市面对的问题、挑战和机遇也日益复杂，城市的发展前景也更难以预测。约翰内斯堡也面临着其他国际大都市发展面对的一些共性问题。

（1）不断增长的流动人口。南非，尤其是约翰内斯堡，近年吸引了大量非洲国家的移民，包括求职、求学、搬迁、避难等。此外，还有大量南非国内其他城市迁往约翰内斯堡的移民。虽然约翰内斯堡市区和郊区、周边城镇之间的移民增长速度和规模各不相同，但是移民给城市带来了文化、政治、社会和经济上的多元性，同时也为城市的发展带来了不确定性。如何在城市发展、城市空间、城市公共资源和服务中融合这种多元性，是约翰内斯堡政府今后制定发展战略的重点之一。

（2）全球化的影响。全球化给城市，特别是国际大都市带来了机遇和风险。约翰内斯堡作为非洲的国际大都市，是地区和国家的发展核心，也是区域与国际联通的枢纽，资本、人力资源、信息、物资的流通中枢。这为城市发展带来了众多机遇，也使城市更易受到国际环境变化的影响。特别是在全球化的当今世界，经济、社会、文化的发展已不受政治边界影响，可以轻易、迅速地渗透进大多数国家的城市。因此，约翰内斯堡的长远发展需要基于这种全球化的影响，提出具有可预见性和弹性的战略，以应对不可预见因素的影响。

（3）技术创新。技术创新是当今世界发展的一个迅速崛起的强劲引擎。它带来了许多出乎意料的变革，对社会、经济、政治、文化和自然造成了巨大影响。知识和信息是技术创新的核心，同时，新的生产和消费方式改变了原有的商业模式。城市是这些变革发生的场所，推动和见证着信息、通信、生物、能源等多方面的技术变革。

（4）自然资源减少。目前，全球都面临着由资源过度利用、环境污染和废弃物所造成的严重的社会、政治、经济和环境问题。一个明显后果就是自然资源日渐缺乏导致的全球食品价格的上涨。这已经成为一个长期化的趋势，并且会导致全球性的通货膨胀以及影响人们的实际收入水平。

（5）气候变化。全球气候变化的一个显著特征就是全球性的温室效应。气候变化导致了极端气候出现得更加频繁，影响范围更大，灾害后果更严重。气候变化和气候灾害变得更加不可预测。气候变化对城市的应变能力和弹性，特别是对城市的基础设施建设和服务，提出了更高的要求。

（6）不平等。城市发展的一个重要问题就是不平等，特别是在大城市中。不断增长的不平等会严重影响城市社会和经济的可持续发展。约翰内斯堡为减少城市的不平等现象，努力在消除贫困和饥饿、普及基础教育、对抗艾滋病和其他传染疾病、妇女平权、降低婴儿死亡率等方面取得显著改进。

城市的发展过程不是简单的线性过程，因此，城市的发展战略需要有开放性、包容性和弹性，在公众共识的基础上提供城市发展的整体性思路。许多国际大都市如伦敦、纽约等都有城市长期战略规划，对城市的长期发展目标、策略、机制、进程等进行全方位的综合谋划。其要点包括以下五个方面。

①应对复杂的现实挑战，确定长期的战略选择；

②谋划长期项目所需的发展概念和运作程序；

③制定中期的操作性规划；

④理顺城市发展目标与操作的关系；

⑤激励和引导公共利益与城市发展目标相结合。

2. 2040战略：通往未来繁荣的坚实基础

约翰内斯堡2040战略不是一个简单的政策文件或空间规划，它与普通的城市中长期规划有显著区别。它包含四个主要目标以及相应的具体措施和要素。它为城市近期和中期的基础设施、住房、交通的建设提供了先决条件，同时，它并未因此赋予政府在机构、功能和操作方面超越社会和公众的特权。相反，它提供了一系列针对城市今后五年以及中期发展的战略导向和政策，以及五年期内的具体行动纲领、目标和配套经济措施。约翰内斯堡2040战略的4大主要目标如下。

（1）提升生活品质，推动以发展为基础的包容性社会。约翰内斯堡通过消除贫困、食品安全、社区建设等途径，使得在未来城市经济社会发展中，居民的生活品质会得到巨大提升。这包括了居民的健康状况、预期寿命、经济条件、社会地位、个人价值、社会融入等多方面。

（2）提供一个宜居和可持续的城市环境，使城市基础设施可支撑低碳经济。约翰内斯堡努力建设一个生态高效和可持续的基础设施体系，并使之成为一个宜居、环境友好、可持续的，可支撑低碳经济的基础。

（3）成为一个就业充分和充满竞争力的经济体，激发个人潜能。约翰内斯堡努力创建一个竞争力强、智慧型、灵活性、弹性足的城市经济体系，使之在南非、非洲，乃至全球都具备领先的潜能和表现力。这需要通过推动资本、技术、信息、人力的流动来提升经济的发展和可持续性。同时，创造一个就业充分的长期繁荣局面，使所有市民都能从中受益。

（4）建设一个高效积极的政府，带动区域发展并具备国际竞争力。约翰内斯堡期望建设一个高效能、进取型、反应型、关怀型的政府，并能够为社会和市民提供积极和及时的服务。促进城市的企业、组织、个人能够充分发挥各自的潜力，并将这些努力与城市的发展和空间建设有机结合。

与这些城市发展主要目标相对应的是目标导向型、滚动修正型、环境适应型、多元价值型、弹性周期型的政策和措施，以保证城市的发展能够及时顺应多变的国际环境和不确定的未来，并在激烈的竞争中持续提升。

二　振兴之路

1. 城市转型与长期方向

为了适应全球、地区和国家的变化环境，约翰内斯堡制定发展规划的原则从过去的效率、规范、可控、可测转变为弹性、可持续和宜居。首先，约翰内斯堡未来的发展需要有足够的弹性来包容持续的变化和不可预测情况。城市缺乏弹性会影响城市的政治、经济、文化、知识、生态系统和网络。因此，城市内部动态和静态之间的关系对于城市的弹性和包容性至关重要。城市发展的历史整体而言是连续和可测的。但是，随着世界发展的日益迅速和多变，城市的发展也存在越来越多的不确定性。因此，城市需要创新的发展推动力和方式，以应对复杂的环境和不确定的未来。

其次，可持续性已经成为全球社会、经济、文化、生态等各方面发展的一个重要原则。它表明了短期发展不能以牺牲长远利益为代价，更为重要的是每一阶段的发展都需要对长远利益起到促进作用。城市的弹性为可持续发展提供了关键的基础。约翰内斯堡的可持续发展目标是在任何未知的政治、社会、经济、环境因素的影响下，都能确保城市健康、稳定、长久的发展。

最后，宜居则是约翰内斯堡对其全体居民的责任和承诺。它意味着为市民提供环境、社会、经济、健康和心理上全方位的舒适和发展。市民能够享受到便利和优质的基础设施和交通、公共服务，得到安全的食品、洁净的环境、舒适的住房、满意的工作，从日常生活中感受到便捷、欢乐、公平、尊严、参与和权利。同时，市民能够全面地参与政府和社会的决策过程，充分表达自身的意见，并以此影响决策。

2. 机遇与挑战

约翰内斯堡所在地区是南非乃至非洲人口最为密集的地区，大量人口涌入寻求经济发展机遇和个人更好的发展。因此，城市未来的发展会面对自身和外在的多方面的机遇和挑战。综合而言，主要来自九个方面：经济发展、健康和贫困、资源可持续、环境污染、交通、宜居社区、安全、智慧城市、政府管理。

约翰内斯堡作为非洲和南非的经济中心，经济结构和大部分国际大都市相似，以服务业为主，同时保持了多样性。其中处于主导地位的是金融、房地产和商业。中长期经济发展的主要关注点在于保持高水准的经济活力，其中要素包括生产力、就业率和收入水平。这些要素和经济需求、行业前景、社会保障、职业能力等因素密切相关。

健康和贫困涉及多个方面要素，包括疾病、低收入、就业、不平等、教育、饥饿、居住、群体融合等。疾病不仅造成生理和心理上的病痛，更会对个人和家庭造成巨大的经济负担。需建立广泛的社会安全和保障体系保障低收入群体和家庭。增加就业机会，特别是低收入人群的就业机会以及中小型企业对就业的带动。减少在阶层、种族、性别、收入和空间等方面的不平等，提升社会包容水平，促进群体融合。普及基础教育，通过提升教育水准为社会创造更多的就业机会。

经济增长与资源供应和基础设施，如给排水、电力电信、燃气、道路等密切相关。如何利用有限的自然资源，使经济增长脱离资源消耗型的模式是经济长期可持续发展的前提。约翰内斯堡需要借鉴其他国际大都市经验，充分把握发展绿色低碳经济的机遇。传统经济向绿色低碳经济转型的过程中会涌现大量的机会和挑战。充分认识、利用和把握其中的机遇，对于城市长期的经济发展和竞争力提升帮助显著。

在追求资源可持续的同时，减少环境污染和提升环境质量。这对于环境可持续性、城市弹性和包容性、低碳经济、缓和气候变化影响、城市景观等都有显著影响。管理是其中的首要因素。

三　实现蓝图

1. 提升生活品质，推动以发展为基础的包容性社会

提升市民生活品质的首要条件是减少个人、家庭和社区的贫困，为他们提供足够的机遇和条件，实现自我发展和自身价值，同时提升自身生活条件

和品质。政府通过强化社区一级的扶贫减困和创造就业功能，引导和鼓励个人和家庭积极努力地寻求和实现自身不断发展，减少对社会和他人的依赖。同时，政府和社会提供完善的资金配套和社会保障体系，以支撑个人、家庭和社区的发展。

普及文化教育和提升教育水准亦是提升市民生活品质的重要一环。教育是个人发展的基础。普及教育不仅是基础教育，同时约翰内斯堡还将建成为全体市民所共享的终身教育和学习体系，以保证个人不断持续发展的需要，这同时也是群体融合和社会包容、发展知识经济、提升城市综合竞争力的重要环节。

疾病控制和预防是市民生活品质保证的重要一环，健康城市也是城市弹性和可持续发展的基础之一。疾病防控的重点包括常见疾病和传染病。前者与生活习惯密切相关，后者包括艾滋病以及多种热带传染病。普及医疗卫生知识、改变生活习惯、改善卫生条件是关键因素。

食品安全是提升生活品质的重要物质基础。由于自然资源消耗、环境恶化、气候变化等，食品安全和保障日益成为政府、社会和个人关注的焦点之一。约翰内斯堡政府全力打造一个包括自有供应、商业运作、流通监管在内的综合性食品安全体系，以保障市民食品供应的充足、可靠。

包容性社会的基础是个人、群体之间的相互理解、信任、尊重、融合。约翰内斯堡作为一个多民族、多种族、多元化的城市，其发展目标是不同社区、群体、种族能够自信、自尊的生活，同时相互理解包容，融洽的共处，共同赋予城市活力和可持续发展的潜力。不同种族、群体、文化之间的交汇融合是城市特有的活力源泉和形象特色，一个包容性的社会更是城市发展的社会和文化基础。

2. 提供一个宜居和可持续的城市环境，使城市基础设施可支撑低碳经济

宜居和可持续的城市环境的首要条件是完善的城市基础设施和服务，包括卫生、给排水、能源、通信和废弃物处理。作为一个热带城市，水资源的有效利用和管理十分重要。特别需要针对水资源的长期可持续开发利用、回

收处理，做到精细化管理，保障水资源的充分安全可靠。同样，能源的利用和管理，特别是可循环再生利用，对于城市的可持续发展、绿色环保、低碳节能意义重大。

应对气候变化和环境保护是城市宜居的另一个重要方面。主要任务是减少废气和废弃物的排放，使建筑物和设施在节能方面更加高效，推动绿色交通和交通治理，提高城市的防灾抗险能力，保障食品和环境安全，建设节能高效、生态紧凑型城市。

大力推进生态出行和生态交通模式，减少机动车，特别是私人机动车的使用。制定综合性的交通规划，提升城市交通的效率、可靠性、可达性、经济性，同时减少交通出行时间、距离、成本、拥堵。普及和提升公共交通，鼓励步行、自行车和其他节能减排型交通方式，并建设相应的基础设施。

提倡节能可持续的建筑方式。通过更高效、节能、环境友好型的建筑，以容纳更多的市民，为市民提供更优的居住和生活环境，同时使城市化具备更好的发展潜力。这也为市民安居乐业提供了更好的社会环境和幸福感。

3. 成为一个就业充分和充满竞争力的经济体，激发个人潜能

城市经济发展的根本目标是市民生活水准和品质的提升。经济发展的一个关键指标就是就业率。约翰内斯堡未来经济发展的目标之一就是保证市民的充分就业。经济发展必须和创造充足的就业岗位紧密关联。政府、社会、社区和个人为此需要全力合作，创造就业机会并鼓励积极工作的社会风气。

对于约翰内斯堡这种以服务业为主的城市，中小型企业的蓬勃发展对经济至关重要。因为它们不仅推动了经济整体的发展，同时也提供了大量的就业岗位。政府充分认识到这一重要性，将推动中小企业发展作为经济政策的支柱之一优先考虑，并提供完备的配套政策、措施、技术转换、技能培训、资金和公共服务。

经济发展的一个重要目标就是提升城市和地方经济的竞争能力，进而吸引投资、促进发展，形成良性循环。为此，约翰内斯堡政府从政策法规、金融财政、商业环境、科技研发、职业培训、基础设施、公共服务、城市规划、生态环境、教育医疗、社会保障等多方面综合规划、提升完善，不遗余力地为产业和经济发展吸引投资。

4. 建设一个高效积极的政府，带动区域发展并具备国际竞争力

主动和高效的政府是城市发展的关键要素之一。约翰内斯堡政府在引导和推动城市整体发展的同时，积极鼓励公众参与政策制定、实施、监督的过程。这也是建设包容性社会和提升城市竞争力的重要途径。因为社会和公众的参与，公众政策的产生和落实变得更为公开、及时、有针对性，同时也更为负责、有效。公众参与也保证了全面、有效的反馈机制，为政府工作的可持续健康发展提供了重要保证。

政府的责任之一是所有公共事务对全社会的公开以及以人为本理念指导下对市民需求的优先照顾。市民要求、提议都会得到政府相关部门或机构正式、及时、主动和全力的答复。所有市民、组织，不论种族、性别、籍贯、阶层、教育、地位，都享有同等地位和权利，得到平等对待。

为了完善政府的行政能力和公共服务能力，需要提升政府财政的容量和管理能力。这既需要专业人员的具体运作，也需要建立一个灵活、高效、可靠的运行机制。政府将在此基础上，通过不断地提升和创新，强化财政实力和能力，以匹配人口的增加、市民的需求、城市的建设发展、竞争力的提升，同时追求财政的可持续增长和公共服务配套能力。

参考文献

Http：//www. jda. org. za/joburg－2040，2014 年 6 月 3 日。

Harris，N，*City Competitiveness：Originally Drafted for a World Bank Study of Competitiveness in Four Latin American Cities*，2007，http：//www. dpu-associates. net/system/files/City ＋ Competitiveness＋09. pdf.

France：OECD，*OECD Economic Surveys South Africa*，http：//www. oecd. org/publishing/corrigenda.

Washington DC，IMF，*International Monetary Fund- IMF（2011）World Economic Outlook：Standard Chartered Research*（*Internet*），http：//www. imf. org/external/pubs/ft/weo/*2011/02/* index. htm.

城市经济篇

Urban Economy

B.8

汉堡自由贸易区的发展经验与启示

闫彦明 严 婷

摘 要: 汉堡自由贸易区有着长达125年的悠久历史，是全球自由贸易区的一个典范。在发展过程中，依托优越的区位优势和政府的有力推动，汉堡自由贸易区获得了成功发展，并积累了许多经验。我国在大力推动自贸易试验区建设时，可以对此进行参照。

关键词: 汉堡自由贸易区 监管机制 港口经济

汉堡是德国北部的重要城市，依托优越的交通区位优势，汉堡长期充当着德国重要的海港和最大的外贸中心角色。作为世界级的港口城市，汉堡被誉为“德国通往世界的大门”。汉堡自由港历史悠久，最早可追溯到19世纪80年代，在发展早期德国政府就允许港区内长期储存的外国货物享受免税待遇，这促使汉堡港逐渐成为欧洲最重要的中转贸易区。后来，德国根据欧盟有关规定建立了5个自由贸易区，汉堡自由港能级由此进一步提升，而其在发展过程中形成的管理体制、监管方式等可以为我国建设自由贸易区提供借鉴。

一　汉堡自由贸易区的兴起与行政意义上的撤建

1. 从保税区到自由港

汉堡是一座拥有1000多年历史的古老城市，优越的区位条件和自然环境吸引了大批居民来此定居。从地理区位看，汉堡位于德国不来梅东北部易北河岸，离北海和波罗的海不远，易北河的主道和两条支道都从汉堡市区穿境而过，另外还有上百条河汊和小运河遍布市区，从而使得汉堡有着非常发达的水运体系。因此，长期以来汉堡港的远洋业务可以抵达亚洲、非洲和美洲许多港口，而汉堡港作为河、海两用港，也成为欧洲河、海、陆联运的重要枢纽。1888年，在港口保税功能的基础上，德国政府建立了汉堡自由港。1895年，基尔运河的开通直接连接了北海与波罗的海，从而使汉堡作为港口城市的功能大幅度提升。1912年，汉堡港的海运吞吐量已位居世界第三，仅从吞吐量来看已成为仅次于伦敦和纽约的港口。

由于独特的区位优势，汉堡港开展了大量的转口贸易业务，并形成了大进大出的物流集散模式，经由发达的物流运输网络辐射欧盟全境。后来，德国根据欧盟有关规定，一揽子建立了5个自由贸易区，汉堡港由此进一步发展成为其中规模最大、港口资源最丰富、现代化程度最高的港口之一。目前，汉堡港港口面积约100平方公里，占城市总面积的1/7左右，拥有大小码头60多个，可同时停泊250多艘大型货轮。港口产业也成为汉堡市最重要的支柱产业之一，而汉堡自由港也成为欧洲自贸区的一个典范。

2. 区域贸易一体化导致自由贸易区撤销

随着欧盟经济一体化的不断深入推进，欧盟体系内的国家之间各项关税不断消除。特别是近些年来欧盟内部致力于打破关税壁垒，推动统一市场的发展，欧盟内部接近2/3的货物将免税流通；加上WTO和其他一些双边和多边贸易协定的推动，欧盟货物关税大幅度下降，自由贸易区豁免关税的优势渐渐弱化。从实际情况看，自由贸易区的体制与欧盟区域经济一体化要求已经不相适应。例如，按照自由贸易区规定，进入港区的原有手续时常会导致交通堵塞、影响物流进度等问题；而通过消除关境，海关不需要再在自由港对出口的空集装箱进行联合检查，这将有助于缩减货物在港区存放的时间，使运输和关税流程大大加快。

在此背景下，2008年《现代化欧盟海关法典》出台，按照规定，欧盟各国应当完全放弃各自海关及税务政策方面的特权，自贸区实行内外贸易制度一致的办法。根据这些要求，汉堡市政府于2010年初向联邦政府提交了关于取消汉堡自由区的申请，涉及的贸易区面积占整个汉堡市约23%；按照法律程序，德国下议院于2010年11月批准了该议案，决定于2013年1月1日正式生效，这意味着这个运行长达125年的自由贸易区在行政意义上被撤销。按照新规定，所有汉堡港区内的公司将同其他欧盟关税区内的海港一样，按照统一的海关管理方式进行运营。汉堡自由港的取消体现了区域一体化和经济全球化的发展趋势。虽然在形式上汉堡自由贸易区已经不复存在，但其作为大型港口的功能反而得到进一步强化，而其在上百年中建设自贸区的经验也值得借鉴。

需要指出的是，在自由贸易区行政撤建后，新的汉堡港更加体现了“港城融合”的特点：“在城里，城在港中，还港于民。港区东北，一片集商务、服务业等多功能于一体的新城欣欣向荣。①”使长期以来围绕港口发展需要的配套服务业得以持续地发展起来，金融、保险、酒店、餐饮、贸易、旅游等服务业渐成体系，并推动了汉堡市产业结构的优化、升级。例如，汉堡目前已经成为德国仅次于法兰克福的第二大金融中心。

---

① 陆振华：《德国汉堡：拆除藩篱终结124年自由港历史》，《21世纪经济报道》2014年1月6日。

二 汉堡自由贸易区富有特色的管理体制

通过上百年的自由贸易区建设，汉堡港的发展是成功的，港口真正意义上支撑起了城市的经济社会发展。总体概括起来，汉堡港的成功主要得益于其三个方面的优势：一是优越的地理位置，兼有海港和河港的功能，被称为“两海三河之港”；二是准确的功能定位，最初以发展转口贸易为主，后来逐渐向着综合型方向成功拓展；三是优惠的税收条件和完善的监管手段，汉堡港实行港区合一，成立经政府授权的专门机构，负责管理和协调自由贸易区的整体事务，特别是自由贸易区与城市功能的相互促进，超前进行整体规划和建设，带动了周边城市经济发展。[①] 总体来看，汉堡自由贸易区在体制机制方面，主要有如下方面的特色与经验。

1. 扁平化的行政管理体制及公私结合的运营方式[②]

汉堡自由贸易区在行政管理体制上具有较为鲜明的特征。汉堡市，即汉堡州，在行政建制方面具有较高的层级，与德国其他 15 个联邦州具有相同地位，相当于中国的直辖市。汉堡市有地方议会和政府，其中政府负责区内总体规划和土地使用，并拥有区内土地和水域的所有权。按照规定，辖区内的土地只能由政府出租但不能出售，租期一般为 3 年。在港区管理方面，汉堡市地方政府、立法机构直接确定港内经济活动的规则，并对一些具体业务有明确规定。主要涵盖了制定港口的法律框架，确定港口发展战略，建立与维护港界范围内的港口基础设施，征收港口使用费，对进出港和靠泊码头的船舶以及装卸作业进行安全管理监督、港区消防等诸多领域。在操作中，汉堡州经济和劳工事务部主要负责自由港区的日常管理，有关部门也对港内可作业和禁止作业的货种进行严格规定。海关由联邦政府管辖；水上警察由联邦内务部管辖；环境由环保部门管理；海关对各通道进行执勤管理；沿河岸

① 蒋丹萍：《比较我国保税区与汉堡自由贸易区》，《中外企业家》2009 年第 8 期。

② 胡大龙：《德国汉堡自由贸易区》，《国际市场》2013 年第 3 期。

由海关巡逻艇控制；由于业务量大，港区基本上每天都有 800 名左右的海关人员值班。

另外，在日常运营中，政府部门与企业都协调地、灵活地发挥作用。特别是在港区内一些市场机制强的领域，政府鼓励企业之间开展竞争，竞争获胜的企业可以通过向政府租用土地的方式，具体开展港区基础设施投资建设及港口作业操作以及码头、仓库、堆场的建设与运营等。由于这种开放、透明的竞争机制，吸引了许多国际知名的贸易公司、航空公司、轮船公司、金融机构等在汉堡落户并设立分支机构。这不仅推动了多元化产业体系的共生发展，也形成了港口物流业等传统港口产业与现代服务业的有机融合，这些产业在政府、市场双重力量的驱动下共同支撑起汉堡作为国际大型港口城市的发展。

2. 关内关外分离的自贸区监管模式

汉堡自贸区面积约 16.2 平方公里，区域内有 180 多万平方米储存区及 160 万平方米的集装箱中心，该区域由一条长约 23.5 公里、高 3 米的金属栅栏与其他区域隔开，这个栅栏俗称“关界围墙”。在空间分隔的基础上，汉堡自贸区采取关内关外差异化管理模式。根据《德国联邦法》规定，区内视同关外，在贸易、物流、关税等方面实行比一般的保税区更为开放的管理，海关部门对出入自由港区的船舶、货物的规约相对更小。海关业务仅在货物进、出关卡时发生，而从货物卸船、运输到装运的整个过程，都切实体现了管理机制的自由化、便捷化。

汉堡自贸区对于不同类型的货物采取不同的监管方式。例如，对于转口商品和来料、来件加工后复出口的货物不受海关监管限制，可以在自由港转口储存和加工，向海关申报后，实行单证管理，对此类货物仅开展个别抽查。货物抽查往往是有针对性的，特别是对事先得到线索的疑问货物进行抽查，一旦发现问题，海关会通过银行扣罚事先交纳的保证金。性质严重的，则取消其在港内的经营资格。[①] 又如，对进入关境的消费品，海关要按规定

① 董维忠、聂颖：《世界经济自由区管理体制和海关监管》，《港口经济》2002 年第 2 期。

征收一定比例的关税。

在通行方式上也采取了多元化措施。如从海外水路进出自由港的船舶，向海关通报并获得准许后，挂上“关旗”便可自由进出；在海关检查卡口，除专供载货车辆出入的货物检查申报卡口外，还有行人穿过自由港区的通道口。此外，自贸区港区内不准工作人员居住，进入自由港的免税货不准在区里销售；工作人员和运输车辆进入港区不必对其检查，但外出时要接受例行检查。为了鼓励船舶业的发展，自贸区还专门规定除船舶加工业的商业性加工业务在进出关卡时须取得海关同意外，其他类型业务基本不受干预政策；这个政策在推动船舶制造业发展方面发挥了很大作用，有100多家船具公司的总部设在自贸区内①。

3. 通过自由、开放的金融政策为港区发展提供便捷的金融服务

由于港口经济发展需要大量的金融支持，金融政策也往往是自贸区政策体系中的重要组成部分。在汉堡自贸区的发展历程中，充分体现了贸易自由、金融自由、运输自由等特点，其中，金融自由不仅满足了自贸区内港口经济发展的需求，同时也在很大程度上推动着汉堡成为德国仅次于法兰克福的第二大金融中心，从而使自由港和城市功能相互促进的关系得到了充分体现。②

进一步看，汉堡自由化的金融政策得益于德国的金融改革，并在金融改革开放中发挥了探索者的作用。1967年2月，德国结束了利率管制时代，实行利率市场化。1985年，在全球金融自由化浪潮下，德国推行了银行业与证券业混业经营的全能银行模式，并实现了完全向外资银行开放。1986年，德国进一步废除了外汇管制措施，这在很大程度上提高了德国国际贸易方面的便利性，后来随着欧元的统一发行，使得资本项目、外汇管制等都获得了极为宽松的政策环境。金融开放不仅便利了向港区廉价地提供全能银行服务，也使德国有效参与了欧美等发达国家出现的金融全球化浪潮。受此影

① 陆颖：《世界部分国家和地区的自由贸易区建设》，《上海人大月刊》2013年第10期。

② 叶雷：《世界上有多少个自贸区》，《海外》2013年第12期。

响，港区及市区均集聚了大量来自全球的多元化金融机构。

4. 具有吸引力的税收优惠政策

汉堡自贸区向企业和经销商提供在欧洲各国最优惠的税收优待。汉堡自贸区属于欧盟关税区体系之内，而欧盟《关税法案》有明确规定，凡进入自由区内的第三方货物并不算进入欧盟的关税区。因此，进入自由港内的第三方货物可以免征关税，在各国船舶航行时只要在船上挂一面海关“关旗”，就可不受海关的行政干涉，进出口或转运货物也不需缴纳海关关税及其他税种；按照规定，货物在区内进行加工和交易等活动也不必缴纳增值税。[①] 操作中，只有在货物离开自贸区进入德国或者欧盟的时候才需要缴税，而仅在自贸区内中转的货物在进入其他目的国时缴纳相应的进口税即可。虽然各类人员按照规定必须缴纳个人所得税，但在货物税方面不征收营业税。因此，汉堡自贸区实际上是执行了很低的税制，海关监管的出发点也不是为了单纯地增加税收，而是致力于推动贸易便利化和港口经济的发展。

5. 建立多功能、高效率的物流产业体系

港口经济与物流产业具有极为紧密的关联，构建一套高效率运营而且能够满足港区企业发展需求的物流系统对自贸区发展而言至关重要。汉堡市政府正是意识到物流的重要性，而采取了大量措施来发展物流业，主要体现为吸引国内外重量级物流企业落户、建立综合性物流中心等手段来加以推进。据统计，目前汉堡市大约集聚了约 5700 家物流公司，它们围绕港区需求及城市运营需求形成了完善的物流服务产业链，服务内容几乎囊括了仓储、运输、加工、质量控制、包装、配送、货物管理以及运输保险、海关手续服务、结账票据服务等所有与港口运输相关的领域。根据规划，为了更好地满足客户需求，汉堡将为大型物流业投资机构提供约 320 公顷的土地用于建设物流基地，而政府部门也联合相关企业加强对港区集装箱处理能力的拓展。汉堡的三大集装箱码头运营商 Eurogate、HHLA、Altenwarder 等都在大力改造、升级其在汉堡自贸区的码头：Eurogate 在实施西扩计划，从而将吞吐能

① 胡大龙：《德国汉堡自由贸易区》，《国际市场》2013 年第 3 期。

力提高到600万个标准箱；HHLA将为其在汉堡港的码头投资8亿欧元，预计运输能力将提高到100万个标准箱及以上；Altenwarder的集装箱码头年处理能力也将提高到300万个标准箱。在政府推动下，一批物流业巨头的集聚使其功能不断提升，并使汉堡自贸区成为欧洲发展最快、最高效的物流基地。

三　对我国建设自由贸易区的启示

近两年，西方发达国家主导了一系列新的国际投资与服务贸易新规则，主要涉及“跨大西洋贸易与投资伙伴协议”（Trans-Atlantic Trade and Investment Partnership，简称TTIP）、“跨太平洋伙伴关系协议”（Trans-Pacific Partnership Agreement，TPP）等，这些新的协议将致力于重构全球服务贸易及国际投资新体系。新的规则对双边和多边的贸易、金融领域开放提出了更为严格的要求。我国于2013年9月份启动中国（上海）自由贸易试验区建设，是党中央、国务院在新形势下推进改革开放的重大战略举措。但由于我国的行政管理体制、税收管理体制、海关监管机制、金融市场体制等诸多领域与国际管理仍存在许多不适应之处，针对现实中存在的问题，迫切需要借鉴发达国家长期以来在自贸区方面积累的经验。汉堡自贸区作为全球自贸区的一个重要典型，其带来的借鉴之处主要在于以下几个方面。

1. 改善行政管理方式，推动公私合作

根据上海自贸区的总体框架安排，我国将逐渐推行“准入前国民待遇”及“负面清单”式的管理，这对传统以审批制为特征的行政管理体制产生了极大的挑战。我国可以考虑借鉴汉堡“扁平化”的行政管理方式，减少行政管理的中间环节，使自贸区业务能够快速、高效地在区内解决，从而营造一个宽松、有序的监管环境。同时，积极探索政府、市场有效协调，通过发挥合力来有效推动自贸区更好更快发展的途径，如通过招投标机制吸收国际顶尖企业开展自贸区重点领域的运营，这不仅可以提高专业性，还可以有效发挥市场机制在资源配置中的作用。

2. 推行符合自贸区业务特征的差异化监管方式

自贸区内涉及各种制造业、加工业、服务业的跨境交易业务，这些不同领域的业务存在很大差异，在操作中不一定都“一刀切”地开展监管。例如，可借鉴汉堡自贸区对转口商品和来料、来件加工后复出口的货物等采取较少海关监管限制，仅开展个别抽查的措施。在理顺自贸区海关通关流程的基础上，针对不同业务采取对应的通行方式，从而在保障安全的前提下提高通关效率。

3. 探索在现有税收制度的框架下，面向国际、更具吸引力的税收政策

针对进入到自由区内但不入境的第三方货物免征关税，对进出口或转运货物也可免征海关关税及其他税种；对货物在区内进行加工和交易等活动可减免增值税。另外，根据实际情况，针对金融领域开展的人民币业务双向资金池业务中的“入境、使用两环节”印花税和营业税重复征税问题，应参照国际上对资金入境流程实施单边征税的做法，取消“境外资金入境要预提10%所得税”的规定，改为仅对入境后的使用环节进行征税。对自贸区的高管人员，也可参照国际标准，对个人所得税予以减免（目前我国的累进制个人所得税总体上与发达国家相比还是过高，不利于自贸区的开放探索与人才集聚），并增加应税收入的可抵扣项等。

参考文献

董维忠、聂颖：《世界经济自由区管理体制和海关监管》，《港口经济》2002年第2期。

胡大龙：《德国汉堡自由贸易区》，《国际市场》2013年第3期。

蒋丹萍：《比较我国保税区与汉堡自由贸易区》，《中外企业家》2009年第8期。

陆颖：《世界部分国家和地区的自由贸易区建设》，《上海人大月刊》2013年第10期。

陆振华：《德国汉堡：拆除藩篱终结124年自由港历史》，《21世纪经济报道》2014年1月6日。

上海财经大学自由贸易区研究院、上海发展研究院：《全球100个自由贸易区概览（上）》，上海财经大学出版社，2013。

叶雷：《世界上有多少个自贸区》，《海外》2013年第12期。

B.9

新加坡以可持续的人口政策提升发展活力*

李 健

摘 要： 随着人口的老龄化，新加坡社会经济发展将会遭遇重大危机。2013 年新加坡发布“人口白皮书”，对家庭、人口、劳动力规模及结构进行深入研究，提出坚持新加坡家庭和人口为社会发展核心，推进婚姻和家庭计划，根据社会经济的发展需求调整外来劳动力引进政策等核心思路，对已经进入人口老龄化发展通道的中国大城市有重要启示。

关键词： 新加坡 人口 白皮书

近些年来我国主要大城市逐渐进入人口老龄化的发展通道，从推进经济发展和提升城市建设水平的角度出发，改善人口年龄结构刻不容缓。但由于我国特殊的计划生育政策，大城市人口自然增长率逐渐下降，对人口年龄结构改善作用不大，人口机械增长就成为优化城市人口年龄结构的主要途径。但外来人口大量涌入产生诸多社会问题，包括社会融合、教育就医、交通住房等多个领域的矛盾，这种情况造成许多城市在制定人口政策的时候左右为难，更多是出台一些“头疼医头、脚痛医脚”的举措，不能解决城市人口发展面临的根本问题。2013 年，新加坡发布“人口白皮书”，针对新加坡人

* 本文主要基于对新加坡人口及人才署《人口发展白皮书》的介评，并进行中国启示的研究分析，特此致谢！

口老龄化及其所带来的不利影响深入研究，提出以可持续的人口发展提升社会经济增长的活力并相应出台诸多思路。本文主要从新加坡的人口现状问题、发展目标、人口和劳动力政策等方面进行分析，最后就“白皮书”对中国大城市人口政策的关键启示予以总结。

一　新加坡人口的重要挑战及发展目标

（一）新加坡人口的老龄化和低生育率

家庭和人口：从 2012 年开始，新加坡人口进入一个显著的转折点，那就是新加坡第一代婴儿潮时期出生的人开始进入 65 岁这个老龄人口门槛。这意味着从现在到 2030 年，新加坡人口结构将会发生前所未有的巨大变化，在婴儿潮时出生的人口会有超过 90 万退休及进入老龄人口，这个规模超过现在新加坡人口的 1/4。

与东亚其他国家和地区如日本、中国香港和中国台湾一样，新加坡人口出生率在过去阶段已经大幅下降，主要原因在于日益严重的单身主义、晚婚、晚育以及少子等社会倾向。但人们对生活的期望日益提升，往往为了得到更高层次教育机会，人们往往将开始工作和结婚的时间推迟。2011 年新加坡人口总和生育率仅为 1∶20，根据人口部门统计，新加坡总和生育率低于 2. 1 的正常替代水平已经延续 30 年。但与此同时新加坡人的生活期待指数又不断上升，成为全球最高国家之一。人口出生率不断降低和生活期待指数不断上升又进一步导致人口老龄化，人口规模和劳动力规模不断缩减。

劳动力：从 2020 年开始新加坡 20 ~ 64 岁的工作人口规模将开始下降，会有更多的人退休而更少的人成长为劳动年龄人口。单独依靠新加坡人口自我繁衍将很难解决劳动力短缺的问题，除非未来能够彻底扭转生育率降低的趋势。此外，人口年龄结构也将发生重大变化，当前 65 岁及以上老龄人口总量还较少，但在可预见的未来随着人们预期寿命延长和更少孩子出生，新加坡将进入日趋严重的老龄化社会。当前新加坡家庭主要以年轻成员为主，但到2030年这个年龄结构将彻底改变，老龄成员成为家庭成员结构的主力；根据预测，到2050年新加坡整个社会将出现老龄人口超过年轻人口的情况（见图1）。

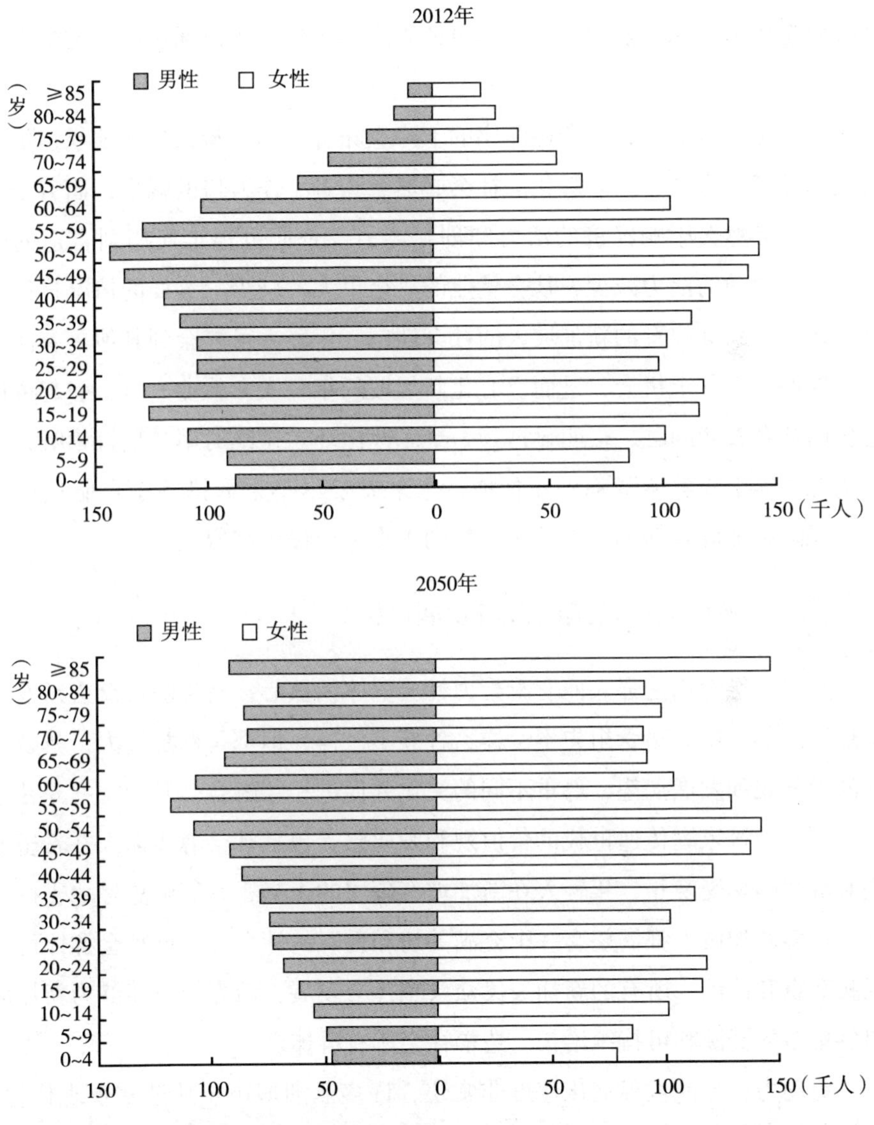

图1　新加坡不断变化的人口年龄结构

到2030年新加坡超过65岁的人口将为目标的3倍，同时劳动年龄人口也将大大减少。目前，新加坡每个65岁及以上的老龄人口有5.9个劳动年龄人口来供养，到2030年这个数字将下降到2.1，必须通过创造更多就业机会，延长当前退休年龄，鼓励企业雇用更多有经验的老龄工作人员来缓解社会养老压力问题。然而，社会养老的困难趋势仍然难以通过以上措施来改变。

从社会整体而言，养老保障率的下降意味着劳动年龄人口必须承担更多税负和经济压力，一个老龄化的社会必然意味着工作人口的减少，而劳动力的减少也必然会影响经济的活力和创新能力，企业也很难雇用到合适的工人，商务活动的活力减少，社会就业的机会也大大减少。这样的情况将很难满足接受过高等教育的新加坡人的社会期望，年轻人可能会到其他更有活力的全球城市去寻求机会，进而空心化新加坡的年轻人和就业人口，引起更加恶化的社会养老问题，很明显这是一个恶性循环。这绝对不是危言耸听，这种情况可能很快就会降临到新加坡，未来需要尽早采取措施予克服这些挑战，保障新加坡和新加坡人民更美好的未来和建设美好家园。

（二）新加坡可持续的人口发展目标

家庭：作为构建强大而有凝聚力社会群体的核心，新加坡民众必须发挥更加突出的作用。尽管祖先不一样、种族不一样，但都是新加坡人，具备共同的价值观和发展渴望，尊重不同的文化并促进相互融合。其中家庭是社会的基石，通过家庭传递世代的价值观和归属感，包括社会尊重老人并希望他们有尊严的享受晚年，年轻人在新加坡有辉煌的未来，并能够更好地支撑家庭。许多新加坡人都渴望有一个充满关切和爱意的社会，不同社会群体可以互相尊重和体谅，所有的新加坡民众共享社会发展，活力经济能够为新加坡提供更多的资源和可持续增长，造福社会所有群体。

劳动力：当前世界变化速度非常快，许多亚洲城市正快速实现现代化，赶上新加坡的发展水平。领先的城市通过构建网络吸引人才和企业进驻，不断创新思想，甚至主导其他地区和城市的发展步伐。要想成为领先城市网络中的一员，新加坡必须不断发展和升级，通过投资民众、开放更多教育和培训路径，才能保持社会竞争力。新加坡的人口和劳动力结构必须能够支撑一个活力经济体，只有这样才能提供多元化工作机遇来满足新加坡人民日益提升的生活需求。一个活力经济体可以为新加坡新一代提供更多未来发展的希望，更容易实现成功。每一个新加坡人通过刻苦努力都能实现自己的理想和奋斗目标，而并不取决于家庭背景。

家园：此外，要继续建设新加坡美丽家园，坚持好的管理、好的规划和好的开发。必须针对人口和经济发展的情况及时调整基础设施建设的需求，通过创新发展满足新加坡民众对高质量生活环境的需求。新加坡将拥有高质量的城市空间，便捷的公共服务设施、公共交通节点，保持和提升城市绿色环境，建设花园城市。

二　坚持新加坡民众为社会发展的核心

（一）婚姻和家庭

家庭是新加坡社会发展的基石，不但抚养后代而且传承了世代价值和归属感。在综述当前新加坡人口面临主要问题的时候，必须着重培育成立家庭和抚养孩子的全社会支持氛围。当前越来越多的新加坡人选择独身、晚婚或者婚后少子化，自 2000 年以来单身主义日益盛行，在 30 ~ 34 岁年龄阶段，10 个男人中有 4 个为独身，10 个女人中则有 3 个为独身。2000 ~ 2011 年，男性首次结婚的中位年龄从 28. 5 岁上升到 30. 1 岁，而女性从 26. 1 岁上升到 27. 8 岁。此外，少子化也成为当前的主流趋势，只生一个孩子的妇女比例从 2000 年的 21% 上升到 2011 年的 26% 。

当前有多方面因素影响着新加坡人婚姻和生育的决定，最实际的莫过于住房、孩子抚养的便利和开支、医疗花费及其他提升家庭生活质量的成本。理想状态下，人们更愿意推进生活和工作的平衡，但在当前情况下更应该出台措施鼓励家庭价值和家庭目标的优先性。此外，也有一些研究指出价值观和社会态度决定了个人在婚姻和生育方面的想法。在 2012 年进行的婚姻和生育调查中，83% 单身人士有结婚的意愿，更有 84% 的被调查者有生育 2 个以上孩子的打算。但仍需要做更多工作来宣扬家庭价值文化，让新加坡人更加重视家庭，提升家庭生育意愿。

2001 年，新加坡政府开始推行婚姻和家庭计划，随后在 2004 年和 2008 年先后进行更新。2013 年政府再次进行更新计划，新措施重点是强调推进新加坡民众的社会公共参与，更好平衡夫妻双方的工作和家庭责任，增加该计划对家庭的资助，例如一个中等收入的两孩家庭，在孩子成长到 13 岁时候大概可以享受到 16.6 万新元的补助。此外政府还关注与学前教育阶段的问题，通过提供更好学前教育消除家庭顾虑，人力资源部也推出措施提供更加弹性和偏向家庭的工作安排，这些贴近民众实际问题的措施，都会为婚姻和家庭计划提供更多帮助。

新加坡政府希望通过以上措施促进新加坡人更加珍惜家庭和喜爱孩子，通过年轻一代的成功来改变新加坡人口逐渐老化的趋势。提升新加坡生育率对强化新加坡民众的社会核心地位和改变人口结构都有重要意义，这需要全社会的共同努力。

此外，当前大约有 20 万人居住在海外，许多是因为工作原因居家在外生活，另外还有许多新加坡年轻人在海外。随着全球化发展，更多新加坡人追求全球的发展机会是大势所趋，海外新加坡人是新加坡大家庭的重要部分，通过国庆节等机会让他们从情感上与新加坡联系。在国外建设活力新加坡社区，塑造强有力的新加坡身份归属感。许多海外新加坡人为新加坡的发展贡献很大，希望他们在海外学习和工作之后能够回归家园，增加新加坡社会的多元特征。

（二）移民与融合

与此同时，新加坡将继续欢迎对新加坡有贡献的新移民和永久居住者，他们增加了新加坡社会的多元性，共享价值观和融入社会。他们补充了新加坡人口，帮助建设一个更加强大和可持续的新加坡社会。移民分别具备不同的才能、技术、经验和知识，人口多元化能够更好地支持创新和企业家精神，增强社会经济发展。年轻移民更会弥补新加坡人日益老化的发展趋势，平衡人口结构。

当前新加坡的移民政策在2009年时候复审过，提升国民和永久居住的申请标准来调节人口数量，充分考虑移民同新加坡人的亲戚关系、经济贡献、学历、年龄以及家庭构成等来评判申请者未来可能对新加坡的贡献。未来将会继续细化这些框架，充分考虑新加坡的实际需求、申请者的素质和背景等。新加坡的移民政策还必须考虑新加坡人同外国人结婚的比例以及在海外出生的新加坡人，如在2011年有9000对夫妻为跨国联姻，有2000个在海外出生的新加坡孩子。

如果没有移民，新加坡人口可能自2025年起就开始萎缩。为阻止人口数量大规模减少，需要每年增加15000～25000个国际移民，这个数字可能会不断调整，主要依据是接收到的申请者素质情况、人口出生率，社会需求变化等。通过这种调整的移民申请通过率，到2030年新加坡国民将维持360万～380万人的水平，这主要取决于生育率、移民以及人口预期寿命。

永久居住权主要是给予那些在新加坡有长久业务和扎根于新加坡的外国人，也是让外国人取得新加坡国籍的过渡手段。永久居住权的人群可以享受特定利益，他们的二代被要求参与国家服务，如服兵役等。自从2009年收紧移民政策之后，新加坡永久居住居民也开始减少，从最高年份的79000人减少至过去三年中每年的30000人。按照这样的发展速度，永久居住权居民大概会保持在50万～60万人的规模，这也保证了一个合适的潜力国民规模。

新加坡重视移民与社会的融合，不同种群的人共享同样的社会文化和价值观，其中移民后代更容易融入新加坡社会。政府必须更好地帮助新移民扎根于新加坡，促进新加坡社会发展的多元化特征，其中新加坡公民之旅是最重要的政策。另外还有自然接触点，例如学校、国家机构以及社区部门等。此外共同语言也是重要工具，新加坡提供诸多英语培训机会，来帮助新移民学习英文。

三　为新加坡民众创造更好的就业机会

（一）新加坡人的就业机会

必须将新加坡建设成一个具有全球竞争力和充满生机的经济体，可以推进包容性增长，为民众提供更多的就业机会，实现他们的抱负。没有发展，就不能够提供工作岗位和提升工资水平，失业率也将大大下降；如果经济得以更好发展，不仅能够解决以上问题，还能获得更多资源来帮助低收入群体。

依据现有出生率和移民水平，不久就会有越来越少的新加坡人参加工作并有更多的新加坡人退休。新加坡人的劳动力将会老龄化，就业规模在2020年就会停止增长。当前新加坡民众普遍能够获得更好的教育机会，更多的新加坡人也会选择继续教育提升自己的能力。根据研究到2030年从事专业、管理、行政和技术的新加坡民众占从业人口的2/3。为了保障人口更加适应这些高附加值的良好工作岗位，需要重点推进保持开放和全球竞争力、协助商务活动重组并向价值链高端挺进、在劳动力结构中保持新加坡民众的技术核心地位、强化国外劳动力的有益补充等重要工作。

新加坡拥有很好的发展区位，特别是在21世纪将会是亚洲世纪，亚洲地区将会取得比发达经济体更快的增长。新加坡的经济要领先于其他亚洲城市，必须要生产他们所不能制造的高端产品和服务，除2/3的新加坡人能找到PMET的工作机会，社会仍然需要一些人从事生活和服务工作，这就需要新加坡本地及国外劳动力来共同从事。新加坡良好的教育和技术工人资源、联系通达性、公共服务、稳定的政府及法律条例，保证新加坡可以很好从事商务活动并具备全球竞争力。多元化劳动力推进创新和经济活力，培育新型产业如生物医药、数字多媒体、精细化工、高端电子以及绿色能源产业等，这都为新加坡人民创造了极好的就业机会，而本地在物流、时尚、视频、海洋以及环保机械等方面的品牌亦可向国外拓展。随着本地劳动力老化和移民流入控制，企业调整和高端转型的必要性日益凸显，这就更需要企业具备创新性，工人有更好技术能力。此外还可以考虑区域整合，特别是向中国、印度及近邻国家的投资迁移，保持价值链高端部分留在新加坡。

为获得更好的机遇、薪水和生活水平，新加坡民众必须不断更新其知识能力来适应不断变化的工作需求。政府已经在职业培训和技术教育等方面投资诸多，以更好支持本地劳动力获得工作机会，新加坡适龄劳动人口的就业率稳步增长，但仍有一些人未能获得工作机会，未来的目标是帮助所有想工作的人获得机会。已有政府项目来帮助长期失业的人获得工作机会，这些人将通过劳动力资源发展部门等机构接受就业协助。政府则继续支持企业为劳动力提供更好的就业机会和满足他们的工作需求，兼职岗位或弹性的工作安排都会鼓励更多的人参与工作。

（二）外来劳动力的补充角色

新加坡需要本地和外来多元化技能、经验和背景构成的劳动力结构。其中，外来劳动力的补充功能体现于以下几方面。

1. 支撑社会和发展需求

随着新加坡本地人口老龄化加重，包括基础设施建设、社会服务等领域需要更多劳动力，这些工作与人口年龄结构形成尖锐冲突，外来劳动力承担此类工作，新加坡人可以享受服务并能大大降低成本。

2. 新加坡民众可以从事高技术的工作

尽管新加坡一直致力于推进产业升级，但总会有一些常规的劳动力密集型工作需要进行，通过吸收外来劳动力，这些工作岗位将更好的运转并提供社会服务，包括零售、侍应生、宾馆服务生等。

3. 帮助新的高附加值产业产生

新加坡新兴产业发展的一大挑战就是技术工人很难在本地快速产生，通过引进国外的技术工人则可以很快解决这个难题。对企业结构的调查显示他们更愿意使用本地劳动力，而政府需要做的则是一方面继续引进国外工人，另一方面则是协助企业培训本地劳动力。此外，多元化劳力结构可以更好实现创新和形成新理念，包括知识分享、技术交流、市场信息等。

4. 外来工人在经济上升期为企业提供弹性发展机会，在经济危机时候则可为新加坡工人担当缓冲器

在2001～2003年经济衰退期和2008～2009年全球金融危机期间，外来工人规模下降而本土工人不降反升。

新加坡不能无限吸纳外来工人，更多应该基于自身问题和吸纳能力来确定外来工人的规模，超越合理规模的外来工人将会降低薪水和发展动力，并且降低新加坡的劳动生产率。政府也会不断调整外来人口政策以减少对外来劳动力依赖。在当前，随着新加坡劳动力增长减缓，包括外来工人在内的全部劳动力的增长率下降到1%～2%，到2020年更会下降到1%以下，之后更伴随着人口老龄化劳动力增长陷入停滞。

在过去十年中外来劳动力的扩张使得一些新加坡人开始担心他们在工作和发展机会中的不公平竞争。政府已经保证营造一种公平竞争的环境，任何在竞争过程中得到的不公平都可以向公平就业三方联盟（TAFEP）提起申诉和寻求协助，政府将进一步强化对TAFEP的关注和尊重。但实际上，除满足新加坡人对低技术密集型工作的需求服务之外，外来工人同样带来高附加值生产活动，这为新加坡工人创造了更好的工作机会。在过去的十年中，新加坡人从事PMET工作的人数和比例都在快速提升，通过在高附加值岗位获取知识和先进技术、通过继续教育和培训，新加坡劳动力得以不断提升能力，成为新加坡劳动力中的核心力量。

四　结论与启示

新加坡“人口白皮书”中对人口的发展目标有三个部分，本文特别集中于前两个：第一，新加坡人构成了社会发展的核心；第二，人口和劳动力结构必须能够支撑新加坡活力经济，进而为社会创造更多就业机会以满足新加坡人对成功的渴望。新加坡人构成社会发展核心的目标中，包括鼓励婚姻和家庭计划、开放移民窗口、推进社会融合等为核心政策；在第二个目标中，包括塑造新加坡民众为劳动力核心、外来劳动力为补充、调整劳动力增长率等为核心政策。

当前中国许多大城市也已经进入老龄化发展的阶段，新加坡“人口白皮书”中的许多措施值得中国大城市深化研究和学习。例如虽然老龄化发展严重，但大城市基于国家人口生育政策限制，本地人口出生率大幅提升并不可行，而必须以外来人口引进为根本选择。在这个过程中必须强调本地人口核心地位，通过社会融合逐渐实现外部人口纳入本地社会群体。此外，人口是推进社会经济活力的基础，着力强化本地劳动力培训和再教育，引进外来劳动力，根据情况制定相关政策来调整城市劳动力的增长率，在保障城市经济发展活力同时又能减少社会矛盾。

但新加坡“人口白皮书”提出的很多观点在新加坡亦遭受多方质疑，有党派指责“白皮书”过度以经济发展为导向，过分重视通过引进移民来解决新加坡经济和人口问题。他们反对以外来人口来弥补公民生育率的不足，强调通过制定提高新加坡民众生育率的政策作为长效机制，优先让新加坡人的外籍配偶成为公民等。此外还提出打造利于公民成家和生育的环境，当让老人自行决定退休时间等政策建议。这些反对意见对我国大城市制定人口发展政策同样具有启示。

参考文献

National Population and Talent Division, *A Sustainable Population for A Dynamic Singapore: Population White Paper*, 2013。

Gavin W. Jones, “Population Policy in a Prosperous City-State: Dilemmas for Singapore,” *Population and Development Review*, Volume38, Issue2, p311 - 336, June 2012.

B.10

伦敦未来十年就业增长策略

闫彦明

摘　要：伦敦曾经是有影响力的世界工业中心，随着工业化的完成，伦敦市政府大刀阔斧地对产业发展进行了规划、改革，并多次推出了有前瞻性的城市发展规划，有力地推动了经济繁荣和就业增长。

关键词：伦敦　就业　经济展望　服务业

伦敦作为一个“老牌”国际城市，其保持长盛不衰的一个“秘诀”在于城市不断地创新。这种创新渗透到经济、社会、文化等各个领域，并使得伦敦在发达国家城市中能够保持相对稳定的发展格局。2014 年 4 月，伦敦金融城政府发布了《伦敦金融城经济展望》（*The Economic Outlook for the City of London*）的报告，显示出未来 10 年内伦敦金融城将呈现出持续的增长活力。

一　《伦敦经济展望》系列报告

《伦敦经济展望》系列报告是由牛津经济研究院受伦敦金融城政府委托所编撰的专题报告，其目的主要是预测伦敦的经济、就业、产业部门、产权市场等的增长与产出情况。根据每期关注的范围，该报告主要分为《伦敦经济展望》、《伦敦金融城经济展望》、《伦敦中心区经济展望》等类别，大体按照每年公开发布 2～3 次的频次来推进。

承担该系列报告的是建于 1981 年的牛津经济研究院，该院作为一个具有全球影响力的商业咨询机构，长期与牛津大学商学院合作开展研究。目前，该机构面向全球200个国家提供专业服务，研究领域涉及100个行业部门和3000多个城市，具有较强的综合研究实力。与《伦敦经济展望》系列报告并行发布的，还有同样是该研究院推出的《金融与专业服务业对经济增加值的贡献度》系列报告，大体是每年发布一次。

这种借助"智库"发布专题报告的方式，不仅能够有效解决政府部门研究力量不足、研究专业性欠缺等问题，而且有助于借助第三方咨询机构的影响力向国际社会推广政府的政策、提高政策宣传的权威性，因此是一种值得借鉴的政学研合作模式。

根据2014年4月伦敦金融城政府发布的这份报告提出的"强力就业增长项目"（The Strong Employment Growth Project），2014～2023年，金融城将新增41000个就业岗位，同时实现经济增加值（GVA，Gross Value Added）36%的增长（见图1）。对成熟的经济体而言，这意味着较高速度

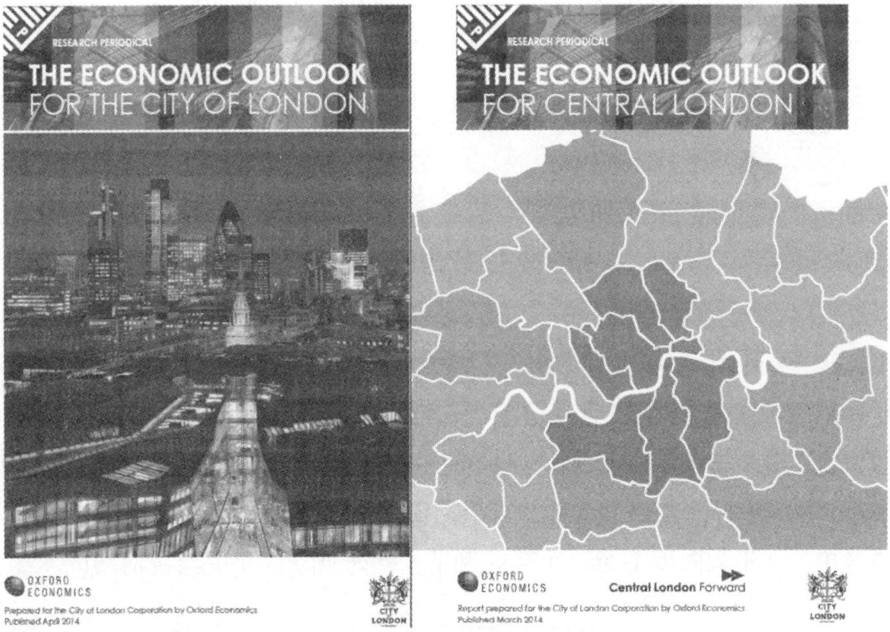

图1 《伦敦金融城经济展望》系列报告

的经济与就业增长，也反映出伦敦金融城对后危机时期的城市经济发展的乐观预期。

二　危机后的伦敦就业增长呈现活力

《伦敦金融城经济展望》指出，近年来金融城的经济复苏速度已经明显快于英国的平均速度。以就业情况为例，2009～2013 年，金融城在政府推动下实现了 24.3% 的增长规模。这意味着，在 5 年的时间内，新增就业岗位在 85000 个左右。横向来看，这在全球城市中是比较突出的。据称，这个“强力就业增长项目”虽然是针对金融城提出的，但实际上也反映出对伦敦中心区域①就业趋势的总体预测，即伦敦中心区在未来十年中所提供的新增就业数量将占到全国总量的 1/8。

与此报告相似的是，2011 年由牛津经济研究院编写的《伦敦经济展望》的报告曾经指出，伦敦地区的金融服务业工作机会将从 2011 年的 360600 个升至 2012 年的 366700 个，并将在此水平上，或出现小幅振动保持至 2020 年。

三　新增就业主要集中在现代服务业的核心部门

预计在未来两年内，专业服务业领域新增就业岗位将在 8400 个左右，在区域新增就业岗位总数（15000 个）中的占比超过半壁江山。从面向 2023 年的中长期来看，在总体新增的 41000 个就业岗位中，专业服务业领域将贡献 25000 个左右的岗位，增长规模达到未来两年的近两倍。在专业服务业中，在很大限度上受到计算机程序、咨询服务等相关经济活动的支撑，

① 中心区包括 Camden，City of London，Islington，Lambeth，Kensington 与 Chelsea，Southwark，Westminster 与 Wandsworth 等区域。

科技服务、传媒和信息（TMT）等产业预计将呈现持续的就业规模增长态势，预计在未来两年新增5000个左右的就业岗位。同时，商业服务领域的就业规模也将保持持续扩大的趋势。

另外，由于伦敦金融城是全球金融服务业最发达的区域之一，其在金融保险领域也有巨大的潜在优势。该报告指出，金融服务业将继续保持其作为金融城第一大产业的地位。据分析，在未来10年中，金融服务业就业规模将达165000个，占金融城总体就业规模的比重将达38%，而其所保持的高效生产率使得其对经济增加值的贡献大约达到区域增加值的一半左右。对此，伦敦金融城公司政策委员会主席Mark Boleat指出，“作为具有全球领导地位的金融中心区之一，金融城对伦敦和全国的就业增长有着重要的驱动作用。而这份观点非常积极的报告则显示就业增长将对金融城的产业根基打下更为牢固的基础，特别是主要产业的生产力将进一步提高，进而会增强金融城的竞争优势和产业增长潜力。”伦敦金融城的就业结构在一定程度上可以通过伦敦市的数据来加以反映（见表1）。

表1　2012年伦敦、英格兰、英国主要服务行业的就业规模

单位：个

行业部门	伦　敦	英格兰	英　国
批发业	153000	1007300	1114800
零售业	393400	2463200	2848300
运输与仓储业	220300	1106700	1243800
宾馆与食品服务业	341800	1640500	1901900
信息服务业	319100	971000	1052100
金融与保险业	360000	924800	1045500
产权服务业	118800	441300	492500
专业与科技服务业	596900	1935800	2154500
商务管理与支持服务业	466800	2009600	2264900
公共管理与安全服务业	216000	1113900	1348700

续表

行业部门	伦　敦	英格兰	英　国
教育业	371000	2235000	2540800
健康服务业	460300	3074000	3646600
艺术、娱乐与其他服务业	241800	1080300	1249300

资料来源：根据英国 Office for National Statistics 网站数据整理而成。

从表1中的数据来看，伦敦的前五大就业行业分别为专业与科技服务业、商务管理与支持服务业、健康服务业、零售业、教育业，凸显了这些现代服务业领域的产业优势与吸纳就业的能力。另外，图2进一步显示出主要服务业部门对经济增加值的贡献度：2009～2013年，伦敦金融城经济增加值年均增长率为4.3%，其中金融服务业“一枝独秀”，贡献了接近3%的增长率；其次为专业服务业、管理与不动产业、信息与传输业等。

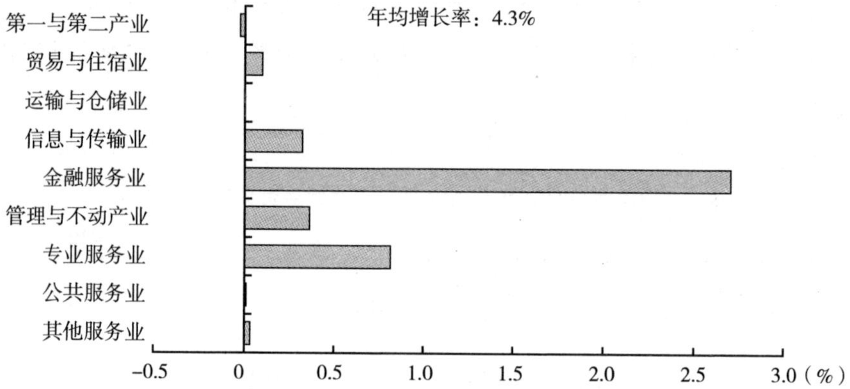

图2　2009～2012年主要服务业部门对经济增加值的贡献率

资料来源：*The Economic Outlook for the City of London*，2014。

进一步从面向2023年的中长期趋势看，金融服务业将在总体上比目前略增，关键在于金融业的劳动生产率不断提高。即在人员数量略增的前提下，经济产出保持强劲的增长，其对经济增加值的贡献程度几乎达到所有部门的一半左右（见图3、图4）。

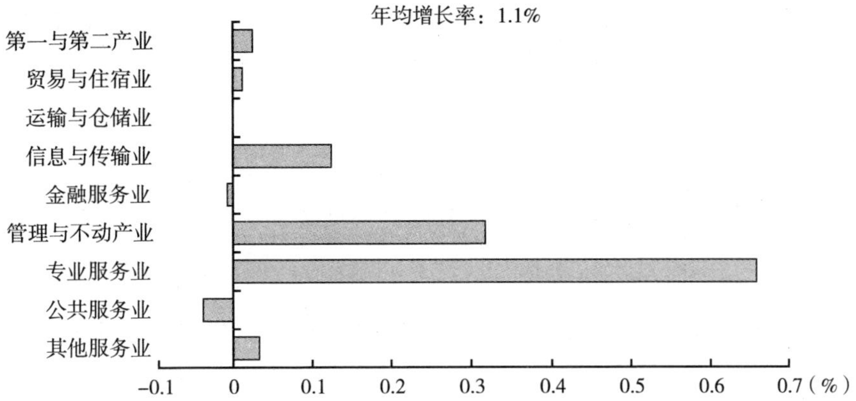

图3　2014～2023年主要产业部门平均就业增长率预测

资料来源：*The Economic Outlook for the City of London*，2014。

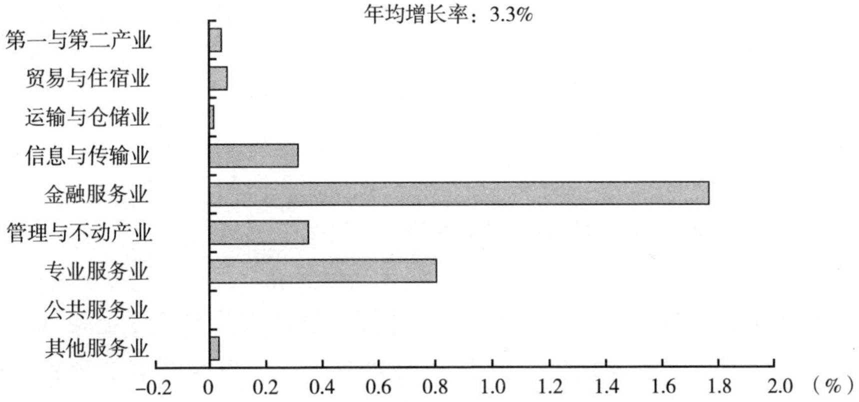

图4　2014～2023年主要产业部门对经济增加值的贡献率预测

资料来源：*The Economic Outlook for the City of London*，2014。

四　全球经济复苏助力伦敦巩固经济核心

英国虽然没有加入欧元货币系统，但其经济发展已与欧盟各国产生了根深蒂固的联系，伦敦也将因此而产生强大而持续的经济推动力。根据《伦敦金融城经济展望》，牛津经济研究院的高级经济学家 Mark Britton 指出，金融城的经济实力近年来日趋增强，并且将在未来是10年中持续地在英国保持领先地位。伦敦城市良好的经济增长态势，主要是受到国际领域所广泛关注的城市金融业和专业服务的发展，而这些领域将主要受益于全球经济复苏的宏观背景，以及欧元区总体上的重新复苏。从欧盟国家各大城市近年来的经济表现来看，伦敦的经济增长率、就业增长率等也都是比较突出的，这有助于在未来一段时期巩固其在国际城市体系中的地位。表2反映了伦敦金融城与伦敦市中心区、大伦敦区、英国主要指标的对比情况。

表2　2013年伦敦市与不同区域范围的经济指标比较

2013	伦敦金融城	中心区	大伦敦区	英国
就业人数(千人)	435	2412	5317	32221
经济增加值(GVA,2010年物价水平,英镑)	48655	172444	320310	1353672
公众就业平均工资(英镑/周)	1014	730	634	485
产出率(英镑/每个岗位,2010年物价水平)	112	71	60	42
失业率(%)	1.8	3.4	3.2	3.5

资料来源：*The Economic Outlook for the City of London*，2014。

根据历史数据和深入的市场调研，牛津经济研究院对伦敦金融城、伦敦市中心区、大伦敦区域等不同范围的就业、经济指标做出了预测。例如，在2013年金融城实现了4.9%就业增长的基础上，预测2014年的就业增长将进一步增长2.1%；中期的预测金融城的年均就业增长速度将保持在大约1.5%的水平，并由此将在2018年前新创作35000个新就业岗位，这个速度与伦敦市中心区大体接近，但较大幅度地高于英国平均1%的增长水平（见表3）。

从长期趋势来看，伦敦金融城、伦敦中心区、英国都将呈现增速递减的就业增长态势。牛津经济研究院根据增长率的不同，对2014～2029年的就业指数进行了预测。从这个趋势看，伦敦金融城及伦敦中心区在就业、经济增长等方面的优势将趋于不断增强（见图5）。

表 3　2014～2023 年伦敦不同空间范围的主要经济指标增长趋势预测

单位：千人，%

类　别		2013	2013	2014	2015	2016	2017	2018～2023 年平均增速
就业数量	伦敦金融城	435	4.9	2.1	1.4	1.4	1.5	0.8
	中心区	2412	4.6	1.8	1.3	1.5	1.7	1.0
	大伦敦区	5317	4.5	2.2	1.4	1.4	1.5	0.9
经济增加值 GVA（2010 年价格，百万英镑）	伦敦金融城	48655	1.4	2.0	3.5	3.9	3.9	3.3
	中心区	172444	3.5	2.7	3.4	3.8	3.9	3.5
	大伦敦区	320310	4.0	3.2	3.4	3.7	3.7	3.3
人口数量	伦敦金融城	8	0.2	0.2	0.1	0.2	0.2	0.2
	中心区	1756	1.2	1.2	1.1	1.2	1.1	1.1
	大伦敦区	8414	1.3	1.2	1.1	1.2	1.1	1.1

资料来源：*The Economic Outlook for the City of London*，2014。

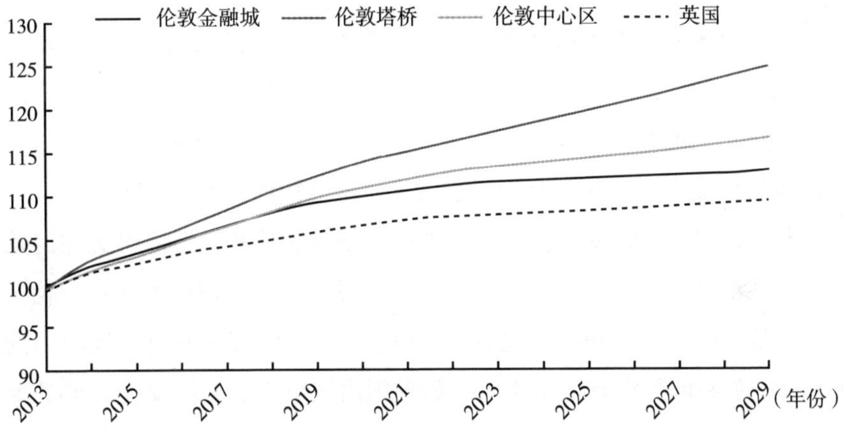

图 5　伦敦金融城、伦敦中心区及英国未来就业指数增长态势

资料来源：*The Economic Outlook for the City of London*，2014。

五　伦敦市促进就业的主要经验与启示

伦敦能够在长期中保持经济活力，在全球城市中独树一帜，与其高度开放的人文环境、面向创新创意的文化之都、具有研发实力的产业部门、有宏观掌控能力的地方政府等因素有密切关系，其在促进就业方面的经验值得我国各大城市借鉴。

1. 城市基因：长期保持创新活力

伦敦曾经是工业革命的发源地和有影响力的世界工业中心，但随着工业化的完成，伦敦市政府大刀阔斧地对产业发展进行了规划、改革，促使了伦敦实现从“雾伦敦”向“酷伦敦”的深刻转变。1997 年，英国就在世界上率先提出创意产业的理念，并率先制定产业政策来推动创意产业发展，“创意伦敦”、“创意之都”等概念也因此得名。目前，伦敦还有着国际设计之都及全球三大广告产业中心、全球三大最繁忙电影制作中心等新的光环，特别是伦敦设计节、伦敦时装周、伦敦游戏节、伦敦电影节等重要活动已经享誉全球。

伦敦城市活力的源泉，始终与产业发展及就业增长保持紧密的联系，这使得创新能够根深蒂固地根植于城市文化之中，成为伦敦城市的重要基因。结合就业形势来看，专业服务业、商务服务业、广告传媒业、金融保险业等一些以创新为导向的现代服务业始终呈现出勃勃生机，不仅在就业规模方面呈现出持续扩大的趋势，在劳动生产率、对经济增加值的贡献度、平均工资等方面也均持续提高，从而有助于吸纳来自全球的优秀产业人才。

近年来，我国各省市经济实力呈现快速增强的趋势，但值得关注的是部分城市呈现相对“衰落”的态势，这在很大限度上可以归结为在新一轮区域竞争中大量高端资源不断涌向北京、上海、广州、深圳等具有创新活力的城市所致。但放在国际大环境中来看，如果国内城市不能始终保持旺盛的创新活力，这些高端资源也可能流失到伦敦这样的国际大都市中。因此，各大城市应当积极借鉴伦敦在创新、创业方面的成功经验，加强对高端人才的吸引力。

2. 开放包容：营造国际化人文环境

自中世纪以来的几百年中，伦敦始终在世界上保持巨大的影响力，除了有历史上“日不落帝国”强大的文化输出原因外，同时也是其国内高度开放人文环境所推动的结果。由于实行了自由的经济金融政策，伦敦日趋发展成为一个多元化的国际大都市，居民来自世界各地，一座种族、宗教与文化的大熔炉城市。在伦敦，使用的语言超过 300 多种。依托这种具有高度开放包容特征的人文环境，伦敦吸引了各国企业、人才源源不断地集聚，这是推动其保持经济活力和就业增长的一个重要因素。同时，英国作为一个高福利的国家，国民享受免费医疗、教育等，也是吸引各国高层次人才移居伦敦的重要因素之一。

近年来，来自中国、印度等新兴市场经济体的企业投资呈现持续增加态势。例如，根据英国伦敦发展促进署的数据，2013～2014 财政年度，该组织帮助了 24 家中国企业在伦敦建立业务网络甚至是总部基地。随着中国企业在伦敦的新投资有大量的增加，预计这些新增投资在三年后将创造 1100 多个就业机会。英国伦敦发展促进署的 CEO 戈登·伊恩斯称：在 2013 年有许多来自中国的投资，伦敦的许多杰出属性被世界各地所认可，包括是人才的聚集地、市场和金融的支持，以及拥有繁荣的创新产业等。

从我国城市来看，东部沿海地区的各大城市相对有这较强的开放性，特别是上海近年来依托世博会、自贸试验区等重大举措进一步推动了改革开放，形成了良好的开放格局，并在人文环境方面也逐渐向国际化接轨。但与伦敦等全球城市相比，在管理体制、城市文化、居民素质等一些方面仍存在有待改进之处。另外，缺乏一些具有凝聚力的国际组织也是我国各大城市的一个短板。2014 年 7 月，中国、巴西、俄罗斯、印度和南非等国在巴西福塔莱萨签署协议，成立金砖国家开发银行（金砖银行），总部拟设立在上海市，这打破了我国城市无重要国际组织总部的历史。随着该组织的落地，将对进一步提升上海市的对外开放、吸引更多国际组织和国际人才等产生深远的影响。

3. 规划引领：有效促进经济繁荣

伦敦虽然是市场经济高度发达的大都市，但政府这只“看得见的手”也始终为地方经济的繁荣、就业队伍的壮大保驾护航。自 20 世纪 40 年代以来，伦敦就启动了多轮中长期战略规划，特别是 20 世纪 60 年代中期编制的大伦敦发展规划等，对伦敦的空间布局、产业结构、战略导向、主要措施等做出部署，对数十年来伦敦市持久地保持旺盛的活力和竞争力起到了重要作用。2000 年大伦敦政府重新成立后，大伦敦市长于 2004 年发布了正式的伦敦规划，明确了伦敦成为欧洲主导城市和世界城市的发展定位。2003 年，伦敦发展局公布了《伦敦创新战略与行动计划（2003～2006）》，明确提出了伦敦创新战略的目标：建成“世界领先的知识经济”；并确定了若干战略重点，如培育创新文化、鼓励创新和培育创新者、推动企业网络和集群、推动中小企业与知识基地的合作等。2006 年，欧盟城市规划委员会副主席罗宾·汤普森曾经就新一轮的大伦敦规划要点表达了看法：未来 20 年伦敦将致力于发展高科技和高附加值产业，创造 60 万个新的就业岗位，经济发展和就业主要导向伦敦中心区、城镇中心以及需要重建的地区。伦敦东部地区作为主要发展地区，将重建所有的废弃土地，预计该地区就业岗位将增加 25.5 万个。2009 年 1 月，面对汹涌而来的金融危机，英国政府推出一个总额为 5 亿英镑（1 英镑约合 1.5 美元）的就业刺激计划，以鼓励企业减少裁员并增加就业岗位。“运输与可持续发展论坛”在伦敦市政府支持下在 2014 年发布了《城市版本：2050 项目》，分析了面向 2050 年伦敦将面临的挑战与机遇，并寻求继续提供世界级服务之道；为了更好地把握这些问题，有关部门专门设立了 5 个咨询工作室，来专题收集一些富有创新创意的观点，以及分析 2050 年伦敦作为一个工作、生活、旅游观光地所具备的特征。类似的前瞻性规划、研究，在长期中对区域经济发挥了积极作用，对扩大就业也有推动作用。

对中国的特大城市而言，开展城市规划也不应当仅仅局限于城市本身的空间范围，而是应当借鉴大伦敦政府编制规划的经验，通过优化空间布局、调整产业结构、吸引高端人才等方式，来推动就业形势的不断改善。

参考文献

City of London Corporation, *The Economic Outlook For Central London*, March 2014.

City of London Corporation, *The Economic Outlook For The City Of London*, April 2014.

伦敦金融城：《伦敦就业已恢复至危机前水平》，《第一财经日报》2012 年 12 月 7 日。

城市社会篇

Urban Society

B.11 新加坡公共治理战略推动城市创新转型

李　健

摘　要：简报从战略规划的角度出发，重点探讨新加坡从传统资本密集型产业阶段向现代知识技术密集型阶段转型发展所面临的机遇挑战与地方治理措施的有机结合，为当前我国城市面临的转型发展拓宽解决思路。

关键词：创新经济　公共治理　新加坡

从20世纪60年代开始，亚洲的中国香港、新加坡、韩国和中国台湾通过出口导向型的经济发展战略，在短时间内实现经济腾飞，跃升成为全亚洲发达富裕区域之一，形成所谓的“东亚模式”并引起全世界关注，这四个成功发展的国家和地区的经济发展过程和经验已经成为发展经济学研究的典型案例。在实践发展中许多国家和城市政府都在努力促进经济与社会崛起，希望通过工业和贸易发展加快地方经济增长和财政收入，实现工业化和城市化互动发展进而加快地方现代化进程。

其中新加坡的发展模式被称为“国家资本主义”，其所体现出的稳定政局、高效地方治理与中国现行地方发展模式相近，其参与建设的中国苏州工业园区的发展成功，更加带动了中国地方政府学习新加坡经验的热情。学术界、政府研究机构都已对新加坡经济与产业发展进行深入研究，包括宏观发展战略、政府公共政策、发展演变、招商行动、运作模式等领域。本文从战略规划的角度出发，探讨新加坡从传统资本密集型产业阶段向现代知识技术密集型阶段转型发展所面临机遇挑战与地方治理措施的有机结合，为当前我国城市面临的转型发展拓宽解决思路。

一　工业发展积累阶段：稳定社会经济与提升生产力

1965 年 8 月新加坡共和国成立，同时面临巨大经济和社会建设挑战。新加坡政府亟须通过加速经济发展，提高就业水平并完善教育、医疗、住房保障等保障社会的和谐安定，工业化发展成为必然选择。新加坡政府借助联合国技术援助事务局工业调查团队力量，对工业化发展的路径进行了深入研究，制订“新加坡工业化计划草案”（Proposed Industrialisation Programme），采取出口导向的发展策略来启动工业化的发展。该阶段重点包括成立经济发展局，打造良好基础设施，建设工业区，协商处理劳资关系，提倡技术培训与职业教育并扩大海外招商引资，就此形成“原料进口、就地组装、产品出口”的加工生产工业化策略来破解早期新加坡工业发展的困境和制约条件。

到 20 世纪 70 年代初期，随着国内工业化迅速扩张，劳动力资源出现短缺，劳动生产力与生产关系开始出现不匹配。新加坡政府成立“经济委员会”，聘请产业经济专家对本国经济和产业发展趋势进行研究，得到的新结论是新加坡产业经济竞争力正在下降，原因在于劳动生产力提升速度落后于劳动力成本的增长速度。为进一步推进产业转型和企业改进工艺技术、生产与管理流程，新加坡政府决定继续推进工业激增政策。另外，新加坡政府在1978年成立贸易与工业部，推进工业改革与转型，并建立技能发展基金来加强对工人技能培训。

新加坡政府通过重组其工业政策推进“二次工业革命”，逐步淘汰劳动密集型产业。特别是在20世纪80年代后，随着周边区域国家政治趋于稳定，新加坡政府认为避免区域竞争和提升自身竞争力的出路必须是产业转型与升级——向技术水平更高、附加值更高的产业生产与销售服务环节转移，提升产业本身竞争力和培育新加坡整体竞争优势。这些基本判断构成新加坡向资本技术密集型产业转型发展的治理基础。

二　传统资本技术密集型产业发展阶段：保障区域竞争力

至20世纪80年代中期，受国际经济环境的影响，新加坡经济亦出现下滑趋势，新加坡政府成立经济委员会来探讨经济衰退原因及相应改革措施。1986～1990年，经济委员会向政府提出暂缓工资增长、冻结工资、提高储蓄比例以及推出更多优惠政策来刺激经济等措施，并取得较好的成果。经历这次经济衰退之后，新加坡政府意识到快速工业化发展的机会已经过去，要想保持经济持续发展必须推进产业转型，发展附加值更高的产业。

在20世纪90年代，最为重要的政府治理是经济战略发展委员会制定了新加坡的经济战略发展规划，其中借助迈克尔·波特国家竞争优势及产业集群理论对新加坡未来中长期的产业发展进行探讨是最大特征，并由此确定了电子信息、石油化工、医药及国际商务产业集群的目标，致力于从跨国公司离岸生产基地逐步发展成为国际商务中心和运营总部基地。作为一个城市国家，新加坡在资源、人力及市场方面的局限非常明显，新加坡要保持国际城市和东南亚高科技中心城市的地位，必须摆脱以上约束条件限制，确立打造高科技、高附加值的制造业与服务业双重引擎的发展道路。

M2000（制造业2000年计划）是经发局主导的制造业发展计划，目标是在新加坡中长期阶段，保持制造业产值占GDP的比重达25%，并保持就业人数占全国就业总人口的20%。M2000参照竞争力优势及产业集群理论，对新加坡的制造业发展进行系统分析和建议，对新加坡主要产业门类进行了发展战略规划。从产业链角度提出增链和补链的战略，包括辅助针对性的研发和工业设计活动、设立关键零部件生产设施、鼓励低端资源依赖性制造业向邻近区域转移以及鼓励现代物流设施升级等。

IBH2000（国际商务枢纽2000年）计划则侧重利用其战略区位条件、发达的基础设施和人力资源、自由流通的政策，将新加坡建设成为国际商务金融、现代物流、通信与信息中心。特别是利用转口港的先天优势，发展现代物流与供应链管理，建设区域配送与转运中心，进而带动商务、金融、贸易等现代服务业。

此外，受制于日益紧缺的产业建设用地和劳动力，及东亚地区所带来的激烈竞争，新加坡在该阶段提出海外发展的“第二对经济翅膀”概念，也即推进产业经济区域化发展的战略。区域化发展战略不仅是资本再投资的过程，也为新加坡加强与区域产业联系并强化新加坡作为区域总部的定位，以及为新加坡科学技术、研发设计等功能的发展提供更大市场。苏州工业园区即为成功案例。

三　高端制造与服务型经济发展阶段：实现可持续增长

在2000年前后，新加坡制造业总投资中已经体现出一定的知识技术密集型特征，其中电子信息产业达42%，化工产业占33%，机械产业占17%，一般制造产业占4%，生命科学产业占4%。服务业投资分布较均匀，信息、通信与媒体产业占36%，总部经济与商务服务约占34%，物流与供应链管理占20%，教育与医疗保健占10%。

但在该阶段，新加坡制造产业再次面临成本上升致竞争力下降的危机，此外东亚经济体的挑战日益激烈。基于此，新加坡再次组织力量对产业经济的潜力和竞争力进入深入探讨，形成的结论是投资和技术对现有产业生产力的提升将很快面临瓶颈，未来产业发展的主要动力应该是依赖研发和创新创造，通过知识型的产业体系才能实现新加坡经济的可持续增长。在这样的研究基础上，新加坡政府制定了I21（产业21计划）和T21（21世纪科技企业家计划）两项计划，以引导制造业向研发、设计、创新创意为主导的知识型经济转型与升级。

针对制造业发展，新加坡竞争力报告提出治理策略包括：（1）推动新加坡向国际市场整合，积极利用国际人才、知识和技术；（2）将新加坡定位为优质区域中心，吸引跨国和本土企业将新加坡作为其高附加值产品生产基地，并向区域内其他企业提供制造相关服务；（3）开发新加坡外部市场，克服规模小、资源有限等发展困境，引导资源密集型产业活动中区域扩散；（4）保持生产力增长，维持生产成本低竞争力；（5）提供有利于创业的发展环境，激发自由创意与企业活动；（6）支持创新，开发新商务领域和增长；（7）保持制造业平衡发展，维持经济发展的多元化和弹性；（8）保持电子、化工、精密工程等现有优势制造业及新兴领域的生产力；（9）强化制造业中的研发、设计、物流、市场推广和销售等环节，提升制造业综合竞争力。

在服务业领域，竞争力报告提出扩展现有金融服务、国际贸易、交通运输和物流、会展管理及旅游服务等产业，发展医疗保健、教育、传媒、信息与通信技术服务、电子商务与直销等高增长的服务业，将新加坡打造成为亚洲服务业中心。核心战略包括：（1）建设成为亚洲的知识密集型、技术密集型和其他高附加值服务中心，强化新加坡核心竞争优势；（2）为全球顶尖的商务企业打造优良商务环境。（3）针对国际市场打造外向型服务业；（4）形成一定数量并具有成熟海外市场的本土服务业企业；（5）从全球市场吸引具有创新创意的人力资源和才能；（6）利用信息传播技术增强新的竞争力，克服有限市场规模和人力资源带来的限制。

四　科技创新构建新的发展蓝图：形成综合竞争优势

通过系列产业结构优化调整，新加坡逐渐形成了以电子、石化、医药和海事工程产业为核心的制造业组团以及相应的现代物流、商务服务生产性服务业组团。借助产业集群概念，从产业链优化角度梳理了不同产业的发展策略。但随着全球经济转型发展，新加坡政府未雨绸缪，试图紧跟全球经济新一轮升级发展的步伐，利用科技创新能力打造新加坡在21世纪的综合竞争发展优势。

按照迈克尔·波特的国家竞争力理论包括四个发展阶段：要素驱动阶段、投资和技术驱动阶段、创新驱动阶段以及资产财富管理驱动阶段。就新加坡发展而言，随着周边国家的崛起，新加坡在传统的劳动与技术密集型、基础设施方面的优势逐渐弱化，从远景综合竞争优势展望，迈克尔·波特建议通过培育研发创新，发展知识密集型产业。同时，波特建议把产业发展空间扩展到全球层面，在这个空间体系中新加坡不是一个生产基地，而是一个高端制造、先进服务和高层管理运营总部所在地。

根据迈克尔·波特建议，一方面，政府开始大力强化科学技术基础设施建设，要求结合大学与公共研究院作为研发和创新核心驱动力量；另一方面，政府创新国内需求和市场条件，提供更多机会让科技和创新企业借此平台拓展区域市场。根据以上建议，经发局发布T21计划以引导产业迈向研发创新，推进知识型经济的成长。为配合T21计划，新加坡国家科学技术局发布“科学与技术发展蓝图”，进一步从科学技术与研发创新的角度向知识与创新驱动的产业转型提出了行动计划。2004年成立的新加坡研究与发展委员会同样提出，提升研究和创新的重视度，积极与国际接轨；将新加坡转型成为以知识和人才为竞争优势的创新型经济发展模式。在本阶段，主要以

“科学与技术发展蓝图”为基本框架，新加坡地方治理的主要策略包括五个方面。

第一，加大对研发资源投入，从国家层面赋予研发活动更多支持。包括总理、部长和其他工商及学术界的知名人士共同组成“研究、创新与企业理事会”，鼓励科学技术领域的创新，并促进新经济发展领域的成长。理事会下辖的国立研究基金会是全国范围推进研究、创新和科技企业发展策略的执行机构。在研发资源投入与管理方面，新加坡推行双轨制研发体系，第一是贸工部主导的国家科研局、经济发展局、标准与创新局等，主要负责实践应用型的项目；第二是教育部主导的学术研究基金及大学、理工学院，负责学术导向型和基础研究型的项目。

第二，集中力量致力于重要经济领域的研发工作。作为一个城市国家，新加坡追求集中力量发展某几个核心领域，在打造富有吸引力的投资环境和强化各产业组团的竞争优势基本原则引导下，新加坡推进电子、化工、工程、生物医药、精密仪器等制造业的研发活动和教育、医疗保健、信息通信、商务服务等服务业的竞争优势。此外，还积极探索环境与水科技、互动数码媒体、电子游戏、环境工程、新能源等新兴的产业领域的研发活动。

第三，平衡学术性研发和实用型研发活动。新加坡鼓励学术类基础性研究，实现创新知识和培养高端人才的目标，进而支持自主研发。同时，通过贸工部及其下属机构，鼓励各类实用型的研发活动并推进商业转化开发。在科技研发人才方面的培养也注重学术型和实用型的平衡，教育部鼓励大学进行独立研发活动及与其他公共和企业研发机构的合作；理工学院则侧重开发性质的研发行为，强调与工业企业的合作，包括提供研发和创新活动、输出人才两个方面。

第四，鼓励更多企业参与研发的领域。企业研发活动更贴近产业发展趋势，是产业生产技术与产品创新的根源，通过国家鼓励政策提升企业研发水平是良性的市场活动，最终保证企业研发投入占国家研发经费总投入的2/3，达到科技发达国家水平。经发局和国家科研局利用各种优惠政策和财务资助项目，联合公共研发机构及大学院校，鼓励企业独立从事或联合进行研发活动；此外还特别重视研发机构与产业间的联系。标新局推出计划鼓励中小企业积极参与创新活动，包括支持科技创新项目，进行员工培训，提供咨询和配对服务等。

第五，加强研发机构与商业化领域的联系。为了支持科学技术的商业转化，新加坡建立完善的知识产权保护体系，进一步增加了新加坡的投资吸引力和发展成为区域知识产权中心的潜力，推动跨国公司潜力进行研发创新。在新加坡研发活动商业转化进程中，公共研发机构发挥着重要作用，包括提供优惠政策支撑、对商业转化的版权和专利管理系统、科技验证和概念评估活动进行投资等。

五　最佳案例总结与启示

新加坡转型发展的最大成功之处不在于产业定位、招商引资、建设优质园区，而在于政府把握一套学习与适应的动态治理系统，能够及时研判不同时期国内外发展的局势，并对发展趋势进行科学把握，进而制定和调整发展策略，强调政府干预与市场调节的有机结合，推动国家资本主义的力量充分发挥。

在新加坡政府推进产业转型的成功案例中，成功治理经验包括以下几方面。

第一，通过设立专门的机构部门聚焦核心问题的解决或特定领域的发展，包括经济发展局、经济发展委员会、经济发展战略委员会及科学技术局、标准与创新局等名称相近但功能完全不同的职能部门。

第二，制定科学合理的战略措施，例如在出口导向型发展阶段提出稳定劳资关系与强化教育培训相结合，在传统资本技术密集型产业发展阶段提出控制外来劳动力增长政策，高端制造与服务型经济发展阶段提出发展总部经济与运营中心的策略，在创新经济发展阶段则制定政策加大对研发资源投入。

第三，以成熟的理论框架为指导制定发展战略，其中最成功则属借鉴迈克尔·波特“国家竞争力理论”关键理念进行战略发展规划，并根据自身条件改造运行机制，打造适合自身的条件要素和驱动能量，最终推动新加坡经济在21世纪的可持续增长。

第四，通过管理部门与科研机构的合作，把握全球产业最新发展趋势，进而制定相应战略挖掘自身资源最大潜力，包括对地理区位和港口的利用、产业技术与战略管理的应用、教育资源与医疗资源的开发、创新与研发资源的开发与利用等。

第五，以解决就业和提升生产力为核心，推进产业战略的实施，包括初期的劳动密集型产业扶持、就业培训和职业教育、控制外来劳动力政策、推进大学和科研机构建设、实施“第二对经济翅膀”战略等。

参考文献

Lim Chong Yah, *Transformation in the Singapore Economy*: *Course and Causes*, Lecture given at the NTU-MOE Seminar 2008 at NTU on 8th March 2008.

Http: //www. futuregov. asia/events/futuregov-forum-singapore – 2013/.

Ghesquiere, H, *Singapore's Success*: *Engineering Economic Growth. Singapore*: Thomson, 2007.

B.12

新奥尔良大都市区非营利组织能力建设

陶希东

摘　要：新奥尔良市是美国路易斯安那州的一个港口城市，也是仅次于纽约的第二大港口城市。2005 年的卡特里娜飓风，对其城市建设、政治体制、社会治理等造成了巨大的冲击和影响，在此期间，非营利组织发挥了十分重要的作用。过去近十年，新奥尔良市具有较高的贫困率，经济一致处于衰退之中，如何重新评估和健康和人类服务的发展问题，是一个十分现实的问题。本文借助美国城市研究所（The Urban Institute）2012 年 11 月发布的关于该市非营利组织现状的分析报告，解读新奥尔良市非营利组织发展的相关策略，并对我国特大城市创新社会治理、促进社会组织发展提出了一些启示性的建议。

关键词：新奥尔良市　非营利组织　能力

新奥尔良市是美国东南部路易斯安那州的一座港口城市和旅游城市，位于密西西比河和庞恰特雷恩湖之间，建立于 1718 年，1722 年成为法国殖民地的首都。这座城市是年度狂欢节庆祝活动和爵士乐的发源地。全市面积近 950 平方公里，市区人口 50 万，大新奥尔良区人口 118 万。2005 年，卡特里娜飓风使新奥尔良的堤坝防护系统受到严重破坏，并疏散了大部分人口，在此过程中反映出政府治理的漏洞和不足。但是在过去的几十年中，其发达的非营利组织（类似我国的社会组织），在应对城市危机、社会救助、社会服务供给等方面发挥了十分重要的作用。特别是在2005年卡特里娜飓风发生以后的数月内，社会组织始终坚守在自己的岗位上，成功满足了市民的需求，维护了城市的正常运转。美国城市研究所以翔实的调查资料①，对非营利组织的规模、结构、功能等进行了全方位的调查和分析，我们从中可以解读其培育非营利组织发展的相关经验，为我国创新社会治理提供有益的经验借鉴。

一 新奥尔良大都市区非营利组织的规模数量和分布范围

为了充分理解非营利组织所面临的挑战和机遇，美国斯吉基金会委托城市研究所的非营利组织和慈善中心，对新奥尔良大都市地区提供健康和人类服务的非营利组织（不包括医院和高等教育）（以下统称为非营利组织）开展了一个深度调查分析和研究。其数据分析是基于美国联邦税务局990税务表数据和2011年对健康和人类服务非营利组织进行调查的最新数据。其主要的分析调查结论如下。

1. 在路易斯安那州，新奥尔良大都市区的非营利组织规模总体较大

与其他地域面积类似的大都市区相比，新奥尔良大都市区的非营利组织数量规模处于平均水平。在2010年，根据美国国税局990税务表数据，新奥尔良市区注册有444个提供卫生和人类服务的公共慈善机构，享受其第501（c）（3）款的税收优惠。这数字大约占全州该类公共服务组织的1/4强（29%），新奥尔良大都市地区每10000居民拥有3.9个公共机构提供服务。同时，相对于其他地域面积大小相似的四个都市区（俄亥俄州哥伦布

① Carol J. De Vita, Amy S. Blackwood, and Katie L. Roeger, *A Profile of Nonprofit Organizations in Thegreater New Orleans Metropolitan Area*, The Urban Institute. November, 1, 2012.

市、北卡罗来纳州格林斯博罗市、犹他州盐湖城、内华达州拉斯维加斯）而言，新奥尔良有444个非营利组织，尽管两个大都市市区（俄亥俄州哥伦布市，北卡罗来纳州格林斯博罗）的每个非营利组织比新奥尔良的多支出大约25%的费用，但新奥尔良每10000居民依然拥有3.9个非营利组织，每个组织年支出处于约500美元的较高水平（见图1）。

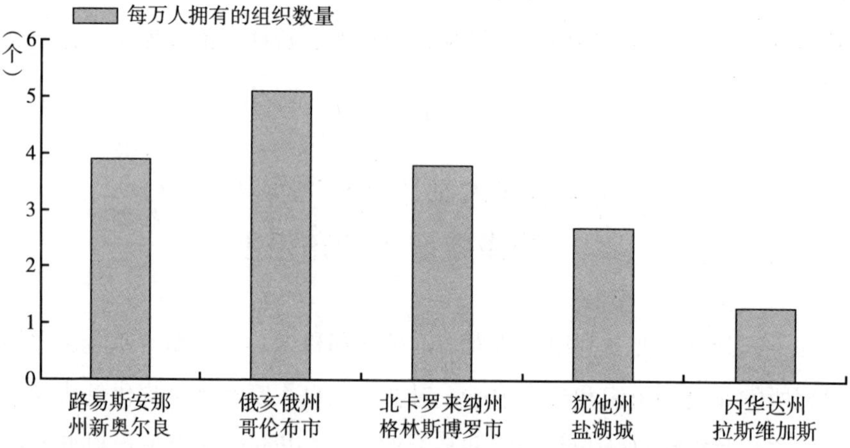

图1　2010年新奥尔良与四个类似大都市区非营利组织的数量比较

资料来源：The Urban Institute，National Center for Charitable Statistics，*Core Files 2010*，and U. S. Bureau of the Census，*American Community Survey*，2010。

2. 卫生和人类服务部慈善机构集中在奥尔良市区

新奥尔良大都市区包括杰斐逊（Jefferson）、奥尔良（Orleans）、普拉奎敏思（Plaquemines）、圣伯纳德（St. Bernard）、圣查尔斯（St. Charles）、圣施洗约翰（St. John the Baptist）、圣坦慕尼（St. Tammany）7个城市行政区，但非营利组织主要分布在奥尔良市中，其拥有的非营利组织数量最多，占到全大都市区的56%多。奥尔良市不仅是大都市地区中人口最多的政区，它也是平均家庭收入最低和贫困人口所占比例最高（25.8%）的政区，其中，其贫困率高于路易斯安那州的平均水平（17.8%），也比大都市地区其他城市至少高出10个百分点，这充分表明社区对健康和人类服务存在巨大的需求。正如表1所示，奥尔良市平均每万人拥有7.6个非营利组织提供服务，是人口最多的杰斐逊市的近2倍多（杰斐逊市平均每万人拥有2.5个机构）。但尽管如此，奥尔良市的非营利组织也为其他城市提供服务，调查显示，有近60%的非营利组织至少为其他一个城市提供服务，近1/4的非营利组织向大都市区域内7个城市同时提供服务。

表1 2008~2010年新奥尔良大都市区内非营利组织的分布情况

政区单元	非营利组织数量(个)	人口数(人)	平均家庭收入(美元)	贫困率(%)	每万人拥有非营利组织数(个)
杰斐逊	109	432043	47104	14.3	2.5
奥尔良	247	325834	36208	25.8	7.6
普拉奎敏思	9	22838	56795	10.0	3.9
圣伯纳德	10	32840	38076	14.7	3.0
圣查尔斯	12	52669	61050	13.0	2.3
圣施洗约翰	5	46320	48393	14.4	1.1
圣坦慕尼	52	231681	59508	9.5	2.2
新奥尔良大都市地区	444	1144225	46210	16.4	3.9
路易斯安那州	1552	4490487	43362	17.8	3.5
美国	110099	306738433	51222	14.4	3.6

资料来源：The Urban Institute, National Center for Charitable Statistics, *Core Files*（*Public Charities, 2010*）, and U. S. Bureau of the Census, *American Community Survey*, three-year average（2008 - 10）。

二　新奥尔良大都市区非营利组织的能力建设策略

2005年卡特里娜飓风的发生以及后来的经济衰退，一方面，对新奥尔良大都市区的非营利组织发展带来了一定的冲击和影响，特别是资金来源形成了巨大挑战，如何开辟更多的资源加以利用成为一个现实问题；另一方面，外部环境的改变也极大激发了广大社区民众对生活服务需求的扩大和增加，为非营利组织的进一步发展提供了更加广阔的成长空间。但与此同时，在资源紧缺和需求上升的特殊情况下，一些缺乏资金、能力不足的非营利组织开始了全面加强自身能力的相关策略，旨在为居民提供更好的服务和获得更大的发展。这些措施如下。

1. 广泛建立合作伙伴关系或联合关系

非营利组织通常通过与公共机构、州的相关组织、其他组织之间建立正式的合作关系，来扩大自己的能力。新奥尔良大都市区的非营利组织，主要采取各种方法去接触公众、民选官员和社区领袖，通过建立战略合作关系的形式进一步拓展和提升他们的使命。但有时候，在现实当中，这种合作伙伴关系（协作和条款）特别强调的是一个非营利组织与其他组织之间的“互动”性，不一定是正式的或合同关系。这种合作主要呈现如下几个特点。

（1）近一半的非营利组织，通过建立合作关系，参与到更大的组织体系或服务网络当中。调查显示，有47%的非营利组织，因为当地缺乏应有的潜在资源支持，转而与自身更强大的州组织、区域性组织等建立正式的合作伙伴关系，成为这些大型组织的成员，以寻求更多的资源支持和运行网络系统，诸如帮助制定发展规划、扩大资金来源、提供人力培训等。

（2）最常用的合作方式之一就是接受来自其他组织的客户转介或将客户介绍给另一个组织，即客户资源的共享。在现实中，大约有80%的非营利组织实现了与其他组织之间的客户共享。除了客户资源的共享外，与更大型组织建立了合作伙伴关系的非营利组织，还可以共享工作空间、设备、供给等资源，大约61%的组织能够实现这一共享。

（3）非营利组织最喜欢与同类非营利组织之间进行合作，最不可能建立合作伙伴关系的是与联邦政府和医院。与其他非营利组织之间进行合作，一同工作和共同提供服务，加强社区建设，是大都市区非营利组织强化自身能力的重要战略之一。合作实践表明，非营利组织开展合作关系的主要对象依次是同类非营利组织（87%）、商业或企业家（69%）、教会或宗教组织（66%）、地方政府（63%）、学校（60%）、州政府（57%）、高等院校（大学等）（50%）、联邦政府（40%）和医院（38%）。

2. 利用现代科技手段，开展外部交往和功能拓展工作

想尽一切办法宣传、营销、拓展自己，是新奥尔良大都市区非营利组织提升功能的主要策略和方法之一。主要包括使用互联网和现代社会媒介。

（1）大部分组织建立自己的网站，但使用情况不甚理想。虽然 84% 的非营利组织建立有自己的网站，但只有 44% 的组织每周或每月更新他们的网站。从组织规模看，较大的组织更有可能有网站，并更有可能更频繁地更新网站内容，这一比例大约占到 64%。而大约 35% 的中小型组织做到每周或每月更新他们的网站。这种情况的发生，与组织内部是否具有专门的信息网络工作人员有很大的关系。

（2）利用现代社交媒体工具传递信息和开拓功能。虽然这些非营利组织可能不会经常更新他们的网站，但他们同时利用社交媒体工具像 Facebook，Twitter 和博客等分享自己的信息。调查表明，在过去两年中，62% 的组织使用了社交媒体进行信息推广。但在使用这一现代科技手段的过程中，不同规模的组织使用情况不尽一致，中等规模的组织更有可能比小型和大型组织使用社交媒体，只有不到 60% 小型和大型组织使用社交媒体，近 80% 的中等规模组织使用这些方式进行推广。

3. 注重管理工具的不断优化和提升

建设一个具有较高能力的组织，往往涉及培训和招聘工作人员，开发和实施战略规划，有足够的技术，并寻找方法来评价绩效等方面。新奥尔良的非营利组织主要采取以下一些方法，来提升自己的管理能力。

（1）工作人员保障：大都市区的健康和人类服务提供商平均拥有 5.5 个全天候工作的带薪员工，每月全时工作的 5 名志愿者，以此保证工作的顺利开展。雇用一定数量、稳定的工作人员和志愿者，是新奥尔良大都市区非营利组织保持并不断提升自身能力的必然选择，一般而言，大型机构往往有更多的受薪员工，统计表明，一个年支出约 100 万美元以上的大型组织，平均拥有 28 个员工，而年支出在 25000 美元的小型组织平均拥有 2 名员工，差距较为明显。但需要指出的是，非营利组织同样面临着人员流失的问题，如大约 59% 的组织中至少每年有一个工作人员离开，但同时 67% 的组织有至少一个新员工重新进入组织。可见保持人员的不断更新，是非营利组织的一种常态。

（2）注重员工培训：超过一半的受访机构在过去两年举办培训以提升

员工的电脑、写作、领导等实际技能。一般而言，员工培训有时被非营利组织视为是一种奢侈行为，然而，管理原理已经充分表明，培训是打造组织能力的重要途径之一。新奥尔良大约有一半的受访组织（54%）在过去两年中，对员工进行过不定期的培训。但培训力度上，大型组织明显比中型组织更加注重、更加有力，小型组织就比较弱。如2/3的大型企业和61%的中型企业经常培训员工，而小型组织不到一半（45%）提供员工培训。

（3）提高融资能力：大都市区的非营利组织积极采用职业筹款、筹款专家等形式来筹资，但大部分组织主要依靠自己力量进行筹款。筹款是任何非营利组织能力建设的重要组成部分，即使是一个全部由志愿者组成的一个群体或团队，都要需要资金来支付工作人员可能需要的用品和其他事项运行或完成他们的计划。新奥尔良大都市区的非营利组织，只是部分采用专业化的融资机构、筹款专家等这样的专门融资工具，如只有30%的组织拥有自己的职业化筹款机构（专职员工或购买服务），45%的组织拥有自己的筹款专家（专职雇员或购买服务）。一般而言，较大的供应商更可能比小团体寻求筹款专家的服务，预算在100万美元以上的大型组织，往往会采取职业筹款的方法和渠道。而雇用一个筹款专家，是大都市区各种类型的非营利组织经常采取的主要方式之一，并没有组织规模上的显著差别。

（4）战略规划：大多数非营利组织都制定自己的战略发展规划，提升组织的可持续发展能力。规划未来，并有一个路线图和清晰的奋斗目标，是高绩效组织的一个共同特点。战略规划是指导和引导非营利性组织工作一个必不可少的重要工具。新奥尔良大都市区的健康和人类服务非营利组织大多都制定一个包括连续计划的战略规划。平均而言，64%的受访机构有一个正式的战略计划，73%的大型组织有正式规划。这种规划的制定，随着组织提供服务的类型不同而有所差异，调查表明，近50%的提供紧急援助、无家可归者服务、幼儿园和幼儿服务、身心健康、残疾服务的组织往往有一个战略规划，而提供多元服务的组织只是一个即时性计划而已。与此同时，将近38%的大型组织还制定一个“继任计划”，以应对核心领导突然离开组织而可能出现和面临的发展危机。

三　对我国社会组织强化能力建设的几点启示

尽管从调查报告中看出，新奥尔良大都市区的非营利组织并非完美和尽如人意，经验与困境并存，但还是对我们有所启发和借鉴，笔者以为，我国的社会组织发展，除了政府在税收、人才、财政等方面给予大力支持外，更需要社会组织本身要加强自身能力建设，应该突出如下建设思路。

1. 新定位、新眼界

新奥尔良大都市区非营利组织成功发展的实践表明，非营利组织的主要用武之地在于面对城市弱势群体、想方设法提供他们需要的各种服务，从中获得自身的价值和意义。这告诉我们，我们的社会组织也应该把自身定位调整为对大量弱势群体提供帮助和服务的角色上来，把分布有大量弱势群体或贫困大众的区域作为自己扎根发展的大本营，而不是一味地强调在发达地区去强调自己的重要性。在快速城镇化的大都市当中，社会组织应该注重以需求为导向，以外来人口服务、城市贫困户、残疾人、城市流浪者、未成年人保护等为重点领域，不断发现需求、开拓领域、满足需求，脚踏实地地为弱势群体服务，不断做大、做强自己的品牌和特色。

2. 谋求合作、共享资源

新奥尔良的经验告诉我们，在社会服务领域当中，谋求供需信息对称，以及不同组织信息之间的共享，对社会组织不断拓展自己的服务、提升服务能力有十分重要的帮助和作用。当前，国内的一些社会组织，由于服务类型的雷同性，在某种程度上，社会组织之间形成了某种竞争关系，尚未形成资源共享、信息共享的合作关系，各自为政格局依旧，在一定程度上影响了社会组织的规模化、集聚化发展的效应。根据新奥尔良大都市区非营利组织发展的经验，建议我国的社会组织加大横向互动、合作与交流机制，尤其是一些提供同类服务的组织之间，更应该搭建机制，建立一种层次化、网络化的服务联盟或服务共同体，相互间共享信息、共享市场，为更多区域、更多的需求者提供多样化的服务。

3. 完善工具，提升能力

新奥尔良的经验表明，一个成功的社会组织离不开一套有效的管理工具，这才是任何组织真正保持强大能力的核心所在。对我们的社会组织而言，重点要强化四点：一是要完善组织治理结构，建立健全内部员工管理制度和志愿者资源管理制度，要吸引一批有热情、有能力、有责任心的正式群体和非正式群体，全身心投入到富有爱心的社会服务之中。二是要制定一套有保障的员工培训制度，切实提高工作人员的各类专业能力和水平，不断提高服务质量、服务效益。三是除了积极参与政府购买服务的竞争而努力获取政府资金支持外，更要学习专业的筹款知识，与专业的筹款机构和专家人员进行密切合作，扩大社会资源来源渠道，破解发展中面临的资金压力。四是要有长远发展的意识和视野，制定具有愿景目标的战略发展规划，引导组织沿着正确合理的目标，不断走向成功。

参考文献

Carol J. De Vita, Amy S. Blackwood, and Katie L. Roeger, *A Profile of Nonprofit Organizations in Thegreater New Orleans Metropolitan Area*, The Urban Institute. november, 1, 2012.

The Urban Institute, National Center for Charitable Statistics, *Core Files*, Public Charities, 2010.

U. S. Bureau of the Census, *American Community Survey*, three-year average, 2008 – 10.

B.13
台北建设城市公共自行车系统

李 健 简博秀

摘 要: 国际大城市自行车运动及文化已经形成广泛认可，在我国自行车运动更多以交通联系为主要目的，自行车文化的发展和推广还相当欠缺。本文借助台北市微笑单车的成功经验了解YouBike的发展、经营管理及面向民众的运行使用情况，进而分析其对国内城市的借鉴和启示。

关键词: 台北 城市交通 YouBike

近些年，随着绿色、低碳、健康、运动等理念的传播普及，自行车运动与自行车文化在国际大城市中得以发展流行。在我国自行车运动更多以交通联系为目的，而自行车文化的发展和推广是以小众群体为主。在城市交通方面，以地铁、公交客车及出租车为主要力量的城市公共交通系统得以不断完善，城市居民在城市内部跨区域、城市与郊区之间的联系更加便捷，但是城市公共交通“最后一公里”的难题依然难以破解，目前越来越多的中国城市管理者和城市建设者都注意到这一问题。北京通过开通袖珍公交与轨道交通线进行联系；上海增加了社区与周边轨道站点、公交枢纽以及商业网点的“最后一公里”接驳线路、免费自行车服务系统；广州和深圳主要规划站点自行车泊位、发展公共自行车系统，将轨道交通、公共交通、“最后一公里”出行结合起来，解决城市居民出行问题。但是由于网点较少、相关配套设施不完备，大多数城市公共交通“最后一公里”解决方案目前仍没有实现它应有的价值。

但在我国台湾台北市，以“YouBike 微笑单车”作为对外的服务品牌名称的公共自行车租赁系统取得较好成效。YouBike 项目由台北市政府交通局以 BOT 模式委托巨大机械股份有限公司捷安特建设和营运，是台湾地区第二套公共自行车租赁系统，采用无人自助式服务，最早于 2009 年 3 月在信义计划区周边设置 11 个站点及 500 辆自行车开始示范营运，整套系统在 2012 年 11 月正式完全启用。截至 2014 年 1 月，YouBike 项目在台北市 12 个行政区共有 137 个租赁站点。台北 YouBike 项目最初也是以解决民众短程接驳为核心目标，但随着项目本身的建设发展，包括城市观光、休闲健康、绿色环保、城市形象等方面都开始受益。本简报主要是借助台北市微笑单车的成功经验了解 YouBike 的发展、经营管理以及面向民众的运行使用情况。

一 欧美国家大城市自行车文化的发展

在许多国际大都市，城市居民骑自行车穿梭在城市多个角落已经成为一道亮丽风景线，他们用慢速的交通生活方式体验城市不同时空的风情，包括在巴黎、伦敦等国际城市，公共自行车已经广为市民使用，不仅提供便利的接驳工具，同时兼具体育运动与休闲娱乐的特征，成为城市生活与旅游观光的最佳方式。

在欧美国家许多城市中，为达到环保、减碳、健康、观光的目的，纷纷提出自行车计划。据相关研究指出，从 20 世纪 80 年代开始，骑自行车在美国已成为第二大受欢迎的运动，许多大城市通过招聘“自行车计划主持人”来推动城市“自行车文化”，有些城市甚至通过“自行车法案”，强制将某些预算使用于推动骑乘自行车计划。巴黎在被冠以烂漫、自由、时尚等美誉之后，又多了一个“自行车之都”的称号，巴黎市长德拉诺耶（Bertrand Delanoë）在 2007 年 7 月推动名为“Vélib”（自由的象征）的城市自行车自助租借计划，推动巴黎在 2008 年 6 月荣获英国知名时尚杂志 *Monocle* 评选为全球居住品质最佳的第 10 大城市。自行车自助租借计划不仅改善了城市交通，还大大推动巴黎的城市观光热潮，吸引了世界的眼光，而包括美国华盛顿特区、纽约、芝加哥在内的各大城市受这个“巴黎 Style”计划的影响，纷纷前往巴黎取经，根据2013 年最新出炉的全球20 大自行车友善城市的排名，巴黎位居第七。在德国的大城市中，几乎每条路都有自行车道，其中尤以柏林最为典型，被人们推崇为自行车友善城市，自行车配套设施完善，市内有专供自行车和行人通行的吊桥，乘客可与自行车共乘地铁。通过自行车来漫游城市和观光体验，已经成为德国城市文化中的重要部分，根据2013年的最新全球20 大单车友善城市的排名，柏林被评为第五，得益于德国扎实推进自行车运动相关设施的完善。

二　台北市 YouBike 项目的规划与运行

台湾自实行周末双休政策后，民众运动休闲的风气逐渐兴盛，自行车运动渐渐成为重要休闲活动之一。此外，快速增长的汽车和机车数量带来城市交通的拥挤及严重的空气污染等环境问题。为了减少能源消耗、降低环境的污染，台北市政府开始积极推广绿色无污染公共自行车搭配公共交通系统组成新的城市交通网络，台北市政府于 2009 年 3 月在台北市信义计划区办理“台北市接驳型公共自行车租赁系统建置及营运管理试办计划”，名为 YouBike。根据台北市 YouBike 官网统计截至 2013 年 9 月，台北市 YouBike 的骑乘人数已经超过 800 万，YouBike 已经开始渐渐地被台北市民所接受成为他们日常生活的一部分，同时也成为来台北观光的游客体验 Taipei Style 必不可少的代行工具。

1. 台北 YouBike 项目的优势分析

YouBike 项目的发展具有多重优势，归结起来可以用“三超”来概括：①超级方便，YouBike 租赁系统是 24 小时全年无休，在整个台北市都实行甲借乙还，无论你是出于上班或是休闲需要，整个城市都有你的自行车。只要你有悠游卡、信用卡或“中华电信手机”任何一种都可以支持租借自行车的小额付款。整个租借程序简单四步走，方便到家。②超级省钱，当今油电价格猛涨，不用自己掏钱买自行车，也不用花钱做保养、维修和清洁，只要花费小钱，整个台北任你游。③超级环保，骑乘自行车不仅可以改善市区交通，还可降低对环境的污染、改善台北市容、提升台北低碳城市形象。

在 YouBike 项目推广之前，相关机构做过大量市场调研和用户群分析，根据研究将使用 YouBike 的用户群情况分为两大类：①短程接驳工具。这类人使用者主要为台北在地民众，使用微笑单车主要是出于交通本身的需要，因为 YouBike 本身与捷运、公车等系统连接起来，使用 YouBike 不仅可以避免堵车带来的不便，还可节省寻找停车位的时间与金钱。把 YouBike 作为短程接驳、实践环保、节省支出并同时锻炼身体的最佳选择工具。②休闲活动的新选择。这部分使用者就包括在地民众也包括外来观光客，他们使用微笑单车的主要目的是观光休闲，骑着微笑单车穿梭于台北的大街小巷中，体验“Taipei Style”。

“YouBike”微笑单车使用电子无人自动化管理系统，提供自行车甲租乙还的租赁服务，通过自行车作为公共交通系统最后一公里的接驳工具，鼓励市民更多地使用公共交通系统，达到环保与节能的目的，打造全新的台北通勤文化。除此之外，“YouBike”微笑单车还包括以下六个方面的重要功能。

- 提升环保绿色城市和国际化的正面形象。
- 为台北带来全新的旅游观光价值。
- 居住生活品质改善与市民满意度提升。
- 减少汽车机车实用，改善空气品质与交通环境。
- 带动自行车风潮，增加乘客数量。
- 台北成为台湾自行车骑乘的首善之区。

2. YouBike 项目站点规划与运行

参考台北市交通局关于 YouBike 租赁站点建置的基本条件，设置租赁站点考虑必须包括：①设置点至少提供 30 辆（15 柱）YouBike 的停车空间和调度空间。②设置 YouBike 后不能影响人行道的使用，保障行人及自行车的通过空间。③设置点必须是市有土地，或者说所有权人同意无偿提供土地。④设置的地点临近道路，以便以后的调度维修。⑤设置地点的周边必须要有电力来源。⑥设置地点需临近捷运站或大众运输工具的站点，临近住宅区、市场、图书馆、观光景点等地点。

YouBike 操作流程可以归结为以下四个步骤：①加入（Join）。如果想成为会员使用者首先需要持悠游卡到 Koisk、U-bike 网站或服务中心注册加入 U-bike；如果没有悠游卡，则可以使用“中华电信手机”或芯片信用卡至各场站 Koisk 租车。②选择（Take）。会员应先在停车柱上方刷过已注册的悠游卡，待取车绿灯闪烁再将车向后拉出使用；单次租车者则在 Koisk 上选车，会有 90 秒的时间至选定停车柱，将车向后拉出使用。③骑车（Ride）。会员和单次使用者都带着微笑使用。④还车（Return）。会员将车身卡准插入空停车柱，待刷卡蓝灯闪烁，感应本次借车时使用的悠游卡，确认扣款与剩余金额即完成交易；单次使用者则将车身卡准确插入空的停车柱，确定车辆稳固停于车柱上即可。

YouBike 费率分为两种，会员一般来讲是 YouBike 的长期使用者，他们的付费方式采用悠游卡付费，首先要注册，注册方式包括自行通过网络平台到 YouBike 官网申办，到 YouBike 的服务中心申办以及到各站点的 Koisk 自动操作机申办。目前为止会员有前 30 分钟免费的优惠（行政院环保署补助至 2013 年年底），后每 30 分钟 10 元。单次租车者一般为外地来的游客，只是短时间使用者，是针对没有悠游卡的民众，其付费方式可以通过“中华电信手机”或芯片信用卡两种方式进行小额付款，需要骑乘 YouBike 的民众必须要到各站点的 Koisk 自动服务机申办，采用每 30 分钟 10 元来计费（见表 1）。

表 1　YouBike 项目实用费率说明

项　目	会　员	单次租车
适合对象	长期使用者	单次租车者
付费方式	悠游卡	“中华电信手机”或芯片信用卡
注册方式	①服务中心申办；②官方网站申办 ③各站点 koisk 申办	各站点 Koisk 申办
使用费率	前 30 分钟免费（由行政院环保署补助至 2013 年年底），后每 30 分钟 10 元	每 30 分钟 10 元

资料来源：YouBike 官网。

为保护骑乘者的人身安全，台北市政府积极兴建自行车道，包括市区内自行车道的规划，如在信义区的街道、人行道上，几乎都有特别划出一条自行车道，改变以往“人行道人多，马路车多”而无所适从的情况。另外则是兴建与景点连接的自行车道如新店溪、大汉溪与淡水河在内的多条自行车道，由大稻埕码头沿着延平河滨公园兴建的自行车道，骑乘之余还可以走访相连的文化古迹。在这种动静相宜的休闲活动中，不仅可强身健体还可以陶醉于文化的洗礼，周边布满著名的文化观光景点，像迪化街、霞海城隍庙、酒泉街方向的孔庙等。这些景点本身与台北市区相隔不远，骑乘微笑自行车就可到达，增加骑乘者的乐趣，将休闲活动与健身运动完美结合起来。

3. YouBike 项目的组织管理

为更好地推行 YouBike 以达到提升台北市绿色环保城市和国际化的正面形象，创造台北全新观光价值，改善市民的居住品质、空气品质和交通环境，台北市政府积极寻求各方合作。包括行政院环保署、自行车龙头企业 GIANT、悠游卡公司等（见表 2），各合作企业合理分工，共同将台北打造成自行车城。在台北 YouBike 项目组织管理体系中，主要以企业和市场为主体进行运作，政府负责协调管理、宣传及公布信息；在企业主体中包括运营公司、制造公司、信息公司、银行、电信公司以及广告公司等广泛参与、紧密合作，共同推进 YouBike 项目在台北市的良好发展。

表 2　YouBike 项目相关合作单位及分工

单位名称	主要作用
台北市政府	利用各种媒体工具，宣传 YouBike
台北市政府交通局	发布 YouBike 最新消息，宣传、介绍 YouBike
“行政院”环境保护署	推广自行车运动，鼓励骑乘 YouBike
捷安特	制造相关的配件，宣传、介绍 YouBike
台北地铁	推广自行车运动
悠游卡股份有限公司	方便民租车，宣传 YouBike，租车扣款服务
“中华电信”	方便民众租车，小额扣款服务
玉山银行	方便民众租车，小额扣款服务
Kenda 公司	制造 YouBike 轮胎

续表

单位名称	主要作用
VELO 公司	制造 YouBike 坐垫
Shimano 公司	制造 YouBike 手刹车
Novetec 公司	制造 YouBike 铝轮组
微程资讯公司	拥有 RFID,识别借车人身份
JoJing 公司	制作 YouBike 宣传广告

资料来源：YouBike 官网。

4. YouBike 项目的升级发展

随着 YouBike 项目的良好发展，其与智慧城市、旅游观光等的结合日益深入。在台北市，“台北好行” Android 版、iOS 及 Windows Phone 版“微笑单车”已陆续完成新增观光景点功能。利用智能型手机可下载“台北好行” App 软件，“台北好行”首创微笑单车结合观光景点功能，民众只要开启“台北好行”的微笑单车地图，并点选观光景点图层，即可以掌握所在位置周边的实时信息（可借车辆、可停车位），更可点阅附近地区著名观光景点的信息，利用 YouBike 体验台北成为独树一格的 Taipei Style。

根据 2013 年 9 月 YouBike 官方数据更新显示，YouBike 当月租借率比上年同期增长 826.1%，充分显示出 YouBike 快速增长的情况。此外根据 2013 年的调查，自行车已经取代棒球荣升 2013 台湾年度十大流行运动排行榜冠军，引领整个台湾地区的运动时尚风潮。YouBike 带动台北人特别是年轻的运动热情快速增长，更加突出该项目推进民众强身健体的重大意义。

三　台北 YouBike 项目对国内城市的启示

1. 综合规划、统筹实施

从目前大陆地区主要城市公共自行车服务系统的发展情况看，网点较少、相关配套设施不完备成为最为突出的问题，这充分显示出存在规划欠缺、缺乏综合性统筹推进的缺陷。借鉴台北市 YouBike 项目的推进，需要从城市规划、项目推进、具体运作几个不同层面综合推进，统筹实施。在城市规划层面需要完善城市道路系统，增加自行车道以利于自行车的运行；在项目推进过程需要强化前期调研和深入分析，特别是针对市场客群、站点布局、与旅游景点的配套组合等，保证项目顺利推进和获得效益；在项目运行层面，需要推进不同参与主体的良好合作，特别是管理、信息、收费系统的综合统筹，保障项目的安全运行。

2. 市场运作，政府协调

作为城市交通系统、休闲运动产业等有益补充，公共自行车服务系统并非完全公益性项目，需要政府作为协调方不断推进其市场化运作，使得自行车租赁产业更加符合市场化规律。从台北市 YouBike 项目的组织管理模式看，应完全交给捷安特进行整个项目的管理和运行，而政府只是更多发挥宣传、介绍的作用，并不直接参与项目的运行，这会使得整个项目的责任和权利更加明晰。包括之后的产业拓展，如与旅游公司的融合发展、智慧 App 的开发运行都是企业主体运作、政府部门协调指导为主。

3. 广泛宣传，时尚引领

在台北 YouBike 项目运行的初始阶段，由于社会宣传不到位，使用者寥寥无几。之后在台北市政府、交通局、环境保护署以及地铁公司的综合协助之下，通过广泛的使用宣传，进而推动 YouBike 项目的快速发展。此外，作为新行城市项目，如何融入社会也是非常重要的，YouBike 项目在扩大宣传的时候，与运动、文化、观光、绿色等新的理念融合，利用体育、休闲、活力等时尚元素，首先推动年轻人认可和使用，通过时尚引领不断扩大市场，最终取得成功。

4. 系统整合，避免分割

台北 YouBike 项目快速发展的同时，新北市同样推进了公共自行车租赁系统 NewBike 的建设，分属不同的运行主体，造成 YouBike 项目与 NewBike 项目系统的不同，并进一步造成跨地区甲地乙还的服务难以实现，出现很多社会批评。其他城市在建设公共自行车租赁服务系统的时候，必须考虑系统整合的重要性，避免不同运营商进入而造成系统不融合，进而出现市场分割、重复性投资等突出问题，并再次凸显综合规划的重要性。

参考文献

Http：//zh. wikipedia. org/zh-tw/台北市公共自行车租赁系统。

YouBike 官网网站，http：//www. youbike. com. tw/about. php。

城市文化篇

Urban Culture

B.14

“活态”城市遗产保护新思维*

赵晓梅

摘　要：文化是可持续发展的关键动力，作为重要文化资源的城市遗产对未来城市发展具有不可估量的效用，尤其在文化仍呈活态发展的历史城市中，城市遗产能够推动当地社会、经济全方位的发展。本文将从活态城市遗产的概念出发，阐释该类型遗产的动态特征，探讨真实性、遗产管理、遗产社区与灾害风险等在活态城市遗产保护中极为重要的议题，提出对中国城市遗产保护实践的启示。

关键词：活态城市遗产　文化遗产保护　遗产管理　遗产社区　灾害风险

* 本文主要参考了 Kai Weise 为“重访加德满都国际研讨会”会议论文集所撰写的会议总结与综述，特此感谢。

随着人们对遗产理解的变化，文化遗产的概念不再局限于纪念物，还将人们居住、工作、礼拜与节庆的城市空间也纳入遗产范围。同时，由于对价值理解的变化，城市保护的方法也应该有所调整。如何在保护历史城市内在特质与价值的同时，满足城市持续发展变化带来的新需求，是我们亟须探讨与解决的问题。活态城市遗产概念的提出及其保护途径为我们提供了新的思路。

一 活态城市遗产的概念

2015 年国际社会将迎来新的可持续发展全球议程。文化虽然在近年受到越来越多的关注，成为社会经济发展的重要动力，但文化仍然未被完全纳入可持续发展的全球战略之中。2013 年 5 月，联合国教科文组织（UNESCO）在杭州召开“文化：可持续发展的关键”国际会议，发布了《杭州宣言：文化与可持续发展》，宣言呼吁将文化置于可持续发展政策的核心地位，为教科文组织将文化纳入可持续发展战略的主张迈出了关键的一步。建议包括以下几点。

（1）同人权、平等以及可持续性一样，将文化纳入所有的发展政策与计划之中；

（2）利用文化与互相谅解来推动和平与和解；

（3）确保所有人的文化权利，以促进包容性社会发展；

（4）利用文化来减贫、实现包容性经济发展；

（5）以文化为基础来促进环境保护；

（6）利用文化来增强抵御灾害的能力，减缓和适应气候变化；

（7）重视、保护和传承文化；

（8）将文化当作实现城市可持续发展与管理的资源；

（9）利用文化推出创新且可持续的合作模式。

城市遗产作为城市文化的重要载体，也成为城市可持续发展的重要资源。

目前世界遗产名录中有191个遗产城市，涉及上亿的居民人口，历史环境也持续地被居住在遗产地及其周边的居民所塑造。大规模的移民以及居民对改善生活水平的需求在历史城市的当代变迁中以不同形式表现出来。城市遗产不再是静态的，它面临的是不断变化的环境，同时也与不同的利益相关者发生着相互作用。城市遗产的保护与管理被认为是城市化与全球化发展中最复杂与艰巨的任务之一。文化遗产也被广泛地认可为保持文化认同、推动创造性、促进社会和谐以及消除城市化与全球化消极影响不可或缺的要素。

城市遗产不是过去的残留，而是在不断进化、更新中，历史是现在的组成部分。对城市遗产的理解不再局限于单体历史建筑或建筑群，更多地将活态的城市整体作为保护的对象。活态城市遗产即由历史上不同的作者创造并仍在使用的历史城市，它是在特定的空间与时间中，对精神与物质需要的表现。通过辨别、理解与联系城市遗产的不同层面与构成要素，可以重新认识遗产的多重价值，达到保护历史城市内在特质与保持城市活态、允许变化之间的精妙平衡。

2013年11月，UNESCO与国际古迹遗址理事会（ICOMOS）联合在世界遗产名录中的历史城市加德满都谷地召开“保护活态城市遗产国际研讨会”，来自22个国家的140多名与会者参加本次会议，共同探讨了保护活态城市遗产的议题。会议提出《保护活态城市遗产的加德满都声明》（以下简称《声明》），它延续了《杭州宣言》以文化促进发展的思路，突出文化遗产在推动社会可持续发展、提高生活质量中的重要作用。根据《声明》的定义，活态城市遗产不仅包括历史建筑与城市空间，同时也包括场所精神、传统习俗、传统实践及其实践者等要素，它们均有助于提升场所的重要性。《声明》鼓励认可活态城市遗产真实性与完整性的不同方面，建立有效的管理体系，以应对城市文化与社区居民的多样性与复杂性；通过必要的立法、培训及其他支撑方式来辨识并赋权于不同的社区与利益相关者，推动对遗产价值的共同认可，建立共同参与的管理系统；搜集并共享传统结构、建构知识，重新理解并传承抵御自然灾害的传统实践；实施有效的措施，预防或减轻自然、人为灾害对文化遗产带来的威胁；在可持续发展中建立完整的文化概念系统，推动有依据的决策；进行遗产影响评估，发展标准化又有弹性的工具与措施；等等。这些建议为保护活态城市遗产、推动可持续发展提供了借鉴。

二 活态城市遗产的动态性

文化遗产是我们从过去继承的、现在被认为具有价值并值得为后代进行保护的东西，遗产也在历史的过程中受到影响与威胁。为了使遗产能够以相对合理的状态遗留给后代，必须保留能够表达遗产价值的特征与要素，这要求我们必须能够动态地应对持续变化的遗产环境，活态城市遗产的保护实践尤其如此。本节将从以下九个方面对活态城市遗产的动态性进行探讨。

1. 从排他的到包容的

遗产的概念在过去的十几年中发生了显著的变化，脱离了排他性，由对纪念物的单纯关注，扩展到对文脉、普通人以及文化景观、活态城市遗产等遗产要素与遗产类型的接受。遗产构成的巨大变化以及遗产特征的多样性使得当前的遗产保护需要包容性的管理体系，促进社区居民及其他利益相关者参与对历史城市的保护与发展活动。

2. 遗产术语与现实

对抽象概念的表达受限于我们使用的语言，即使是对我们的宇宙与我们的存在的认识也是由不同社区所创造的词语而定义的。我们在遗产保护中谈论价值与真实性等抽象概念时，往往忘却了我们保护实践的真实目的。当这些词语被翻译为其他语言的时候，事情就更为复杂了，每个社区在他们的语言与感知系统中对这些词语的理解都是不同的。在文化多样的城市遗产中，遗产术语的复杂性也推动了遗产的动态性。

3. 遗产社区

创造与维护遗产的社区应当被纳入遗产的管理体系中。理想的情况是由明确而同质的人群担当这一角色；然而在很多情况下，尤其在城市遗产中，由于人口的流动，遗产社区不断发生着变化。这种变化可能对社区的归属感产生很大的影响，有可能破坏社区对遗产管理的责任感。

4. 遗产与灾害

灾害是由隐患与遗产地的脆弱性相结合而产生的。隐患与脆弱性之间的相互作用在历史中不断重复，遗产地的社区居民不得不学会如何生存。因此传统知识也成为遗产的一部分，我们可以从中学到如何降低灾害风险，这些历史教训也应当纳入遗产规划与决策之中。

5. 旅游的因素

根据亚太地区世界遗产周期性监测报告的数据统计，旅游既是文化遗产最消极的影响因素之一，同时也是最重要的积极影响因素之一。旅游是一把双刃剑，它既是推动遗产地经济发展的途径，可以为遗产保护赢得政治支持；同时也能严重地破坏文化遗产。

6. 详细的遗产清单

遗产清单能够与档案记录数据库、监测体系相联系，在遗产管理中发挥显著的效用。详细的遗产清单包括每个遗产条目的所有相关信息以及各自明确的保护方法。遗产清单也可以为灾害风险管理奠定基础。由于活态城市遗产所具有的动态性，遗产清单也应当定期更新。

7. 建筑的废弃日期

遗产与非遗产的区别往往在于建筑的年岁。一座普通的钢筋混凝土建筑可能存在50年，如果不进行处理，它们将成为严重的威胁，尤其是在地震活跃地区。这样的建筑可能需要一个具有法律效应的废弃日期，在这个时间之后，建筑必须被拆除。只有当它们被认为具有遗产价值之后才能够作为遗产得到保留。这一方法确保了不稳固的建筑被移除，或者作为遗产进行优先保护。

8. 遗产影响评估

每个国家必须建立遗产影响评估的法律约束体系，这可能是一个简单有效的途径来控制遗产地及其周边的发展。遗产影响评估有三种类型，包括对过去影响的更正、对现在影响的允许以及对未来影响的预防。这些影响评估都应当纳入全面的规划管理体系之中，并予以及时更新，以保证对城市遗产有效的保护，应对发展所带来的威胁。

9. 遗产促进可持续发展

文化对于发展的重要性已在国际与国家层面得到认可，遗产保护与可持续性密切相关。如果想要在2015年完成千年发展目标，文化问题必须予以认真对待，也需要在2015年之后的全球发展议程中占据显著的地位。

三　保护活态城市遗产的关键

由于活态城市遗产的动态特征及其遗产构成的复合性，在活态城市遗产保护实践中，有四个关键之处——真实性、遗产管理、遗产社区与灾害风险。

1. 真实性

历史建筑的真实性问题早在19世纪即被探讨。1877年《古建保护协会宣言》表达了"用保护取代修复"的需求，引发了几乎贯穿整个20世纪的浪漫主义废墟观念。1931年《关于历史性纪念物修复的雅典宪章》提出了更加务实的方法，允许对纪念物的干涉。1965年《威尼斯宪章》序言中陈述道，"将遗产真实地、完整地传下去是我们的职责"。虽然《保护世界文化和自然遗产公约》（以下简称《世界遗产公约》）没有提及真实性的问题，但《实施世界遗产公约的操作指南》（以下简称《操作指南》）要求被提名的文化遗产必须满足真实性的条件，并详细说明了真实性的要求。

由于对真实性的阐释不同，容易产生混淆，很多人不认同真实性的概念。这种混淆也导致了直接的分歧，突出表现在保持真实性所采用的不同方法之中。处于主导地位的欧洲学派代表了基于石质纪念物文化的物质真实性，他们的做法一般是将遗产保留呈废墟的状况。亚洲的很多传统与之相反，更多借由完整的管理、更新体系，维护着纪念物的活态特征。1994年，二者在奈良达成了妥协，提出了《奈良真实性文件》，认为价值与真实性不应僵守固定的标准，必须根据遗产所属的文化背景加以判断。然而，这也带来了对真实性武断的阐释与滥用。

对于真实性的讨论延伸至更广的层面，有人认为鉴于完整性，真实性可以被牺牲掉。这可能意味着，为了达到完整无缺的目的，重建某些遗产地比保持真实可信更为重要；当然也有一些当地习俗与信仰是支持这种判断的。具有宗教意义并仍在使用的遗产，往往需要保持完整无缺，在这样的情形下，重要的是遗产的象征意义，而不是物质本身。这也说明了非物质遗产与物质遗产的价值与重要性是密切地相互作用的，二者不可能相剥离。然而，真实性的概念并未被非物质遗产保护者所采用。

有一个切实可行的方法可以解决这一难题，即回到真实性的基本概念——诚实可信地表达遗产价值。从一方面说，诚实与可信是由信息来源决定的，必须是可辨识的；从另一方面说，它们又与被判定为与遗产本身的表达相联系。如果我们将遗产看作是具有价值并必须传递给后代的继承物，那么信息表达必须是诚实可信的。

2. 遗产管理

任何遗产地管理系统的首要目标是保护表达遗产地意义的特征与构成要素。要达到这一目的，必须首先对遗产地的意义或价值有清晰的理解。遗产决策、实施与监测均需要有效地管理程序，并在适当的机构、立法与经济框架下发挥作用。管理系统必须将当地的文脉、现有的政府管理结构以及当地的发展管理、旅游管理与灾害风险管理等相关要素考虑在内。UNESCO 关于历史城市景观的建议认为，应当在不同文化背景中继承价值与传统，将建成环境的保护纳入更广泛的城市发展目标之中。

由于影响城市遗产的因素复杂而多样，管理系统的效率与有效性往往受到质疑。在很多案例中，传统管理系统已失效，但是可以复兴传统系统或由非传统的管理系统来代替。目前不少遗产地制定了管理规划，规划中列举了所有应当做的事情，但实际上难以实施；其中也提出了一些建议，但可能并不实用。

遗产管理通常仅关注纪念物物质表达的保护，为遗产划定了保护区（遗产本体所在区域）与缓冲区。划分保护区划的目的在于减弱并控制影响纪念物的人为及环境因素。总体来说，这仍是一种静态的、独断的管理规划。直到近年，我们逐渐明白必须从更广泛的意义上来理解遗产，应该将社区居民的信仰、活动以及遗产地周边的环境与文化景观纳入其中。我们面对的是活态的文化遗产，管理也应当是一个动态的系统。

动态管理系统需要根据文化背景、地理位置、现有政府管理体系以及遗产的独特特性来进行合理的调整。动态系统必须清晰地定义管理程序，这些程序由已确立的机构的、立法的与经济的管理框架来指导，遗产社区也应当参与其中。

在所有实际层面上，活态遗产的管理必须通过与政府管理体系的密切合作才能够得以实施。遗产管理必须推动更多领域的发展，可持续发展与文化遗产具有密切的联系。

3. 遗产社区

由于文化遗产概念的扩展，遗产与社区之间的联系受到越来越多的关注，人们开始重视遗产地的文化背景及其活态的文化表达。最近在关于文化对可持续发展影响的讨论中，社区参与成为广受瞩目的话题。社区参与能够达到遗产地的利益共享，推动可持续发展，提高生活品质。

《世界遗产公约》中陈述道，缔约国应当采取相应的政策，使文化遗产在社区生活中起一定作用。《操作指南》中也提及，世界遗产应当支持生态文化可持续的多样使用，以提高社区的生活品质，必须推动、鼓励社区及利益相关者参与遗产的可持续保护、管理与展示。

社区参与遗产保护的核心在于遗产社区的认定以及社区参与的方式。二者在《奈良真实性文件》中即有表达，社区参与的三个问题被提出但未能解决。

首先，在认定遗产社区时，一般将优先权给予创造并维护遗产的文化社区，这可以应用到活态遗产中，但并不适用于那些与当代社区相联系的遗产地，遗产社区应当被定义为那些使用并维护遗产的人群，包括遗产地的来访者及相关的世界公民。

其次是社区参与的性质与适宜性。如《奈良真实性文件》中所述，社区应当遵从国际宪章与公约中的原则与责任。当社区参与他们对自己遗产的管理时，来自不同文化背景的专家很难恰当地判定遗产管理应当如何进行。应明确地区分两个不同遗产实践，一是社区根据他们自己的传统理念进行的管理，二是依据法律规章进行的保护。

最后是不同社区之间的分歧，这可能发生在任何遗产项目的利益分配之中。《奈良真实性文件》认为遗产社区应当在不破坏遗产最重要的文化价值的前提下，在他们的需求以及其他社区的需求之间取得平衡。不同社区间的利益平衡是非常重要的，但是不一定能够实现。必须建立有效的调解机制，认定遗产要素所涉及的社区以及他们与如何与遗产相联系。共有的遗产概念可以成为创建不同社区之间和谐的契机。

4. 灾害风险

在过去的几年中，世界越来越多地意识到灾害的威胁以及灾害风险预备的重要性。应对灾害成功的本质是对灾害的准备，政府与社区居民需要为降低风险与灾害应急做好准备。当灾害发生时，保卫生命是最重要的，遗产保护在救灾中缺乏优先权，因而遗产的灾害风险预备工作更加重要。

《操作指南》建议缔约国将风险预备纳入世界遗产地管理规划与培训战略。然而，实际情况是，风险管理与遗产保护经常被视作不相容的。因此更需要将二者同时纳入规划早期需要考量的问题，将风险管理整合入保护管理规划，并将遗产保护整合入遗产所在地的灾害预警规划。应当将文化遗产灾害风险管理纳入整个政府管理体系，成为遗产地整体管理的一部分。

目前处理灾害风险的主要方法仍以相关专业知识为基础，因此也奠定了非常好的理论基础，然而在实践中难以推行。遗产地的传统文化往往包含了很多防御灾害的传统知识，这些传统知识不仅可以应用到遗产保护中，也能够应用到整个社会之中。应当注意的是，保护遗产以对抗灾害风险的努力不应当威胁遗产的真实性与完整性。

四　保护中国的活态城市遗产

在活态城市遗产保护中，真实性、遗产管理、遗产社区与灾害风险之间具有密切的联系。中国城市有着独特的发展历史，历史城市的保护机制也有其特殊性，在历史城市保护实践中建立起上述保护议题的联系，能够推动活态城市遗产保护工作的开展。

• 建立真实性与遗产管理之间的联系：加强城市遗产的日常管理与监测，借鉴国际管理方式，复兴我国传统文化，确保真实地展现历史城市的核心价值。

• 建立真实性与遗产社区的联系：在地方文化复兴的社会背景下，积极推动民间组织在遗产保护中的作用，通过对遗产社区的活动更真实而完整地展示遗产价值，帮助更多的人更好地理解遗产的真实性。

• 建立真实性与灾害风险的联系：灾害风险直接影响遗产的真实性，可能破坏掉遗产的物理存在，甚至整个遗产环境及其相关的无形遗产，应当加强文物部门与建设、国土等其他政府管理部门的合作，避免、减少灾害对遗产真实性造成的负面影响。

• 建立遗产管理与遗产社区的联系：将遗产社区纳入城市遗产管理体系，在传统关注仍留存的历史城市中，保留、复兴传统管理体系，由社区来管理遗产；在已失去传统关注的历史城市中，通过恰当的手段建立新的管理体系，使新的遗产社区能够参与到遗产管理程序之中。

• 建立遗产管理与灾害风险的联系：建立部门之间的合作，将灾害风险管理纳入城市遗产管理系统，同时也将遗产保护整合入城市风险防御系统。

• 建立遗产社区与灾害风险的联系：建立社区参与的遗产灾害风险管理，使社区能够在降低、预防灾害风险中发挥作用，也能够在灾后重建中关注遗产修复的问题。

通过上述措施，将文化遗产保护与管理纳入城市的总体发展策略，复兴传统文化，使历史城市真实、活态地延续下去，推动我国城市的全面、可持续发展。

参考文献

Britt Baillie（ed.），*Living Heritage Approach Handbook*. Rome：ICCROM，2009.

Ping Kong，*Historic Urban Landscape*，*a Management Approach for Cities of Heritage-values*//Kai

Weise（ed.），"Revisiting Kathmandu Symposium on Safeguarding Living Urban Heritage," Kathmandu：UNESCO Kathmandu Office，2014：131－138.

Ron Van Oers，*Managing Cities and the Historic Urban Landscape Initiative-an Introduction in Managing Historic Cities*//Van Oers，Ron and Sachiko Haraguchi（eds.），World Heritage Papers No. 27. Paris：UNESCO，2010.

UNESCO Thematic Think Piece，*Culture：a Driver and an Enabler for Sustainable Development*，Paris：UNESCO，2012.

Kai Weise，*Introduction*，*Summary and Commentary*//Kai Weise（ed.），"*Revisiting Kathmandu Symposium on Safeguarding Living Urban Heritage：Introduction，Summary and Commentary*，" Kathmandu：UNESCO Kathmandu Office，2014.

B.15
温哥华创新导向的城市文化规划

张剑涛

摘　要：温哥华作为一个年轻的国际大都市，其建立在移民基础上的多元融合文化具有鲜明的特色。通过文化规划，城市确立了多元与繁荣、贡献与合作、价值与目标的文化发展目标。为了建设成一个创新型的国际大都市，温哥华文化规划提出了创新、学习、沟通、社区、价值等核心概念，并配合以切实可行的综合措施。

关键词：温哥华　城市文化　规划　创意

温哥华是一个多元文化、充满活力和环境优美的国际大都市。温哥华约一半的人口是海外移民。相比加拿大其他大城市，温哥华的居民更加年轻，种族更多性化。作为全世界最宜居的城市之一，温哥华为了支持城市文化和创意产业的发展，促进城市的活力和繁荣，推动多民族和族群融合，制定了文化规划。文化、艺术不仅是个人、邻里、社区和社会健康发展的重要前提，同时也会显著推动相关产业的经济增长。个人参与文化活动是对社区建设的贡献，同时也是对城市经济和社会的贡献。

一　温哥华文化规划的目标

1. 多元与繁荣

温哥华文化规划的主要目标是发展和提升文化、艺术和多元化，使居民、社区、游客和其他产业受益。文化是一个有活力和竞争力的创意产业的基础。而文化的可持续发展有如一个健康的生态系统，需要多元的要素和构成，包括文艺工作者、非营利组织、商业机构、创意产业、政府、游客以及广泛的文化爱好者、参与者和消费者。这些构成了文化发展的基础和必要条件。温哥华城市和居民的主要特征之一就是对文化的深刻意识和理解。文化是温哥华发展的一个主要方面，代表了城市的成熟、包容和精致。

温哥华作为一个具有创造力的创意城市，其核心要素包括政府、社区、文艺工作者、产业和非营利组织。这些要素组合在一起，通过发起和参与文化活动、提升文化品质和容量、推动文化意识和认知度、确立文化价值等一系列不断深化的发展阶段，促进文化循环可持续的发展。发展文化的思维需要深入城市发展的所有方面，包括经济、土地、交通、基础设施、规划等诸多方面。同时文化发展要保证能被全体市民所共享。

2. 贡献与合作

政府是文化发展的关键因素，但不是唯一因素。文化发展取决于多方的合作，需要各方发挥自身特长，积极贡献。政府制定文化政策，确定相关项目，提供服务，同时投资建设公共文化设施。受到公共财政所限，政府希望中央和省政府以及私人企业、社会机构、民间组织都能参与文化发展的建设。未来这种合作关系需要进一步扩展，鼓励更多的机构组织包括教育机构、行业协会、旅游业等参与，以获得更多的支持并实现文化规划的目标。温哥华政府充分认识到文化发展是全社会共同的责任；政府的职责在于规划文化发展，投资文化设施、服务和活动，引导社会组织和个人参与文化建设。文化发展的成功取决于全社会的支持、创意和责任，以及各方切实的工作和认真的态度。

3. 价值与目标

温哥华文化规划的核心价值观与目标取向是创造、优秀、多元、开放、共享、合作。创造，包括创新和风险意识，是温哥华文化发展的必需要素和温哥华居民的必备素质。温哥华作为国际文化大都市，需要在艺术、旅游、会展、节庆、服务等文化的各方面表现优秀。作为一个多民族的移民城市，文化多元化是温哥华引以为傲的特质，这也包括了对不同文化的理解、欣赏、分享和融合。开放是创造和多元的基础，拥抱新观念、新思维、新事物、新人群，创造崭新的和不同的文化形式。温哥华希望所有的居民和游客都能参与和分享城市的文化盛宴，创造者、参与者和欣赏者都能共享不同形式的文化。同时从规划、基础设施、商业、政府、企业、民众等各方面的通力合作是文化发展的基础。

二　温哥华文化规划的核心

1. 一个创新型国际大都市

（1）创新

温哥华是一个充满活力的不断发展中的国际大都市。许多居民和组织积极参与各种文化艺术活动，如行为和视觉艺术、影视艺术、新媒体、文学和出版等。温哥华的艺术家和文艺工作者们在艺术创造力和表现力方面享有国际声誉。他们的工作为温哥华的文化发展提供了一个很好的平台，政府和社会需要努力的是确保后继一代的文艺工作者能够在此平台上继续成长。

温哥华文化规划对于创新方面的目标是成为地区性、全国性和国际性的创意城市，能够充分体现温哥华作为一个多元、年轻和迅速发展的城市的独特和真实的面貌和声音，以及城市的创意潜力和国际领先的文化发展实力。针对这些目标的发展策略是采用合作伙伴模式培育和发展与创意产业相关的文化政策、项目和服务，以促进创意产业的发展。

（2）学习

温哥华的多元文化之间相互融通学习，充满活力。城市的各类公立、私立的教育、科研和学习机构，以及博物馆、图书馆、科技馆等，为人们学习和文化建设提供了丰富的资源和坚实的基础。

作为一个闻名的学习之城，温哥华文化规划在此方面的目标是充分培养市民自身文化交流、文化意识和文化发展的习惯，为全民创造终身学习的机会和条件。相应的策略是与社区、机构全面配合，创造和提供给市民培养文化意识的项目和措施。

（3）沟通

温哥华的文化得益于政府、社区、社会组织、企业、市民和文艺工作者在艺术、学习、节庆、演出等各方面的通力合作。城市是文化创意、合作、发展的基础，为充分发挥我们的潜能，沟通个人、组织和思想以形成不断更新和活力无限的文化环境提供了空间。

温哥华文化规划对于文化沟通的目标是充分利用其国际领先的创意城市的地位，推动文化的沟通，包括文艺工作者、文化产业、文艺组织、社区和社会团体。通过持续、具有想象力、创造力的沟通，汇聚人们的思想，寻找机遇，发展文化创意产业。相应的策略是政府主导的各阶层、组织、群体之间的充分沟通，鼓励和引导社会积极参与和投入文化建设。

（4）社区

温哥华的社区是城市文化发展的宝贵财产。社区是城市居民生活、工作和休憩的所在，是城市安全、和谐、可持续的基础。人们在此相互接受、理解和融合。社区发展形成自身的特色，通过自我建设为城市做出贡献。

温哥华文化规划有关社区建设的目标是通过文化建设充分体现社区的活力、创造性、天赋和多元化，使之展现给游客和世界。通过社区成员，包括居民、文艺工作者和私营业主等不同群体所表现出的独特特征，保证温哥华的文化、创意、多元和发明能够被世人所理解和接受。政府的策略是通过文化规划、新的项目和活动，支持社区发展各自独特的文化特征。

（5）价值

温哥华的文化是城市居民引以为傲的宜居和高品质生活的重要一方面。文化正日益显著地成为社会凝聚力、居民幸福生活和城市经济发展的关键要素之一。未来天赋、创造力和文化是社会和城市发展最有价值的资源。温哥华的市民们会认识到文化对他们生活和家庭的重要性，同时文化、艺术、娱乐对本地居民和外来游客的影响，以及文化对相关产业如旅游产业、创意产业等的影响及进一步对温哥华经济的影响。

温哥华文化规划关于价值的目标是确保能够充分认识和享受到文化艺术

对他们生活、家庭、工作和城市的价值。温哥华作为国际知名旅游和娱乐胜地，其充满活力和不断发展的文化价值能够充分体现。温哥华的多元融合文化是城市鲜明的品牌。相应的策略是积极鼓励民众对文化的参与，从经济可行性和文化品质上确保文化价值的体现。

2. 迈向文化大都市的关键步骤

（1）资金支持

温哥华政府设立了多种文化基金、奖励和项目以支持文化发展。对这些综合经济措施，政府通过明晰的政策指引、资格和申请审核、全程运作指导等，确保文艺组织和工作者能够切实从中受益。

（2）设施规划

对文化相关的设施、空间和地点的建设、改造、保护，制定出详细的路线图并设置切实可行的工作计划，为文化的创造、生产、展示、体验和表现提供基础。

（3）公共艺术

对温哥华现有的公共艺术计划和项目，包括市民、社会组织、社区等不同发起人的项目，通过审核和引导，确保它们在经济、艺术、实际操作等各方面能够真正切实可行，体现出高品质和高水准。

（4）文化旅游

有鉴于文化事件对旅游产业乃至城市经济的影响日益显著，温哥华政府通过旅游战略把文化旅游对经济的效益最大化，并通过独特的文化体验和城市形象吸引游客。

（5）社会合作

对温哥华文化的建设和推动不仅需要政府部门之间的合作，如经济委员会、贸易委员会等，还需要政府部门同社会组织、市民之间的合作。通过合作推动规划、教育、产业等各方面的进展，吸引投资，提升文化品质，增强经济效益。

（6）公共参与

对文化的公共参与可以提升公众对文化的意识，推动温哥华多元文化的发展和融合。同时还可以向社区和市民推广文化信息，强化文化教育和学习，推进文化项目和产业的发展。

(7) 社区文化

将社区文化规划与城市规划、社区发展规划结合，把文化与社会、经济、空间结合，使文化的发展充分扎根于社区。在社区层面，将文化与市民活动、项目、设施综合，探索最佳的途径树立社区的独特形象。

(8) 学习城市

温哥华文化规划大力推进“温哥华学习城市（The Vancouver Learning City，VLC）”计划。此计划旨在推动市民和社会的学习氛围和习惯，同时使城市树立起相同的形象。这对推动城市的文化发展大有裨益。此计划包含了一系列的活动、项目、措施和资金。

3. 社会协同的文化基石

温哥华文化规划的目标是成为世界文化、艺术和教育方面的领先城市。文化的核心是创意，创意是城市未来可持续发展的关键。温哥华的政府、社会组织、社区、市民、私营业主等充分认识到这一点，并在文化创意的发展上全力合作。文化的发展，在社会层面上能够推动多元价值的理解和融合；在经济层面上能够推动旅游、创意等产业的发展，带动经济发展；在空间层面上，能够树立城市空间的新颖和个性；在影响城市方面，可以形成城市鲜明的品牌形象。

为了使城市发展中有关各方的合作效益最大化，各方之间的沟通、协调、对话十分重要，其主要原则包括：(1) 发展和维持不同文化合作伙伴的良好联系；(2) 各方持续审核、回馈合作中的实际成果；(3) 在反馈评价的基础上调整文化规划和相应策略。

三　中国城市的文化规划意义

1. 目标明确

城市文化规划需要根据自身特色，同时寻求适合自身的个性化定位，以建立鲜明的城市品牌。城市文化建设的具体目标虽然存在差异，但都可遵循相似的原则：（1）形成积极进取的社会价值观，推动不同社会阶层和群体之间的多元价值的理解和融合；（2）推动旅游、创意、演艺、会展、影视、娱乐、出版、休闲等文化相关产业的发展，带动经济发展；（3）使城市物质空间和环境在功能合理的基础上，能够有鲜明的个性特征；（4）提升个人、家庭、社区、社会的素养和生活品质，追求文化上的可持续发展；（5）形成城市鲜明的品牌形象，对游客和人才形成吸引力，成为社会经济发展的基础要素之一。

2. 措施可行

城市文化规划需要切实可行的措施配合，以确保规划的落实：（1）根据文化规划，制定详细的配套政策、项目和服务，以促进文化的发展：（2）政府主导的各阶层、组织、群体之间的充分沟通，鼓励和引导社会积极参与和投入文化建设；（3）政府与社区、机构全面配合，创造和提供给市民培养文化意识、提升文化品质的项目和措施，鼓励全社会文化提升，发展多元和个性的文化特征；（4）采用多种合作伙伴模式培育和发展与文化相关的旅游、创意、演艺、会展、影视、娱乐、出版、休闲等产业，推动文化的产业化，充分实现文化的经济效益；（5）政府主导，社会配合，多种渠道和来源引入基金、奖励和项目以支持文化发展，确保文艺组织和工作者能够切实从中受益。

3. 社会合作

文化的建设和推动不仅需要政府部门之间的合作，还需要政府部门同社会组织、市民之间的合作。通过合作推动规划、教育、产业等各方面的进展，吸引投资，提升文化品质，增强经济效益。文化的公共参与可以提升公众对文化的意识，推动多元文化的发展和融合。同时还可以向社区和市民推广文化信息，强化文化教育和学习，推进文化项目和产业的发展。将社区文化规划与城市规划、社区发展规划结合，把文化与社会、经济、空间结合，使文化的发展充分扎根于社区。在社区层面，将文化与市民活动、项目、设施综合，探索最佳的途径树立社区的独特形象。推动市民和社会的学习氛围和习惯，使城市文化具备可持续发展的基础。

参考文献

Http：//vancouver. ca/parks-recreation-culture. aspx，2014 年 5 月 4 日。

Http：//vancouver. ca/parks-recreation-culture/arts-and-culture. aspx，2014 年 5 月 4 日。

Http：//vancouver. ca/parks-recreation-culture/culture-plan－2008－2018. aspx，2014 年 5 月 4 日。

B.16

伦敦构建“文化企业家精神”战略

苏　宁

摘　要：本文以伦敦金融城《伦敦文化创新与企业家精神》研究报告为基础，探讨“文化企业家精神”这一概念的发展状况及主要特点。文中对伦敦国际文化大都市发展的现状及发展态势进行了归纳，并重点分析了伦敦推动文化创新与企业家精神的主要举措及内涵。文中以伦敦的文化产业化发展为基础，对中国相关城市国际文化大都市的发展提出了建议。

关键词：企业家精神　文化　创新　伦敦

2014年5月，伦敦金融城发布《伦敦文化创新与企业家精神》（*Cultural Innovation and Entrepreneurship in London*）报告。报告对伦敦创意、文化与科技等创新领域的企业化发展特质进行了总结和分析，并提出“文化企业家精神”（Culture Entrepreneurship）运动的概念，进而归纳出该市培育文化企业家精神的机遇、挑战、主要构成要素，以及塑造方向。[①]

一　全球城市“文化企业家精神”的定义与发展现状

1. 全球城市“文化企业家精神”的内涵

伦敦金融城政府认为，伦敦作为具备历史、空间规模、产业基础，且名

① 本文主要基于伦敦金融城的《伦敦文化创新与企业家精神》（*Cultural Innovation and Entrepreneurship in London*）报告的介评，并进行了中国启示的研究分析，特此致谢。

副其实的“全球城市”，在塑造有利于文化企业家及创业企业成长的生态文化方面具有独特的优势，并能够在英国经济体系中创建文化与商业互动发展的新兴经济模式。当前，在全球城市体系中，仅有数量十分有限的几个全球城市，如纽约、东京等，同时具备高质量的技术、文化，以及金融产业复合体。这一特质使得伦敦能够具备独特的竞争力，进而在促进现有成熟文化商业体系发展的同时培育新兴文化创业企业，完成“双重任务”。①

根据伦敦金融城的文化创新战略，伦敦创意与文化产业内，正在发生一场新兴的“文化企业家”运动。该运动的驱动力量来自经济需求以及对创新与企业化特质的全新理解。在这一背景下，伦敦金融城的文化管理部门对文化企业家精神的特点进行了新的归纳，即：渴望探索全新的工作方式；对新创意的尝试并迅速适应新的变化；高度关注、寻求活动中的合作与协同；在创意的同时保持商业上的机敏。这一谨慎的内涵表现出文化、技术与企业化特性之间的结合。其具体发展主要依托于不同产业之间的协同作用，这些部门包括文化与创意产业、科技以及金融服务行业等。

2. 文化企业家精神兴起的主要动因

对伦敦的文化产业发展而言，在诸多的文化环境变化趋势中，有三大变化对文化企业家精神运动的发展起到重要的影响作用。

（1）在金融危机后的6年巨变中，英国与全球的资金条件发生了变化，创意产业的资金情况也无可避免地受到影响。最近数年中，英国最大的文化基金机构——英格兰艺术委员会（ACE）已经削减了其公共资助数量，这将大为影响其资助的相关文化组织。2014～2015财年，ACE的预算减少了1.17%，到2015～2016财年，其削减份额进一步提高到5%。② 这种情况表明，文化团体必须更加关注顾客导向的发展趋势，以确保自身价值及投入产出。

（2）文化受众在规模上，以及与文化机构的关系方面发生变化。以往

① City of London, *Cultural Innovation and Entrepreneurship in London*, 2014-5.

② Department for Culture, Media and Sport, *Spending Round 2013 Arts Council England*, 2013-7-3.

以文化专家以及被动性文化消费者为主的文化受众结构正在发生变化，文化受众更倾向于需要对与文化机构进行对话与反馈的参与式活动。在全球进入城市化阶段后，城市文化受众对文化体验的需求将有巨大幅度的提升。

（3）技术正在对创意产业产生巨大的影响。移动与宽带连接技术使得文化产业消费者能够进行全时段的文化参与，这对博物馆、剧场以及画廊传统上提供的“朝九晚五”的文化服务提出重大挑战。社交媒体与网络的快速发展也使得文本层面的文化体验面临严峻考验。

二　伦敦发展文化企业家精神的机遇与条件

1. 伦敦的全球文化城市发展状况

伦敦作为全球性的文化之都，拥有全球十大博物馆中的三所，其 O2 剧院被誉为世界最受欢迎的音乐演出场所。伦敦共拥有 173 所博物馆、857 间画廊，有 796 块影院银幕，有约 250 个年度节庆，年均运营 17000 余场现场音乐会。84% 的伦敦人认为文化对确保高质量的生活水平至关重要。这些条件使伦敦的文化企业发展具备坚实的基础。

在国内需求之外，海外对英国文化产业的巨大需求也是伦敦发展的重要机遇。仅在 2012 ~ 2013 年，就有 2070 万海外游客游览了 16 个由英国文化媒体与体育部资助的博物馆，其数量比 2011 ~ 2012 年增长了 4%。在所有的游客中，海外游客已占 44%。伦敦 2013 年的海外游客数量达 1680 万人，是自 1961 年以来的最高峰。

2. 伦敦的文化产业基础条件

伦敦是欧洲最大的创业企业与企业家聚居地之一。这一地位突出地表现在科技与数字产业上，根据普华永道公司的排名比较，伦敦在 30 个国际城市中的“技术完备度”指标位居首位。伦敦的科技、媒体与电信产业每年为英国经济贡献 1230 亿英镑产值，占全英国 GDP 的 8%。目前上述产业对伦敦的就业贡献占总就业量的 1/10，预计在未来十年中，将为伦敦中心城区新增提供50000个就业机会。

2009～2013年，伦敦东区的科技与数字企业数量增长达76.5%，企业数从49969增长到88215。这一迅速增长的趋势，使政府将这一区域的品牌定义为“科技城”（Tech City）。这一发展很大限度上借助于伦敦东区传统的企业化特性与氛围，进而引起国际资本、人才的关注和进入。科技城区域不仅自身得到发展，而且向伊丽莎白女王公园区域，即2012年奥运会区域扩展，从而与艺术与创新企业形成互动。上述企业使得这一区域的性质转变成为创意区域。除了东区之外，伦敦还有其他区域从技术与创意企业的互动发展中受益，如哈肯尼豪斯、金斯克洛斯等区域均积极推动科技企业与艺术部门、大学与创业企业的互动发展。

政府部门的资金支持对企业的发展也起到重要的支撑作用。以英国“种子企业投资计划”（SEIS）为例，该计划对创业企业进行的早期种子投资，投入1.35亿英镑帮助1600多个企业进行早期发展。与上述计划相配套，“社会投资税收减免”（SITR）计划也于2014年4月启动。

三　伦敦推动文化创新与企业家精神的主要领域

伦敦的城市文化产业发展表明，文化专业人员越来越倾向于参与企业性活动，同时，企业家的行为也日益拓展进入文化领域。总体上看，伦敦文化创新与企业家精神的塑造主要包含以下几个重要领域。

1. 促进企业雇员中的“内部创业精神”，使之在组织内像企业家一样思考

各种规模的文化组织应注重提升“内部创业精神”，既在组织内部的创业精神。文化组织应当雇用认同组织文化的人才，为其提供宽松、适宜的环境，以使其能够在良好的沟通条件、清晰的目标体系下工作。同时，使员工具有一定的决策权，提升其采取行动与实施决策的效率。这需要在企业内部建立允许快速、分散化决策的内部结构。同时，设立内部自组合团队，以开发新的项目计划。

2. 鼓励产业化实验，避免过度分析

成功的文化企业家往往通过小范围的实验性应用，来更快、更经济、更准确地验证其创意，并从中获得经验与教训，为新一轮发展奠定基础。因此，创造安全、支持性的实验与实践途径及场所，对文化企业家的发展至关重要。文化组织还能够通过利用新的物理空间来获得不受约束地进行产品与项目实验的机会。

例如，伦敦的 BL-NK 机构是一家位于 Shoreditch 的新兴艺术会所，该会所为创新型企业提供场所与机会，以推动艺术家与科技人员的联合工作，进而形成创新性的产品、概念与销售方式。这一新型文化空间由 Hackney 委员会，V&A 与 Poke 创意署等机构共同运营。根据 V&A 数字公司的谋划，BL-NK 会所旨在为博物馆的创意实验提供“安全的空间”，以使这些创意远离外界关注与主流博物馆项目的框架影响。

3. 充分利用协作工作空间

从国际经验上看，雅虎等创新型企业正在将自身结构转型为一个创业企业的合作联盟，在公司内部诸多小规模跨领域团队间进行共同合作，以充分利用小企业的自身优势不断创造新产品。在伦敦，以 TechHub、Trampery 为代表的此类协作工作空间发展势头迅猛。这些空间对创业企业而言在经济上可承受，并为其提供了一个较好的环境，使不同团队间能够就非正式的网络互动及创意研发进行临时性交流。

伦敦的博物馆与艺术馆长期以来均被作为非正式的协作工作空间与会晤地点。如皇家节庆大厅与 Tate 艺术馆等机构为会员提供场所，以使企业家能够与客户及工作伙伴进行会晤交流。文化机构在上述协作工作空间提供方面具有巨大的潜力，此类机构可以划分用户群，为会员等群体提供新层次的服务，如高速无线网络、高品质咖啡、带有视频会议功能的私人会议室等。这使得文化机构能够为企业家提供整合不同团队进行协作的良好空间，进而促进文化创意与新方法的交流。

4. 借鉴新的创新与实验模式

文化机构可借鉴产业加速器、黑客马拉松以及实验室空间等多种模式促

进其产业化发展。同时与以上述模式运营的独立主体进行合作，进而形成适合自身发展的独特模式。其中，黑客马拉松（Hackathon）模式在过去若干年中不断应用于文化领域。这一模式将技术开发者与创意提出者组织起来，在短期内共同建构一个产品雏形，其时间往往仅为一个周末。

如伦敦 Caper 公司组织的“文化黑客”（CultureHack）项目启动于 2011 年，该项目首届黑客马拉松活动邀请了 80 位开发者与设计者，基于皇家音乐厅、国家海洋博物馆以及手工业委员会等文化组织的数据进行合作攻关，创造出超过 30 种全新产品原型。随后这一活动进一步拓展至数字开发领域，其期限也延长至 1 年。

5. 运用新的伙伴合作方式

最成功的伙伴关系已超越出传统的赞助模式，而是基于更具有合作内涵的方式，参与合作的各方均提供自身的专业技能、经验、网络以及资源，以彼此互补的技能进行合作，创造仅凭借自身能力无法达成的新产品。高效率、真诚合作的伙伴关系比简单依靠资金进行品牌推广的形式更有效。

“天空艺术火焰”（Sky Art Ignition）项目是上述新型伙伴合作关系的典型案例，该项目为创新型艺术实践进行投资。天空公司的角色并非购买相关的播放权，而是对相关早期创意进行投资，以催生新的项目，此类项目内容往往也是该企业自身的试验领域。这一投资项目被设计为多平台形式，天空企业作为伙伴主体与文化组织进行紧密合作，合作范围涉及该企业的所有领域与资产，从而使天空成为涵盖多个平台的全新媒体企业。

6. 以人才塑造企业文化

在形成企业化的创意与新项目之后，文化企业需要获得适合的人才团队，以使组织的文化转向创新与企业化特征。这需要将适合的人才与良好的环境加以结合。对文化企业而言，获取其他行业与背景的人才能够带来创造性破坏的力量。若操作得当，引入外来人才有助于刺激企业原有成员重新审视日常工作，激发挑战性思维。为了促进上述目标的达成，可采取的方式包括：从创业企业与创新行业雇用人才，与不同类型的伙伴进行合作，实验性的实习项目等。

同时，顾问项目也能够为文化企业家精神与创新项目的发展提供外部资源。英国手工业协会、创新联盟以及创新英格兰等文化基金主体均开展了顾问辅导项目，作为针对小企业与个人在资金支撑之外的推动力量。

7. 多渠道拓展与受众的接触

文化组织是内容的创造者，目前将内容传递给受众已形成了多重渠道，而不仅仅是传统的以项目为基础的场所 - 收入路径。对新兴渠道的利用，是伦敦文化产业快速发展的重要经验。伦敦的文化企业家已经创建了一系列新型平台与渠道，以连接受众与文化产品。以伦敦创业企业 Artstack 为例，该企业建立了一个公众网络艺术资料库，其会员团体能够添加与组织海量的数字式内容。博物馆与画廊已经发现运用网络社区的价值，目前已经常利用这一技术发布最新展览信息，以扩大传播范围。伦敦的 Sedition 是一个新兴网络平台，主要为原创数字艺术作品的创造、销售与传播服务。该平台与全球最知名的艺术家形成了合作关系。非营利文化组织也运用该平台发布其原创的特别限定版作品。

8. 寻找新类型的资金与资源

目前，文化组织往往有更多的资金来源选择，这些选择远远超越了传统的捐赠与资金补助形式。例如，在过去 5 年中，众筹模式已成为日益受到肯定的资金筹集形式和平台。著名的众筹网站 Indiegogo 近期的 B 轮风险投资已达 4000 万美元，其 2012 年的 A 轮风险投资为 1500 万美元。另一个创意项目的众筹平台 Kickstarter，在 2013 年已经吸引了 300 万人为项目投资 4.8 亿美元。伦敦的诸多文化项目均从众筹平台获得了资金支持，如 Heath Robinson 博物馆就从 Kickstarter 筹集了 160 万英镑用于永久展览项目。

贷款基金也日益成为创意及文化企业家的资金筹集渠道。例如，英国的创意联盟运营的“创意产业金融”基金就为创意产业企业提供商业发展的资金支持。该基金在伦敦与约克夏的项目为超过 400 家创意企业提供近 70 万英镑的贷款，资助了超过 1500 小时的 1 对 1 商业支持。诸多艺术项目在此类贷款基金与商业支持中受益，推动其发展为资金可持续的商业化项目。

9. 关注经济影响与贵族化倾向

伦敦的经验表明，文化企业的成功需要考虑其组织或项目是否适应社区与地方经济的发展。企业文化项目的发展还需要充分利用地产开发商的利益。与此同时，需要预先谋划在面对区域“贵族化”（Gentrification）问题时的长远应对之道。目前伦敦城市开发过程中，出现了以“未来城”（Future City）公司为代表的，在项目中融合文化元素的新型房地产规划、开发机构。这些机构的出现为艺术家提供了改变区域物理空间景观的机会，也使地产开发商更加理解文化在区域可持续发展中的地位。

在区域的贵族化问题上，艺术家长期以来被认为是催生贵族化的因素之一。而伦敦部分区域的文化要素引入和规划，则有效地应对了这一问题。如在该市面临贵族化影响的 Peckham 社区，2013 年 Bold Tendencies 文化组织发起了一项 1000 万英镑的建设项目，为该地区营建汽车公园以及地区独立电影院，以保持该地区的原有特色。这一开发项目将为当地带来 500 个新增就业岗位。

四　主要启示

伦敦作为全球著名的文化城市，其文化产业化及创业产业发展处于领先地位。该市对文化企业家精神及创新的推进措施，对我国相关城市的国际文化大都市建设具有重要的参考价值。

1. 以全球文化产业发展的三大变化为基础，形成城市文化产业国际化发展的战略框架

伦敦的文化企业家精神报告中，对当前及未来一个阶段全球文化产业发展的三大重大变化进行了归纳，主要为文化公共资金投入情况、受众情况、技术条件的长远变化。这些变化已成为全球城市思考文化发展战略的中长期变量，应得到充分关注。我国城市的文化发展战略一般均以城市个体的要素条件作为规划起点，较为缺乏对中长期外部文化环境变量的整体分析。伦敦的报告为相关国际文化大都市的规划提供了战略起点的参考。

2. 积极促进文化企业家及企业家精神的培育，避免单一宏观的文化产业视角

伦敦对文化产业及创新的关注视角更多聚焦于企业、企业家等微观层面，其对文化企业家精神的强调，实质上是对文化与市场之间内在关系的深入审视。反观我国的文化产业化思路，更多从较为宏观的产业结构、制度环境、企业集群、文化平台等角度入手，并未深入考察文化内容与技术、企业等要素在微观层面的互动关系及培育机制。相关城市文化发展战略可借鉴伦敦的经验，更多从文化与市场要素在中观、微观层面的组合角度入手进行制度设计。

3. 鼓励营造文化与技术、商业主体之间的伙伴关系

伦敦推动文化产业化发展的举措中，高度关注文化、科技、创意、企业等不同领域运行主体之间的互动联系，多次强调“伙伴”（Partnership）关系的重要作用。其伙伴关系的建构理念超越了传统的赞助模式，是基于多方专业技能、经验、网络以及资源的相互匹配。这种文化、技术、商业等不同领域主体之间的伙伴关系，能够真正形成有市场、技术适应性的文化产业体系。我国的文化产业化发展往往走向两个极端，即“文化人运营商业化企业”或“商业人士主导文化项目”的“外行主导内行”局面，往往影响文化产业化的效率及效益。在这一方面，借鉴伦敦的经验，鼓励跨领域的主体构成伙伴关系，既保持各方相对的独立性及专业技能，又能就单一项目的市场化发展各尽所能，无疑事半功倍。

4. 关注新兴筹资模式对于文化产业的支持作用

伦敦文化组织的资金来源已趋于多样化，并超出了捐赠与资金补助等传统形式。目前新兴的众筹模式、贷款基金等新业态已日趋成为文化产业化的重要资金募集形式。而我国的文化产业发展仍依托于传统的资助、风投、贷款等融资模式，在资金的来源、使用方面受到诸多的限制，资金使用的效率也受到影响。在文化产业化的资金来源方面，相关城市可积极鼓励相关文化组织或企业主体利用新兴的筹资渠道，进而建立多层次的资金保障渠道，促进企业的健康发展。

参考文献

City of London, *Cultural Innovation and Entrepreneurship in London*, 2014 - 5.

The Mayor of London, *World Cities Culture Report 2013*, 2014.

PwC, *Cities of Opportunity Six*, 2014 - 5.

City of London Corporation, *The Economic Outlook for Central London*, 2014 - 3.

British Museum, *British Library Maps are the Inspiration for a Winning Videogame Concept*, 2013 - 10 - 23.

Arts Council, *Autumn Statement and Spending Review 2013*, 2014.

B.17

约翰内斯堡旅游业发展之道

张剑涛

摘　要：约翰内斯堡的旅游业是其城市的支柱产业之一。在把握自身资源的基础上充分发挥错位竞争优势，了解市场需求，完善基础设施，拓展上下游产业链，重点发展商务旅游、购物旅游等产业，是其旅游业发展和成功的经验。

关键词：约翰内斯堡　旅游　商务　购物

约翰内斯堡是南非第一大城市和经济中心，同时也是世界知名的旅游城市。它具备独特的热带异域风光，自然环境与人文景观、历史风貌与现代化都市完美交融。该市在发展旅游业中，充分突出自身优势，在旅游业的多个细分领域重点开拓并成效显著。其成功经验值得我们借鉴。

一　旅游业与经济发展

1. 旅游业是经济的重要一环

旅游业如今已经被普遍理解和接受是经济发展，尤其是地方发展的重要环节。但是通常旅游业并不像金融、交通、制造业等有明确的分类和统计，因此各国和各地区的旅游业往往比较难以全面深入了解和对比。全球的旅游业在过去十年中发展迅速，南非的旅游业也同样经历了快速的增长。旅游业中包含了两个概念，旅游产业和旅游经济。前者包括吸引游客，以及他们所带来的直接的消费和服务需求。同时旅游产业的直接需求还带动产业价值链延伸到消费、投资和收入等间接需求领域。所有的这些直接和间接的旅游需求就组成了旅游经济。由旅游产业所带动的间接需求通常会超过旅游产业的直接需求。约翰内斯堡的旅游产业和旅游经济的规模和发展速度都十分可观，同时显示出了巨大的发展潜力，日益成为城市整体经济中的关键要素和优先考虑要素。因此旅游业作为约翰内斯堡未来发展规划的重要一环，得到了与制造业、交通等相同的重视程度。

2. 约翰内斯堡的旅游产业

约翰内斯堡的旅游产业发展的目标是成为具有国际竞争力的支柱产业。这与四方面的因素密切相关。第一是需求，包括本地、周边、国内和国际的旅游需求。第二是资源，包括自然资源、人口、经济、基础设施等。第三是战略运营，包括产业策略、运营管理、竞争与促进等。第四是相关支撑产业，主要是与旅游产业相关的上下游产业。这四方面因素从不同视角和层面阐述了约翰内斯堡旅游产业的发展之道。

二　约翰内斯堡旅游业的竞争力

1. 旅游需求

旅游需求的核心是本地、周边地区、国内和国际的游客需求，以及直接和间接的旅游产品、服务和相关需求。对旅游需求的详细分析需要从游客来源（国家和地区）、旅游目的、旅游活动、旅游消费等几方面着手。南非作为国际旅游业的热点，国际竞争力是其旅游发展的核心。约翰内斯堡近五年内的国际游客来源统计如下（表1至表3）。

表1　约翰内斯堡近五年内的国际游客来源（各大洲）和所占总量的比例

单位：%

国家	非洲	欧洲	北美洲	中东	澳洲	亚洲	印度洋	南美洲	合计
比例	74	17	4	0	1	3	0	1	100

资料来源：*Tourism Strategy*，约翰内斯堡政府网站，http：//www.joburg.org.za/index.php?option = com_ content&task = view&id = 1116&Itemid = 114。

表 2　约翰内斯堡近五年内的非洲游客来源和所占总量的比例

单位：%

国家	莱索托	斯威士兰	博茨瓦纳	津巴布韦	莫桑比克	其他国家	合计
比例	38	18	12	11	10	11	100

资料来源：*Tourism Strategy*，约翰内斯堡政府网站，http：//www. joburg. org. za/index. php? option = com_ content&task = view&id = 1116&Itemid = 114。

表 3　约翰内斯堡近五年内的欧洲游客来源和所占总量的比例

单位：%

国家	英国	德国	法国	荷兰	其他国家	合计
比例	36	19	9	7	29	100

资料来源：*Tourism Strategy*，约翰内斯堡政府网站，http：//www. joburg. org. za/index. php? option = com_ content&task = view&id = 1116&Itemid = 114。

表 1 至表 3 显示，来约翰内斯堡的国外游客中非洲游客占了约 3/4，其次就是来自欧洲的游客。这两部分游客相加，所占比例超过了 90%。非洲游客的绝大部分是来自南非周边国家，如莱索托、斯威士兰、博茨瓦纳等国。而欧洲游客中，大部分来自英国、德国、法国、荷兰等与南非有深厚历史渊源、经济往来的国家。近五年内，约翰内斯堡的国外游客中一些非传统游客国家的游客数量增长迅速，如印度、日本等国的游客。整体而言，来约翰内斯堡的国外游客的大致情况与来南非的外国游客相同，主要区别就是来约翰内斯堡旅游的非洲游客中的大部分不再去南非的其他城市旅游。这反映出约翰内斯堡有别于其他非洲国家的城市风光对非洲国家游客的吸引力。

来南非旅游的国外游客中 42% 的目的是度假，28% 的目的是商务。而来约翰内斯堡的国外游客中 37% 的目的是度假，34% 是商务。来约翰内斯堡的商务游客中 66% 停留至少 2 晚。商务游客的停留时间明显长于度假游客。这显示了约翰内斯堡作为南非乃至非洲的经济中心的地位和吸引力。同时这对约翰内斯堡的旅游产业发展有重要指向意义，如何针对商务客的需求和消费特征来发展旅游业成为关键要素之一。

同时，商务游客与度假游客的消费模式也有明显不同。如商务游客中

55%的是单独出行，16%是与超过2人结伴同行，13%是组团出行。而度假游客中，只有10%是单独出行，42%是结伴出行，27%是组团出行。商务游客的日均消费明显高于度假游客，是约翰内斯堡游客中价值最高的群体。

2. 旅游资源要素

（1）资金

针对大部分旅游企业和机构而言，资金并不是行业发展的主要瓶颈。一项对约翰内斯堡73家主要旅游企业和机构的调查中，只有21家（不到30%）表示资金成本和融资渠道不畅是他们发展的主要限制之一。资金与投资方面的问题主要体现在针对旅游设施的投资，特别是大型的商务设施，如会议中心、展馆等。约翰内斯堡的大型旅游设施普遍盈利状况不佳，这对城市的旅游业发展是一个制约，尤其是以商务游客为主的旅游业。如何加大对旅游设施的投入以及改善其运营状况是促进当地旅游业发展的一项重要议题。

（2）技能

据估计，南非目前从事旅游业的人口达738000人，约占就业总数的7%。约翰内斯堡的旅游从业人数为75000人，占就业总数的9%。64%的中小型旅游企业在聘用有经验的管理人员方面遇到困难，但是只有4%的中小型旅游企业在聘用毫无技能的初级员工方面遇到困难。相比之下，14%的大型旅游企业在聘用有经验的管理人员方面遇到困难，86%的大型旅游企业在聘用毫无技能的初级员工方面遇到困难。这显示了大型旅游企业可能具备相对完善的内部培训机制，所以它们所需要的有经验的管理人员大部分可以从企业内部培训。而中小型旅游企业缺乏这样的培训机制，因此更多情况下只能在劳动力市场上寻找适合自身的管理人员。而大型旅游企业在聘用初级员工方面遇到的难题，显示了约翰内斯堡的劳动力市场的内部差异巨大，以致企业在需要大规模聘用员工时难以得到满足。

（3）交通

约翰内斯堡可以为游客提供的公共交通资源不足。只有10%的游客使用公共交通。这其中的30%的游客表示他们所乘坐的公共交通很一般，12%的游客表示公共交通较差。由于公共交通和出租车的服务不佳，因此约翰内斯堡的游客大量采用租车服务。虽然这样可以促进租车行业的发展，但是低质量的公交体系限制了游客的出行，进而影响了其他旅游相关行业的发展。

（4）住宿

约翰内斯堡的游客住宿大致可以分为正规的宾馆酒店和非正规的家庭旅馆。从20世纪90年代开始，约翰内斯堡的游客住宿场所受益于旅游业的迅速发展，而得到了长足的发展。目前每天有32000个床位可供游客使用，且在此基础上还有充足的发展空间。

（5）商务设施

商务设施对商务游客占关键比重的约翰内斯堡旅游业而言显得至关重要。该市目前有134座商务和会议中心。其中的大多数在一年中举办的商务活动相加约有500场次，占了城市70%的年商务活动。这样的比例恰好满足供求关系的平衡。约翰内斯堡的商务设施与南非其他城市相比的优势在于它的高端综合型设施的数量和规模。约翰内斯堡目前有5座可以容纳2000～5000人的会议中心，2座可以容纳超过5000人的会议中心。同时这些大型设施具备良好的内部技术设施条件、充足的停车条件、便利的可达性和食宿条件。这使该市可以在不需要追加投资新建场馆的条件下，与其他国际城市竞争大型国际活动的举办权。

3. 战略运营

旅游产业的战略运营的核心在于现有的企业的竞争力，行业的集中度，产品和服务的有效性，同时还包括这些要素针对市场变化时的灵活性和盈利能力。首先涉及的是旅馆，它是旅游业的基础。旅馆按功能可以大致区分为2类，传统型旅馆和（功能）有限型旅馆。旅馆的主要盈利来自住宿服务，餐饮、娱乐和商务服务的盈利相对较低。因此一些主要提供住宿服务的有限型旅馆的利润率可以达55%，而传统型旅馆的利润率只能达35%。所以目前有限型旅馆的数量增长迅速。

20 世纪 80 年代约翰内斯堡的旅馆经历了过度增长而带来的恶性竞争，其结果是价格下跌和行业利润下降。因此 20 世纪 90 年代初期旅馆行业的大型成员牵头成立了行业协会，成功地减少了行业内的恶性价格竞争。即便如此，旅馆行业还是一个竞争激烈的行业，尤其是在市场营销、相邻地段、不同类型的旅馆之间，存在着持续的竞争。这也是行业发展的动力所在。竞争促使企业提升服务，控制成本。前者会吸引游客，而后者在某种程度上会影响对游客的吸引力。如何平衡两者之间的关系，对企业而言至关重要。

又如旅游运营，包括行程安排和陪同、餐饮服务、商务服务、娱乐服务、金融服务等。这涉及诸多行业以及相当长的产业链。这个行业以人力资本为主，行业性质决定了行业发展以中小企业为主，竞争无序而且激烈。在市场环境良好时，行业容易繁荣；而当市场供过于求和发展停滞时，许多企业会受制于激烈的竞争而陷入困境。因此行业和企业的战略运营就凸显其重要性。

4. 相关支撑产业

约翰内斯堡的旅游产业目前与整体的休闲旅游经济联系不够密切。旅游产业与服务业中的许多行业以及产业链关联度不大。如大部分游客对商场、影剧院、体育场馆、文化设施等的光顾和消费率都很低，普遍低于 5%。这使得旅游产业对其他行业的带动效应难以发挥。这其中有多方面原因，如公共交通的不便、安全因素等。只有大力推动游客进入这些相关行业，才能充分发挥旅游产业与其他相关产业的协同效应。

三　约翰内斯堡旅游行业细探

1. 商务旅游

约翰内斯堡是南非主要的商务旅游目的地和市场所在。如目前该市的国内商务游客中，36% 是为了一般商务，30% 是为了销售，25% 是为了会议，5% 是为了培训。这与其在非洲和南非的经济地位密切相关。南非超过75%的大型企业的总部在约翰内斯堡，绝大部分在南非的跨国企业的总部也设立在该市。只要约翰内斯堡的经济地位维持不变，它的商务旅游就能够维持繁荣。因此政府需要在经济发展规划中给予总部经济以足够的重视，不仅仅是为了财税方面的考虑，也是为了当地旅游产业发展的考虑。

2. 购物旅游

购物旅游是指以购物消费为主要目的国外游客。约翰内斯堡的购物旅游游客主要来自非洲其他国家，因此他们也被称为"跨边境购物者"。这种现象原先常见于原"华约"国家和西欧国家之间。在美国和墨西哥边境、新加坡和马来西亚之间也常见。通常发生在相邻的经济发展水平不同的国家之间。这些购物旅游者通常携带现金，在约翰内斯堡停留1～2天，完成购物之后返回。一些距离南非较遥远的非洲国家如加纳、尼日利亚和喀麦隆的购物游客会携带工艺品或土特产品进入南非出售，然后用赚到的钱购物回国。这些购物游客已经是一种非正式的贸易行为。他们通常会在南非停留2～3个月或更长时间。而一些购物游客购买大宗商品如汽车、工业品、机械设备和化工品等，这些通常是为公司或企业所用。这样的购物游客实质已是公司采购行为。

传统上这些购物行为会发生在约翰内斯堡的市中心区域。近年由于市中心区域的治安恶化以及周边地区的发展，购物行为已经扩散到一些新区。购物旅游是旅游产业中原先被忽略的部分。而这在约翰内斯堡的旅游产业中，恰是其优势部分和未来发展潜力所在。购物旅游对于带动整体旅游经济，特别是旅游相关行业效果尤其显著。

3. 休闲旅游

约翰内斯堡的旅游业中，国内旅游和休闲旅游仍然占了相当的比重，但是已不再具有很强的竞争力。而来南非休闲度假的国外游客中，平均停留时间为17天，其中在约翰内斯堡的停留时间只有2～3天。考虑到来南非休闲度假的国外游客中47%的目的是自然观光，29%的目的是看野生动物，而约翰内斯堡作为南非的经济中心和最大城市，对以自然景观特色为主要目的国外休闲度假游客当然吸引力不大。因此如何调整约翰内斯堡的旅游产业发展，以适应和吸引休闲度假游客，是今后该市旅游业发展需要考虑的重点之一。

四 约翰内斯堡旅游业对中国的启示

1. 落实基础工作

约翰内斯堡的旅游业发展的一个重要基础就是切实细致的行业分析和研究。从游客来源、停留时间、旅游目的、消费细分（总量、均值、项目等）、交通工具等都做了一一详细的分析，而且把握住了他们之间的关联性。同时对城市自身的旅游资源条件、交通、产品、服务、相关产业、运营战略等都有清楚认识和准确把握。这样为旅游业以及相关产业的发展提供了准确的定位和清晰的发展思路，做到有的放矢。

2. 突出自身优势

南非是世界旅游业的热点。约翰内斯堡作为南非的经济中心和最大城市，如何把握自身优势，即依托于非洲和南非的旅游大市场，同时又突出与其他城市的差异和不同，发挥错位竞争优势，是其旅游业发展的一个关键。如发挥其在非洲的经济地位和现代大都市优势，充分吸引非洲游客的购物旅游，以及国家商务游客的商务与度假相结合的旅游。这些对中国的众多旅游特色城市如何发展旅游业，具有现实借鉴意义。

3. 抓好细分行业

约翰内斯堡的旅游产业发展的一大成功经验就是抓好细分行业。如其具有特色的商务旅游，并充分发挥自身是非洲和南非经济中心的优势，新建了大量不同规模和档次的商务设施和配套设施，结合自身的商务需求和基础，使其成为具备国际竞争力的商务旅游目的地。又如跨境购物旅游，在现有市中心地区之外，培育其他新建地区，培育市场，为吸引购物游客创造和提供条件。政府在制定旅游业策略时，突出重点细分行业，同时着力培育相关产业，注重产业链的发展。

参考文献

Http：//www. jda. org. za/，2014 年 1 月 10 日。

Http：//www. joburg. org. za/index. php? option = com_ content&task = view&id = 1116&Itemid = 114，2014 年 1 月 10 日。

Http：//www. joburg. org. za/index. php? option = com_ content&task = view&id = 4674&Itemid = 329，2014 年 1 月 10 日。

Joburg GDS 2040 Strategy，Johannesburg Municipal Government，2011.

城市生态篇

Urban Ecology

B.18

世界城市的自然灾害潜在风险评估

汤 伟

摘 要: 目前全球自然灾害发生频繁，对城市安全构成巨大威胁。瑞士再信贷发布了《关注风险：对城市遭受自然灾害风险评估的列表》。该报告从潜在受灾人口、以工作日损失计量等经济角度对616个世界主要城市区域的五种自然灾害（地震、暴风雨、风暴潮、海啸、洪水）系数进行了排列。报告发现世界上最容易遭受自然风险侵袭的城市主要位于亚洲，特别是中国大陆地区、中国台湾地区、菲律宾和日本的城市，都存在不同风险的高可能性。且中国应对自然灾害必须关注关键基础设施。

关键词: 自然灾害 城市区域 亚太城市

2014 年 5 月 12 日一场暴雨，把深圳彻底“拍晕”，交通出现“休克”。1 米多深积水、被淹的车辆、受困的司机和异常繁忙的交警使得城市运转出现极大困难，同样的问题还出现在北京。2012 年 7 月 21 日，北京突发暴雨，导致北京受灾面积达 1.6 万平方公里，受灾人口约 190 万人，其中房山区受灾人口为 80 万人，经济损失近百亿元。同年 10 月 29 日桑迪飓风袭击纽约，造成 72 人死亡，经济损失 680 亿美元。仅纽约州就有 48 人死亡，30 万户无家可归，850 万人无法获取电力。纽约证券交易所关闭两天，取消飞行航班高达 12000 次，东海岸 70% 的石油提炼厂和天然气站关闭。深圳、北京、纽约并不在最脆弱的城市之列，也不经常遭受灾害袭击，若类似暴雨、飓风袭击其他城市时，情况可能更为严重。自然灾害对人类的影响随着城市化的推进有逐步上升的趋势。根据联合国的数据，2008 年人类历史上第一次居住于城市的人口多于农村，到 2050 年城市人口将达总人口的 68%，大多数城市都位于沿海区域，常常为洪水、暴风雨、地震和其他自然灾害所威胁。大量案例说明城市活力是经济发展的主要驱动力，然而城市中日益集中的人口、资产和基础设施也意味着一旦遭受自然灾害侵袭必将造成巨大损失。考虑到目前保险对城市自然风险的覆盖率仍然较低尤其基础设施基本无覆盖，更基于信息匮乏和很不完善的数据统计，世界主要城市区域所遭遇的实际风险并无有效评估。根据瑞士再保险的数据，每年自然灾害的损失高达 600 亿 ~1000 亿美元，而一次城市中心的大型灾害就很容易超过上述数据。2011 年日本福岛大地震至少造成 2000 亿 ~3000 亿美元损失，泰国曼谷洪水也打破了历史纪录。瑞士再保险对世界主要城市区域面临的自然灾害风险进行深入分析，进而得出一些有益的启示。

一　城市自然风险影响的受灾人口

瑞士再保险调查了 616 个主要城市区域 5 种全部风险（地震、暴风雨、风暴潮、海啸、洪水）进行调查，进而根据人口数据、城市数据，使用卫星数据为每个城市设计每个风险种类的情景。这 616 个城市区域承载了

25%的世界人口，计 17 亿人，覆盖了 34000 亿美元的生产总值，大约占全球 GDP 的 50%。这些城市区域中地理分布是大概有 334 个城市位于亚太，90 个位于欧洲，83 个位于北美，60 个位于非洲，49 个位于南美洲。这里主要考虑两个指标：被一个或者多个自然灾害袭击的城市人口规模，对地方和国民经济的影响（以工作日损失作为计算单位）。人口指标使用详细的人口分布数据、城市灾害的脆弱性，潜在受灾人口包括伤亡、受伤和撤离三种形式，也包括房屋毁坏和无法正常工作。经济指标，主要评估以经济生产为主要形式的自然灾害损失成本和工作日损失价值，并没有包括次生效应，譬如电力、交通中断。

目前世界上发展最快的城市区域位于中国沿海，譬如珠江三角洲和长江三角洲。除了经常遭受热带风暴和暴风潮的袭击，这些城市所在区域的地质活动也异常活跃，如东京、台北和马尼拉。由此当调查城市自然风险度时，就发现很多风险都位于东亚，特别是中国大陆、中国台湾、菲律宾和日本。从人的生命角度看数据，发现东京－横滨、珠江三角洲、大阪－神户是世界上最危险的都市区域。和其他东亚不断扩展的城市综合体一样，许多城市也沿着湖泊、自然水道进行，坐落在河流冲积平原和三角洲上。由此洪水比其他自然灾害有着更大的威胁。在被调查的 616 个城市区域中，洪水威胁着 3.79 亿居民，远多于受到地震影响的 2.83 亿居民和受到强风影响的 1.57 亿居民。相比之下，海上暴风潮潜在影响到大约 3300 万城市居民，而海啸潜在影响面为 1200 万人口。不同的地理区域风险也有所不同，譬如在河流洪灾方面，珠江三角洲以大约 1200 万居民位列第 1，上海为 1170 万人，加尔各答为 1050 万人位列第 2 和第 3，而欧洲城市潜在受灾人口数量排在 20 位以外。

很多人尤其是生活在火环（围绕着太平洋的高度活跃的地质和火山活动）区域周围的人受到更大的潜在的地震威胁。除了临近海洋，许多人定居的盆地其土壤非常松软，使得地震造成的摇晃强度有所提升。一些地区的地震还常常导致土壤液态化，土壤压缩。日本东京－横滨地区的 3000 万人口是最可能遭受地震袭击的地区。其次是雅加达地区的 1770 万人口和马尼拉的 1680 万人口，洛杉矶的 1470 万人口和大阪－神户的 1460 万人口。圣安德烈亚斯断裂带地区的旧金山和洛杉矶意识到了自身所面临的风险，然而中亚和北安那托利亚断裂带经常遭受人们的忽视。例如，伊朗首都德黑兰的1360万人口或者乌兹比克斯坦的塔什干的290万人口都容易遭受地震袭击，不像新西兰和澳大利亚的城市，以及南北美和非洲大部分地区的都市区域相对安全。

暴风威胁沿海地带的大部分地区。在东亚、西太平洋盆地热带风暴非常活跃，且许多人生活在规模日益扩张和密度日益增大的位于沿海地带城市区域。那些遭受严重暴风威胁的城市区域都位于东亚，如珠江三角洲（1720万人），东京－横滨（1410万人）和马尼拉（1410万人）。印度城市，如孟买（430万）和金奈分别列第8位、第9位。非亚洲区域中，伦敦遭受冬季暴风的潜在受灾人口最多，达220万人，位列第18，迈阿密（140万人）位列第23。与冬季暴风相反，热带暴风一旦落地就丧失了摧毁潜力，由此它们在地理上的扩展也极其有限。在西欧和中欧，都市区域被冬季风暴所左右。它们的风速可以低于热带暴风，但即使进入内陆仍然具有相当的摧毁能力。当对欧洲的冬季风暴进行查看时，伦敦（2200万人）、巴黎（1100万人）、德国的莱茵地区（1000万人），以及阿姆斯特丹－鹿特丹被认为危险性最高的四块地区。

暴风潮被认为与强风高度相关。那些居住在沿海地带的人常被认为容易遭受强风袭击。当强风袭击该地区时东亚的风险系数最高。珠江三角洲（530万人），大阪－横滨（300万人）以及孟买（260万人）位列最危险行列。荷兰的阿姆斯特丹－鹿特丹也被认为风险较高，潜在受影响人口高达1800万，这主要是由于大部分区域都位于沿海海平面之下。但是荷兰防风暴潮护栏做得非常好，灾难性损失显著小于潜在损失。在美国，纽约是受到暴风潮影响最危险的城市，潜在影响人口高达百万。

海啸方面，存在海啸危险性的城市几乎都是日本的城市，主要由于这些城市都处在活跃的西太平洋断裂带。东京－横滨、名古屋都有240万人有可能受到海啸侵袭。大阪－神户的180万人、汕头的70万人、加尔各答的60万人共同处于灾害的最前沿。位于地壳下面的大洋盆地的缓冲带很有可能产生比圣安德烈亚斯更大的海啸。基于该理由，加利福尼亚海岸带被列为最大的中等风险地带。海啸甚至可以辗转很远的距离，影响很远的海岸。由此一些位于中等风险、低风险的区域被认为可能遭受毁坏性影响（见表1）。

表1　五种灾害潜在的风险排列

序号	城市及地区	序号	城市及地区	序号	城市及地区
1	东京 - 横滨	5	雅加达	9	洛杉矶
2	马尼拉	6	名古屋	10	德黑兰
3	珠江三角洲	7	加尔各答		
4	大阪 - 横滨	8	上海		

二　城市自然风险造成的经济损失

自然灾害不仅仅影响人口，还扰乱受灾城市区域的经济，某些案例中受灾区域还有可能是整个国家。瑞士再保险使用工作日损失数来评估地震、暴风雨和洪水的经济效应，从全球和地区视角观察，可以使用工作日的标准化的绝对值。以绝对值计算，高收入的大都市区域位居前列，如东京 - 横滨，洛杉矶显然要高于雅加达、伊斯坦布尔，即使受灾人数大致相同。但如果从地方视角，或者从生产率损失即 GDP/整个国家的角度看待，就不难发现整个图景发生改变。有着一个或者数个城市中心的小国可能位居前列，因为这些城市中心在整个国民经济中正在扮演核心角色。如哥斯达黎加的圣何塞、秘鲁的利马。对这些地方进行排名将明确说明灾害如何影响整个国家的韧性。

地震将影响城市的几乎所有居民。考虑到经济发展水平，影响发达国家可能高于新兴市场。东京 - 横滨有着 3700 万人口，80% 即 2900 多万人口可能受到大地震的冲击。在 616 个城市区域中工作日损失值最高，由此设定值为 1。然而日本有着其他的城市中心支撑着整个国民经济，因此类似幅度的地震对国民经济的影响显然要小于哥斯达黎加首都。哥斯达黎加首都圣何塞目前大约有 220 万人，占据了总人口的绝大多数，其绝大多数暴露于地震风险。如果其遭受地震袭击足以使整个国家经济陷入绝境，由此这儿将圣何塞赋予 1 值。并可从这里得到非常有趣的结论。小型的城市区域比大区域更容易受到广泛的影响（譬如利马就比雅加达高），更多的受灾人口并不意味着从生产测算角度来看有更高的全球排名。譬如洛杉矶和旧金山被认为有着高风险的地震可能性，但从国民经济角度来看比马尼拉和利马要低。最后，生产损失存在巨大差异。譬如说，地震对亚美尼亚的埃里温和东京 - 横滨的影响差不多，但是东京的绝对值是埃里温的大约 300 倍。

大都市区域的洪水排名显著不同于地震。超越 50% 的都市中心大多数位于中国华东地区。也有许多城市很容易遭受洪水袭击却不为人所知，譬如墨西哥城、巴格达、巴黎和多哈。数据也显示曼谷非常容易遭受洪水袭击而其在整个国民经济有着广泛显著影响，这一论断也被 2011 年湄南河这一历史从未有过的大洪水所证实。这次损失大概占据了 GDP 的 10%，也彰显了泰国政府及时采取防洪措施的必要性。

暴风雨，很少有城市区域遭受暴风雨的损失大于地震和洪水，而由于风速而遭受损失的城市及相关地区主要坐落在亚洲的海岸，譬如东京 - 横滨、马尼拉、台北和珠江三角洲。数据也显示只有三个城市位于亚洲之外，古巴的哈瓦那、海地的太子港和多米尼加共和国的圣多明各。这三个加勒比城市在小岛经济体中扮演了核心角色。令人惊讶的是，大的美国城市譬如纽约、迈阿密面临的暴风雨和飓风风险都没有位列前十，分别列第 23 位和第 45 位。

三　世界主要城市区域总体自然灾害风险排名

实际上，大多数世界城市区域还可能面临一种以上自然灾害风险，另外一些城市区域甚至同时遭受几种灾害风险。2011 年福岛大地震引发了海啸、洪水。2012 年桑迪飓风同样带来了洪水，淹没了纽约城的绝大部分区域。不同的自然灾害显然有着不同的物理特性和可能性。举例来说，一次主要的大地震和台风同时发生的可能性极低，然而，为了建立全球统一的风险参数有必要对总体风险进行分析。这样做的目的是将每座城市的 5 种风险进行汇总。相应的，以工作日计算的经济损失也达到了5。

因为不同的风险而遭受威胁的城市居民很有可能在生命当中遇到不仅一次危险。由此，据数据来看，这里受灾人口将不止被计算一次。因为潜在的自然风险很有可能超越人口的真正规模。越多的城市居民越可能要应对越多的自然灾害。表2列出了5种风险的加总排列，包括受到影响的总人口，以工作日计量的经济损失，国民经济。在狭小、人口密集的都市区域，地震和风暴可能影响到整个区域的人口，尽管比其他自然灾害更为普及，洪水只会影响到都市区域中很小的一部分，暴风潮和海啸只会影响到生活在海岸带的地方。

表2 受到自然灾害潜在威胁的城市区域的排名

单位：万人

都市区域	排列：潜在受灾人口（5种风险）	都市区域	排列：以工作日损失计量的价值（全球指数，5种风险加总）	都市区域	排列：以工作日损失在整个国民经济比重中的价值（全球指数，5种风险加总）
东京－横滨（日本）	5710	东京－横滨（日本）	4.50	马尼拉（菲律宾）	1.95
马尼拉（菲律宾）	3460	大阪－神户（日本）	2.71	阿姆斯特丹－鹿特丹（荷兰）	1.31
珠江三角洲（中国大陆）	3450	名古屋（日本）	2.69	东京－横滨（日本）	1.29
大阪－神户（日本）	3210	珠江三角洲（中国大陆）	1.78	圣何塞（哥斯达黎加）	1.26
雅加达（印尼）	2770	阿姆斯特丹－鹿特丹（荷兰）	0.96	瓜亚基尔（厄瓜多尔）	1.20
名古屋（日本）	2290	洛杉矶（美国）	0.93	台北（中国台湾）	1.02
加尔各答（印度）	1790	纽约－纽瓦克（美国）	0.62	恩贾梅纳（乍得）	1.00
上海（中国大陆）	1670	旧金山（美国）	0.47	名古屋（日本）	0.97
洛杉矶（美国）	1640	巴黎（法国）	0.46	台南－高雄（中国台湾）	0.90
德黑兰（伊朗）	1560	台北（中国台湾）	0.39	利马（秘鲁）	0.90

以上排名不难发现，世界上最容易遭受自然风险侵袭的地区主要位于亚洲，特别是中国大陆、中国台湾、菲律宾和日本，无论是从潜在受灾人口还是经济产出角度来看。东京－横滨、大阪－神户、名古屋、中国大陆的珠江三角洲，中国台湾的台中、台北、台南－高雄，以及菲律宾的马尼拉都存在不同风险的高可能性，这无疑加大了该区域的危险性。当然涉及城市区域在整个国民经济具有相对重要性时，譬如涉及阿姆斯特丹－鹿特丹、圣何塞、利马、瓜亚基尔时自然风险对整个国民经济的影响也会持续上升。

四　中国城市应对自然灾害的整体对策

亚太有着许多大型、经济活跃的城市区域。与其他城市区域相比，亚太城市经常处于自然灾害中，最常见的主要为北半球的地震、台风、洪水。尽管澳大利亚、新西兰也经常遭受自然灾害的侵袭，但是他们的城市规模都较小，自身在国民经济中的作用也不明显，因此自然灾害对这些国家经济的影响并不大。尽管一些国家在世界经济可能只是扮演次要角色，然而国民经济显著依赖中心城市，由此自然灾害对这些城市的侵袭便成为对这些国家的威胁。譬如塔吉克斯坦的比什凯克、哈萨克斯坦的阿拉木图、亚美尼亚的埃里温等。

根据瑞士信贷再保险的数据，中国是自然风险系数异常高的国家之一。根据民盟中央的调研数据，我国七成以上的大城市、50%以上的人口和75%以上的工农业产值，都分布在气象、海洋、洪水、地震等各类灾害之中，而突发流行疾病、饮用水源污染、有毒有害物质、停水停电、交通通信中断等发生的灾祸更是不断。灾害的频率在增加，城市也很可能再次遭遇极端事件，多重灾害或者危险极有可能同时发生，很容易相互强化进而扩大整体效应。由此如何预防、应对自然风险变得异常关键。

应对自然风险或者灾害显然不仅仅是抗震、防洪的技术问题，还是一个复杂的系统问题，需要在各个科学共同认识基础上提高各项技术进步的有效性，并拓展到社会管理领域。此外，政府还应通过减灾、防灾、回应和恢复四个相互关联的行动，来履行自己的应急管理责任。采用系统的方法，将每个行动作为综合过程中的一个阶段，每个阶段都建立在完成前一个阶段的基础之上。整个目标就是将区域内灾害事件所造成的损失最小化。城市的巨型化、基础设施的大量建造以及高度智能化趋势，使得对维持城市运转的复杂基础设施体系的高度依赖。管理高度复杂的基础设施需要高水平的技术队伍，任何疏漏和设计上的瑕疵都可能造成高负荷运转时的系统崩溃，从而引起巨大的灾害。这就要求对关键基础设施进行保护，譬如道路、桥梁、电信、主干道、医院、清洁水的有效持续供应等。

参考文献

Swiss Re, "Mind the Risk, a Global Ranking of Cities Under Threat from Natural Disasters".

Jörn Birkmann, "Assessing Vulnerability Before, During and After a Natural Disaster in Fragile Regions", United Nations University UNU-Wider World Institute for Development Economic Research, Research Paper No. 2008/50, Helsinki, Finland.

Charles Cohen and Eric D. Werker, "The Political Economy of Natural Disasters", *Journal of Conflict Resolution*, Vol. 52, 2008, pp. 814 – 815.

Travis Nelson, "When Disaster Strikes: on the Relationship between Natural Disaster and Interstate Conflict", *Global Change*, *Peace & Security*, Vol. 2, 2010, pp. 155 – 174.

UNISDR, *Annual Report 2011*, *UNISR Secretariat Work Program*, June 2012.

B.19

城市的气候经济角色

苏 宁

摘　要： 本文以全球经济与气候委员会发布的《更好的气候、更好的增长：新气候经济》研究报告为基础，探讨城市经济在气候变化当中的角色与发展路径。文中重点分析了不同类型城市在全球发展与碳排放问题上的责任与角色，提出城市在紧凑、互联、协调原则下，利用各国战略规划与监管、价格机制、金融机制、治理体制等手段，实现城市可持续发展的方向和主要路径。

关键词： 城市　经济　可持续发展

2014 年 9 月，全球经济与气候委员会发布《更好的气候、更好的增长：新气候经济》（*Better Growth*，*Better Climate*：*The New Climate Economy*）研究报告，① 对全球经济的发展与气候变化之间的关系进行了详细的分析，并提出全球未来对经济发展与气候变化同时产生巨大影响的三大领域，即城市系统、土地使用系统、能源使用系统。报告特别对城市在气候经济（Climate Economy）的角色和作用进行了深入的阐述。

一　各类型城市在全球增长与碳排放中的角色

城市作为国家与全球增长的引擎，为全球经济贡献 80% 的份额。150 个

① 本文主要基于全球经济与气候委员会发布《更好的气候、更好的增长：新气候经济》（*Better Growth*，*Better Climate*：*The New Climate Economy*）研究报告的介评，并进行了有关中国启示的研究分析，特此致谢。

全球最大都市区经济以 14% 的人口创造出 41% 的全球 GDP。同时，城市也是全球能源的主要需求者，并成为温室气体排放的重要来源。根据国际能源署（IEA）的数据，城市的能源消耗和温室气体排放占全球总额的 70% 左右。新兴经济体城市的排放已经接近发达国家城市。例如，北京、上海与天津等中国城市的人均排放量已经接近北美与欧洲的大城市。①

全球经济与气候委员会运用全球大城市的数据，划分出当前至 2030 年对全球经济与气候具有重大影响力的三类城市。其划分标准主要基于城市人口、收入水平与增长水平。研究表明，选取的 468 个城市在 2012 ~ 2030 年对全球收入增长的贡献将超过 60%。2030 年，上述城市的 GDP 总额将占全球 60%，其能源相关的排放将占 45%。这三类城市分别为：新兴城市（Emerging Cities）、全球巨型城市（Global Megacities）、成熟城市（Mature Cities）。

新兴城市包括 291 个快速发展的中等收入水平、中等规模的城市。这些城市位于中国、印度以及其他新兴经济体中，其人口规模在 100 万 ~ 1000 万，人均收入在 2000 ~ 20000 美元。在未来 20 年中，这些城市将为全球收入增长贡献 1/4 的份额，并产生超过 1/3 的全球能源性排放。由于快速变化的前景，这些城市在未来 20 年中的作为，将对避免陷入高碳排放性质城市基础设施的困境提供最为重要的中、短期机遇。

全球巨型城市包括 33 个人口超过 1000 万，人均收入超过 2000 美元的文化中心城市。这一群体包括伦敦、北京、东京等首都城市。虽然其群体数量相对较小，但到 2030 年将贡献近 15% 的全球收入增长额，占到全球排放增长的 1/10。这主要源于这些城市未来经济与人口变化而带来的多样性特质。部分此类城市将表现出经济增长与排放增长脱钩的局面。全球巨型城市如何在控制排放增长的前提下，继续吸引人才与资本，将成为值得重点关注的议题。

---

① The Global Commission on the Economy and Climate, *Better Growth, Better Climate: The New Climate Economy*, 2014 - 9.

成熟城市主要指144个位于高收入国家、人均收入超过20000美元的城市，这些城市经济繁荣、设施完备，且规模适中，其典型代表为斯图加特、斯德哥尔摩、广岛等。成熟城市往往是区域经济网络的重要节点，其未来20年对全球收入增长的贡献度将达20%，人均排放量则居于三类城市之首，到2030年人均二氧化碳排放量将达12吨。此类城市未来的排放增长将有望相对趋缓，部分城市将逐步表现出经济增长与排放增长脱钩的趋势。

二　城市无序增长引致的风险

目前，全球范围城市的发展仍处于缺乏管理的状况，无规划的城市扩张与传统型车辆发展模式将带来巨大的潜在风险。这种传统性城市化路径带来的经济与社会风险主要表现在以下几个方面。

1. 巨大的投资需求带来资金缺口以及城市基础设施与服务的短缺

经合组织（OECD）与国际能源署（IEA）预测，在未来15年中，城市的交通、建筑能源、通信、水务基础设计方面的投资需求将有50万亿美元之巨。城市的蔓延将显著减少公共交通等城市基础设施及服务的投资资源。以印度为例，该国未来20年中城市基础设施投资的缺口将达8270亿美元，这些缺口的2/3用于城市道路与交通支持体系建设。根据全球经济与气候委员会测算，美国的城市蔓延每年带来的成本达4000亿美元，这些成本主要源自更高的基础设施、公共服务以及交通成本。

2. 交通拥堵带来的金融与福利成本

布宜诺斯艾利斯由于拥堵带来的损失已接近GDP的3.4%，墨西哥城的损失为2.6%。即便在密度更高的欧盟，拥堵每年带来的GDP损失也达1%。

3. 空气污染带来的经济与社会成本与日俱增

到2050年，城市空气污染将成为成年人死亡的最大环境因素。北京由于车辆交通带来的总体社会成本将近GDP的7.5%~15%，主要包括空气污染与拥堵等问题。经合组织的研究认为，OECD国家、中国与印度的道路交通带来的健康等社会成本年均达3.5万亿美元。

4. 对低效率能源消耗的路径依赖

一项对全球50座城市的研究表明，近60%的能源消耗增长与城市蔓延直接相关，其增长幅度高于GDP与人口的增长。①

5. 社会包容性下降

城市蔓延与车辆使用的共同效应对贫民窟与封闭性社区的发展有重要关联，从而使城市的社会隔离状况加剧。

6. 其他经济与社会问题

主要包括道路安全、社区分割、健康问题引起的人群活动能力下降、生态系统水平下降以及粮食安全隐患等带来的社会成本。仅发展中国家城市的道路交通事故就带来约合GDP总量2%的损失。

三 "3C"模式的城市发展路径

全球经济与气候委员会提出，为推动新一轮可持续、长时段的城市发展效率提升，城市需要转向以紧凑（Compact）、互联（Connected）、协调（Coordinated）为核心的"3C"发展模式。

1. "3C"发展模式的核心

（1）紧凑性城市增长

这一增长方式主要指通过鼓励更高密度、相邻开发等形式控制城市的扩展，同时推进功能性与社会性混合型社区建设，以及步行导向、以人为尺度的地方城市环境建设促进城市的紧凑发展。更高密度的发展依托于绿色公共空间，以保持环境的宜居性。在快速发展的城市区域，通过有规划的居住人口分布以及基础设施布局促进城市发展的紧凑性。紧凑城市增长也可通过对棕色地带的再开发实现。

① Bourdic, L., Salat, S. and Nowacki, C., "2012. Assessing cities: a new system of cross-scale spatial indicators," *Building Research & Information*. 40（5）. 592 – 605.

（2）互联性基础设施

对创新性城市基础设施与技术的投资，是实现城市可持续发展的重要环节。互联性基础设施建设的焦点在于通过更为智能的交通体系，以获取更为紧凑城市格局带来的经济收益。此类智能交通体系将连接就业、居住、商业以及混合功能城市空间集群。该体系包括快速公交（BRT）、自行车“高速公路”、汽车与自行车共享体系、智能交通信息系统、电动车－可再生能源网络体系。

（3）协调性治理体系

建构协调性的治理体系主要指由城市中有效率、负责任的机构支持推进，形成协调公共、私人部门以及社会群体共同参与的规划与推进举措，其指向领域包括土地使用与交通等重点问题。城市中现有组织针对相关政策的协调，对城市问题的治理具有重要的积极作用，其涵盖的问题包含从空气污染防治到控制城市蔓延等多个层次。

2. 三类城市的不同选择

“3C”发展模式对于各类城市的可持续发展都具有重要的意义，但不同类型城市的策略选择确有较大差异。

（1）新兴城市

对新兴城市以及诸多小型城市等区域而言，城市的空间拓展必不可少。这种情况也为这些城市带来独特的机遇以控制城市的增长。这需要这些城市从发展之初起就将紧凑性城市属性及智能城市基础设施内化到发展的路径之中。由于新兴城市的大量基础设施仍在规划建设中，其城市形态尚未锁定，此类城市能够成为紧凑、互联发展模式的主要引领者。

（2）全球巨型城市

保持及提高对人才和资本的吸引力是全球巨型城市进一步提升的关键环节。上述目标的达成有赖于此类城市的活力型城市核心以及世界级交通体系的支撑。周边区域的交通导向开发将有助于市中心区、社区以及传统工业区域的再开发。道路空间与停车区域应得到重新布局，以促成更高层面的多样化交通混合布局以及非交通性使用。诸多巨型城市都拥有一个核心区以及多个枢纽区，这使得此类城市能够形成一种双轨战略，及在城市核心区与多枢纽区之间建立与提升链接度。

（3）成熟城市

悉尼与约翰内斯堡等成熟城市已经进入城市蔓延的格局中。依托公共交通，聚焦较高密度城市街区的再开发，将有助于形成紧凑性城市的发展趋势，同时也能够构建更有效率和有机的城市网络，促进城市经济的多样性。上述目标可通过城市核心区棕色区域的复兴和再开发加以实现。

四　推动城市气候经济发展的主要领域

全球经济与气候委员会提出，为了抓住城市走向紧凑、互联、协调道路过程中产生的红利，相关决策方应将关注点聚焦于规划制度、价格机制、金融体系以及责任制度这四个相互关联的领域中。

1. 战略规划与监管制度改革

国家与城市层面的空间与基础设施规划都亟待完善。根据世界银行的分析，全球 150 个最大城市中，只有 20% 的城市进行过低碳规划的需求分析。许多全球城市化发展最为迅速的国家仍未从国家层面对城市扩展与经济、社会、环境目标之间的关系调整设立规划。

国家与城市层面的规划体系改革，应与监管体系改革同步进行推进。这些改革包括，从最大密度标准规范转向最小密度标准取向，从最小停车需求计划向最大停车需求标准转化。此类改革还包括，对开发商引入混合功能规范与密度奖励，以使围绕公共交通节点的高密度、混合功能空间集群得以形成。例如，丹麦关于“车站临近原则”的规划法案要求，1500 平方米以上的新建办公空间必须位于轨道站点 600 米以内。这一要求提升了哥本哈根的城市发展效率以及紧凑布局。

2. 补贴制度改革与新价格机制

补贴制度改革与新型价格机制有助于减少，甚至逆转对无节制城市扩展以及传统用车模式的不当刺激。此类改革不仅有助于减少负外部性，而且能够增加国家与城市层面的财政收入，并为城市的可持续基础设施建设提供再投资的资金支持。在这一方面，有三类工具的重要性不容忽视：燃油补贴、拥堵费以及土地开发税。

在很多国家，燃油补贴以及其他价格政策助推了城市蔓延，与其他国家政策直接抵触。这些政策包括空气污染与拥堵管控，以及宏观经济政策管理。交通燃油与驾车出行的定价偏低使许多城市区域的车辆使用水平居高不下。对美国城市的研究表明，燃油价格上升 10% 将减少城市边缘区域 10% 的高峰通勤量。

拥堵费与停车费有助于使通勤者转而选择公共交通。斯德哥尔摩的拥堵费体系将交通延误减少了 1/3，交通需求减少了 1/5，并为财政增加了每年 9000 万美元的收入。对巴黎的研究表明，拥堵费将使大都市区半径缩小 34%，平均出行距离减少 15%。对街头停车以市场价格收费，将减少停车需求，并增加更高使用价值的城市空间。

土地与开发税由城市政府控制，其作用得到了 OECD 和国际货币基金组织（IMF）的关注。财产税是许多城市最大规模的税收来源，其延伸税种包括土地税等。为促进城市的紧凑发展，可对城市土地价值以较高税率征收土地税，而对建筑及修缮更新价值征收较低，甚至是零税率。这种选择性的税收体制有助于提升资本 - 土地比例，即提升开发的强度，提高效率与产权收益。此类税收制度在新加坡、日本、韩国等国家，以及南非、美国、加拿大的部分地区得到成功应用。开发税作为对城市区划以外的新开发项目外部性最直接的衡量手段，有助于帮助抑制相对低成本的城市蔓延。

3. 金融机制

大量经验表明，城市需要更为顺畅的金融通道，以应用新技术，促进城市基础设施的智能化。作为首要的原则，国家、区域与城市层面的资金应从传统城市基础设施开发领域转向新的领域。这种调整有助于显著减少投资缺口，将资金应用于公共交通基础设施等领域，这对于那些预算有限的国家而言尤为重要。以中国为例，2012 年，全国范围对高速公路建设进行了近 2000 亿美元的投资。2011 ~ 2015 年的“十二五”期间，1 万亿美元规模的资金将投入城市公共设施建设。投资的转向对于城市交通基础设施的效率提升具有重要的意义。例如，在资金从城市高速公路项目转向之后，波哥大的BRT系统得到了上述资金的支持。

提高城市金融能力的还包括预算控制、提升信用度、土地价值评估、市政债券等举措。其中，提高城市信用等级是提高城市金融水平的重要举措。根据世界银行的研究，发展中国家500个最大城市中只有4%在国际金融市场中有信用等级。根据测算，为提升城市信用等级投入1美元，将能够为智能基础设施建设带来超过100美元的私人资本金融资源。

高等级的信用评级能够为低碳、气候修复基础建设提供金融资源。秘鲁的利马市在这一方面提供了成功的范例。该市与“公立私营基础设施咨询部门”等诸多国际机构合作，以获得信用等级。通过较高的信用等级，该市成功地为其BRT计划筹集到了资金。

4. 建立高效与负责任的制度体系

城市需要建立具备高效率，担负责任的制度，以整合决策与政策干预作用，为城市基础设施发展与空间规划提供保障。制度性力量对于中小规模的发展中国家城市而言格外重要。针对更加紧凑、互联的城市发展模式，城市的制度基础需要进一步加强，其中城市治理中的五个领域需要得到重视。

（1）整合交通与土地使用管理部门

许多城市区域包含多层级的管理部门，为在大都市层面整合政策性项目，许多国家选择设立了专业化的大都市层级管理部门，如伦敦交通署等。而另一选择则是建立复合功能的交通与土地使用部门。巴西库里蒂巴市在这一领域进行了探索，该市建立了“城市规划研究所”。该研究所的重要功能在于依托城市成功的BRT体系，推进混合功能开发以及高容量公交线路。

（2）以制度框架协调土地使用与交通规划

碎片化的治理状态，国家与地方政策框架在城市规划与交通方面缺乏协调，上述种种问题在许多国家中屡见不鲜。在城市的部门之间，以及城市、区域、国家政策框架之间建立协调关系是实现有效的土地利用与交通规划的基础。以印度为例，该国近期制定了“国家城市交通政策”，将交通与土地利用规划整合为一个战略性目标体系。中央政府为交通与土地利用规划的整合提供一半的资金。

（3）信息通信技术与“e－治理”系统

在过往的经验中，缺乏透明度和责任制度导致了许多城市产业与居住功能用地的无序开发及相互制约。未来，对更先进的信息通信技术系统的应用，以及以此为基础的“e－治理”（e-governance）体系更能够有效地提升城市规划、财税征收及政府行动的透明性和责任性。对需求方而言，上述系统能够使民众获得对市政服务质量的反馈权利，并增加民众参与土地使用规划的积极性。印度城市政府已经开始使用地理信息系统（GIS），以设定空间规划战略，并确保更有效的财税征收。

（4）完善市政数据与财政信息架构

对城市推进基础设施与新技术的资金支持的目标而言，基于共同标准，建立一套清晰、连贯以及一体化的宏观经济财政体系至关重要。这一体系将有助于私人金融主体能够评估相关项目的信用状况以及市政属性，进而确定投资的效果。同时，城市当局应运用信息通信技术及社交媒体技术，对城市层面的经济、社会与环境数据进行收集与运用，甚至使用实时数据以改善市政服务的效率。城市区域的温室气体排放数据应特别得到关注。

（5）城市环保公－私伙伴关系的塑造

诸多城市管理部门未能形成足够的能力，以分析及建构有效的公－私伙伴关系（Public-private Partnership）。这一关系对城市规划、设计、金融及大型基础设施的建设而言必不可少。新型的对私人部门关系模式将有助于城市形成这一能力。其典型案例包括美国和加拿大的“2030城区模式”（2030 District Model）。该模式是一种城市的公－私伙伴关系体系，通过汇集业主、政府、社区利益相关方等多方主体互动，以确保城区的能源、水务以及交通等领域的减排以及环境修复目标。目前在美国的六个城市中已经建立了这一类型的城区，这些城市包括西雅图、丹佛、洛杉矶、匹兹堡、圣安东尼奥、克利夫兰。另有12个城市正在推进相关的城区建设。

五　城市气候经济体系对中国环保城市建设的启示

1. 划分不同层级城市的节能减排责任至关重要

全球经济与气候委员会的报告根据在气候变化中的角色和地位，对城市进行了类型划分，形成了以新兴城市、全球巨型城市、成熟城市为核心的三大类城市群体。对不同类型的城市，委员会界定了其自身的特征与责任，并提出不同的策略，特别强调各类型城市在经济增长与排放量增长脱钩方面的不同前景。这种根据城市类型和发展阶段确定节能减排责任，设定差异化气候经济模式路径的思路值得借鉴。中国对城市减排的责任划分更多仅从排放量、产业结构等技术性标准进行考量，缺乏对不同区域、不同类型、不同发展阶段的城市进行具体而有区别的政策设计，往往带来环保标准一刀切的缺陷，导致减排目标和城市发展目标的不匹配。在这一方面，全球经济与气候委员会的思路可供参考。

2. 应高度关注城市环境问题带来的经济成本

环境问题对城市经济发展带来的成本问题，已成为全球关注的重要问题。全球经济与气候委员会报告中，明确分析了城市交通拥堵带来的金融与福利成本、空气污染带来的经济与社会成本等损失，且均提出相关成本占GDP的比例。这种从经济视角分析城市蔓延、环境问题的负面影响，对新兴经济体的城市发展而言，十分重要。中国对城市环境问题的关注，更多从环保等环境领域的技术层面出发，将空气污染、城市蔓延等问题视为经济发展的副产品和必然产物。事实上，将环境问题带来的经济成本列入城市经济发展的规划视角，有助于从根本上确立城市可持续发展的基点。

3. 经济机制对于城市环境问题的调整作用不容忽视

国际城市在对城市环境的治理上，十分重视价格机制、金融机制、补贴制度等经济机制对环境的影响力。相关城市通过对燃油补贴、拥堵费以及土地开发税的调整，以经济手段引导城市行为主体实施低碳环保行动。同时，相关城市在预算控制、提升信用度、土地价值评估、市政债券等领域的积极推进，也有助于环境基础设施的改善及发展模式的调整。中国城市的环保发展，往往以行政性的约束指标形式线性推进，在缺乏经济激励的情况下，实施效果往往不如人意。借鉴国际经验，通过价格杠杆、信用体系、税收监管等经济机制促进城市的可持续发展，可在城市的环境建设与经济发展方面形成有机的互动。

参考文献

The Global Commission on the Economy and Climate, *Better Growth*, *Better Climate*: *The New Climate Economy*, 2014 - 9.

United Nations Department of Economic and Social Affair, *World Urbanization Prospects*, *the 2014 revision*. 2014.

The World Bank. *Cities and climate change*: *An urgent agenda*. *Urban Development Series Knowledge Papers*, No. 10. The World Bank, Washington DC. December 2010

Sugar, L., Kennedy, C. and Leman, E., Greenhouse Gas Emissions from Chinese Cities. *Journal of Industrial Ecology*, 2012., 16 (4). 552 - 63.

Karlenzig, W., *The Death of Sprawl*: *Designing Urban Resilience for the Twenty-First-Century Resource and Climate Crises*. *The Post Carbon Reader Series*: *Cities*, *Towns*, *and Suburbs*. The Post Carbon Institute, Santa Rosa, California, 2010.

Organisation for Economic Co-operation and Development, *The Cost of Air Pollution*: *Health Impacts of Road Transport*, 2014.

B.20

纽约以数字化推动绿色城市2.0

苏 宁

摘　要： 绿色发展已成为国际大都市面对的共同课题。纽约在面向2025的可持续远景规划中，提出“绿色2.0”的创新性理念。本文主要分析纽约“绿色2.0”的内涵、推动措施、主要问题，以及发展方向。文中表明，“绿色2.0”经济的内涵聚焦环保、能源技术与数字科技的整合，其产业发展面对商业化领域的3大挑战，未来在商业孵化、市场、行业引导、外部营销方面仍有推动潜力。

关键词： 纽约　绿色2.0　可持续发展

在环境资源约束不断凸显的背景下，绿色发展成为国际大都市关注的重要方向。纽约市经济发展署在《绿色纽约市2025》（*Green NYC 2025*）可持续发展远景规划推进中，创新性地提出“绿色2.0”（Green2.0）的概念。[①] 这一概念由近80名企业高管与技术专家共同酝酿形成，旨在推进数字技术与环保科技的融合，从而极大地提升纽约市的绿色产业集群的发展能级。[②]

---

① 本文主要基于纽约市经济发展署《绿色纽约市2025》（*Green NYC 2025*）发展战略报告的介评，并进行了中国启示的研究分析，特此致谢。

② NYCEDC，*Green NYC 2025*：*Opportunities in Cleantech's Digital Evolution*，October 2013.

一　城市“绿色2.0”理念的内涵与需求

作为全球城市，纽约市的绿色产业发展具有较高水平，不仅主导地方性市场，而且在全球绿色产业领域中也扮演重要的供应者角色。当前纽约对绿色与清洁产业的投资更多带有资本密集、政府补贴，以及制造业“重型”技术的特征。随着第一代清洁技术装备与数字技术的快速发展及商业化运用，绿色产业向“轻资本密集”、数字化推进的转变趋势正在显露端倪。这一变化趋势将很快与纽约市现有产业及优势要素相结合，形成一个新兴的产业发展领域。

纽约市经济发展署将这一最新技术演进趋势定义为“绿色2.0”，其核心在于以数字工具与商业模式应对环境、能源与资源约束。其应用层面表现为：运用数据方法优化能源使用效率，促进被称为“清洁网络”的社会网络促进资源共享，通过上述方法提升可再生能源的使用者参与，进而加快可再生资源的使用范围。

“绿色2.0”的推动力量，在于利用数字与信息技术提升现有清洁技术的应用水平。以光伏产业为例，一方面，光伏板的制造成本在过去十年中已经显著下降，其价格竞争力甚至已经接近化石能源；另一方面，与金融、销售、许可与安装等相关的“软成本”已成为影响光伏整体销售的主要部分。同样，在考虑电动汽车对建筑能源的应用方面，软件成为降低成本的关键环节。而扩大网络与数据云平台的规模，将为上述应用的推广提供坚实的基础。

由“云服务”带来的影响，使得从“网络1.0”向“网络2.0”转变的企业，可以跨越大额资本的服务器投资，而直接使用商业性的设备与资源。同样，“绿色2.0”模式的核心在于推动清洁技术重心从硬件发展向以信息为基础的软件升级转变。以太阳能产业为例，尽管其产业始终需要硬件投入，但软件革新将大大优化销售信息、金融，以及系统准入环节的运行。这使得资本密集型产品的运营效率得到提升，同时避免了资本的过度集聚。

“绿色 2.0”产品与服务能够有效地缩短回报过程，使相关产业能够更快回报投资者，并降低对补贴的依赖。

目前，从生物燃料到风能的资本密集型“1.0”技术，往往持续面对政治与金融的牵制。而与之形成鲜明对比的是，“绿色 2.0”产业发展迅速，投资回报也快速提升。2011 年，“清洁网络”公司得到了 12 亿美元的投资，占纽约市清洁技术总体投资额的近 1/4。2009～2012 年，在清洁技术整体投资量遭遇瓶颈的阶段，该领域得到了 44 笔风险投资，增长超过 55%。随着这一新兴领域不断得到投资者的青睐，许多区域也开始关注“绿色 2.0”作为革新性产业以及就业增长点的潜力，并着力支持与吸引相关企业的发展。

“绿色纽约 2025 规划”部门认为，在下一个 10 年中，“绿色 2.0”产业将成为全球清洁技术产品与服务这一巨大市场的重要组成部分。至 2025 年，该产业的年均增长率有望达 5.6%。“绿色 2.0”产业将对全球 5.9 万亿美元规模的清洁技术市场的每个领域都发挥重要的支撑作用，这些领域包括：能源效率、清洁能源生产与储存、可持续性水资源管理、资源运用效率、可持续性交通，以及废弃物管理与循环。

二　纽约市推进“绿色 2.0”经济的主要措施

纽约市已成为绿色 2.0 企业的重要集聚区域，根据纽约经济发展署的统计，已有超过 40 家此类企业在该市创业。纽约市政当局认为，“绿色 2.0”经济已逐渐成为纽约竞争力和城市财富的重要特征。纽约是媒体、金融产业的领头羊，目前在网络、软件、客户服务以及商业分析领域增长迅猛，这些行业都是“绿色 2.0”产业的必备要素。

为推进“绿色 2.0”产业的持续发展，纽约市制定、推动了一系列项目的启动，以支撑建立更为多样化的“绿色 2.0”领域。主要包括以下几方面。

1. 纽约清洁与可循环经济推进计划（NYC ACRE）

该项目由纽约州科研开发署资助，于 2009 年启动，位于下曼哈顿地区，旨在建立一个清洁与可持续发展经济的孵化器。该计划包含 14 个人才项目，目标涵盖“绿色 2.0”产业的多个领域，包括：清洁网络、交通、房地产、能源效率、照明、金融、政策研究、项目咨询、应用设施、职能电网与能源储藏等。

2. 环保思维项目（ThinkECO）

该项目旨在构建面向顾客的“智能”电力管理体系，使用户能够监控与控制能源使用。该系统包括一项由纽约市 Con Edison 电力公司开发的技术，将该市大量传统窗式空调改建为智能、需求－回馈型设备。

3. 智能建筑项目（Honest Buildings）

其目标为建立一套社会网络性平台，以使 160 万幢建筑的相关海量数据得以在平台上共享。这些数据涵盖了 2600 万平方米面积，以及房主、住户的大量信息。这些信息的收集与共享，有助于对建筑能源及使用调整的科学决策。

4. 清洁网络编程马拉松计划（Clean Hackathons）

该项目将通过网络与数据手段，以竞争性项目方式整合开发商、设计师、企业家以及政府决策部门的力量，为可持续问题和资源约束挑战提供创新型解决方案。2012 年至今，纽约市与清洁网络项目合作，已经成功组织了 3 次竞争性项目竞标，数百个参与者提出了大量的创新型计划。

5. 纽约应用科学计划（Applied Sciences NYC）

工程师与软件开发人才的规模和质量是“绿色 2.0”产业的重要依托。2010 年纽约市长布隆伯格推动的“纽约应用科学”计划（Applied Sciences NYC）已运行近 4 年，为该市建立了世界级的应用科学与工程教学机构。该项目推动在罗斯福岛新建了一所科技大学，有望使纽约的全日制工科本科学生数量增加 1 倍。同时，这一项目将在未来 30 年中带来 4.8 万新增就业，近 1000 家新企业，产生的经济影响有望达 330 亿美元。在二级学院层面，纽约市通过纽约软件工程学院和布朗克斯软件工程学院，帮助 4500 公立学校学生获得了重要的计算机科学技能，从而为未来 30 年提供了长期的人才保障。

三 “绿色 2.0”发展的主要障碍

纽约经济发展署认为，尽管发展势头良好，但“绿色 2.0”产业的长远发展依然面临一些障碍和约束。目前，该行业的市场情况仍比较复杂，企业创业也需要可负担的空间、资金等基础性要素支撑。总体上看，这些问题及主要的解决方向主要体现在三个方面。

1. 能源领域的高度管制

美国的能源领域较为复杂，且受到诸多管制。能源产品在商业化应用之前，必须经历一系列管制条例的约束。在纽约市，市场准入、建设法规以及应用制度使得可再生资源及其他清洁技术的应用速度受到很大限制。为了适应这些复杂的要求和程序，许多“绿色 2.0”产品的运营效率受到影响，企业家也必须投入大量精力以应对相关管制。在许多公共资金资助的项目中，这种管制尤为负责。因此，专家建议，相关管制部门应注重为企业提供产业发展相关规制管制制度、程序的说明和引导，以提高管理效率。

2. 对风险的规避倾向

新开发的产品需要测试与展示，以吸引资金和客户。但与客户导向的产品不同，“绿色 2.0”的目标市场往往是风险规模性客户，往往希望企业和产品有成熟、稳定的产品。政府部门、大企业处于经济与安全考虑，都要求绿色产品的成功案例、表现数据以及测试结果。这种倾向对创业中的企业十分不利。为此，政府需要为“绿色 2.0”企业提供测试、展示其产品使用效能的空间和舞台。

3. 固定有限的消费用户群

能源效能与管理行业主要的客户群较为有限，包括公用事业部门、政府、房地产与建筑管理企业。与用户导向的互联网企业相比，“绿色 2.0”企业面对的挑战之一就是如何与潜在客户建立联系。而通过专家的指导，以促进企业与客户及商业的沟通，是支持“绿色 2.0”新兴企业发展的重要途径。

四 纽约市未来促进“绿色 2.0”产业发展的方向

为更好地促进“绿色 2.0”产业的发展，协助相关创业企业克服存在的障碍，纽约经济开发署与 ATK 公司合作，通过对产业利益相关方的深入研究分析，并组织纽约市与其他区域的专家进行圆桌探讨与访谈，提出了未来促进“绿色 2.0”产业的 5 大主要方向。分析表明，这 5 个方向的推进将有助于到 2025 年为纽约新增 9000 余就业机会。

1. 商业孵化器与展示空间

对“绿色 2.0”产业而言，适当的、可承受的空间资源是其初创企业亟须的支撑。“绿色 2.0”企业需要灵活的空间，以接近其顾客、商业伙伴以及投资者。现有的孵化器园区可以为企业提供空间与支持性服务，但不断扩大的市场则进一步需要新的地产资源与新型空间。与纯互联网类型企业不同，“绿色 2.0”企业需要测试与展示空间，其中往往需要硬件与软件的整合。此类展示用途的空间将对创业企业开发产品、联络潜在客户与投资者有独特的作用。

2. “清洁技术 – 市场”研讨班

由于“绿色 2.0”产业的市场主要由较为集中的顾客群组成，其销售过程也较为复杂，因此相关企业需要得到协助，以与顾客建立联系。由企业领袖及利益相关方组织的研讨班，有助于为企业家们提供培训，使其了解如何与顾客形成沟通关系，并了解顾客的个性化需求。与此同时，这种培训也有助于企业获得联邦、州与地方政府的资助机会。有研究表明，针对初创阶段企业的此类定制性研讨班能够使企业的销售渠道增长 20%。

3. 竞争性项目

增加“绿色 2.0”创新产品及服务的竞争性项目将为这一行业提供试金石。为绿色产业提供一系列针对软、硬件产品的竞争机会，将有助于刺激创新，进而为纽约面临的能源与资源挑战提供有效的解决方案。纽约市

BigApps 以及“清洁网络程序马拉松”等项目，提供了数据竞争的机会，其项目的成果被证明具有创新性，且成本较低。政府对竞争性项目的持续投入，将有助于促进创意的产生，从而提升地方与全美这一领域产业的成型。

4. 行业指导制度的建立

对“绿色 2.0”经济的企业而言，行业指导是提升创业成活率的重要因素。相关行业的实践表明，完成行业指导项目的企业能够平均至少创造 5 个就业机会。清洁技术及能源领域的创业企业特别需要对驾驭市场复杂性的应对性辅导和协助。目前纽约的行业指导项目更多提供的是普遍性支持，而“绿色 2.0”产业的企业家们更需要了解其自身市场的特殊环境，包括从供应链到政府资助程序等诸多环节。为“绿色 2.0”行业的企业家提供针对性的行业指导，有助于使他们解决面对的障碍，并提升长期成长的机会。

5. 外部营销与品牌塑造

尽管纽约市的“绿色 2.0”企业近期发展迅猛，但公众的关注度仍集中在如数字媒体等传统领域。调查受众表示，公众对纽约市清洁技术企业创业以及其他经营活动的了解十分有限。但这也为提高“绿色 2.0”领域的关注度提供了机遇。通过展现纽约“绿色 2.0”领域的成功案例，能够在全美及国际投资者、顾客以及商业伙伴面前提升产业的知名度。这种品牌营销和形象塑造不应局限为单一的市场营销，而是应当以多样性的形式进行。

五 “绿色 2.0”产业的空间支撑：清洁技术商业中心

纽约经济发展署认为，纽约市清洁技术产业生态的发展，需要物理空间支撑，以发挥枢纽和中心的作用。这一中心性的空间，将有助于提升“绿色 2.0”创新的知名度，并展示纽约市在这一领域的成就和发展方向。

为此，2013 年初，纽约经济发展署规划建立“清洁技术商业中心”(Clean Technology Entrepreneur Center)，以实现上述目标。在经历了一系列公众咨询和评估之后，2013 年 6 月，该项目由纽约大学理工学院负责实施，将在布鲁克林中心区建立一个近千平方米的中心。这一多用途空间将集商业孵化器、展示与教育功能与一身，为解决能源效率、可持续以及其他城市挑战的创新型创业企业提供支撑。该中心将提供研讨班、行业指导服务，并为“绿色2.0”的利益相关方提供沟通网络。

该中心的商业孵化器具备大量展示空间，承担区域核心功能。其展示空间能够使企业在一个特定区域开发、测试与展示其产品。中心培训计划的目标在于推动区域内外的清洁技术企业更快地跨越创业阶段，进入商业化以及增长阶段。

六　主要启示与借鉴

1. 城市可持续发展应高度关注“软－硬”结合

纽约“绿色2.0”概念的提出，并非一个简单的理论概念，而是在长期的环保技术创新、规划提升进程中形成的战略性调整方向，应引起中国城市政府的高度关注。“绿色2.0”的核心，在于使环境技术与数字技术、制度、市场等“软力量”进行整合，从而形成适合大都市发展，具备高效率的环保发展新模式。中国城市的大量可持续发展战略，往往更多关注单一环保技术的应用，在基础设施方面投资巨大，但缺乏与其他创新型技术的整合，更缺乏对市场应用的考虑，因此往往效率和成果大打折扣。因此，中国城市的可持续发展战略，应借鉴国际经验，考虑“软－硬”结合的方式。

2. 引入数字化环保理念

纽约“绿色2.0”经济的核心推动环节，在于将环保技术与大数据等数字技术相结合，从而摆脱以设备升级为核心，资本密集型的1.0阶段向2.0阶段转变。环保的数字化和信息化将为城市的可持续发展提供新的助力，从而使绿色发展进入新的阶段。数字技术的引入和融合，将极大地提升城市环保发展的效率，并使环保与经济、社会形成新的互动模式。中国城市的环保产业目前仍处于1.0阶段，而且其资本密集型的特征还不突出，即市场化特征有限。因此，应借鉴国外经验，推动数字技术和信息技术与低碳、清洁技术的融合，从而形成新的可持续发展模式。

3. 政府对绿色产业的商业化引导应适应行业特征

纽约政府对“绿色 2.0”产业的扶持，其聚焦点并非单纯的资金和项目资助，而是高度关注“绿色 2.0”产业的独特属性，如客户群相对集中、行业的管制属性等产业面对的独特性问题。政府对影响“绿色 2.0”产业发展的主要障碍有清晰认识，并进行了梳理，因此能够提出研讨班、行业指导、外部营销等非常具有针对性的对应政策。中国城市政府在绿色产业的引导方面也应借鉴国外经验，提出真正针对环保行业独特问题的定制引导制度，方能避免削足适履之虞。

参考文献

NYCEDC, *Economic Snapshot*, July 2013.

New York City, *PlaNYC Inventory of New York City Greenhouse Gas Emissions*, December 2012.

New York City, *PlaNYC New York City Local Law 84 Benchmarking Report*, August 2012.

NYS Department of Labor, *New York State Green Jobs Survey*, Report for New York City, 2010.

城市治理篇

Urban Management

B.21

荷兰城市移民融合政策

高 慧

摘 要： 荷兰作为典型的移民国家，移民超过总人口的1/5。通过多元和有针对性的政策和措施，荷兰积极推动移民融入社会，并取得了一定的成效。这在移民众多的阿姆斯特丹、鹿特丹、海牙三大城市尤为显著。荷兰的经验对中国城市流动人口的城市融合提供了对策思路。

关键词： 荷兰 移民 融合政策 大城市

移民国家都存在不同程度的多元文化冲突问题，融合问题一直居于移民问题的首位。如何更好地促进移民融合是移民国家面临的重大社会挑战。长期以来荷兰强大的经济发展实力、较高的社会福利待遇、宽容自由的社会文化环境吸引了来自世界各地的大量移民，较早地成了一个典型的移民国家。据荷兰中央统计局统计，2013 年荷兰具有移民背景的居民达 354.31 万人，占全国人口的 21.1%，而这些移民主要集中在荷兰的大中城市地区。

在欧洲，荷兰是积极促进移民融合的先驱者，并取得了一定的成效，一度成为欧洲移民融合政策的典范。本文主要以阿姆斯特丹、鹿特丹、海牙三大城市为例，分析荷兰城市移民的现状及特点，研究城市移民融合政策的演变、策略及成效，并提出适合中国城市流动人口融合的政策思路。

一　荷兰城市移民规模的现状及变化特点

2000 年以来，荷兰移民规模大、增长快，且不断向阿姆斯特丹、鹿特丹、海牙这三大城市集聚。

（一）荷兰全国移民规模不断扩大，而且荷兰是最受欢迎的移民国家之一

2013 年荷兰移民总规模为 354.31 万人，比 2000 年增加了 76.78 万，占总人口增加量的 83.9%，13 年间增长了 27.7%，是总人口增长率的近 5 倍；2013 年移民规模占全国人口的 21.1%，也就是说每 5 个荷兰人中就有一个移民，比 2000 年上升了 3.6 个百分点，其中：2013 年当年迁入移民 16.48 万人，比 2000 年增长了 24%，其间经历了规模先减少 2005 年后逐年增加的过程（见表 1）。

荷兰移民的来源地主要集中在土耳其、摩洛哥和苏里南三个国家。据荷兰中央统计局统计，2013 年来自土耳其、摩洛哥、苏里南的移民分别占全部移民的 11.2%、10.4% 和 9.8%，三者合计 31.4%，与 2000 年持平，但其中土耳其、摩洛哥分别上升了 1 个、0.1 个百分点，而苏里南则下降了 1.1 个百分点。

表1 2000年以来荷兰移民规模及比例变化

单位：万人，%

年份	总人口规模	总移民规模	总移民占总人口的比例	当年迁入移民规模
2000	1586.40	277.53	17.5	13.29
2001	1598.71	287.02	18.0	13.34
2002	1610.53	296.49	18.4	12.13
2003	1619.26	303.88	18.8	10.45
2004	1625.80	308.82	19.0	9.40
2005	1630.55	312.27	19.2	9.23
2006	1633.42	314.76	19.3	10.12
2007	1635.80	317.04	19.4	11.68
2008	1640.54	321.54	19.6	14.35
2009	1648.58	328.77	19.9	14.64
2010	1657.50	335.96	20.3	15.44
2011	1665.58	342.70	20.6	16.30
2012	1673.03	349.42	20.9	15.84
2013	1677.96	354.31	21.1	16.48

资料来源：荷兰中央统计局。

荷兰是一个非常受欢迎的移民国家。根据2008年OECD（经济合作与发展组织）对32会员国移民统计资料的调查，荷兰是最受移民欢迎的8个移民国家之一，其他7个分别是美国、英国、德国、意大利、澳大利亚、法国、日本。①

（二）荷兰城市移民比例高，其中阿姆斯特丹、海牙是世界十大著名的移民城市之二

荷兰移民主要集中在阿姆斯特丹、海牙、鹿特丹这三大城市，移民人口占城市总人口的比例非常高，其中阿姆斯特丹、海牙分列世界十大著名移民

① 《调查称美国是最受移民欢迎国家 英国排第二》，中国新闻网，2008年9月11日，http：//www.chinanews.com/gj/oz/news/2008/09－11/1378444.shtml。

城市的第4名、第7名（见表2）。最近几年，荷兰两个城市的移民规模持续扩大，占全市人口的比例也进一步上升。

表2　世界十大移民城市排行榜

单位：%

排名	城　市	国　家	移民比例
1	迪　拜	阿联酋	71.0
2	迈阿密	美　国	59.5
3	多伦多	加拿大	49.9
4	阿姆斯特丹	荷　兰	46.3
5	温哥华	加拿大	45.6
6	马斯喀特	阿　曼	44.6
7	海　牙	荷　兰	40.0
8	奥克兰	新西兰	39.0
9	日内瓦	瑞　士	38.4
10	麦　加	沙特阿拉伯	37.8

资料来源：《世界十大城市：移民者的天堂》，《青年博览》2011年12期。

1. 阿姆斯特丹移民的现状及特点

阿姆斯特丹是荷兰的首都和最大城市，是西欧著名的海港，也是世界繁华知名的国际大都市，同时具有开放、自由和宽容的最大特点，因此受到很多移民的青睐。目前阿姆斯特丹移民来自170多个国家，是世界上移民来源地最广的城市之一。

如表3所示，2013年阿姆斯特丹移民总量为40.48万人，比2008年增加了3.89万人，年均增加近8千人，5年间增长了10.6%，快于全市人口7.0%的增长率；移民占全市人口的比例已经超过了半数（50.6%），比2008年上升了1.7个百分点；在三大移民群体中，摩洛哥人的比例最高，其次是苏里南人，最后是土耳其人，三者占全市移民的45.1%，比2008年略有下降，其中下降幅度最大的是苏里南人。移民大多数居住在阿姆斯特丹的郊区尤其是在新西、海堡等地区。根据预测，2015年、2020年阿姆斯特丹移民分别继续增加到42万人和44.67万人，占全市人口的比例也分别上升到51.4%和53.6%。

表3　2008年、2013年阿姆斯特丹移民规模变化及构成变化

单位：万人，%

类　别	2008年	2013年	2008～2013年变化
总人口规模	74.73	79.94	5.22
总移民规模	36.59	40.48	3.89
移民占总人口的比例	49.0	50.6	1.7
三大群体占总移民的比例			
摩洛哥人	18.4	17.9	-0.5
苏里南人	18.8	16.8	-2.0
土耳其人	10.6	10.4	-0.3
合　计	47.8	45.1	-2.8

资料来源：阿姆斯特丹市“2013年统计年鉴”。

同时很多移民都有宗教信仰，其宗教信仰程度高于本市居民，而且不同来源的移民存在一定的信仰差异，其中土耳其人、摩洛哥人普遍信仰伊斯兰教，而苏里南人主要信奉印度教。

2. 鹿特丹移民的现状及特点

鹿特丹是荷兰的第二大城市，是连接欧洲、美洲、亚洲、非洲、大洋洲的世界重要港口，素有“欧洲门户”之称。鹿特丹拥有港口的天然优势，吸引了大量的移民。据统计，2011年鹿特丹有移民29.11万人，占全市总人口的47.7%，70%的鹿特丹商店由移民经营；移民中主要是苏里南人、土耳其人和摩洛哥人，分别占全市移民的17.8%、15.7%和12.9%，三者合计46.4%，是同期荷兰境内该比例最高的城市；移民中穆斯林人有8万人，占总移民的27.5%。目前鹿特丹是荷兰境内拥有最多华人社团的城市，在火车总站附近还有一个中国镇，另外拥有荷兰境内最大的来自荷兰前殖民地的安的列斯人社区。

3. 海牙移民的现状及特点

海牙是继阿姆斯特丹、鹿特丹之后的荷兰第三大城市，是荷兰中央政府、国王居住办公地，所有的政府机关与外国使馆所在地，也是国际法庭、150 个国际组织总部的所在地，因此吸引了越来越多的移民。

据统计，2013 年海牙有移民 25.5 万人，占全市人口的 50.1%，略低于阿姆斯特丹的 50.6%；比 2011 年增加了 1.4 万人，占全市人口的比例提高了一个百分点；苏里南人一直是最多的移民群体，其次是土耳其人、摩洛哥人，与鹿特丹三大移民群体的排序一样，另外印度尼西亚人也很多。在海牙，绝大多数移民都具有较好的教育水平，会讲多种语言，而且收入水平比较高。

（三）荷兰城市年迁入移民快速增长，阿姆斯特丹、海牙、鹿特丹是三大集聚地

荷兰每年新迁入移民也主要集中在阿姆斯特丹、海牙、鹿特丹这三大城市，其中向阿姆斯特丹和海牙集聚趋势更明显。

如表 4 所示，2013 年阿姆斯特丹、海牙、鹿特丹年迁入移民规模分别达 2.94 万人、2.26 万人、1.43 万人，比 2000 年分别增长了 54.7%、78.0% 和 8.3%；三大城市年迁入移民规模合计 6.63 万人，比 2000 年增长了 47.7%，占全国年迁入移民总量的 40.2%，比 2000 年上升了 6.4 个百分点，其中：阿姆斯特丹、海牙分别上升了 3.5 个、4.1 个百分点，而鹿特丹则下降了 1.2 个百分点。

表 4　2000 年以来荷兰三大城市年迁入移民的规模及比例变化

单位：万人，%

年份	当年迁入移民的规模				占当年全国迁入移民的比例			
	合计	阿姆斯特丹	鹿特丹	海牙	合计	阿姆斯特丹	鹿特丹	海牙
2000	4.49	1.90	1.32	1.27	33.8	14.3	9.9	9.6
2001	4.32	1.88	1.25	1.19	32.4	14.1	9.4	8.9
2002	4.22	1.94	1.06	1.22	34.8	16.0	8.7	10.1
2003	4.03	1.66	1.12	1.25	38.5	15.9	10.7	11.9
2004	3.69	1.63	0.90	1.16	39.3	17.3	9.6	12.4

续表

年份	当年迁入移民的规模				占当年全国迁入移民的比例			
	合计	阿姆斯特丹	鹿特丹	海牙	合计	阿姆斯特丹	鹿特丹	海牙
2005	3.55	1.62	0.79	1.14	38.3	17.5	8.5	12.3
2006	3.95	1.79	0.85	1.31	39.0	17.7	8.4	12.9
2007	4.64	2.13	1.00	1.51	39.8	18.2	8.6	13.0
2008	5.67	2.58	1.27	1.82	39.5	18.0	8.8	12.7
2009	5.69	2.58	1.33	1.78	39.0	17.7	9.1	12.2
2010	6.12	2.73	1.54	1.85	39.6	17.7	9.9	12.0
2011	6.64	2.92	1.59	2.13	40.7	17.9	9.7	13.1
2012	6.46	2.86	1.48	2.12	40.7	18.0	9.3	13.4
2013	6.63	2.94	1.43	2.26	40.2	17.8	8.7	13.7

资料来源：荷兰中央统计局。

二　荷兰城市移民融合政策的演变、策略及成效

作为欧盟移民历史比较长的国家，荷兰20世纪80年代初就制定了移民融合政策且不断演变，在城市层面也得到比较好的执行，取得了很大的成效。

（一）荷兰移民融合政策的演变

1. 20世纪80年代：多文化主义的少数族裔融合政策

1983年荷兰政府政策科学委员会出台的《少数族裔政策报告》成为少数族裔政策发展的基准。政策以促进不同文化背景的少数群体在社会中完全参与和文化自主为目标。政策强调社会、文化融合，认为社会文化融合有利于促进社会经济融合。在政策内容上主要包括鼓励少数族裔保留自己的文化传统、为他们提供社会发展的支持等。荷兰在20世纪80年代的移民融合上努力，其政策一度成为欧洲移民政策的范例，因其多元化文化路径而闻名。

2. 20世纪90年代：同化主义的移民融合政策

20世纪80年代移民者的社会经济地位正在退步及文化差异正在加剧，

这表明荷兰多元化文化移民融合政策并未取得很好的效果，因此20世纪90年代开始向同化主义的移民融合政策转变。同化主义移民融合政策更加强调移民在融合过程中的责任，突出强调社会经济方面的融合更甚于文化和宗教方面。

3. 21世纪以来：新同化主义的移民融合政策

2001年美国“9·11”、2004年荷兰导演特奥·凡·高被枪杀等种族冲突事件促使2000年以来荷兰移民融合政策又发生了重大改变。移民融合政策倾向于限制性，重新注重社会文化融入，但与20世纪80年代不同，不是社会文化自由而是移民的社会文化要融入和适应荷兰社会文化。2006年修订的新移民法规定，新移民在到荷兰之前必须通过当地大使馆的荷兰语和荷兰社会价值观念认同方面的融入考试。因此，荷兰也成为唯一一个必须在原国家通过融入考试才能移民的国家。

（二）荷兰移民融合政策的策略

荷兰在经济、社会、文化、政治等移民融合政策中采取多种策略，促进移民融入荷兰。

1. 劳动力市场流动政策策略

荷兰政府在劳动力市场上大量投入，努力促使移民在劳动力市场得到公平对待，获得相对平等的就业机会。

（1）制定法律促进劳动力市场就业平等。1994年的《平等待遇法》、1998年的《促进加入劳动市场法案》中都规定了移民在劳动力市场上可以获得平等的机会和就业权利，包括在公共部门、私营部门以及自我就业方面。

（2）重视移民的技能培训。荷兰设立专门的机构认定移民在国外培训的资历，同时把提升移民职业技能适应劳动力市场的需要作为政府政策的目标，规定不管移民是不是长期居留都有权利享受政府提供的职业培训。

（3）促进弱势群体就业。在荷兰年轻的移民和女性移民在劳动力市场上处于弱势。对于年轻移民，通过降低学校的辍学率和加强语言培训来提高他们的文化水平和技能。对于女性移民，设立一些项目支持她们找到工作和开展商业活动，并通过导向性的策划吸引她们进入一些健康类和志愿类部门工作。

（4）高技术移民就业环境更宽松。高技术移民在荷兰工作不再需要工作许可，还可以享受荷兰居民都享受不到的30%减税政策。

2. 家庭团聚政策策略

家庭团聚是移民到荷兰的重要社会因素。为了减少这类移民，荷兰设定了越来越严格的家庭团聚条件。目前申请者的条件：第一，有稳定的居所；第二，在荷兰居住时间超过1年；第三，劳动合同期限超过1年，并且有最低收入要求，而且规定了对配偶和子女的要求：子女必须是家庭的真正成员，配偶或者超过16岁的子女，必须参加有关荷兰语言和荷兰社会文化的融入考试。称得上欧盟最严格的家庭团聚条件。

3. 教育文化政策

（1）全纳性的移民子女教育。荷兰比较重视移民子女的教育，不管任何身份，都把移民纳入正规的教育系统，并且享有与本国学生同等待遇。一方面，同样的入学机会。移民子女可以接受学前教育、基础教育、职业教育、高等教育等一系列不同级别的教育。另一方面，同样的补贴待遇。荷兰是国际上首屈一指对教育高额投入的国家，政府对包含移民子女在内的所有孩子的教育提供大额现金和交通补贴。小学阶段全部是免费教育，包括书本费由学校免费提供。在初中和高中义务教育阶段不仅免费，而且荷兰政府对所有学生进行每月50~120欧元的补贴。在荷兰接受高等教育时提供每年高达6000欧元的高额补贴①。

（2）积极推行移民学习荷兰的语言文化。语言融入是移民在其他领域融入的关键前提，荷兰政府要求移民更好地掌握语言知识，通过设置强制性的语言课程甄选更有可能融入荷兰社会的人，从而更好地融入和适应社会。

① 《荷兰福利待遇介绍》，雅力留学网，2012年5月25日，http：//www. rayedu. com. cn/nv－12984. html。

2006 年新的移民法还规定老的移民（16 ~ 65 岁）也被要求到当地的培训机会学习荷兰语，否则将会有巨额的罚款。

（3）尊重移民宗教文化。荷兰多元化的传统，促使其比较尊重移民的宗教信仰和文化，如允许不同的宗教群体在荷兰设立教堂或学校，容许穆斯林保留自己的宗教文化等。

4. 政治参与政策策略

（1）允许移民参与地方城市选举。在荷兰居住 5 年的移民，虽然在国家层面选举中没有选举权和被选举权，但在地方城市层面有。在荷兰，有一小部分市级政府官员有着移民背景。如鹿特丹市长艾哈迈德就拥有摩洛哥血统，同时也是一个虔诚的穆斯林。

（2）鼓励移民参政。政府资助移民组建自己的、正式的政治协商组织，其代表可以参与到政府政策协商中。同时鼓励移民自由参与各类主流政治活动。

5. 长期居留政策策略

（1）设定申请条件。在荷兰居住满 5 年；通过融入考试；对公共政策不构成威胁。目前还详细规定了不能申请的 19 类移民。

（2）享有荷兰公民权。拥有长期居留权的移民在经济、社会、生活等领域享有与荷兰公民同等的福利待遇，如政府补贴、国民健康保险、失业金、退休金制度等。

6. 入籍政策策略

（1）入籍条件趋于严格。移民获得荷兰公民身份是衡量他们融合程度的重要标志。每年的 8 月 24 是荷兰法定入籍日。2003 年 4 月 1 日执行的《入籍法》规定，申请入籍的移民必须在荷兰持续居住 5 年，且必须通过融入考试。

（2）第二代移民入籍相对容易。荷兰的国籍政策主要采用血统主义原则，凡是父母当中有一方或双方具有荷兰国籍，则新生儿一出生即具有荷兰国籍。

7. 反歧视政策策略

（1）宪法规定反歧视。荷兰宪法规定，“在任何情况下，应平等对待荷兰的所有人。决不允许以宗教、信仰、政治见解、种族或性别或其他任何理由进行歧视”。

（2）提供免费歧视诉讼。荷兰平等待遇委员会是1994年成立的一个独立的准司法机构，可以调查歧视申诉。荷兰任何居民包括移民都可以免费提出诉讼并征求意见。其任务的一部分就是对歧视问题进行调查和提出建议，并执行政府协商功能。

（三）荷兰城市促进移民融合政策的策略

在欧盟很多国家，国家层面和地方层面在促进移民融合政的策略上会有很大的差异，但由于荷兰实行由上而下的发展模式，所以这种差异相对比较小。荷兰城市大多是积极贯彻执行国家层面的策略，同时也根据自身的特点，采取更加灵活的策略，本文以阿姆斯特丹为例加以佐证。

1. 为移民提供广泛和免费的荷兰语课程

阿姆斯特丹认为通过语言和文化同化可以促进移民融合，一直为移民提供广泛和免费的荷兰语系列课程。如，2014年阿姆斯特丹市政府将为当地的新移民提供5000个荷兰语系列课程，其中包括专业指导、志愿者帮助学习和数字化自学指导。这也是2014年教育计划中的一部分①。

2. 把宗教作为一个融入工具

针对移民多信仰伊斯兰教的特点，阿姆斯特丹政府利用伊斯兰教促进移民融入。政府允许伊斯兰教深入政府部门并起一定的影响作用。同时政府成立了一个伊斯兰教市民社会团体，它大力投资促进伊斯兰教发展，主办对伊斯兰教批评或者赞成的辩论赛，并且还创建了一个训练机构对融入不足的人群进行培训促进其融入。

① 《荷兰阿姆斯特丹为新移民提供荷兰语系列课程》，荷兰房产投资服务网，2014年2月7日，http：//www. holandym. com/news_ detail_ local. html？news_ id =4854。

3. 加快移民的入籍

2013 年“阿姆斯特丹统计年鉴”显示，2012 年居住在阿姆斯特丹的 169 位苏里南人、310 名土耳其人、1128 名摩洛哥人获得荷兰户籍，而 2008 年分别仅为 25 人、225 人、930 人入籍。

4. 取消移民区别性称呼

荷兰使用“allochtoon”（荷兰语表示外来者）和“autochtoon”（荷兰语表示本地人）来区分外来移民和本土荷兰人，但这两个词很明显把市民划分为 2 个群体。2013 年 2 月 13 日，由阿姆斯特丹市工党提出，并由市领导通过，阿姆斯特丹不再以使用这两个词来区分外来移民和本土荷兰人，而是以来源地区分，如来自土耳其的移民成为土耳其阿姆斯特丹人①。

（四）荷兰移民融合政策的效果

1. 荷兰移民融合政策的评价指标

为了评估欧美各国新移民融入社会的程度，以及各国政府在此方面的成绩，由欧盟委员会资助，2004 年英国委员会和移民政策组织构建了移民融合政策指数，并经过 2007 年、2010 年两次修改完善。2010 年的移民融合政策指数包括劳动力市场流动、家庭团聚、教育、长期居留、政治参与、入籍和反歧视 7 个政策领域 28 个维度 148 个指标。每个指标根据好、中、差分别赋予 100 分、50 分、0 分，总分是 100 分。各国各领域的专家搜集相关政策并为各个指标打分，然后进行同行复审。2010 年政策考察范围扩大到 28 个欧盟成员国和 3 个非欧盟成员国（加拿大、挪威和瑞士）共 31 个国家。

2. 荷兰移民融合政策的效果

如表 5、表 6 所示，2010 年荷兰移民融合政策指数得分为 68 分（满分 100 分），在 31 个政策考察国家中，仅次于瑞典、葡萄牙、加拿大、芬兰位

① 活力记者：《阿姆斯特丹市取消以“外来者”称呼移民》，新荷兰中文网，2013 年 2 月 13 日，http：//www. xinhelan. com/article－3542－1. html。

居第5，其中排名比较靠前的是劳动力市场融合指数（85分，排名第3）、政治参与指数（79分，排名第4），而排名比较靠后的是家庭团聚（58分，排名第23）。可见总体上荷兰移民融合政策是有效的，但也存在不足。

表5　2010移民融合政策指数得分前10名的国家

单位：分

排名	国　家	得分	排名	国　家	得分
1	瑞　典	83	6	比利时	67
2	葡萄牙	79	7	挪　威	66
3	加拿大	72	8	西班牙	63
4	芬　兰	69	9	英　国	62
5	荷　兰	68	10	意大利	60

资料来源：Http：//www. mipex. eu。

表6　2010年不同政策领域荷兰移民融合政策指数得分

单位：分

分　类	荷兰得分	第1名得分	排　名
劳动力市场融合	85	100	3
政治参与	79	94	4
长期居留	68	79	6
入籍	66	82	6
教育	51	77	12
反歧视	68	89	13
家庭团聚	58	91	23
综合得分	68	83	5

资料来源：Http：//www. mipex. eu/netherlands。

三　荷兰城市移民融合政策对中国促进流动人口城市融合的启示

随着人口流动迁移政策的逐步放开以及城乡差异的不断扩大，我国流动人口规模不断扩大。据统计2013年我国流动人口总量为2.45亿人，占全国人口的18%，而且他们主要集中在上海、北京、广州等大城市及省会城市，并且呈现家庭化、常住化趋势。2013 年上海、北京、广州外来常住人口分别达 990.01 万人、802.7 万人和 687.7 万人，分别占全市常住人口的 41%、38% 和 53.2%。中国户籍制度以及其衍生的一系列制度限制、人力资本和社会资本的缺乏使得他们处于城市边缘，难以融入城市社会。

尽管荷兰城市移民融合政策都针对的是跨国流动人口，而我国面对的主要是国内城市流动人口问题，但其在促进城市移民融合上的一些举措，对我国制定促进流动人口城市融合政策依然有所启示。

（一）构建统一的流动人口城市融合指标体系

移民融合政策指数对城市融合进行了指数化，可以测量一个国家移民政策的整合情况，也可以跨国家进行比较。目前我国没有统一的流动人口城市融合指标，移民融合政策指数为我国流动人口城市融合指标体系的构建提供了参考框架。以其为基础，根据我国的国情，选择或补充指标，构建全国统一的流动人口城市融合指标体系。采用国际移民融合政策指数的打分法，为流动人口比较集中的大城市流动人口城市融合进行打分，并把结果作为考核城市政府的重要依据。

（二）重视流动人口的就业融合

就业是民生之本，就业融合是流动人口城市融合的经济基础。荷兰通过制定促进就业平等法、重视移民的技能培训、促进弱势群体就业、鼓励高技术移民等举措有效促使移民在劳动力市场上获得平等的就业机会。受流动人口受教育程度低、劳动技能缺乏，以及城市劳动力市场公共就业服务不足等因素的制约，目前我国大城市流动人口在劳动力市场上处于弱势。城市政府可着重从职业技能培训和城市加大就业服务能力两个方面促进流动人口的就业融合。

加强流动人口的职业技能培训。根据流动人口的就业特征及市场需求，在培训的主体、重点、内容等方面要有所突破和创新。在培训主体方面，政府要通过培训补贴、购买服务等搭建平台，引导、委托企业和培训机构参与流动人口培训，充分调动企业的积极性和发挥培训机构的专业性；在培训重点方面，以城市产业结构优化调整的市场需求为导向，在流动人口集聚的制造业、批发零售、住宿餐饮和社会服务业等行业，进行紧缺技能人才的培训；在培训内容方面，适应市场需求和企业岗位需求，及时调整培训课程和内容。

加大城市就业公共服务力度。一方面，城市各类劳动力市场向流动人口开放，为他们提供免费的招聘、求职、政策咨询等就业信息服务。另一方面，在流动人口比较集聚的区域，不定期开展流动人口专场招聘会。

（三）逐步实现流动人口子女的同城教育待遇

荷兰把教育作为促进移民融合的突破口，移民子女无条件地享受与本地学生同样的教育待遇。目前我国大城市流动儿童义务教育问题已经得到了初步解决，但由于户籍制度、中高考政策的限制，绝大多数流动儿童义务教育后不能继续升学，初中毕业后不得不选择回老家就读或者选择辍学。由于出生人口的减少，大城市中高职业学校普遍面临生源缺乏、教育资源浪费的问题。大城市向流动儿童开放高中阶段教育不仅是需要而且是可行的，但要逐步、有条件。要全面放开中职教育、逐步放开高职教育、适度开放普通高中教育，逐步推进。同时，要设定合理、科学的准入标准，如一直在城市读完小学、初中，成绩比较优秀者优先考虑。

参考文献

Nancy Foner, Jan Rath, Jan Willem Duyvendak, Rogier van Reekum, *New York and Amsterdam*: *Immigration and the New Urban Landscape*, New York University Press, 2014.

Scholten, P, "*Constructing Dutch Immigrant Policy: Research-Policy Relations and Immigrant Integration Policy-Making in the Netherlands*," *British Journal Of Politics & International Relations*, 2011, Vol. 13 (1).

黄匡时:《流动人口社会融合指数:欧盟实践和中国构建》,《南京人口管理干部学院学报》2011 年第 1 期。

许赟:《荷兰移民融合政策变迁——从"多元文化主义"到"新同化主义"》,硕士学位论文,华东师范大学,2010。

B.22

库里奇巴倡导“人的城市，而非车的城市”

邓智团

摘 要： 库里奇巴（Curitiba）高达75%的人乘用公交车出行，拥有世界最高的人均绿地面积，与巴黎、温哥华、悉尼、罗马并列，被联合国选为“最适合人类居住的城市”。巴西人眼中的库里奇巴：城市规划好、公交系统好、垃圾管理好、环境保护好、绿地面积大。这里的一切是如何实现的？其主要依赖三大核心城市问题的解决：交通出行、绿色空间和垃圾处理。这对同样处于经济发展水平较低的大多数中国城市而言，有着重要的借鉴意义。

关键词： 库里奇巴 宜居城市 交通系统 垃圾处理系统 绿地系统

位于巴拉那州的库里奇巴，是巴西第七大城市，面积430.9平方公里，2013年，其总人口近200万人。在20世纪70年代，库里奇巴像其他发展国家的城市一样，人口剧增、交通拥挤、环境污染、市民贫穷失业。经过40年的努力，当前的库里奇巴已经成为全球最宜居的城市，拥有巴西最高的人类发展指数。2012年，被联合国授予全球绿色城市奖（Global Green City Award）；2014年，被美国读者文摘（*Reader's Digest*）誉为巴西最宜居的城市。瑞典绿色家电大厂伊莱克斯（Electrolux），将全球五个研发中心的一个放在了库里奇巴。汇丰银行的全球科技中心也设在这里。世界第一大石油公司埃克森美孚，在库里奇巴不做石化，而是控管全球运油车的信息系统中心。慕名而来设置研发中心、信息服务或客服中心的跨国企业，还包括德国大厂博世（Bosch）、西门子（Siemens）和印度的 Wipro。如今，库里奇巴有八成的就业人口投入服务业，特别是无污染、重技术的信息服务业。库里奇巴用成绩向世人证明，经济与环境并不冲突；生存与生活，也不抵触。在一个发展中国家巴西，如何形成一个具有世界范围示范意义的城市？

一 40年变革奇迹：全球绿色城市

库里奇巴是在 20 世纪 50 年代快速发展起来的，其经济主要以工业和服务业为主，为巴西经济总量第四的大城市。1968 年，该城市颁布了一个重要的《库里奇巴城市总体规划》（*Master Plan for Curitiba*），这是一个被誉为推动城市可持续发展的典型规划方案，包括快速公交系统计划、“知识屋计划”、绿色空间计划、绿色交换计划、公共屋计划（COHAB）等。可以从一些数据来反映当前的库里奇巴。

- 库里奇巴有全世界最高的巴士公共交通出行比例——70%。
- 过去 30 年里，库里奇巴在人口增加了三倍的同时，却因好的公共汽车系统，使得上路汽车数量降低了 30%。
- 库里奇巴有全世界最大的中心城区步行购物街。
- 库里奇巴修建了大量漂亮的公园而不是用坚固运河来控制洪水。并通过饲养绵羊来修剪草坪，相较雇用专职园丁成本更低。
- 库里奇巴是一个 99% 的居住人口想一直居住的城市。相比而言，巴西最大的城市圣保罗这一比例仅为 70%。
- 库里奇巴人均收入从 20 世纪 70 年代低于巴西平均水平，到现在高于巴西平均水平 60%。

事实上，在过去的 40 年里，库里奇巴通过一系列的规划和发展举措，已成为世界上最可持续的城市。这一成绩的取得离不开从 20 世纪 70 年代开始三次担任市长的杰梅因莱纳（Jaime Lerner）。他曾经在 TED 大会上做了

《为可持续城市歌唱》（*A Song of the City*）的报告，并发表在《纽约时报》上。过去几年杰梅因莱纳到处演讲，但总会以一句非常重要的名言作为PPT的开始：城市是解决问题的方案，而不是问题（City is not a problem，it is a solution）。而且还被BBC拍成纪录片《便利的真相：库里奇巴解决城市问题的方案》（*a Convenient Truth*：*Urban Solutions from Curitiba*，*Brazil*），还有就是一本重要的书籍《城区更新，城市振兴：巴西库里奇巴案例研究》（*Urban Renewal*，*Municipal Revitalization*：*The Case of Curitiba*，*Brazil*）。关于库里奇巴的变化主要可以概括为三个方面：发明和修建快速公交系统（Bus Rapid Transit，BRT）；修建公园而不是运河去疏导洪水；市民可用垃圾等废弃物来换取公共汽车票或蔬菜等物质。

二　交通出行：人口翻番，交通压力下降了30%

在所有库里奇巴的绿色城市建设计划中，最为根本和重要的是建设了世界最早的巴士公交系统。经过40年的努力，成就斐然，对外交通不便的库里奇巴小汽车拥有率高居全国第二，却有70%以上的人选择乘公交车而不开自己的车，因为城市的交通系统做得实在太完善！如今每个工作日大约能运送200万人次，纽约地铁每个工作日的运载量为500万人次。其特快巴士能以20公里每小时的速度运行，一个方向在一个小时内能运送超过1.1万人次，几乎70%的居住人口出行是依赖公交系统，包括大量的私车拥有者同样喜欢公交车出行。最好的证据是，与1970年相比，人口翻番，交通压力（比值）却下降了30%。①

1. 公交系统设计

库里奇巴决定放弃建设地下交通系统，因为它太昂贵，建造和运行成本

① International Council for Local Environmental Initiatives，*Curitiba*：*Orienting Urban Planning to Sustainability* 4（May 2002），http：//www. iclei. org. br/polics/CD/P2_ 4_ Estudos% 20de% 20Caso/1_ Planejamento% 20Urbano/PDF106_ EC77_ Curitiba_ ing. PDF.

都会很高。唯一的出路是在地面上建立高效率的运输系统。集成的公交运输系统从市中心向外放射状形成五个主干道，沿着这些主干道是直接的路线，可直达郊区，均为双向公交车道。特快巴士在主干道上会沿途设置站点，这些站是连接次级区域的公交车站，被称为接驳巴士。接驳巴士把城市郊区连接到特快巴士站。所有的公交车都被漆成不同的颜色，使它们容易辨认（见图1）。

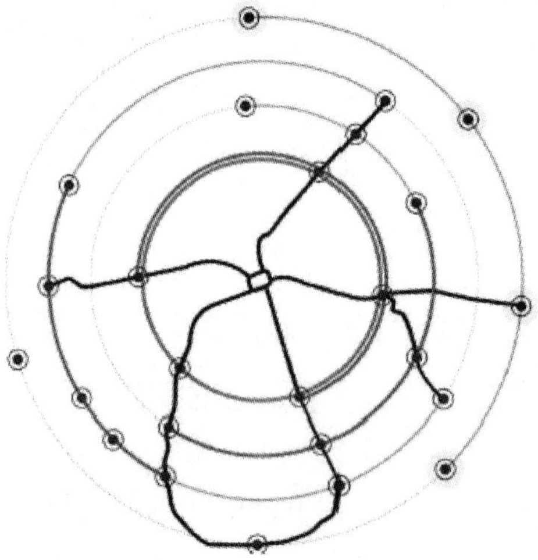

图1　库里奇巴公共交通系统与简化示意

资料来源：Hanna-Ruth（2012）。

- 红色－特快巴士（Express）：这些车都是大的高容量公交车，有专属车道，从市中心的5个方向放射状扩散。因为速度、容量和频率，它们被看作是“地上地铁”。它们有明亮的红色的配色方案，并配有管状车站。乘客先付费再进入车站，这使得上下车都非常快速。

- 绿色－区间巴士（Inter-neighborhood）：在中心城区外部运行。1号线和2号线绕着市中心运行，后者是离市中心更远的圆圈线路。3号线至6号线是一些社区之间的重要连接线。

- 银色－直达巴士（Direct Lines）：这些都是被设计为两点之间最快的银色快速巴士。它们的停靠站少，涵盖范围却较大。它们的站点是红色管型车站。库里奇巴是世界范围内直达巴士的先驱。

- 橙色 - 接驳巴士（Feeder）：连接城市外围区到郊区。这些都是本地的公交线路。这些车把社区与红色的特快巴士联系了起来。宽大的窗户能更好地观光。
- 黄色 - 定期航线（Regular Routes）：这些黄色巴士直接通往市中心。
- “市区循环”（Downtown Circulator）：这些白色小客车在市中心运行，帮助行人从市中心的一侧到另一侧。
- 医院线（Interhospitals）：这些白色巴士连接主城医院。
- 旅游线（Tourism Line）：这些五颜六色的公交车集中在城市的景点。

2. 公交系统的运营

共有 10 个私营巴士公司，把运输乘客获取的资金结合在一起，并由一个准上市公司管理。公共交通系统对城市出行覆盖面是如此之高，没有必要建设地铁。运送系统快速且比其他运输系统便宜，仅为地铁运营费的 1/500。在库里奇巴的街头，最醒目的地标，就是玻璃管状的公车站，它的设计有点像轻轨的概念。30 年前，乘客就必须先购票才能进入车站，以减少车上等待购票时间，平均上下车只需要 30 秒，减少了公交车停下来的时间与排放的废气；而良好的路线规划，让等待公交车的时间缩短到低于 1 分钟，搭配公交车专用道，行驶相同距离只需要过去 1/3 的时间，而特殊的两至三节串联车厢的设计，最多可运载 270 名乘客。这套系统，平均可为每位通勤者省下 40 分钟的通勤时间，还能节省 42% 的耗油量。对于库里奇巴的居民来说，宁

图 2　公交专行道和公交车站

资料来源：左图来自 Jaime Lerner（2007），右图来自 Leroy Demery（2004）。

坐公交车不开车的原因“不是金钱，是方便”。家附近50米就可以搭公交车，1分钟1班次，还可以省去开车找停位车的时间。重点是，不开车后，可大幅减少购车养车的花费、高油价带来的问题及燃料排放的废气（见图2）。

3. 公交票价

采用被称为“社会票价”的票价方案，意味着高收入的短距离乘客可能会为低收入的远距离乘客埋单。因为，最需要低成本移动能力的低所得阶层，通常住得离市区比较远。按里程计费，无助于拉近贫富差距。为了提高低所得市民的移动能力，库里奇巴公交车采取一票到底的单一价，2.65巴西币，外加换乘免费。让距离市区较近、短程通勤的中产阶级负担较高的交通成本，来补贴低所得市民。巧妙进行了微型的所得重分配。这个票价系统，确保低收入者在交通费用的支付上不超过其收入的10%。以美国为例，在美国20%的最低收入群体，其交通出行总体开支可能占其所有收入的42%，即使是中产阶级的比重也可能高达22%。[①] 在使用该运输系统后，使用公共交通的乘客增加75%，意味着能降低25%的交通拥堵率。燃油消耗比其他类似规模的城市低30%。

三　绿地公园：把空间还给绿地与河

库里奇巴另一个为人称道的地方是大量的公园绿地，全市几乎1/5的土地为公园，与之相比，美国城市的这一比例仅为8.1%。据最新统计数据，库里奇巴有35个公园、1004个保护地（树林、园林、微型公园等）和7.8万平方米的自然森林。总体来看，大约为每人64平方米的绿地面积，但在50年前，还不到每人1平方米的绿地面积。

---

① Goodman, Laube & Schwenk, *supra* note 18, at 76. For figures on transportation costs in the United States, see The Leadership Conference Education Fund, *Where We Need to Go: A Civil Rights Roadmap for Transportation Equity* 2 (Mar. 2011), http://www.protectcivilrights.org/pdf/docs/transportation/52846576 - Where-We-Need-to-Go-A-Civil-Rights-Roadmap-for-Transportation-Equity.pdf.

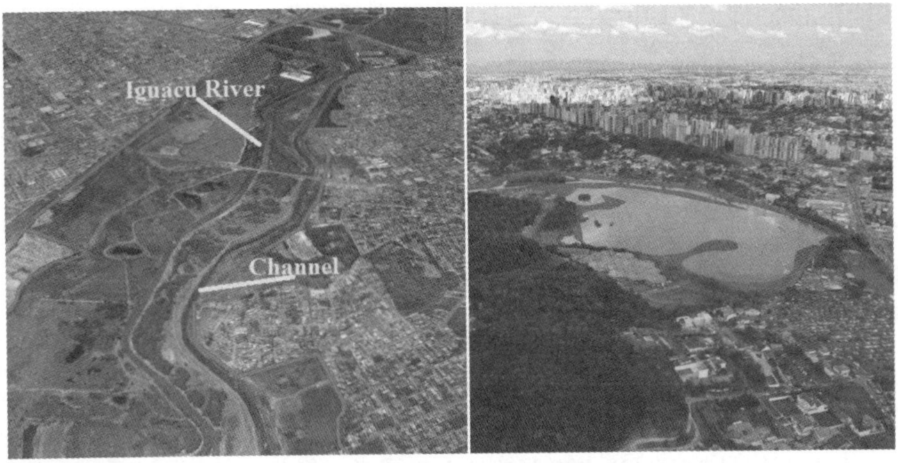

图3　公园及其与河流的关系示意

资料来源：左图来自 Mike Power（2009），右图来自库里奇巴官网。

公园系统除了作为运动和娱乐休闲场所，还有一个重要功能，就是用来控制洪水，保护库里奇巴生物多样性和提供好品质的水以及降低碳排放量。由于住房靠近河床建设，在20世纪五六十年代，库里奇巴有非常严重的洪水灾害。从20世纪70年代开始，巴西其他城市开始利用巴西政府防洪基金来修建堤坝，以控制洪水。但此时的库里奇巴把这笔资金投入公园系统的建设，这一系统很好地保护了河谷、河床以避免洪水。这一计划是在20世纪80年代巴西大量的雨林被砍伐的背景下发生的。库里奇巴建设的公园绿地很好地把洪水分流到了公园中，这些地方考虑到会遭受洪水，修建了大量的深水湖、防水的操场和野营地。城市中的每一个泄洪区都是带状设计，从1968年开始，这一规模扩大了6倍（见图3）。

四　垃圾处理：生态市民（Ecocitizens）计划

第三个绿色计划即广受赞扬的废弃物管理计划，这一计划包含了可持续发展、社会包容和好的财政管理。当前，库里奇巴超过70%的垃圾是通过该计划得以回收和再利用的。换一个说法，这一计划每天节约的纸张相当于少砍伐1200棵树。城市不会免费处理垃圾，所有的居民必须像支付电、水一样支付垃圾清理的费用。同时，政府也通过鼓励参与让大家能放心大胆地正常产生垃圾。每家每户都必须把有机垃圾和一般垃圾分开，特别是需要把塑料、玻璃杯和金属分开，这样更有利于垃圾的回收和处理。政府每个星期大约会免费1~3次到小区运走垃圾，这个计划的资金来源主要就是垃圾的销售。垃圾运送车会把垃圾运送到13个垃圾回收处理站中的1个，这里雇用无家可归者或者在垃圾分类处理过程中不遵守规则的个人。

在贫民窟或棚户改造区，小巷由于没有铺设柏油路面，收送垃圾的卡车都无法进入，连经常性垃圾清运工作都无法达成。库里奇巴提出了生态市民（Ecocitizens）计划。最初由天主教教会作为就业倡议开始，库里奇巴市利用小型卡车，停在该市100多个政府公地上的定点，回收时间一到，附近市民便拿出一袋袋的垃圾来交换食物。例如，60公斤垃圾可得到60张兑换券，其足够换取全家一个月的食品，除了食物，也可兑换公共汽车票、学校用的练习簿，或是圣诞节的玩具。而2公斤可回收利用物质，可换得1公斤食品。而大多数的食品，则是政府向农民购买生产过剩的农产品。此举一方面解决废弃物问题，另一方面也改善低收入户的生活质量，同时也善用了过剩的农产品。生态市民计划每天可回收500吨的垃圾，该计划实施以来总共回收了11000吨垃圾，共实物支出近百万张巴士车票和1200吨过剩食品。该方案通过改善邻里的卫生条件，使得60个贫民区的3.1万个家庭受益。生态市民计划的成功已经获得美国华盛顿特区的关注，其考虑实施类似的计划。

五　对中国城市建设的启示

2014年，国务院发布了《国家新型城镇化规划》，根据这一新的规划，我国将在2010年前推动1亿农民进城，并提出了新的城镇化发展战略，那就是“控制特大城市，适度放宽大城市，全面放开中小城市”。在这一新的战略背景下，中小城市将迎来爆发性的扩张，如何解决随之而来的一系列交通出行、城市公共空间和垃圾处理等问题，是未来一段时间内，中国城市可持续发展的主要挑战。而作为发展中国家巴西的库里奇巴，40 年前的人口在 100 万人左右，当前总人口接近 200 万人，这与当前我国大量中小城市的发展背景类似：经济发展水平较低，而人口将迅速增长。因此，学习和借鉴库里奇巴推行的可持续发展计划，将能很好地缓解当前这些城市可能面临的城市成长问题。其主要可以包括三个方面。

1. 量力而行，推行因地制宜的快速交通计划

从伦敦 1863 年的第一条地铁运行开始，目前全球范围内超过 190 个城市拥有地铁系统，这当然有利于缓解城市交通压力，但全球的地铁系统除了香港外，其余所有城市的地铁都是亏本运营。然而，虽然地铁的造价高、运营成本高，但不管是发达国家还是发展国家都是趋之若鹜，中国尤其如此。根据公开资料，目前有 36 个城市获批建设，超 70 条地铁线路正在建设。根据国家发改委数据，到 2015 年中国轨道交通运营里程将达 3000 公里，“十三五”期间还要增加 3000 公里，也就是说，到 2020 年达 6000 公里。2014 年，中国城市轨道交通投资将达 2200 亿元，比 2013 年增加 400 亿元。标准普尔预计，2014～2020 年，中国新建地铁线路需要 2.0 万亿～2.5 万亿元的投资。这些巨额的投资哪里来？

事实上，根据库里奇巴的经验，这里还有一种交通方式（快速公交系统，BRT），其建造和运行成本都较地铁低，而运行能力十分高效，这种介于轨道交通和常规公共汽车之间的新型公共交通系统，是具有专用路权、封闭运行、智能信号、车外售票、水平上下车、大容量车辆等一系列特征的地面公交系统，全球有十几个国家和地区约 50 个城市建设实施了快速公交系统，如美国的洛杉矶、加拿大的渥太华、法国的巴黎、日本的东京、巴西的圣保罗、澳大利亚的布里斯班等。库里奇巴拥有 72 公里公交专用路组成的骨干快速公交系统，其运行着双绞接公交车，单车载客量为 270 人，线路运输能力可在 16000 人次以上，每小时运送速度可在 30～40 公里，被誉为“路面地铁”，其公共交通承担了全市出行总量的 68%。

BRT 的最大优势在于项目建设、运营和维修的成本要比轨道交通低很多，同时建设周期短、见效快、灵活性高。通常建设1公里地铁所需要的资金可以建成10~20公里的快速公交网络；快速公交线路的建设时间一般不到地铁的一半；此外，快速公交系统可以分阶段实施，线路提前运营，随城市的发展而变化，并可与其他形式公交结合形成多种快速公交模式。因此，中国大量的中小城市在面临地铁建设审批难、建设运营成本高的情况下，可以考虑选择BRT来作为解决交通问题的重要方案，可以依据城市的交通需求、土地使用规划以及财政状况的不同，实行不同的BRT模式。在城市公共交通系统中的具体运用形式可分为五种：一是成为整个公交的主体，如库里奇巴市；二是应用于地铁或轻轨的延伸；三是作为今后建设地铁或轻轨的过渡交通方式；四是与地铁和轻轨混合使用（即与轨道交通共同组成城市公交系统）；五是独立式的快速公交系统（即建设一条或多条互不关联的快速公交走廊）。

2. 综合的土地利用规划，建设绿地公园计划

统计范围内城市各种绿化用地总面积占统计面积的百分比，是反映城市环境质量的一项重要指标。中国政府规定，城市园林绿地包括五类：公共绿地、环境绿化用地、生产绿地、防护绿地以及城市和郊区风景名胜区。计算绿地率时，对城市建成区和郊区应分别统计。并规定，城市新建区的绿化用地面积应不低于总用地面积的30%；旧城改建区的绿化用地面积应不低于总用地面积的25%。

据住房和城乡建设部计划财务外事司新近编制的《2012年城市、县城和村镇建设统计年报（分省数据）》，至2012年末，全国城市拥有公园绿地面积517815公顷，共有公园11604个，公园总面积306245公顷，人均公园绿地12.26平方米。这一数据与发达国家的水平还有一定的差距。而与以绿色城市相称的库里奇巴相比，差距更为明显。因此，就我国中小城市发展而言，绿色空间建设将是极为关键的一个环节。

3. 垃圾分类处理，实行垃圾有偿回收计划

目前，全国生活垃圾清运量约为16395万吨，其中生活垃圾无害化处理量约为13089万吨，无害化处理率达79.8%。垃圾处理处置方式通常有卫

生填埋、焚烧和堆肥。在我国，各省城市的垃圾处理水平和方式有较大的差异，大多数城市垃圾处理刚刚起步，卫生填埋为多数城市生活垃圾处理的主要处理处置方式，部分城市还有相当简易的填埋场在运行。在海南、浙江、江苏、云南这些省份城市生活垃圾焚烧比例相对较高，达到或超过50%。根据最新统计，目前我国城市级垃圾焚烧厂有138个，处理能力超过12万吨/日，各省拟建垃圾焚烧项目总规模约为30.72万吨/日。和过去相比，垃圾焚烧厂有大型化的趋势，平均规模将达1000吨/日。

相对而言，我国城市生活垃圾总体处理能力小，技术水平依然较低，垃圾处理设施的隐患较大，城市生活垃圾污染依然较严重。而从库里奇巴的经验来看，生活垃圾处理已实现资源化利用，高效资源化利用是未来的发展趋势。因此，尽快完善垃圾处理处置产业化政策，推动制定垃圾处理处置设施建设和运营的保障性、鼓励性措施，引导和推动产业健康发展。同时，积极鼓励垃圾分类处理、资源化回收利用，采用优惠的补贴政策如在再生能源、碳减排交易等领域，加强垃圾资源化利用的技术开发与推广。

参考文献

Leroy Demery, *Bus Rapid Transit in Curitiba, Brazil-An Information Summary*, Section 6 (Dec. 11, 2004), http://www.publictransit.us/ptlibrary/specialreports/sr1.curitibaBRT.pdf.

Hanna-Ruth Gustafsson and Elizabeth Kelly, *URBAN INNOVATIONS IN CURITIBA: A CASE STUDY*, Yale Law School, 2012.

The Brazilian city Curitiba awarded the Globe Sustainable City (Apr. 7, 2010), http://globeaward.org/winner-city-2010.

J. Rabinovitch, "Innovative Land Use and Transport Policy, The Case of Curitiba," *Land Use Policy*, Vol 13, No 1 (0264-8377 (95) 00023-2) 1996.

Smith and Hensher, "The Future of Busways—the Brazilian Experience. Institute of Transport Studies, University of Sydney, Australia," *Transport Review*, 1998, vol 18, No. 2.

TCRP Research Results Digest 33: *International Transit Studies Program: Report on the Spring 1998*.

T. E. Dunleavy, *Mission: Private Urban Transit Systems and Low-Cost Mobility Solutions in*

Major Latin American Cities, Eno Transportation Foundation, Inc. , Transportation Research Board, National Research Council, Washington, D. C. , 1999.

Luis Lindau, Dario Hidalgo & Daniela Facchini, *Curitiba*: *The Cradle of Bus Rapid Transit*, 36 BUILTENV'T 274, 274 (2010).

Mike Power, "Common Sense and the City: Jaime Lerner, Brazil's Green Revolutionary," *THE GUARDIAN* (Nov. 5, 2009), http://www.guardian.co.uk/environment/blog/2009/nov/05/jaime-lerner-brazil-green.

Jaime Lerner, *A Song of the City*, 2007, https://www.ted.com/talks/jaime_lerner_sings_of_the_city.

B.23

伦敦解决市中心区住宅拥挤的措施

闫彦明

摘　要：长期以来，伦敦市在住房管理方面积累了大量的成功经验。但近些年来，随着移民数量的快速增加、海外投资者在伦敦房地产市场投资热潮的出现，伦敦市中心区住宅拥挤现象再次出现。针对新现象，伦敦市政府推出了一系列针对性措施，产生了良好的效果。

关键词：伦敦市　住宅拥挤　保障房　房产税

作为全球最发达、最成熟的城市之一，伦敦一直是各国研究城市规划、城市管理的标杆。但在近些年中，随着经济、贸易全球化的发展，全球人口的流动性也在增强，伦敦也因此成为对外来人口吸引力最强的城市之一，这在客观上使市中心区住房拥挤现象日趋严峻。

一　伦敦市中心区住宅拥挤的特征

1. 居民住房拥挤现象持续加剧

根据伦敦市政厅（Greater London Authority City Hall）在2013年10月发布的《住房特点》的分析报告，伦敦市住宅拥挤现象在过去的十年中持续加剧。报告中列举了如下一些数据。

- 2011年，伦敦市22%的居民存在住房拥挤现象，且从2001年以来以5%的平均速度递增。

• 2011 年，伦敦市租房方式居住的个人与家庭中有 37% 存在拥挤现象；其中，从人均住房面积来看，亚洲人和黑人的拥挤程度大约是伦敦市平均值的 2 倍。

• 2011 年在伦敦市 279000 个单亲家庭中，约 1/4 存在住房拥挤现象。

• 2011 年，72% 的房屋和 28.5% 的公寓套房处于过于拥挤的状况。

• 74.3% 的通过社会方式进行租房的居民和 72.1% 的租用私人房屋的居民都居住在公寓套房里面（而非独幢公寓）。

这些数据从总体上显示出，自 2001 年以来，伦敦市居民租住房屋的居民中大多数处于居住拥挤的状况；而从住宅情况看，大部分的住宅楼与公寓都存在过于拥挤的现象，且以上这些情况在持续地恶化。图 1 反映了房主自住、社会租赁、私人租赁的比例对比，这说明家庭购房占据很大比例——市区的独幢房屋数量远远少于公寓套房的数量。

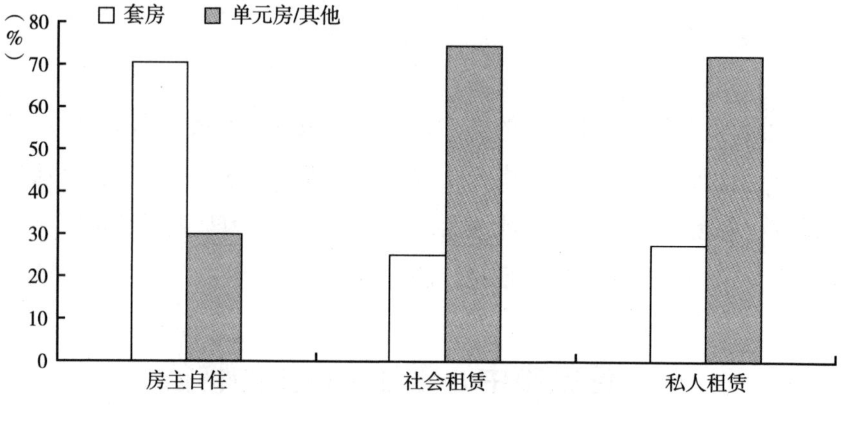

图 1　伦敦市区租、住房比例比较

资料来源：Greater London Authority City Hall, *Housing Characteristics*, Oct. 2013。

2. 居民合租房屋现象虽然比例不高，但高度集中于城市中心区

根据该报告，2011 年有 1.1% 的居民（35500 个合租的个人或家庭）以合租的方式居住，这个比例是英格兰和威尔士地区最高的。与过去相比，该项比例有显著的提高——2001 年仅为 0.3%（8850 个合租案例），合租案例

数量增加了26650个，增长率高达301%。进一步看，合租这种过度拥挤的居住方式在伦敦市区的分布特点比较鲜明，即主要集中于市中心区域：以市中心为原点向外，合租房屋比例呈现了“扩散式下降”的总体趋势；但西部、北部的总体比例高于其他地区（见图2）。

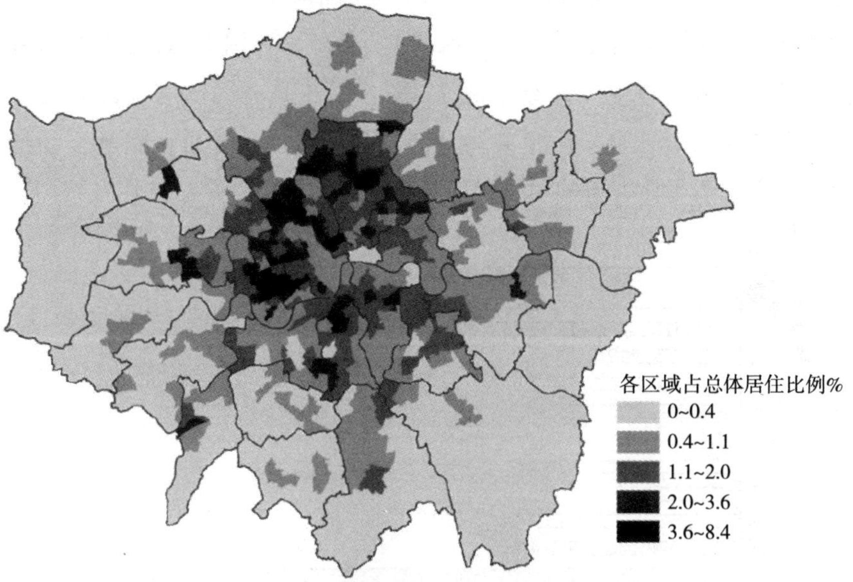

图2　2011年伦敦市合租房屋案例的空间分布

资料来源：Greater London Authority City Hall, *Housing Characteristics*, Oct. 2013。

进一步看，伦敦市区的租、住房集聚特点也较为明显：号称“富人区”的西区，吸引了大量白领阶层的集聚，在租房方面的合租比例相对较为集中；东部、南部则已经成为黑人、中低收入人群集中居住的区域，而部分地区由于租金和生活成本较低等因素而吸引了许多外来流动人口、移民等人群的集聚。另外，在长期的过程中，许多处于中产阶层位置的群体，出于对住房面积、子女就学等因素的考虑，也逐渐呈现出外迁的倾向。例如，Harpenden等周边的卫星镇基本上呈现别墅化、大面积公寓化等特点，与市中心的1、2区住宅完全不同。

3. 伦敦市区房价持续上涨，房价大幅度高于英国其他地区

根据英国国家统计局（ONS）2014 年 2 月 18 日公布的数据，英国 2013 年 12 月房价年率涨幅较前月扩大，表现为 DCLG 房价指数年率上涨 5.5%，前值为上涨 5.4%。经季节调整后，英国 12 月平均房价较前月上涨 0.9%。在过去一年里，英国大部分地区的房价年率涨幅开始强劲提升，其中伦敦地区的房价涨幅超过全国平均水平的两倍①。另外，英国 12 月首次购房者购买房屋的平均价格较上年同期上涨 7.4%。图 3 是英国国家统计办公室在 2013 年发布的资料，显示出伦敦与英国其他地区的房屋价格指数变动的对比情况。

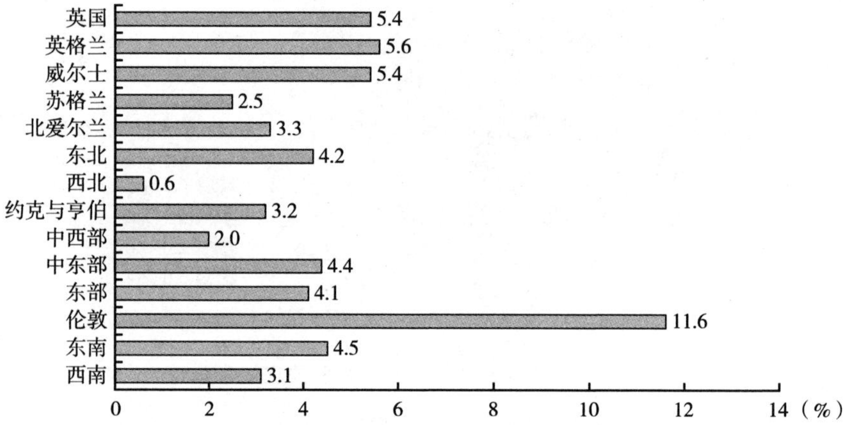

图 3　英国不同地区房屋价格指数变动情况对比

注：①未经过季节调整；②数据通过调整抵押贷款调查的方式收集而来。

资料来源：*House Price Index*，November 2013，Office of National Statistics（UK）。

另外，伦敦市中心区域房屋价格上涨及由此造成的住宿拥挤问题与空间相对饱和、供求关系相对紧张有关。据统计，2011 年，大伦敦区域内新增供应量上涨 148%，达 7273 套住宅，但伦敦市中心区域几乎没有新增住宅

① 数据显示，12 月英格兰地区房价年率上涨 5.7%，威尔士地区房价上涨 4.8%，苏格兰和北爱尔兰地区房价则分别上涨 0.5% 和 4.8%。当月伦敦房价较上年同期上涨 12.3%，创 2010 年 8 月以来最大涨幅。

项目。在需求方面，预计伦敦人口在10年后将由2011年的780万增长至840万①，从而导致供需失衡情况进一步加剧。

二 伦敦市中心区住宅拥挤的主要成因

从长期来看，伦敦市在房地产市场管理方面采取了许多措施，但近年来市场供求关系的变化，导致了住宅拥挤现象的加剧。

1. 移民数量持续增长

英国有着非常完善的社会福利制度，居民所享受的医疗、补贴等方面的待遇在发达国家中有一定优势，所以英国受到了各国移民群体的青睐。另外，英国发达的教育体系、完善的公共服务等也是吸引各国移民的重要因素。其中伦敦是移民的重要目标城市。根据伦敦市政府有关统计，与2001年相比，几乎所有国家转移到伦敦长期居住的居民人数都出现了不同程度的增长，其中印度、波兰、尼日利亚等国移民数量增长较快。统计数据还显示，外来移民大量到来也带来高生育率；目前在伦敦各医院中出生婴儿中，2/3的父母都是外来移民。可见，海外移民及出生率的提高，是导致伦敦市区住房紧张的一个重要因素。据估算，如果外来移民的增长势头不变，伦敦的人口将在2030年之前突破1000万的大关（见图4）。

2. 海外住房投资导致房地产市场过热

长期以来，伦敦享有的安全投资信誉、透明的法律机制、较为稳定的国民经济以及房地产市场价格的稳步上升等，使得伦敦市成为各国投资者进行房地产投资的理想地和规避资产配置风险的避风港。根据英国地产中介机构莱坊经纪公司（Knight Frank）的数据，2012年伦敦市区新建住房2/3的楼花被亚洲客户买走，这些投资者购买的房地产类型几乎覆盖了伦敦中心城区从高端豪宅到普通公寓的所有商品房。另根据仲量联行估算数据，2012年

① Http：//www. lutall. com/NewsDetails. aspx? CateId = 13&Id = 161.

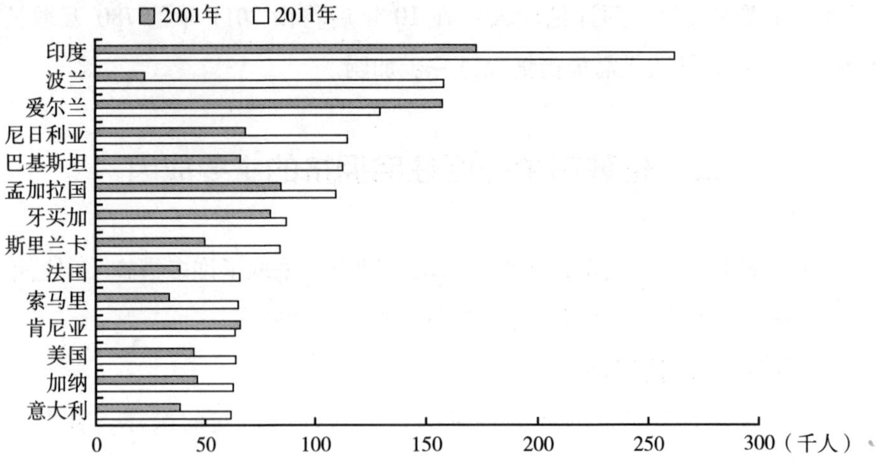

图 4　非伦敦出生的居民：出生所在国前 10 位情况（2001 年与 2011 年比较）

资料来源：Census Information Scheme，*2011 Census Snapshot*：*Country of Birth*，*Passports Held and National Identity*，December 2012。

伦敦的半数新建住宅是由海外投资者购买，投资总价值在 40 亿 ~ 50 亿英镑。结合图 2、图 4 的情况看，伦敦市区的房屋价格在长期中保持了快速增长的态势，尤其是在 20 世纪 90 年代（见图 5）。

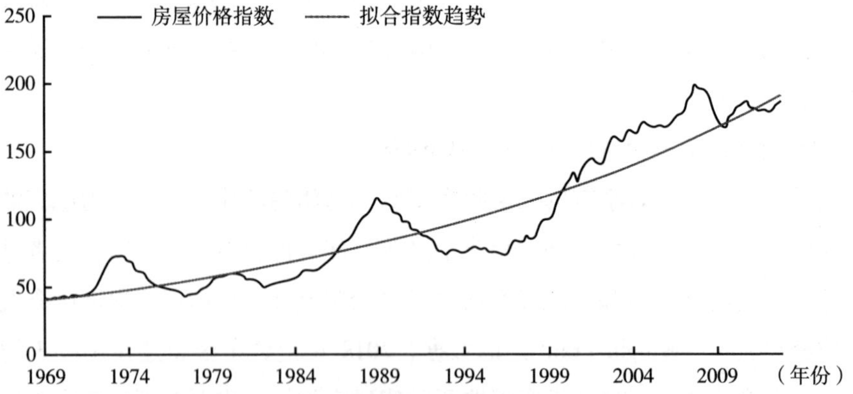

图 5　1969 ~ 2010 年伦敦房价指数增长趋势

资料来源：大伦敦政府研究报告，*Housing in London—The Evidence Base for the London Housing Strategy*，2011。

海外富裕群体的持续投资，给伦敦房地产带来了多方面的冲击。一是房价的高企，改变了本土居民房屋使用方式。根据剑桥大学有关调查，在20世纪90年代初期，英国人中43%有自己的房产，但这个比例已经逐渐下降到了目前的35%，而且根据民意调查，还会有进一步下降的趋势。按照伦敦居民平均月薪2000英镑左右的水平，相当多的家庭难以负担巨额房价，被动地选择租房的方式。二是房价的不断高涨，也推动了住房租金“水涨船高”，由此进一步导致合租、投资者购买后再分租等情况日趋普遍，加剧了市区居住拥挤的状况。

3. 交通成本不断提高，使得部分低收入群体选择在市区或近郊合租，以降低生活成本

目前伦敦几乎是全球市内交通费用最昂贵的城市，与欧洲其他城市相比，伦敦的地铁、公交等公共交通费用要高出不少。自2004年起，伦敦市政府几乎每年都上调公共交通的综合费用，导致居民乘坐公共交通的通勤成本不断提高。2007年，伦敦巴士和地铁票价平均上涨33%；2009年，伦敦市政府宣布进一步上调公共汽车、地铁票价，以及伦敦市中心区拥堵费的收费；2012年伦敦的地铁和公交车票价平均上涨约8%；2013年1月起，伦敦公交票价平均上调4.2%；2013年底，伦敦市政府宣布2014年地铁票价将继续上浮4.2%左右。早在2009年，《福布斯》网站发布的美世咨询公司《2009年全球生活成本调查》报告显示，在20个全球大型城市中，英国伦敦地铁单程票价达4.33美元，位于榜首，东京、柏林分别以3.25美元、2.69美元的地铁票价列第二、三位。虽然伦敦市政府将涨价解释为能够为伦敦的交通体系带来更多收益、有助于更新交通设施、提高服务等，但高昂的交通费用改变了相当一部分低收入群体的居住方式，其被迫“蜗居”在市区一些租金相对低廉的公寓房内，从而加剧了市区居住拥挤的压力。

三　伦敦市政府缓解住宅拥挤的措施

伦敦市长期以来在住房管理方面积累了大量的成功经验。例如，19世纪90年代开始，政府开始扩大公房建设，以缓解市区住房压力；到了第一、第二次世界大战期间，政府进一步加大对住房的干预，对住房建设提供补贴。又如，在20世纪中期以后，市政府大力推动城市交通体系建设，推动了大量人口搬到郊区居住，极大地缓解了市中心的居住压力等。但近年来，由于人口持续流入、市区住宅供给增量不足，出现了一些新的居住拥挤现象。对此，伦敦市政府积极推出了一些新的缓解措施。

1. 控制移民过快增长态势

控制人口总量是遏制住房市场供求关系紧张的根本措施。在英国前工党政府执政的10多年里，每年进入英国的外来移民人口约有25万人，移民快速增长的现象及产生的经济、社会影响等已经引起了英国及伦敦市政府的高度关注。在任英国联合政府的执政承诺之一就是在任期内将每年外来移民人数控制在10万人以内，而民间压力组织“移民观察”等也通过督促竞选伦敦市长等举措来影响政府推出应对移民潮的实际举措。具体来看，主要措施是对部分国家移民加强限制并遣返非法移民。2013年，英国首相卡梅伦随移民局官员突击检查了伦敦索萨尔（Southall）一处移民“蜗居”点，发现了高度拥挤、垃圾乱放等不良现象，这加速了英国政府出台对移民的限制政策，包括出台紧急措施来加强以往对罗马尼亚和保加利亚人自由入境的限制，英国议会通过紧急法律条例取消移民补助三个月，以及查处并遣返非法移民等。

2. 对住宅投资交易增税

在海外投资及国内住宅需求的双重推动下，英国及伦敦房地产价格及租金持续攀升，但这并未阻碍投资活动的步伐。根据英国土地注册局（Land Registry）统计，目前伦敦平均房价为40.4万英镑；目前英国购房者的购房借贷规模已经达到或超过金融危机前水平。但据有关房屋中介机构的分析，如果不尽快进行政策性干预，伦敦房价2018年将达到平均每座60万英镑（约99万美元），这将进一步加剧合租及居住拥挤的现象。因此，英国国内对海外购屋者课以重税、限制购买欲望的呼声高涨。目前，只有英国本地居民需要缴纳出售房屋的资本利得税，其目的是吸引国际投资，但也客观上导致了本地居民买卖房屋的不公平待遇。由于2012年3月，英国财政部长奥斯本已经宣布将价值在200万英镑的高档住宅的交易印花税从5%上调至7%，进一步提高了国内居民的房屋买卖成本：根据纳税人的具体情况不同，税费的征收比例为18%～28%。为了应对海外机构与个人赴英投资热的现象，英国财政部门决定，从2015年4月1日起，外国人在英国拥有的房产，在出售时的增值部分要缴纳相应的资本利得税。在英国《卫报》近期组织的一次近3000人的网络投票中，97%的被访者支持向海外投资者征税。

3. 对房屋空置行为进行高额罚款

部分海内外投资者采取的“投资－出售－获益”的投机模式，导致了部分房屋存在“买房不住”的现象，加剧了伦敦市区住房紧张的状况。其主要影响，一是减少了可出售房屋的数量、扭曲了供求关系；二是将房价和租金推高到了普通人无法负担的程度。为打击房屋空置现象，伦敦部分市区政府部门（如伊斯灵顿区市政厅）拟推出对“购房后就离开”的投资者施以巨额罚款的措施。根据2014年4月初伊斯灵顿区市政厅的草案建议，每个住宅房屋必须确保房子“一年内定期”有人居住，如果不能达到要求，业主将面临高达6万英镑的巨额罚款，判断的主要标准是房主是否能够提供定期缴纳的公用事业账单之类的证据。另外，收缴的罚款将被划入其他地方的保障性住房建设资金，以改善住房市场状况。据分析，这一新政主要是针对来自中东和远东等地区的海外富豪投资者，通过房屋空置的监控以释放一部分住宅空间。

4. 多种渠道为伦敦居民提供不同类型的住房

The London Plan（2011）提出，伦敦仍需提供更多的住宅来满足所有伦敦居民人不同的住宅需求以及对价格的承受度。按照《伦敦住房战略》（*London Housing Strategy*），伦敦市政府将从自有住房、租赁住房、改善原有住房质量等方面采取有效的方法来增加住房供给。在自有住房方面，伦敦实行First Steps项目，目标是帮助中低收入人群获得住房所有权，并预计该计划能为中低收入人群提供20000套住房（该项目的适宜人群被认为是收入在18100～61400英镑的伦敦居民）。在租赁住房方面，伦敦通过实施伦敦住房流动性项目（the Pan-London Housing Mobility Scheme）、可负担住房租赁项目

（Affordable Rent Programme）来鼓励社会房东和住房协会参与到为无家可归家庭提供私人或社会租赁住房，通过这些措施为租房的居民提供更多房源。除了这些措施，伦敦还通过“可负担住房战略”增加可负担住房的供给。[①]

为了应对新增住宅空间严重不足的难题，2013 年 7 月伦敦市政府推出了希斯罗机场拆迁计划。据报道，政府拟以大约 150 亿英镑的价格购买占地约 3000 英亩的希思罗机场，并在此新建约 100000 套住宅，预计可容纳 250000 人居住，从而形成一个全新的行政区，以大幅度缓解全国性的住房紧张状况。此计划的另外一个考虑是，“拥有两条跑道的希思罗机场几乎是满负荷运转，2012 年的旅客吞吐量为 6990 万人次。同时，由于噪声、污染和拥挤问题，希思罗机场不适合进一步扩建，应该关闭”。[②] 按照该计划，新机场的候选方案是在泰晤士河入海口的两个荒地之一建设新机场，或者是扩建伦敦北部 35 英里外的斯坦斯特德机场。

四　对我国特大城市缓解市区居住拥挤的启示

近年来，我国城市化进程有所提速，大量人口源源不断地流向各大型、特大型城市，其中北京、上海、广州等一线城市在承载人口流入方面压力最大，这不仅导致了城市资源的超负荷运转，也带来了房价高企、住房拥挤等现象。虽然在拥挤程度方面尚未达到伦敦市等的程度，但政府部门也需要借鉴国际城市在住房拥挤方面的教训与经验，及早采取相关措施来加以应对。

结合我国户籍政策的现状及各特大城市特点，主要可考虑在如下方面推出相关措施。

1. 完善户籍管理政策

虽然发达国家没有推行类似我国的户籍管理政策，但也通过其他途径对海外及国内不同地区的外来人口进行限制，以缓解城市资源环境压力。由于

① 此段内容参阅：俞林霞：《伦敦、纽约、新加坡城市住房问题及解决对策》，《中国城市研究》（电子期刊）2013 年第 8 卷第 1 期。

② 新浪财经，《伦敦市长准备拆迁希思罗机场建设 10 万套住宅》，2013 年 7 月 16 日。

我国人口数量巨大，且近年来处于快速城市化过程中，流动人口的持续流入必须引起特大城市的高度重视。可考虑推行优先人才落户政策、控制户籍人口总量增长速度等措施来加以控制。

2. 继续执行住房限购政策

连续多年的房地产市场火热，导致了一线城市房屋和租赁价格的持续攀升，并客观上存在“价格泡沫”，本地相当多的中低收入家庭难以负担购房费用，而外地流入人口在承担租金方面也存在较大压力。在此背景下，应当在未来一段时期内继续执行住房限购政策，避免大量投资者涌入而推高房价和租金。

3. 增加廉租房等“公屋”类型的房源供给

从伦敦市的经验看，开辟多渠道的房源是缓解住房紧张现象的重要渠道。在中央的要求下，我国各地近年来都加快推进了廉租房建设，以满足低收入群体的住房需求。与此同时，借鉴伦敦的经验，还可以推出“住房流动性项目”、在市区或近郊通过加快对工矿企业的搬迁来提供大型的社区建设用地等措施。

4. 严格管理房屋空置现象

在经历了多年连续的房地产建设热潮后，我国许多城市出现了“鬼城”现象，房屋空置状况日趋严峻，就是存在大量的投资者“买而不住”的行为所致。与此同时，大量中低收入群体却负担着高企的租金和房价，这种扭曲的市场供求关系必须通过打击房屋空置现象来加以扭转。具体可以借鉴伦敦的做法，按照半年或一年的期限，对不能提供有效居住证据的房屋业主进行罚款，促使房屋加快投入到使用环节。

5. 完善房地产税收体系

目前，我国已经形成了对住宅投资交易的税收体系，税种大体覆盖了房地产的开发、保有和流转等环节。开发环节税收主要涉及土地增值税、耕地占用税、土地出让金等；流转环节主要涉及契税、营业税、印花税、所得税等；保有环节主要包括城镇土地使用税。目前的税收政策虽然在规范房地产市场交易方面发挥了一定作用，但由于存在重交易、轻保有的弊端，而未能有效遏制房地产投机现象的盛行。关键问题在于对投资型房屋流转税收力度不足、对房屋保有环节的税负水平过低。参照伦敦等全球城市的举措，可以进一步研究完善具有针对性的投资性房地产流转税收政策，加快推出具有操作性的房产保有税等，以遏制房价上涨带来的租金高涨及市区住房拥挤（如群租）问题。

参考文献

Greater London Authority City Hall, *Housing in London—The Evidence Base for the London Housing Strategy*, Dec. 2011.

Greater London Authority City Hall, *Housing Characteristics*, Oct. 2013.

Census Information Scheme, *2011 Census Snapshot: Country of Birth, Passports Held and National Identity*, Dec. 2012.

俞林霞：《伦敦、纽约、新加坡城市住房问题及解决对策》，《中国城市研究》（电子期刊）2013 年第 8 卷第 1 期。

闫彦明：《房产转让所得税该如何落地》，《检察风云》2013 年第 7 期。

城市空间篇

Urban Space

B.24

高效节能导向的未来城市交通*

张剑涛

摘　要：城市交通是城市发展的基础和关键。如何满足日益增长的城市交通需求，同时维护城市交通系统的安全、可靠、高效、便捷、可持续和可承受是其长期的发展目标。本文调查评估了全球各大地区 84 个大都市的城市交通状况，并在此基础上提出了未来城市交通发展的对策。

关键词：城市　交通系统　未来交通

过去的几十年间城市交通在模式、设施、流量等方面都发生了巨大的变化。几次技术变革对城市交通的发展起到了根本性的作用，如第一

* 本文主要基于 Arthur D. Little 公司的研究报告 *The Future of Urban Mobility 2.0*，特此致谢。

次工业革命带来的机械化，第二次工业革命带来的大规模制造，20 世纪中后期开始的计算机和人工智能的普及，当前兴起的清洁能源和互联网技术。这些对城市交通的影响和改变都是根本性的。技术不仅直接推动了交通方式的变革，同时改变了人们的生活方式，如远程通信和互联网的普及，使人们的购物、工作、交流方便发生了深刻的变化，也间接改变了城市的交通方式。为了适应不断发展的技术和持续变化的世界，城市交通也需要不断改变，特别是适应未来的环境和能源需求，以及出行方式的变化。

一　城市交通系统的潜在危机

世界人口向城市转移的趋势日益显著。自从 2007 年全球城市人口占总人口的比例首次超过 50% 后，这种趋势一直持续。预计到 2030 年，城市人口占全球人口的比例将达 60%，到 2050 年这个比例将达 67%。城市人口持续快速增长的结果之一就是大量增长的个人和家庭日常出行。目前全球交通总量的 64% 发生在城市，到 2050 年城市的交通总量将在目前基础上增长 3 倍，这会在若干方面造成显著影响。

首先，大量增长的交通需求会对环境污染和能源消耗造成影响。现代城市交通大量依靠机动车，这会消耗大量的能源。预计到 2050 年，城市交通将会消耗全球能源的 17.3%，相当于 1990 年的 5 倍。与此同时，造成的空气和噪声污染也会数倍增长。

其次，大量增长的交通需求会对人们的日常生活造成重大影响。目前的城市道路系统未来将会承受更加巨大的交通压力。预计到 2050 年，每个城市居民每年被交通拥堵所占用的时间会达 106 小时，是目前的 2 倍。

最后，不断的技术和生活方式改变会对公共交通提出持续发展的要求。这包括交通设施、车辆种类和数量、交通方式、交通容量等多个方面。如果缺乏对这些方面的长远规划，会对城市未来的竞争力和吸引力造成深远的影响。

城市交通的需求和模式随着城市、生活、产业、技术等多方面的发展而持续改变。城市居民的出行需求和习惯会根据能够得到的交通工具、交通方式和交通服务而改变。人们关心的是便利、快速和准时，同时环保也成为人们日益关心的方面。公共交通受限于公共财政，无法经常大规模更新，因此需要通过创新来提升容量、效率和吸引力。这些创新包括信息技术、互联网、远程通信、能源、环保、机械等。综合这些因素，未来城市交通的关键在于：采用何种模式以满足人们的出行需求，以及经济、技术、环境等多方面的可行性。

二　国际大都市的交通状况评估

1. 评估方法

针对全球6大地区的大城市的交通状况的评估，可以整体上把握世界大城市的交通发展和趋势。所评估的城市（见表1）和评估标准（见表2）如下。

表1　参与城市交通评估的全球6大地区的大城市

类别	北美	南美	欧洲	非洲/中东	亚洲	太平洋
C40组织*中的国际大都市	芝加哥 休斯敦 洛杉矶 纽　约 费　城 多伦多 华盛顿	波哥大 布宜诺斯艾利斯 加拉加斯 利　马 墨西哥城 里约热内卢 圣保罗	雅　典 柏　林 伊斯坦布尔 伦　敦 马德里 莫斯科 巴　黎 罗　马 华　沙	亚的斯亚贝巴 约翰内斯堡 开　罗 拉各斯	曼　谷 胡志明市 孟　买 德　里 香　港 首　尔 达　卡 雅加达 东　京 河　内 卡拉奇	墨尔本 悉　尼

续表

类别	北美	南美	欧洲	非洲/中东	亚洲	太平洋
各地区中GDP领先的国际大都市	亚特兰大 波士顿 达拉斯 迈阿密	—	巴塞罗那 里斯本 圣彼得堡	金沙萨 巴格达 德黑兰	安卡拉 班加罗尔 马尼拉 拉合尔 钦　奈 海得拉巴 北　京 上　海 广　州 深　圳 天　津 武　汉 加尔各答 大　阪	—
各地区中交通状况良好的大都市	波特兰 蒙特利尔	库里奇巴 圣地亚哥(智利)	阿姆斯特丹 慕尼黑 赫尔辛基 哥本哈根 斯德哥尔摩 法兰克福 维也纳 布拉格 苏黎世 斯图加特 南　特 布鲁塞尔 汉诺威	迪　拜	新加坡 吉隆坡	—

* C40 组织（C40 Cities-Climate Leadership Group）是全球致力于温室气体减排和应对全球气候变化的国际大都市所成立的一个引领性的全球网络，其官方网站为 http：//www. c40. org/。

资料来源：Arthur D. Little 公司的研究报告 *The Future of Urban Mobility 2. 0*，第 11 页。

表 2　城市交通评估的要素

单位：分

成熟度(58)		表现(42)	
标　准	权重	标　准	权重
公共交通的经济吸引力	4	交通相关的二氧化碳排放量	4
公共交通所占的比重	6	二氧化氮浓度	4
道路网密度	4	PM_{10}的浓度	4
自行车专用道的密度	6	交通死亡率	6
中心城区密集度	2	公共交通的增长率	6
低排放交通所占的比重	6	低排放交通的增长率	6
自行车交通所占的比重	6	工作出行的平均时间	6
私人机动车辆的共享	6	机动车辆的密度	6
公共交通的频度	6		
公共机构主导所占的比重	6		
交通卡的使用范围	6		

资料来源：Arthur D. Little 公司的研究报告 *The Future of Urban Mobility 2. 0*，第 12 页。

这些评价标准的制定综合考虑了影响交通的多方面要素，如质量、安全性、可达性、可承受性、可持续性、创新性、便利性，同时兼顾需求方、供应方，以及交通政策的制定者、实施者、受用者等。选择这些标准还需要考虑数据的可获得性、可比性、公开性、公正性。

2. 国际大都市交通状况

(1) 全球各大地区交通现状

所有被调查城市的平均得分是 43. 9 分。欧洲的大都市的交通状况是所有被调查城市中最好的，平均得分能够达 49. 8 分，其中西欧大都市的平均分为 51. 5 分，东欧和南欧大都市的平均分为 45. 2 分。根据调查结果可以发现欧洲地区的城市交通系统是全球各大地区中最成熟的和表现最平稳的。特别是有关交通人性化和环保性的三项指标：自行车专用道的密度、私人机动车辆的共享和自行车交通所占的比重，欧洲地区的城市明显领先于全球其他地区的城市。

南美洲和亚太地区的大都市的交通状况表现（42. 8 分）略低于全球平均得分。亚洲大都市的交通状况的差异大于南美洲的大都市，如香港和新加坡是全球交通最好的城市，而河内等城市的交通状况就相距甚远。香港和新加坡的公共交通水准高于其他地区，从公共交通费用、服务频度、交通卡的应用、公共交通所占的比重等多个方面都为公众提供了良好的服务。

北美地区（主要是美国和加拿大）的交通由私人汽车主导，公共交通和交通排放气体在全球各地区中排名相对落后。同时人均的汽车拥有数量和相应的交通拥堵也高于其他地区。

非洲和中东的大都市的交通状况是全球最差的，前者的平均得分为 37.1 分，后者的平均得分为 34.1 分。非洲城市的汽车拥有量较少，因此与汽车相关的交通拥堵、环境污染等现象比其他地区的城市少。但是这些城市的交通系统还未成熟，仍在发展建设之中。相比之下，中东城市的汽车拥有量比非洲高出许多，交通系统的混乱以及对环境的污染方面也都是需要改进的。

（2）交通状况领先的 11 个大都市

香港是所有被调查城市中得分最高的。尽管香港的人口密度是全球最高之一，但是它的交通系统是全球最高效和完善的。香港的公共交通的比重达 64% 而且费用低廉，私人汽车的平均拥有量是调查城市中最低的之一，交通卡的普及率是全球最高的而且能广泛运用到生活相关的多方面。发达的公共交通使香港与交通相关的出行时间、死亡率、环境污染等数据在调查城市中都是最低之一。

斯德哥尔摩的交通状况评分在被调查城市中名列第二，在被调查的欧洲城市中排第一位。它的自行车专用道是全球最为完善的，总长度全球第三，公共机构主导了大部分交通项目，交通卡被普遍应用。汽车的废气排放和交通死亡率在调查城市中都是最低之一。

阿姆斯特丹的交通状况评分在被调查城市中名列第三，在被调查的欧洲城市中排第二位。平均每三个居民有一辆汽车，远低于西欧城市的平均水准。同时私家车的共享程度是全球最高之一。自行车出行的比例在全球城市中排名前列。因此汽车对环境的污染远低于欧盟国家的平均水准。

哥本哈根的交通状况得分排名全球第四，欧洲第三。交通死亡率全球最低，人均汽车拥有率欧洲最低，个人单独交通出行比例不断降低。汽车对环境的污染远低于欧盟国家的平均水准。

维也纳的交通状况得分排名全球第五，欧洲第四。它和苏黎世的公共交通比重是欧洲最高的，达39%。同时维也纳的清洁能源在车辆方面的推广应用在全球处于领先地位。

新加坡的交通状况得分排名全球第六。同香港一样，新加坡拥有高度发达的公共交通系统，所占比重达48%，而且交通卡的应用也很普及。通过高额的税收和收费对私家车的保有量进行严格控制，以减少交通拥堵和环境污染等多方面问题。

巴黎的交通状况得分排名全球第七。巴黎的地铁发达，同时自行车出行比重也很高。政府大力推动私家车和自行车的共享。环保型低排量汽车的商业推广得到政府和私人机构的大力推广。

苏黎世的交通状况得分排名全球第八。苏黎世是欧洲公共交通比重最高的城市之一。政府制定了长期的交通规划，自行车交通系统发达完善，同时私家车共享程度很高。

伦敦的交通状况得分排名全球第九。伦敦拥有发达的公共交通系统和应用广泛的交通卡。虽然其汽车保有量很高且交通拥堵，但是工作出行时间、交通死亡率和环境污染程度都低于欧洲平均水准。

赫尔辛基的交通状况得分排名全球第十。拥有全球最密的自行车专用道，交通卡普及，同时交通造成的环境污染程度很低。

慕尼黑的交通状况得分排名全球第十一。慕尼黑发达的自行车交通和清洁能源应用使零排放的交通模式所占比重达到惊人的42%，同时拥有发达的多模式公共交通系统。

三　未来城市交通对策

1. 交通战略

根据对全球各地区不同类型的84个大都市的交通状况的调查评估，可以发现以下情况。

（1）交通状况与城市的规模关联不高，但是与城市富裕程度和公共交通所占比重密切相关。越是富裕的城市，公共交通比重越高的城市，交通状况越理想。

（2）发达地区城市的交通模式不是唯一发展方向，它们中的一些城市存在着公共交通比例过低、汽车排放污染环境等问题。因此发展中地区的城市不必一定向发达地区学习。

（3）创新是交通未来发展的关键，这适用于所有城市。每个城市都需要根据自身特点来创新以提升和完善城市交通。

针对不同交通类型的城市，有不同的交通发展策略。

（1）以私人汽车为主导的城市需要重新思考交通模式，对交通模式做出重大改变，逐渐向公共交通为主导转变，同时提升交通系统的可持续发展能力。

（2）以公共交通为主导的城市需要将城市交通设施和工具网络化，最大限度地保证不同交通模式之间的平稳高效衔接和转换，提升交通系统的整体效能。

（3）交通系统仍在初步发展阶段的城市需要明确未来发展的方向，确保在合理满足短期交通需求的同时坚持可持续、环保、安全和高效的交通系统长期发展目标。

2. 城市可持续交通系统

建设可持续的城市交通系统有四方面的要素：①明确可行的战略；②交通解决方案；③交通需求管理；④公共交通的财政支撑。这四方面需要同步发展，任一方面的欠缺都会导致城市交通系统整体效能的不足。

（1）明确可行的战略

制定明确可行的交通发展战略需要在政府、公共组织、私人组织和公众之间，以及全社会达成一致，形成统一的交通发展目标。创新和环保是未来城市交通发展的两大主题。为此交通管理者和运营者需要配合一致，通过市场化的手段推进交通的可持续发展。

①建立一个公开的、发展的和稳定的公共交通的政策体系，国家、地区

和城市的相关政策法规有机结合，明确合理地分配各自的角色和任务。

②公共交通的运营专业化和规范化。

③城市交通的目标建立在所有决策者和参与者都分工明确的基础之上。

④交通战略需要和城市总体规划相匹配，同时需要在发展与可操作性之间平衡。

⑤交通规划与其他城市政策相协调。

⑥将交通规划与城市其他方面的规划有机结合，统筹考虑，形成完整的城市管理决策体系。

⑦充分考虑不同交通模式和商业模式、市场化运营的合理竞争，保持资源的合理配置和市场活力。

（2）交通解决方案

城市交通的发展需要应对不断增长的交通需求，以及乘客和商业运作对于多模、无缝交通系统的需求。公共交通需要进一步延伸发展，从提供交通发展为提供出行解决方案。这需要将提升现有公共交通的质量与提升乘客体验充分结合。交通解决方案主要需考虑三方面的要素：交通设施和交通模式的供应和运营；交通的质量、安全、可靠、便捷、可持续和可承受；发展核心交通服务之外的附加增值服务。

①建设一个可持续的交通系统，并且不再重复现有城市交通已有的问题和错误。

②通过引入竞争机制促进公共交通由提供交通向提供出行解决方案转型发展，同时引入创新型的商业模式和合作机制以培育可持续的交通系统。

③促进公共交通的管理运营由家长式向顾客中心型转变，同时持续提升公共交通的质量和乘客体验。

④通过第三方合作等商业化运营模式提升乘客体验。

⑤促进多种交通模式的高效转换。

⑥发展综合交通换乘平台以结合不同的交通模式和出行需求。

（3）交通需求管理

交通需求管理与交通供应一样是城市交通的关键一环，同样需要成为交通规划的一部分。考虑到现有交通系统的有限容量以及发展所需的大量投资，市政当局对交通系统的反思和对交通系统的管理就显得至关重要。交通需求管理策略通常包括一系列与交通行为相关的奖惩措施，以鼓励交通系统的合理健康持续发展并适应公众的出行需求。

①鼓励社会组织、个人采取切实、合理、可持续的出行和地点选择方案。

②促进低噪声交通和最优化街道使用方案，提升居民和社区的生活质量。

③利用经济手段和价格杠杆调节交通需求和交通供给。

④通过收费和法规，利用停车政策调节交通需求和交通选择。

⑤制定合理的土地使用政策以促进发展长期可行的交通模式和换乘枢纽主导型的土地开发模式。

⑥鼓励企业制定积极主动的雇员出行和货物运输的交通策略，在减少成本的同时优化城市交通。

（4）公共交通的财政支撑

公共交通是优化城市交通的核心，如何保证公共交通的资金成为焦点。特别是在交通需求不断增长，对交通设施的要求日益提升以及交通服务水准不断提升的背景下，如何筹措充足的资金满足公共交通需求是当务之急。

①将资金集中用于能逐步提升公共交通服务质量的领域，并且保证资金使用的公开透明。

②使交通模式和交通服务更加个性化、更有针对性。

③评估公共交通资产并引入第三方服务和资金以扩大资金来源。

④以公共资金为主开发和运营交通项目，同时通过长期收益的商业模式吸引社会资金共同投入。

⑤开发基于公共交通的增值服务的收费项目。

⑥促进私营机构和企业通过合作方式参与城市交通建设，包括长期和短期项目。

四　对中国未来城市交通的启示

1. 大力发展公共交通

公共交通是城市交通的核心。根据对全球各大地区84个国际大都市城市交通系统的调查和评估可以发现，公共交通的发展直接决定了城市交通的质量以及交通对人们生活工作和城市其他方面的影响。我国城市相比国外城市，存在人口多、基础设施条件薄弱、用地少等特点，更需大力发展公共交通以满足公众的交通需求同时解决交通问题，集约城市用地。以公共交通为主，多种交通模式并存；以公共交通换乘枢纽为平台，联系和转换其他交通模式；强调不同交通模式之间的集中高效转换；以交通枢纽主导城市开发。香港、新加坡等亚洲大都市已在这方面提供了经验借鉴。

2. 提升交通系统的可持续性

以简单增加道路面积和机动车数量来解决城市交通的方式无论从城市建设、能源消耗还是环保角度都是不可持续的。提升城市交通系统的可持续性的关键是保证公共交通的主导性，推广清洁能源，鼓励低排放或零排放的出行方式，将交通系统与城市总体规划紧密结合。从细节处入手，普及能广泛应用的交通卡，鼓励自行车出行以及加快自行车专用道建设，鼓励私家车共享，大力推广并鼓励清洁能源汽车，引导并限制私人汽车的使用，在城市规划中合理布局以减少交通出行。

3. 明确交通系统的长期战略

城市交通系统的发展和建设需要有明确的长期战略，其前提是在满足短期需求的同时以安全、可靠、高效、便捷、可持续和可承受为原则发展适应城市自身特色和需求的交通系统，以满足不断发展的城市交通需求和为城市发展创造条件。创新和环保是未来城市交通发展的两大主题，通过市场化的手段推进交通的可持续发展。所有决策者、执行者、参与者、消费者明确合理地分配各自的角色和任务。城市交通的目标建立在所有决策者和参与者都分工明确的基础之上。交通战略需要和城市总体规划以及其他城市政策相匹配协调，同时需要保持发展与可操作性之间的平衡。要推进公共交通的运营专业化和规范化。将交通规划与城市其他方面的规划有机结合，统筹考虑，形成完整的城市管理决策体系。充分考虑不同交通模式和商业模式、市场化运营的合理竞争，保持资源的合理配置和市场活力。

4. 优化对交通系统的管理

城市交通的发展对管理的要求日益提高。管理的对象包括交通需求、供应、运营和资金等多方面。考虑到现有交通系统的有限容量以及发展所需的长远战略、大量投资，市政当局对交通系统的持续评估和对交通系统的管理就显得至关重要。交通管理的目的是鼓励交通系统的合理健康持续发展以适应城市居民游客的出行需求。交通管理的目标包括多方面：鼓励社会组织、个人采取切实、合理、可持续的出行方式；促进交通系统的可持续发展，提升居民和社区的生活质量；利用经济手段和价格杠杆调节交通需求和交通供给；制定合理的土地使用政策以促进发展长期可行的交通模式和换乘枢纽主导型的土地开发模式；鼓励合理的客运和货运交通策略，在减少成本的同时优化城市交通；将资金集中用于能逐步提升公共交通服务质量的领域；使交通模式和交通服务更加个性化、更有针对性；以公共资金为主开发和运营交通项目，同时通过长期收益的商业模式吸引社会资金共同投入；促进私营机构和企业通过合作方式参与城市交通建设，包括长期和短期项目。

参考文献

Http：//www. adb. org/sectors/transport/key-priorities/urban-transport，2014 年 2 月 3 日。

Http：//www. adlittle. com/future-of-urban-mobility. html，2014 年 2 月 2 日。

Http：//www. reinventingtransport. org/，2014 年 2 月 4 日。

Http：//www. urbantransport-technology. com/，2014 年 2 月 4 日。

B.25

美国“创新城区”的演化与成长*

李　健

摘　要：如何理解创新城区空间组织演化机制并用以指导实践发展是当前的重要任务。报告借鉴布鲁金斯对创新城区资产构成的分析，把握创新城区演化的角色体系；进而分别从企业维度、政府维度对创新城区的成长机制进行考察，并基于此提出发展启示。

关键词：创新城区　创新地理空间　成长机制

作为一种全新的空间结构形态，创新城区与过去以地租理论为核心主线的城市空间组织截然不同。那么以何种要素来重新解释创新城区空间组织演化机制并用以指导实践发展就成为亟须解决的问题。布鲁金斯的《创新城区的崛起：美国创新新地理》报告通过对创新城区资产构成进行分析，把握创新城区演化的角色体系；进而分别从企业维度、政府维度对创新城区的成长机制进行考察，对不同主体推进创新城区发展的作用和渠道进行了梳理。

一　创新城区的资产构成

创新城区可以驱动创新性、包容性和可持续发展等全新社会内涵，这其

* 本文主要基于对布鲁金斯学会报告《创新城区的崛起：美国创新新地理》的介评，并进行了中国启示的研究分析，特此致谢！
本文为上海市软科学基地（上海市创新型城市发展战略研究中心）基金项目（批准号：12692180300）。

中的作用机制仍有待挖掘。与传统基于功能分工的城市空间组织，或最近围绕城市交通枢纽发展形成的城市活动中心发展机制不同，创新城区主要包括三种构成：经济资产、空间资产、网络资产，通过三种资产的互动作用推进创新城区发展。其中经济资产包括驱动、培育与支撑创新性环境的企业、机构和组织；空间资产包括三类主体，具体为公共领域空间、私人领域空间、连接创新城区与其他城区的渠道；网络提升创新经济集群的价值与产出的能力，已得到学术界乃至产业界的广泛认可，网络资产主要分为“强连接”与“弱连接”两种，其判别标准主要来自于行为体之间的联系频度、相互关系的情感强度、互动行为的互惠度等。

以上三种资产的相对力量在不同社区有所不同。有的地方创新城区脱胎于强的经济资产集群中，但可能缺乏重要的空间资产，需要重新进行城市空间总体规划和设计；在另外一些案例中，创新城区空间资产丰富，但是经济资产、网络建设亟待强化。创新城区只有通过三种资产的有机结合，特别是在一种活跃性、支持冒险的文化氛围中才能得到最好的发展，形成创新生态系统。一个好的创新生态系统就是人群、企业以及地方之间的良好协同关系，这些有利于思想产生和加速商业化运作。

报告提出通过研究和访谈都显示，支持冒险的文化可以不断提升创新效率，包括：通过风险投资来开发项目并容忍失败；打破传统的、垂直性的等级体系，重视从二三十岁的年轻人到更具经验的领导阶层的人才多元性；改变研究机构和组织中存在的传统规则，企业间可以自由流通思想，共享空间和技术；具有长远目光而非追求短暂回报，因为创新过程在突破阶段很难得到收益。

许多资产可能表现为一种传统要素，这些资产已经成为城市经济发展的重要组成部分，他们正被重新设计来支持创新活动、贸易部门等，推进城市经济发展。例如研究性大学，过去往往被描述为一个具有研究部门的教学机构，但现在正在日益成为推进创新活动商业化和进入市场的主体力量，工作内容包括高效率技术转移办公室，投资创新加速器，鼓励和支持相关产品，开发临近土地，集中未来的经济增长力量。

二 创新城区的推进主体

从目前的经验看，创新城区大概包括三种类型：“支柱核心”型（Anchor Plus），主要是位于中心城区，在主要的支柱创新机构周边形成大规模的混合功能开发和参与主体，典型代表包括坎布里奇市的肯戴尔广场、费城大学城、匹兹堡的大奥克兰社区等。“城市区域再造”（Re-imagined Urban Areas）型，一般是旧城改造区域，区域内的工业或仓库区有待功能利用转型，通过与先进研发机构与支柱性企业的合作共同推动区域创新发展。典型代表包括波士顿的南岸区域、旧金山的 Mission 海湾、西雅图南湖联合区域及布鲁克林海军码头区域。“城市化科技园区”（Urbanized Science Park）型，一般位于郊区及城市远郊的区域，这些以往是孤立、蔓延式的区域，通过高密度开发及融合一系列零售、酒店等新功能来提升城市开发。北卡罗来纳创新三角区域、威斯康星－麦迪逊大学的研发园区、弗吉尼亚大学研发园区，以及亚利桑那大学科技园等都是典型代表。

但创新城区到目前为止仍然属于一种地方化现象，包括政府、企业、大学、开发商等积极参与其中并推动发展。从美国最近的发展趋势看，一些国家级或者全球性机构已通过资本及设施投资创新城区建设。按照目前发展趋势，未来创新城区在未来尺度和规模都将持续增加，这主要受市场和人口、开放创新、地方政府及地方领先投资公司等所驱动。如果创新城区在更大范围内充分发挥其潜力，包括那些具备专业知识的资产富裕公司、公民实体、金融机构都会进行规模投资，推动创新城区的规划和建设。

（一）企业吸引力

到目前为止，地方机构和民间投资仍然在推进创新城区发展的动力体系方面扮演主要的角色，利用地方机构资产作为撬杆吸引更广泛的投资。也有全球性的技术巨头结构如微软、谷歌，大型医药企业如 Pfizer 和

Novartis，大型城市开发公司如森林城市企业等都开始注意创新发展的趋势，开始投资于边缘创新城区。但整体而言，大型企业和全球机构尚未发力。要充分推进全社会特别是企业力量对创新区域的关注，需要突出以下几个方面。

1. 创新城区是一个独立城市次级空间地理单元，具有和传统城市新区一样的高投资回报

当风险和收益日益明显的时候市场就开始形成，这样投资者可以采用明智的投资方式。追踪创新城区经济趋势（包括居住增长、房地产价值评估、商务信息和增长、技术转移活动）将会给予投资者大规模进入市场的信心。投资于创新型企业和创业企业的公司，可以从更宽广的城市和大都市区尺度来考察投资环境。那些专注于混合利用开发和城市零售开发的企业（如 Post Properties，Whole Foods）将会视创新城区为肥沃的地理土壤，积极布局来销售他们的产品和服务。那些能提供创新产品和服务的企业（如法律、审计、市场营销、咨询等）也将会转移布局。

考虑到创新城区对于工作岗位供给的巨大潜力、社会慈善等，公司和公民都意识到推进创新、包容发展的红利。此外考虑到这些新社区的企业家精神，通过社会募集来推进创新和社区计划的需求将会成倍增长。简言之，创新城区代表着市场创造的一种形式，随着数据和分析日益突出，这种市场形式将会在规模以及尺度上实现增长。先行企业在初始投资中获取的高收益，使得常规投资的标准化和范式逐步建立。

2. 创新城区最终需要被认为是一个统一的资产体系，具有多元投资的协同效应，强化彼此之间的价值联系

金融机构、政府机构、社会服务全面融资（例如股权投资，贷款和赠款等）需要布局于一个小的地理空间，互动作用的方式在于提升不同要素的价值。与之比较，创新城区提供一个可能的工具来实现“横向思考跨越产业和部门”，并且克服城市投资中来自于破碎资源的“垂直分散”的倾向。随着创新城区的演化，能够刺激新的金融创新和释放新的资本流，大型商业银行则会通过特殊措施来将他们的无空间属性的产品和金融工具实现空间连贯，其他大型金融机构可能直接投资于设计、执行、管理等新领域业务的企业和中介机构。最后的发展结果是：有足够的早期风险资本和商业借贷来支持创新城区中企业的建设和扩张，通过房地产、小型商业、社区借贷等来强化区域建设，为企业和员工来提供他们奋斗的场所和混合利用的办公空间。

（二）政府原动力

到目前为止，美国政府并没有刻意鼓励创新城区的崛起，甚至并没有意识到这种发展趋势。政府积极参与会加速创新城区的建设和成长，丰富这种新趋势的内涵，主要可以发挥三方面的重要作用：刺激创新和创业、融资土地和改善基础设施、提升人力资本。

1. 创新和创业

在美国，如果没有联邦政府投资基础和应用科学、各州政府建设公立大学等基础力量，很难想象在 20 世纪后期会出现硅谷、创新三角及波士顿大都市区等知识城市。联邦政府和州政府一系列的发展政策为创新提供了机构平台，思想的产生和商业化运作及企业的成长、扩张。

美国联邦政府和州政府在过去的创新发展阶段分别发挥了不同作用。例如，联邦政府在研究资金资助方面发挥主要作用，在 2011 财年的研究实际支出约为 1257 亿美元，而州政府（地方政府）大概只有 38 亿美元的支出，多数是投向大学及学院的学术研究。联邦政府也通过中小企业管理部门以及进出口银行的借贷等支持创业、企业扩张和贸易活动。与之比较，州政府主要投资公立大学，及与地方产业集群、竞争优势、税务、旧城改造和更新等投资性支出密切相关的高端研究活动。无论对联邦政府还是州政府而言，最重要的是保持现状和提供持续的平台来资助支持创新。在当前财政紧缩现状下，保持现状就是最大的胜利。但仍然有几个方面的目标需要联邦政府和州政府考虑。

- 高级研发机构再布局。考虑到创新空间地理的转移，联邦政府和州政府应该考虑到在创新城区对新的或者成熟的高端研发设施进行再布局。联邦政府在俄亥俄州的 Youngstown 设立第一家国家制造业创新研究所，临近中小企业制造业集群；加州政府在旧金山的 Mission Bay 地区设立再生医学研究所；公立大学高端研究设施向创新城区的转移也已经变成一种趋势。在未来 10 年里政府需要思考高级研发机构的再布局，以更好地刺激市场和考虑政府投资的回报率。

• 瞄准研究资金。随着联邦政府投资于研发领域的资金变得更少，州政府将会扮演更加重要的作用，这有利于保持地方特定行业的地位和竞争优势。最近在加州、马萨诸塞、新泽西、纽约、得克萨斯等州出现针对这种发展趋势的公民征求意见活动。

• 催化资金。地方政府往往通过特殊的税收和支出等政策以推进创新活动机构平台的成长，包括纽约政府在最近花费 4500 万美元帮助俄亥俄州的爱迪生焊接研究所搬迁到水牛城。与此同时，马萨诸塞州也投资 500 万美金来帮助建设坎布里奇的实验中心设施。这类目标性投资都填补了基础科学和应用研究的基础资金需求。

2. 调整土地和改善基础设施

政府在传统上一直在融资和调整城市土地等方面发挥最大作用。在不同层面上，各级政府都会直接或间接投资于交通、公路、公园、居住等设施。就创新资本而言，联邦和州政府对于基础设施的投资在近些年变得不太可靠，这主要受困于财政的紧张和党派意见不同。因此，需要保证这类资金的持续性，才能保证创新城区的持续建设。包括以下几个方面。

• 基础设施障碍的清除。许多创新城区特别是那些位于滨水区和中心城区的地方，仍然存在一些过去发展如 20 世纪中期高速公路建设所带来的空间伤疤，这些伤疤往往将统一的社区分割，破坏城市街道的有机组织和城市空间连接性，通过将这样的基础设施清除可以刺激创新市场的发育。波士顿滨水区创新城区的建设，就是将高速路拆除，进而将滨水区与波士顿大都市区更好地进行联系。

• 智慧利用税收刺激。创新城区通常要面临城市历史文化价值保护的难题。如果对这些建筑进行改造，能够成为一个区域品牌重要组成部分，创新城区仍然倾向承担这个包袱，即使这个地块因为工业利用受污染需要重新整治，这个整治的成本可能超过其市场价值。在这个过程中可以借鉴针对文物保护、棕地治理、土地征集的税收政策，特别是在创新城区的开发过程中可以更好地利用并推广，例如圣路易斯的 Cortex 区域通过利用税收政策已经取得较好的成功。

- 智慧的资产标准。当居住、零售和小规模的创新活动已经围绕交通转乘站点和支柱机构开始运转时候，创新城区就开始形成。过去，联邦政府禁止这种混合利用发展模式，而是建设一个公共平台为某个家庭提供资助。随着 2008 年全球性金融危机后的住房改革，混合利用开发和多户家庭标准将会对创新城区的发展提供帮助。

3. 提升人力资本

在城市和大都市区域，联邦和州政府深深影响着基础教育和技能培训。在 2011 财年美国教育部花费 680 亿美元用于高等教育方面，州政府同样花费 2610 亿美元在高等教育领域，在整体教育方面地方政府的花费更是超过 6000 亿美元，美国劳力资源部花费 97 亿美元在劳动力技能培训方面。创新城区能够从政府大规模投资方面获益，特别是创新城区发展需要的特殊教育和特殊技能。为此，有几个模式值得关注。

- 学徒实习制。在南卡罗来纳州的几个重要的产业集群中企业实施的学徒实习制度，为在职的员工提供有效的在职培训机会。这个模式出自南卡罗来纳州理工学院系统，与企业建立实习联系。

- 俄勒冈的职业途径。更多关注俄勒冈人取得高等教育证书的数量，注重为需要高于高中水平但低于大学水平要求的工作岗位做好准备。该项目通过全州 17 所社区大学推行，例如在波特兰社区大学，职业培训计划主要推进的课程和证书包括会计、制造和医学编码。

- 纽约州路径。该模式是为一些后进学生培养在技术、制造、健康服务及金融等领域的工作技能，该模式是一个持续六年，涵盖高中、大学、职业培训等诸多阶段的培训进程。

三　创新城区的未来发展与启示

创新城区在美国已经成为重要的发展趋势，体现出新的发展理念："要开放而非封闭、要企业家精神而非官僚主义、要网络化而非等级化"等。创新城区也强化了城市发展的本质：人才集聚场所并推动人们交流知识和思想，皮特·霍尔认为这个过程即为"创新、模仿和提升的过程"。创新城区当前的活动主体依然以地方角色为主，但未来跨国公司和资本将会很快嵌入这个新城市地理的空间，活动主体和力量的变化必然加快创新城区的扩张和发展进程，作为地方政府应该适应这个趋势，最终推进包容性经济在创新城区的率先实现。

1. 经济资产、空间资产建设的过程中，重视网络资产的建设

在资本驱动阶段，关于投资、土地开发成为城市建设中的重点领域。但在创新驱动发展的阶段，交易成本超过土地成本成为创新企业成本构成主要组成部分，因此通过重视网络资产的建设，可以发挥优化投资环境的功能，降低企业成本。

2. 发挥政府在创新城区建设中的引领作用

实际上，创新城区作为一个独立的城市新功能空间，与传统城市功能空间一样需要多元主体参与开发，但在发展初期，政府投资的撬杆作用仍然需要充分发挥。从美国创新城区的发展经验看，包括创新创业、土地开发、税收政策、基础设施及人力资本培训等诸多领域的建设和发展都需要政府发挥引领作用。

3. 在创新城区建设中，必须突出企业的参与

即便在美国，当前的创新城区建设仍然是以政府投资为主。但作为市场的核心力量，强化企业的全面介入、构建多元投资的体系才是创新城区持续健康发展的保证。从未来发展的趋势看，不仅是地方企业，包括国家级、全球性大型企业都有融入创新城区建设的潜力。

4. 结合城市发展趋势推进创新城区建设

当前我国特大城市都进入旧城改造和园区转型升级的发展阶段，从美国

创新城区的发展类型看，包括城市区域再造型、城市化科技园区分别与之对应。高校科研院所生产的创新创意知识同样进入辐射阶段，对应支柱核心型。剖析不同类型创新城区发展机制，在城市发展进程中推进创新城区建设应该成为当前阶段重要任务。

参考文献

Bruce Katz, Julie Wagner, *The Rise of Innovation Districts: A New Geography of Innovation in America*, Brookings Institution, May 14th, 2014.

Richard Florida, *Startup City: The Urban Shift in Venture Capital and High Technology*, Toronto: Martin Prosperity Institute, 2014.

Suzanne Berger, *Making In America: From Innovation to Market*, Cambridge: MIT Press, 2013.

B.26 美国城市购物中心的转型和重生*

张剑涛

摘　要： 美国的城市购物中心近年发生了深刻的变化，生活体验中心式的购物中心大量兴起。与此相对应的是电子商务的兴起，年轻一代崛起成为城市消费群体的主流，消费市场的多元化，商业投资决策的科学化。这些对于中国城市商业的发展具有深刻的借鉴意义。

关键词： 美国　城市购物中心　生活体验中心　电子商务　消费行为

在当今的数字时代，虽然消费者可以通过互联网和通信技术完成足不出户的购物，但是城市购物中心还是可以为人们提供不可取代的聚会、交流和购物体验。因此商业建筑，特别是大型、综合性购物中心，无论从实际需求还是投资角度，仍然有很大的市场需求。一个成功的城市购物中心反映出的是它所在社区的社会、文化、心理、物质等多方面的综合需求。

一　城市购物中心向生活体验中心的转变

1. 购物中心成为城市活动中心

美国的购物中心越来越多地成为社区活动的中心，摆脱了单一的大卖场式的购物功能，变身为城市社会机能中的关键一环。这主要从三方面体现。

---

* 本文主要基于尼尔森公司的*2014 State of the Shopping Center*，特此致谢。

（1）将原先专属的空间变为城市开放空间。购物中心虽然是针对自身客户的专属空间，但是如果能够融入城市，成为城市开放空间的一部分，会吸引更多的市民进入并停留。购物中心应营造成为城市市民活动的一部分，类似公园、图书馆、社区中心。

（2）为市民提供城市街道的感受。市民们习惯于在城市街道中开放、轻松、随意的感受。购物中心提供城市街道的这种感受，让市民可获得更多的步行和进入的便利，有置身居家社区的感觉，有利于吸引市民轻松地驻足、游玩、购物。

（3）尊重并融入社区的氛围。市民选择自己所居住的社区有多方面的原因，如宗教、家庭、就业、教育、环境等。购物中心需要注意所在社区的特色，将此融入自身的设计和经营，以吸引社区居民。居民能够判别购物中心是否真正地理解和尊重他们社区的特色。

2. 生活体验中心的兴起

美国近年来生活体验中心式的购物中心日益增多，而传统的区域性购物中心逐渐衰退。生活体验中心融合了零售、餐饮、娱乐、聚会、休闲等诸多功能。它们的兴起是因为全新的形式和客户感受。而区域性的购物中心往往建成都已经有几十年，无论在消费体验还是设施方面都显陈旧。现今的消费者需要的是互联网所不能提供的一站式综合性消费体验，在购物之外还包括美食、酒吧、音乐、健身等。如圣地亚哥市中心 2013 年新开张营业的一家大型购物中心是利用旧的警察局改造而成。原有建筑的历史特色，包括花园、广场、绿化等，与紧跟潮流的零售、餐饮、影院等，为周边市民提供了全新的购物生活享受。这个购物中心同时也成了市中心的一个重要景观和市民、社区活动的一个核心场所。

3. 购物中心小型化的趋势

随着消费个性化的趋势，购物中心不再是越大越好。特别是2008 年的金融危机之后，购物中心的小型化、便利化、社区化、连锁化趋势日益明显。2007～2013 年全美新增的近 17000 家商场中，36% 是折扣店、32% 是便利店、21% 是杂货店。即使大型超市如沃尔玛等也开始考虑缩小商场规模，以融入社区和适应商业小型化的趋势，保持未来的增长。此外，这些大型连锁商还改变传统策略，开始在一些小型场所选址，如社区、大学园区，融入消费者的日常生活，接近消费者，使消费者可以更加便利更加频繁地光顾。这改变大型购物中心地处城市边缘地区，消费者一周（或几周）一次驱车前往的购物传统。这样可以吸引更多的消费者，特别是年轻群体。

二　电子商务的方兴未艾

1. 零售商业的多面性

美国的零售业近年来增长良好，其中电子商务发展尤为迅速。传统的实体商业与电子商务的竞争与融合是今后的一个长期主题。随着近年无线技术的发展，特别是手机和平板电脑大规模取代了传统个人电脑，电子商务的发展速度日益加快。近60%的受访购物者认为网上购物是他们首选的购物方式，因为这是最容易和便利的购物方式。但是人们也普遍认为在商店购物仍是最安全可靠的购物方式。亲眼观察和亲身体验商品对于绝大部分人而言是一种至关重要的购物体验。购物更多时是一种感性而非理性的行为。而且这种体验可以极大地增强人们的购物欲望。

2. 网络与传统的融合

虽然电子商务和传统商业之间存在着巨大的差异，但是两者之间的互通融合日益显著。这对购物者而言也是大有裨益。87%的受访购物者承认他们会使用手机帮助购物，如用与寻找商店、对比价格、拍摄商品、查找网评等。这些无线技术帮助购物者更加精明和理智。目前大部分购物中心和商店都为购物者提供了免费的无线上网条件，以吸引和留住购物者，同时也为购物者提供了更为便利的网上购物帮助条件。同时，购物中心、商场和商店也可以通过网络和电子商务来更好地了解和把握购物者的习惯和偏好，以助于推动销售。

三　把握消费群体和市场的变化

1. 年轻化、多元化和城市化

年轻消费者是最能适应购物习惯变化的群体，他们可以快速接受各种新颖的购物方式。37 岁以下青年群体占全美人口的 1/4，他们代表了强大的消费和购买能力，每年消费支出约 6000 亿美元。而且一旦他们成家之后，消费能力会进一步加强。据预测，到 2020 年，这个群体的每年消费支出可以达 14000 亿美元，占全美零售消费的 1/3。

这个群体的种族、宗教和文化多元性超过了之前任何一代。他们经历了更多、更频繁和更复杂的经济环境变化，但是他们接受了更好的教育和生活成长条件。这使他们有更多的乐观和信心去面对困难，追求成功。能够更好地了解和把握这一代人的能力和喜好的商家会在未来的商业竞争和市场中占得先机。

这一代人更倾向于居住和生活在城市中，特别是商业和服务完善的中心城区。他们更喜欢生活、工作、居住、消费、休憩在城市中，而不是在城中心、郊区、乡村或不同的地区度过人生中的这些不同的阶段。这使得近年来的城市成为美国经济增长的活力和中坚。从 20 世纪 20 年代以来，城市首次成为美国经济的核心。据预测，未来 25 年内，全美人口超过 1000 万的超级城市的数量会急剧增加。

相比他们的长辈，这一代人需要等待更长的时间组建家庭，购买住宅。他们聚居在城中心区，频繁购物消费。相比居住在郊区和乡村的人群，这些城市人口对商业而言更重要——他们光顾各类购物中心、商场、商店和超市，同时还带动了家人的购物。美国家庭的小型化也是人口往城市集中的原因之一。大部分家庭相比几十年前结构更简单、人口更少，这导致了人们更适应也更愿意住在城市而不是郊区或乡村的大型住宅中，同时也能更好地享受城市生活和工作的便利条件。家庭和人口往城市的集中为城市商业的发展带来契机。

即便是郊区的传统大型购物中心也开始向城市化转型，越来越多地赋予自身城市特色，如综合功能、步行便利、与交通枢纽共建等。美国近年来住宅开发的一个趋势就是郊区的社区更倾向于“富裕阶层的地铁社区（Affluent Metroburbs）”，即相当一部分中产阶级和富裕阶层倾向于居住在地铁可方便到达的近郊区的高档社区。这些社区需要有便利的商业配套，而且是在步行范围之内的。而在城市内，不同社区的居民有不同的消费需求和习惯。开发商、经营者和规划师需要充分考虑和理解不同社区和居民的需求，并在购物中心、商场、商店的建设和运营中体现出针对消费者需求的细致之处。

虽然美国目前生活体验中心式的购物中心在不断兴起，但是它们主要的消费群体是中老年富裕阶层。为了吸引更多的年轻一代的消费者，这些购物中心需要针对年轻一代的消费喜好，增加餐饮、健身、影院、时尚精品店、各类潮流品牌、个性化小店等。2/3 的年轻人每月至少光顾杂货型的大型购物中心一次。而这类大型购物中心中的大部分商品都可以通过电子商务和网络购物获得，因此后者对前者的影响很大。

年轻一代在购物方面更加精打细算，喜欢优惠活动，比较和分享购物经验。他们通常通过储蓄来积攒资金购买大件商品和昂贵商品如轿车、手表等。此外，他们还习惯与家人、亲戚、朋友一起购物，分享购物经历，同时作为聚会和社交的机会。年轻一代更喜欢手工制作的、自然材质的、地方性的、精致的商品，同时也愿意为承担社会责任对更环保、更节能等类型的商品支付更高的价格。虽然年轻一代在购物时精打细算，但这并不意味着他们会追求价格便宜而降低对品质的要求。相反，他们对商品品质有很高的要求，希望能得到完美的商品。同时他们具有很高的品牌忠诚度。因此一个深思熟虑的综合性商业策略对于吸引和维护年轻消费者至关重要。

在美国年轻一代的消费者中，拉丁裔占据了重要地位。2010 年拉丁裔人口占全美人口的 16%，而到 2050 年这个比例预计将上升到 30%。预计到 2017 年，拉丁裔的购买力将达 17000 亿美元。为了吸引这部分巨大的消费力，商家需要充分了解和掌握他们的消费需求和喜好。拉丁裔家庭通常全家一起外出购物。因此他们喜欢一站式的购物方式，到达一个大型的综合购物中心，为所有家庭成员购买各人所需的商品和服务，同时还能满足他们的家庭聚会、休闲、娱乐、餐饮等多方面的综合性需求。莱加斯皮公司（The Legaspi Company）被提名为2014年美国最具创意的快速成长型公司，就是因为它充分理解并把握了拉丁裔家庭的这种消费习惯，在全美范围内将10家经营不善或倒闭的购物中心改造成为适应拉丁裔习俗的购物中心，并使这10家购物中心重新盈利或盈利大幅提升。

2. 发现有潜力的商业选址

由于年轻一代对商业的重要性，商业开发商和运营商需要在每一个环节充分考虑到他们的需求，首先要考虑商业的选址。选址需要投入大量的时间、人力和资源，失误和错误会带来昂贵的代价。理解社区和居民的需求和选择是关键，这能够帮助商业充分融入消费者的日常生活，成为生活的主要活动场所和环节。通过大量的选址和商业分析，购物中心和商店的能够确保它们的前期投入没有失误。

年轻一代的消费者中，女性占了主导力量，特别是拉丁裔、亚裔和其他一些少数族裔。深入了解他们的需求和喜好，对于商业选址以及之后的运营至关重要。以加州的圣地亚哥市为例，可以了解这些少数族裔的消费喜好和行为，以及商业投资和运营的成功之道。

发现商业机遇和商业选址的关键是寻找和定位一个市场中的商业活动中心或集聚地。在人口密度高、少数族裔多、步行便利、交通线路密集、市民活动集中的商业密集区是合适的选择。这需要运用科学的调查和分析手段，通过大量可靠数据和精细的空间分析。在明确了可以作为商业选址的潜力地点后，需要在这些潜力地点中进行优化比较选择。这需要采取居民访谈、问卷、评分、意向调查等手段，对潜力地点进行排序和优劣评价。这时的结果可以为商业投资提供科学可靠的决策依据。

3. 科学谨慎的商业投资计划

根据数据分析得到的最优化商业选址，包括了选址周围的社区、消费群体、消费能力、购物习惯、消费倾向等众多重要信息。在此基础上，开发商、运营商、规划师等针对商业投资进行合理的判断和筹划，综合近期和远景的目标，做出投资计划。然后根据投资计划，在若干备选地点寻找各自合适的商业空间。这些地点可能是现有商业街、现有商业中心、空地、旧建筑、路口等。每个地点有各自的特征，适合不同的商业空间和外貌，因此需要综合评价每个地点的商业方案。这一系列流程都是为了保证商业投资过程的科学合理严谨。

四　美国城市购物中心变化对中国城市的启示

中国在改革开放后的几十年间经历了快速大规模的城市化过程。城市人口的迅速膨胀，城市商业需求和市场的飞速发展，同时房地产市场包括住宅和商业地产也以前所未有的速度和规模发展。在商业地产供过于求逐步显露，商业模式渐渐落后于人们需求的当下，特别是电子商务和网上购物迅猛发展占领市场份额，如何改变简单粗放的商业投资和经营，充分利用建成和在建的商业建筑，是中国城市需要面对的共性问题。

1. 通过购物中心带动社区建设

尽管科技发展日新月异，但是人们还是喜欢在一个实际的商业环境中进行购物。这不仅关系到商品的真实性和质量，还涉及人们的购物体验，人们聚会和休闲需求。因此购物中心成功的要素包括商品的品质、建筑空间的体验、社区的融入，使购物者感觉购物中心是一个亲切的生活场所，是社区的核心。

2. 使购物中心与居民生活相融

生活体验式的购物中心的兴起是美国购物中心近年最大的变化趋势，而且其中大部分是新建的购物中心。旧的购物中心可以通过改造和更新，调整商业运营模式引入多种生活体验式的服务业如餐饮、健身、娱乐等，以及提供充足的聚会休闲空间，来适应消费者对于生活体验中心的需求。无论何种模式，购物中心吸引消费者就需要提供给他们一种与坐在家中或电脑前网上购物完全不同的置身处地的鲜活购物体验。

3. 商场购物与电子商务相结合

当前消费者购物的渠道和方式多元化。电子商务和网上购物在世界范围内发展迅速，占据了原先属于实体商业的很大部分的市场份额。实体商业的投资者和运营者必须面对和接受这个发展趋势，积极主动地寻求与电子商务、无线技术的结合，为消费者提供多元化的消费方式和体验，切实做到线下的便利和体验与线上的信息和快速无缝对接。

4. 关注新兴的消费群体

年轻、多元和城市化的一代代表着社会发展的方向和经济增长的未来，也代表着未来的消费和购买能力。更好地理解和掌握他们的社区特征和行为喜好，并以此投资、开发、设计、运营购物中心，针对性地吸引和培养消费群体。这样可以形成中长期的忠诚客户，长期享受他们带来的消费红利。

5. 利用科学合理的手段帮助商业投资和运营

理解和掌握消费者和他们的社区的背景和特征是商业成功的关键之一。通过大数据分析，把握消费者特征细节和城市、社区空间细节，对商业成功帮助巨大。这会使决策流程更合理、分析和规划更科学，信息把握更全面，并全面提升商业的盈利和本地融合度。

参考文献

Reuters，"Target among retailers with pop-up outlets for back-to-school，" 2013.

U. S. Census Bureau，*Service Sector Statistics Division*，February 2014.

Forrester Research，January 2013.

Nielsen，*Millennials：Breaking the Myths*，Report. 2014.

Nielsen，*An Era of Growth：The Cross-Platform Report*，2014.

Micheli，Robin，"7 Bold Commercial Real Estate Predictions，" March 24，2014. http：//www. cnbc. com/id/101508251.

B.27

伦敦城市交通枢纽区域整体更新

邓智团

摘　要： 城市中心的火车站因为人流、物流复杂，其周边区域一直与混乱无序相伴随。伦敦国王十字火车站周边区域曾经存在同样的问题。从1996年提出开发计划，到2007年破土动工，伦敦市政府和国王十字车站所在的肯顿区实施了重要的开发计划，特别是通过文化的延续和注入。目前国王十字车站周边区域，正成为伦敦市新的充满吸引力的区域，包括伦敦中央圣马丁艺术与设计学院、谷歌（Google）英国总部等一系列机构、企业等相继入驻该区域。这一新的对城市中心火车站周边区域的开发经验对我国城市中存在的大量的亟待再开发的火车站及周边区域有着重要的借鉴意义。

关键词： 伦敦　文化延续　文化注入　火车站周边区域　国王十字车站

国王十字车站，位于伦敦市中心，在查宁十字（Charing Cross）车站北面4公里，位于伦敦城利物浦街车站（Liverpool Street）西北4.5公里。这里三个火车站相连，两个主要国家级尤斯顿（Euston）火车站和国王十字（King's Cross）火车站以及一个能在2个小时内抵达巴黎的圣潘克拉斯国际（St. Pancras International）火车站，6条地铁线经过该区域。在开发之前，这些区域只是一些废弃的建筑、铁路配套房子、仓库以及一些被污染了的空地，预计开放后到2022年每年运送超过6300万人次。1996年国王十字火车站及周边区域联动开发规划开始启动，2001年组建开发公司，2004年先期规划申请得到批准，2006 年总体规划得到批准，2007 年破土动工，2011 年 Granary 大楼建成，中央圣马丁艺术与设计学院入驻，2013 年 Google 宣布英国总部迁入，并计划在 2020 年所有建设完成。目前，经过几年的建设，在仅完成规划 1/4 的情况下，这些区域已发生了根本性的变化，获得了不少的好评，甚至成为英国住宅社区中关于区域改造的典型案例。这一新的对城市中心火车站周边区域的开发经验对我国城市中存在的大量的亟待再开发的火车站及周边区域有着重要的借鉴意义。

一　国王十字火车站与周边区域联动开发的背景

国王十字火车站位于伦敦市中心偏北，19 世纪初期，随着摄政运河（Regent's Canal）的完工，本区和北方其他工业大城连接起来，成为货物商品川流不息的重要集散/转运站，19 世纪中期火车站落成，此地成为重要的工业区域。到了 20 世纪，战后的英国经济开始去工业化，伦敦的工业也迅速没落，20 世纪中期开始，英国各地出现越来越多的废弃工业用地，特别是首都伦敦，包括以交通物流和工业为主的国王十字车站及周边区域，20 世纪 70 年代夜店和艺术家开始迁入该区域，但品质较低。到 20 世纪 80 年代，这里成了伦敦市中心中商业办公用房租金最低的区域，被高密度居住的低收入人群、公房和本地小企业占据。

事实上，在 20 世纪 70 年代末，撒切尔政府上任后，通过以减免税收的企业园区（Enterprise Zones）吸引企业进驻的大力推动城市中心区的更新改造，如推动工业重地金丝雀码头（Canary Whalf）更新成为伦敦新的金融集聚区。到了 20 世纪 80 年代后期，英国国铁（British Rail）推动了伦敦市中心数个车站及周边地块更新开发（例如 Charing Cross，Canon Street and Liverpool Street），而后在 1987 年，英国国铁和开发商罗森斯坦普（Rosehaugh Stanhope）进行合作对国王十字车站区域进行了总体规划准备开发，但受到了国王十字车站生活和工作的居民与团体 KXRLG（King's Cross Railway Lands Group）的强烈反对，他们并不想看到这里变成又一个被企业占据的金丝雀码头。此后，在 KXRLG 的抗争及其他原因影响下，1992 年当地肯顿（Camden）区政府否决了英国国铁的总体规划。到 1996 年，英国铁路正式私有化，海峡隧道连接铁路（Channel Tunnel Rail Link）计划获批，英法海底隧道通车之后，紧邻国王十字的圣潘克拉斯车站确定成为欧洲之星列车的终点站。新成立的伦敦与欧陆铁路公司（LCR 公司，London and Continental Railways）重启圣潘克拉斯车站，负责建设铁路联机以及欧洲之星列车在英国的运营。然而，LCR 公司日后贩卖火车票的利润根本不及建设的费用，必须借助政府补助。如何补贴？答案是土地。英国政府决定给予 LCR 公司在欧洲之星沿线的地块开发权。于是国王十字火车站及周边区域的联动开发被重启（见图 1）。

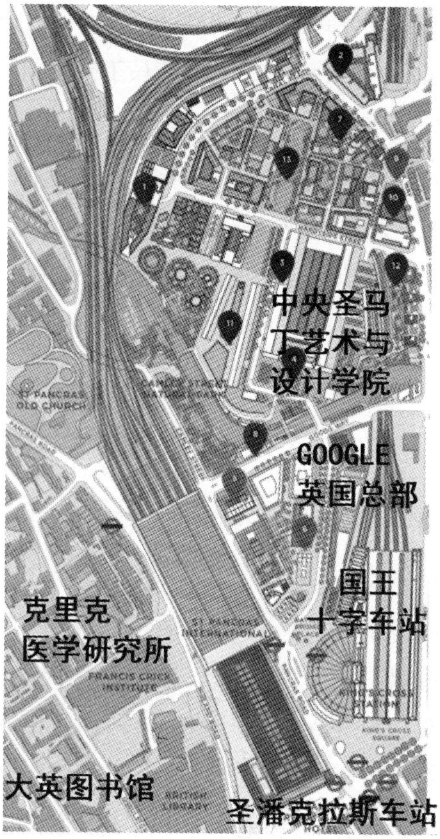

图 1　伦敦国王十字车站的规划示意

注：（1）供热中心（Energy Centre）
（2）建筑技术中心（Construction Skills Centre）
（3）KX 职业服务中心（KX Recruit）
（4）格兰拉瑞广场（Granary Square）
（5）肯顿总部（Camden Headquarters）
（6）潘克拉斯广场 1 号、2 号（On and Two Pancras Square）
（7）绿色屋顶建筑（Green/Brown Roofs）
（8）绿色墙面和运河岸绿化区（Green Wall and Canal Side Planting）
（9）屋外运动区域（Outdoor Sports Area）
（10）全球更新体验花园（The Global Generation Skip Garden）
（11）历史保护建筑（Heritage Building）
（12）便利花园（Handyside Gardens）
（13）丘比特公园（Cubitt Park）

二 国王十字火车站与周边区域联动开发的经验

国王十字中央有限责任事务所（KCCLP，The King's Cross Central Limited Partnership）主要负责混合用地的开发，由三家企业机构组成：英国地产开发商阿根特（Argent），其通过专门设立的子公司占50%股份；伦敦和欧陆铁路公司（London and Continental Railways Limited，LCR）占36.5%股份；敦豪供应链公司（DHL Supply Chain，以前是Exel）大概13.5%的股份。

因为在规划者提出的框架里，周边区域需要高密度开发，当然开发者明白，高密度并不意味着是大量高层建筑。为此，开发者采取了通过提供高质量的城市环境、历史建造和战略景观的方法来解决高密度的问题，即混合开发方式，不同于传统划定特殊用途的街区式“block zoning”开发方式。因此，开发者试图建立一个个的单个区域，每个区域都有自身不同的特质，不管白天还是晚上都能成为充满活力的区域。功能多元化，特别是文化功能的导入，成为国王十字火车站与周边区域联动开发的最显著的特征。其主要经验包括：文化主导混合多元的空间利用、引入大型文化机构、注重历史建造的保护、丰富多元的文化娱乐事件和公众参与推动落实社区化的城市设计理念等。

1. 文化主导混合多元的空间利用

批准的规划包含了一个高密度和混合开发的50个新建筑和其他结构，包括20个历史建造、20个新的公共街道和10个新的公共空间。具体而言，规划中包括了世界级的公共空间，2000个家庭和650个学生宿舍单元，一些教育和健康设施。所有能够混合使用的地面面积约为74万平方米，大概有45.5万平方米为办公空间，4.6万平方米为零售区，4.7万平方米为旅馆和服务公寓，19.5万平方米用来作为住房使用，剩余的用来作为非住房机构和娱乐设施。

（1）混合利用的开放空间。根据规划，通过开放空间的建立，确保使用者不会远离热闹的广场或街道的场景，大约40%的区域是专门的开放空间，用来提供给每一个参与的人，包括家庭、工人、学生、老人和年轻人等。在建设初期，阿根特公司（Argent）也认为公共空间非常有利于吸引早期租户。水体也通过各式各样的利用方式，将光带入到空间中。水会给人一种柔软的感觉，而不是生硬的商务的特性，例如喷泉和设立运河边上可供休息的台阶。由汤森建筑师和肯特工作室为主设计的喷泉，成了家庭见面和休息的好地方。因此，开放空间也是混合使用的。无论是摄政运河、卡姆拉（Camley）街心公园和城市自然景观保护地，都已被纳入新计划，成为一个拥有2.8万平方米的玩耍场所、公园、蔬菜花园和流行的咖啡厅等。该区域也是伦敦最大的户外、免费的公共Wi-Fi体验区，被塑造为“Wi-Fi总是开放”的公共区域。

（2）多元化的办公楼宇：政府办公与企业总部。设计团队希望通过建设各式各样的办公楼来吸引全球的或伦敦的经济部门入住。整个区域提供了23栋新建和修葺一新的办公楼宇，有着各式各样的规模，如圣潘克拉斯广场，是毗邻国王十字车站和圣潘克拉斯国际火车站的一个新的欧陆风格城市广场，包括草坪、露台、水景和休息区，由七座现代建筑包围，而肯顿区议会就在这里办公，成为灵活的政府办公空间。法国巴黎银行地产公司开发圣潘克拉斯广场6号，与谷歌（Google）公司英国总部一样，将成为法国巴黎银行集团在英国的总部办公地。

摄政运河的主要商业路线向北的“丘比特”区域，包括五个主要的办公楼以及鹅卵石街道和小型公园。这区域被设计为一种富于创造性的工作区，内部空间很灵活很容易分割，其租户包括阿根特（Argent）、咨询工程师事务所霍尔（Hoare Lee）和创意中介公司Zone等。而且，2013年1月谷歌宣布其英国总部移至该区域，是网络巨擎谷歌（Google）公司除加利福尼亚（California）公司总部谷歌综合体（Googleplex）之外最大的分部，其一楼被设计为4650平方米的零售区。这个建筑外墙的壳形设计灵感也来源于维多利亚时代的仓库，反映本地区丰富的工业历史。

（3）多元化的零售。开发商要通过多样性来追求和实现艺术、文化和娱乐服务。零售和娱乐业通过不同群聚变化形成丰富多样的特色，从而形成更大的吸引力。举例来说，国王大道的步行街（King's Boulevard）是一个绿树成荫的大道，将国王十字、圣潘克拉斯车站与格拉瑞广场（Granary Square）、粮仓广场和摄政运河以北区域连接了起来。因此，这条街将打造为一个混合的、大规模的独特国际品牌的精品店集聚街，同时还会布局街头食品贸易商，将极大地满足学生和上班族的午餐需求。而四通八达的煤滴广场（Coal Drops Yard）在整个区域的中心位置，是由零售商、画廊、精品店和音乐表演场地组成，这些都是由维多利亚时代的拱门廊道改建而来的。这些拱门廊道自身本来就非常有吸引力，成为设计师和奢侈品牌服装表演的场地。

（4）居住功能。十三种不同的住宅发展的计划。有商品房、共享所有权房、租房和经济适用房和学生住房等。

2. 引入大型文化机构

由于国王十字车站周边区域丰富多样的历史，因此建筑的设计和建设都是由这些历史建筑所主导的，大多都是在历史建筑周边建造一些新的当代建筑。而格拉瑞（Granary）建筑综合体就是一个典型的历史建筑，曾经是伦敦的粮仓，包括20栋左右的历史建筑，最后通过翻修更新成了一个新的大学校园和“创意仓库（Creative Warehouse）”，其于2011年成为伦敦中央艺术与设计学院的新校址，在用来连接不同院系的宽阔街道和步行道上，修建了些单间、工作室、讲堂等，成了这里文化和创意的心脏，为这里的艺术家、设计师和建筑师提供了文化与创意的枢纽。

3. 注重历史建造的保护

在1996年伦敦提出的战略规划导则里面，国王十字车站被认定为最重要的中心城区边缘机遇区“Central Area Margin Key Opportunities”，这表明必须采用混合的土地利用方式，进而在车站周边进行高密度和最商业化的开发。同时，也要求提供适当地居住和社区配套服务设施去帮助改善周边社区环境，规划者同时要求重视历史遗迹和保护建筑的重要性。在大伦敦的空间开发战略《伦敦规划》（*The London Plan*）里和肯顿市自己的地区规划中，都提出了保护周边遗迹的观点。概念规划经过6年的协商后，终于在2006年得到了批准。国王十字车站周边有许多的历史建筑，其中有一个非常具有典型意义的大北方宾馆（Great Northern Hotel），紧邻国王十字车站，始建于1854年，是一座包括超过90间客房的六层楼建筑。目前该建筑已恢复其昔日的辉煌，并被作为新的国王十字车站的主要地标。

4. 丰富多元的文化娱乐事件

丰富多元的文化娱乐事件是围绕不同的用户群体而设计的，目的是要留住到这里游玩的人群，可以从运河边上观看电影放映到美食节和一次性庆祝活动等。丰富的活动方案几乎排满全年日历。同时，该区域非常看重所有活动对公众的开放性。一些项目的预算可能包括部分的服务收费，如大屏幕，商家有时也会很乐于为此买单，但在这个区域的零售商或餐厅等商户，因游客的到来会得到很大的好处。

5. 公众参与推动落实社区化的城市设计理念

1996年，新的国王十字车站规划重新开启，经过10余年的咨询讨论，2007年开始建设。整个咨询过程举行了近4000次会议。为了避免偏见，Argent组织了3个设计团队，经过长期的讨论，最后的愿景是建设成为伦敦一个人们可以生活和工作的高密度区域。在规划还处于草案阶段时，Argent提出的是一个被命名为“人的城市的规则”的材料，就是要提供“改善和提高城市生活水平的条件”作为经济发展的关键。包括以下几个方面：提供充满活力的城市架构；提供持续的新地方；提供通达性；提供充满活力的混合使用；提升遗迹的价值；服务于国王十字车站，服务于伦敦；达到长期的成功；清晰和开放的沟通等10余项具体原则性内容。

三　对中国城市中心城区交通枢纽区域更新的启示

我国大多城市空间的快速扩张主要发生在1979年的改革开放之后，当前大多城市的火车站则修建于改革开放之前。火车站修建时间和城市空间的更新与扩张时间的不一致，导致当前我国城市中心区的大多数火车站及其周边区域成为城市中心区中相对混乱和衰败的区域。处于伦敦市中心的国王十字火车站的升级，连带推动了周边区域的联动开发，大大提升了该区域对企业和市民的吸引力，这对我国城市中心城区交通枢纽地区推动城市更新有重要的借鉴意义。

1. 文化功能导入推动区域功能多元化

火车站区域是一个人流、物流集聚与分散非常迅速的区域，这一快速流动对一个区域而言，可以是优势也可以是劣势，这取决于如何利用好这一流量经济。而作为一个老旧火车站的成功开发案例，在伦敦国王十字车站开发过程中，通过引入文化功能极大地推动了该区域功能的多元化，在极大提升该区域文化氛围的同时，也提升了该区域的吸引力。文化功能的导入，推动了聚流能力的提升，使得原本的过境流变成了截流。加之商业和娱乐功能的混合导入，使得整个区域的吸引力迅速提升。当前我国大多城市中心区均有火车站的存在，而且多数因为修建时代较早，面临功能升级的问题，因而在开发升级过程中，导入文化娱乐功能，推动火车站及周边区域功能的多元化，将极大地提升该区域的吸引力，从而推动整个城市中心区城市面貌和城市功能的整体升级。

2. 社区化城市设计推动工作空间与生活空间的融合

推动城市空间的社区化是国王十字火车站及周边区域开发的一个重要的设计理念。当前我国城市中心城区中的火车站及周边区域正面临着开发升级的问题。我国城市的设计理念中有一个重要的观点是功能区块，这一概念的运用导致了大量区域在开发过程中出现了功能单一化的趋向，金融区块、商业区块、居住区块或文化区块等区块的开发结果是功能单一，整个区域都被企业主宰，从而进一步导致整个区块在工作和生活方面的不匹配，生活功能缺失。因此，借鉴国王十字火车站周边区块的开发方案，推动整个区域设计的社区化，在强调企业办公的同时，考虑居住功能的需求，使得工作空间与生活空间能很好地融合，提升整个区域的吸引力。

3. 大型文化机构引入塑造文化新地标

文化新地标能直接提升一个区域的形象和品牌。在国王十字车站及周边区域联动开发过程中，通过引入伦敦中央圣马丁艺术与设计学院（2011 年迁入新校区）、大英图书馆（1997 建成）和英国弗朗西斯·克里克研究所（Francis Crick Institute，2013 年 6 月封顶）① 等文化及教育科研机构，一系列的举措使得该区域成为伦敦新的重要的文化地标区域。当前我国的城市中心区火车站及周边区域，一个显著的现象是缺乏重要的大型文化机构，因此在新的开发计划中，引入重量级的文化、科研或教育机构将极大提升这些区域的吸引力，从而带动整个区域能级的提升。

4. 文化事件的设计创造新的文化活动集聚中心

为了吸引和留住游客，这里除了有大量的文化娱乐设施，还提供了大量的文化活动事件安排，丰富的活动方案几乎占满了全年日历，非常有效地吸引和留住了大量的游客，从而集聚了区域的人气，使得这些区域成为新的文化活动中心。因此，这对当前我国城市中心城区的火车站及周边区域更新升级有重要的借鉴，要成功推动火车站及周边区域更新升级，不仅要关注文化设施的修建，同时也要强调对文化活动的安排设计。

参考文献

King's Cross Central Limited Partnership, *King's Cross: SUSTAINABILITY 2014/15*, April 2014.

Urban Land Institute, *King's Cross Case Study*, July 2014, http://uli.org/wp-content/uploads/ULI-Documents/kingscross_16pgs_v11.pdf.

Edwards, M. (2009), "*King's Cross: renaissance for whom?*", Punter, J. Urban Design, *Urban Renaissance and British Cities*. London: Routledge, Chapter 11.

Holgersen, S. 2007, *Class Conflicts and Planning A Case Study of Contemporary Development at King's Cross in London*, Master. University of Bergen.

杨思勤：《国王十字的都更之路》，http://www.urstaipei.net/archives/9791。

① 原名为英国医学研究创新中心（UKCMRI），为纪念英国科学家 Francis Crick，于 2011 年 5 月底更名为 Francis Crick 研究所。英国政府将该研究所作为其医药创新、引领未来经济发展的重要机构。

B.28

基于国际评价的北京城市功能综合报告

屠启宇　汤伟

摘　要：本文全面收集了15套国际权威城市评价体系，以综合和专项相结合的方式对近期北京在这15套评价体系中的情况进行梳理和初步分析，以评价北京在世界城市体系中的定位。

关键词：北京　城市功能　国际评价

一　21世纪以来北京城市功能定位的发展脉络

作为21世纪首份关于北京城市定位于功能的文件。2005年1月国务院批复同意的《北京城市总体规划（2004～2020）》提出的北京城市性质是：

“北京是中华人民共和国的首都，是全国的政治中心、文化中心，是世界著名古都和现代国际城市。城市定位是：国家首都、国际城市、历史名城、宜居城市。发展总体部署是到2020年左右确立现代国际城市的地位，到2050年左右进入世界城市行列。”该规划还明确，2020年的具体目标是：“人均地区生产总值（GDP）突破10000美元；第三产业比重超过70%，第二产业比重保持在29%左右，第一产业比重降到1%以下。”

围绕筹备2008年奥运会，北京的城市建设发展大为提速。2011年经北京市人大通过的《北京市国民经济与社会发展“十二五”规划纲要》指出，至“十一五”末，北京人均地区生产总值已超过1万美元。第三产业比重达75%。实际上已提前完成了《北京城市总体规划（2004～2020）》所设定的2020年主要目标。为此，“北京‘十二五’规划纲要”提出“首都发展进入新的历史阶段”，提出“紧紧围绕人文北京、科技北京、绿色北京战略和建设中国特色世界城市的目标”。

2014年2月，习近平总书记考察北京城市发展，提出明确城市战略定位，坚持和强化首都的全国政治中心、文化中心、国际交往中心、科技创新中心的核心功能，深入实施人文北京、科技北京、绿色北京战略，努力把北京建设成为国际一流的和谐宜居之都。

从以上可见，虽然进入21世纪以来，北京市既经历过2008年北京奥运会为标志的城市建设与发展的高速期，也面临雾霾、交通等特大城市病的挑战，但北京的城市定位整体上是具有连续性的。即：明确作为国家首都的政治中心定位、作为历史名城的文化中心定位、顺应大国地位和全球化潮流的国际化定位、体现北京特点的科技中心定位，以及响应公众关切的绿色宜居目标。那么在进入“十二五”收官之年的北京，究竟围绕这些目标定位的建设情况如何呢？本文尝试综合国际评价的视野对北京进行一次“体检”。

本文汇集了15套国际上连续发布的权威城市评价，采用综合和专项相结合的方式对近期北京在世界各类主流城市评价中的情况进行全面梳理。这些国际评价包括以下方面。

（1）美国《外交政策》“全球城市指数”2014

（2）日本森纪念财团“全球城市实力指数”2014

（3）普华永道“机遇之都”排名 2014

（4）《世界财富报告》“全球城市”排名 2014

（5）《国际城市发展报告》“国际城市 2.0 指数”2014

（6）《世界城市展望 2014》全球人口特大城市排名 2014

（7）新华 - 道琼斯“国际金融中心发展指数”2014

（8）伦敦智库 Z/Yen 集团的“全球金融中心指数”2014

（9）澳大利亚 2thinknow“全球创新城市”排名 2014

（10）世界知识产权组织“全球创新指数报告”2014

（11）西班牙 Startup Genome“全球创业生态系统指数”2012

（12）《经济学家》“宜居城市指数”2014

（13）能比奥（Mumbeo）“城市生活质量指数”2014

（14）“年轻城市”组织的“全球年轻城市排名”2014

（15）万事达卡“全球旅游目的地城市指数”2014

二 北京的国际城市评价综合性排名情况

根据多套国际权威城市综合情况的最新排名比较可见，北京已稳居世界城市的第二集团，进入多数综合评价排名的前 20 位，甚至进入前 10 位。但是如果从城市转型升级能力来考察，则北京还存在相当差距，仍处世界城市的第三集团。

“全球城市指数”由美国《外交政策》期刊、科尔尼咨询公司和芝加哥国际事务委员会共同设计发布，该指标从 5 个维度（商务活动、人力资本、信息交换、文化体验和政治参与）26 个测量标尺综合检测城市综合实力。2014 年排名前二十位分别是纽约、伦敦、巴黎、东京、香港、洛杉矶、芝加哥、北京、新加坡、华盛顿、布鲁塞尔、首尔、多伦多、悉尼、马德里、维也纳、莫斯科、上海、柏林、布宜诺斯艾利斯。北京首次进入前十，排名第8位，较2012年的第14位，2010的第15位有明显上升。北京排名跃升部分是由于它本身较好的研究基础以及中国公司商务活动的扩张。人力资本、文化交流的大幅提升也有效弥补了信息交换和国际政治参与方面的相对下降。

“全球城市实力指数”由日本森纪念财团城市战略发展研究自2008年起连续发布，该指数涵盖了经济、研发、文化交流、宜居、交通便利性等6大领域的70个具体指标。70个具体指标由其自身收集的59个统计数据与11项问卷调查构成。从2013年发布指数来看，总排名前十位分别是伦敦、纽约、巴黎、东京、新加坡、首尔、阿姆斯特丹、柏林、维也纳、法兰克福。北京处在第14位（香港排第11位、上海排第12位）。这意味着中国主要城市和典型世界城市的实力正在迅速接近世界前十。

“机遇之都”排名由全球四大会计师事务所之一的普华永道每年发布。具体考察十大维度（“智力资本和创新”、“区域门户城市”、“技术成熟度”、“健康、安全与治安”、“交通与城市规划”、“可持续发展与自然环境”、“人口结构和宜居性”、“经济影响力”、“宜商环境”和“成本”）。结果上看，伦敦以大比分得到最高分数，英国首都在技术成熟度、经济力量和区域门户方面有着显著优势，新加坡作为城市国家在交通和基础设施、商务便捷性方面出类拔萃。北京排在第19位。北京指标除了区域门户城市和经济影响力较好外，其他方面均与其他对标城市有着显著落差。

《世界财富报告》“全球城市”排名由国际著名不动产咨询公司莱坊公司连续发布。分别从经济活动、生活质量、知识影响力和政治权利4个维度开展全球城市考察。2014年前十位的全球城市为伦敦、纽约、新加坡、香港、日内瓦、上海、迪拜、迈阿密、北京、巴黎。北京排第9位。该报告还预测到2024年，全球十大城市将有所变化，上海、北京的排名将分别上升至第5位、第6位。《世界财富报告》同样列出“全球摩天大楼指数”。香港有着最多的摩天大楼，其次是东京、纽约（曼哈顿）、新加坡、伦敦、悉尼等，而北京、上海也有日益增多的摩天大楼。

“国际城市2.0指数”由上海社会科学院《国际城市发展报告》发布，

侧重城市升级能力评价。分为经济、社会、文化、生态、治理和空间6个维度，对全球40个城市进行综合排名。2014年度，东京、伦敦、巴黎、纽约、新加坡列前5位，北京排到第31位，和台北、马德里等城市为一组，处于第三集团。鉴于该指标侧重考察城市升级能力，是一个较高标准的考察，中国城市排名整体较为落后。

三 北京的国际城市评价专项排名情况

1. 城市人口规模评价

权威国际组织仍维持对北京人口持续增长的前景预期，侧面反映北京推动首都功能疏解的难度。

联合国发布的《世界城市展望2014》对常住人口超过500万的城市进行排名，截止到2014年，人口最多的依然是东京，达3783.3万人，其次是德里为2495.3万人，再次是上海，为2299.1万人，北京排第8位，为1952万人。《世界城市展望2014》预测到2030年，北京的人口持续增长至2400万，将居第5位。此外发展中国家其他主要城市的人口也都在增长，到2030年，孟买的人口将从现在的第6位上升到第4位，达卡人口总量也将从目前的第11位上升至第6位。

2. 经济影响力评价

作为冲击世界第一大经济体国家的首都，北京的经济影响力已毫无疑问地进入世界城市第一集团。北京在个人创富意义上退居第二集团则反映了城市经济的成熟化，但北京完善市场体系和经济升级方面仍有提升空间。

普华永道《机遇之都报告》认为从经济影响力方面，2014年，伦敦仍然处于顶端，其次是北京居全球第2位，上海排在第5位，这恰当地反映了中国经济崛起态势；在市场体系建设方面，2014年处于顶端是新加坡，其次为香港、纽约、多伦多、伦敦、洛杉矶，这说明亚洲文化可以与现代市场结合兼容起来。相比之下，中国大陆城市市场体系建设仍有改进空间。北京在所有的发展中国家城市表现最佳，排在第21位。

日本森纪念财团“全球城市实力指数”的经济专项指标将北京排为全球第3位，仅次于东京、纽约。

上海社会科学院的国际城市2.0指数评价北京在经济升级专项能力上为全球第13位，居于第二梯队。

《世界财富报告》还指出，亚太城市在个人致富（产生富人数量）方面将快速增长，2014年个人致富速度最快的25座城市中，胡志明市的增长幅度最大，达173%，这主要归功于显著的城市化进程，北京排名第24位，而上海排名第19位，这说明北京、上海社会发展逐步走向成熟，产生富人的机会和速度正在减缓，而中国的其他二三线城市譬如佛山、宁波、台州、重庆、东莞、江门、成都、福州、武汉、杭州在制造富人方面还非常迅速。

3. 金融功能评价

金融是全能型世界城市的一大核心功能。北京在中外主导的两套金融功能排名中排名悬殊，但肯定同一流国际金融中心城市还有很大差距。

新华－道琼斯“国际金融中心发展指数”，从金融市场规模、市场成长性、产业支撑、服务水平和国家环境5个维度，对全球45个国际金融中心城市进行排名。2013年前10位的国际金融中心分别是纽约、伦敦、香港、东京、新加坡、上海、巴黎、法兰克福、芝加哥、悉尼。综合三年情况，排名前10位城市比较稳定，前6位个别年份位次有所位移。2013年香港首次超越东京，进入全球前三位，这说明香港、东京、新加坡、上海四个城市在亚太地区已形成相对稳固的地区金融中心网络。北京在过去三年都未进入前10，排在第11位，成长前景看好，但进入前十仍需要努力。

“全球金融中心指数”由伦敦智库Z/Yen集团开发，以每9个月为周期连续多年共发布了16轮。主要通过特征性指标（商业环境、金融行业发展、基础设施、人力资本、声誉和其他通用因素）并结合网络问卷调查（超过3000位金融从业人员）得出评价。2014年的第16次调查对83个金融中心进行了全面评估，排位前十位的是纽约、伦敦、香港、新加坡、旧金山、东京、苏黎世、首尔、波士顿、华盛顿。北京排名第32位，和巴黎排名相当。

4. 创新、创业功能评价

在创新、创业领域，北京的全球排名显著落后于其综合排名以及经济影响力排名。但可以观察到包括北京在内的中国城市正努力吸引更多的国际创新要素（比如“知识密集型国外直接投资”）。

“全球创新指数报告”由世界知识产权组织、欧洲商学院、康奈尔大学联合发布，2013 年度报告对知识密集型城市进行排名，基于外国直接投资数据显示，2010 ~2012 年知识密集型外国直接投资流出城市前 20 位是中国深圳、芬兰埃斯波、美国康涅狄格州费尔菲尔德、美国帕洛阿尔托、美国西雅图、韩国首尔、美国圣何塞、印度孟买、美国阿蒙克市、英国伦敦、德国斯图加特、美国纽约、法国布洛涅比扬古、法国巴黎、德国波恩、德国慕尼黑、日本东京、爱尔兰都柏林、荷兰阿姆斯特丹以及印度班加罗尔。2010 ~2012 年知识密集型外国直接投资流入最高的 20 座城市分别为：印度班加罗尔、印度海得拉巴、印度浦那、新加坡、中国上海、爱尔兰都柏林、西班牙巴塞罗那、中国北京（第 8 位）、中国武汉、印度孟买、墨西哥墨西哥城、波兰弗罗茨瓦夫、澳大利亚墨尔本、匈牙利布达佩斯、波兰华沙、越南胡志明市、阿拉伯联合酋长国阿布扎比、乌克兰基辅、印度古尔冈和埃及开罗。这充分说明，包括北京在内的中国主要城市在全球创新网络中仍处于技术接受者角色，和发达国家城市仍有明显差距。

“全球创新城市”排名由澳大利亚咨询机构 2thinknow 自 2010 年以来连续发布，主要考察文化资产、人力基础设施和市场连接三方面因素。并按照创新城市影响力的大小划分为创新中心城市、创新枢纽城市、创新节点城市、创新辐射城市和创新升级城市（Nexus，Hub，Node，Influencer，Upstart）5 个等级。2014 年排名反映，旧金山、纽约、伦敦、波士顿、巴黎处全球前 5 位。亚太城市进入第一等级的创新中心城市为：首尔、东京、香港、新加坡、京都、上海（第 35 位）、大阪。北京在 400 多个城市中排名第 50 位，属于第二等级的创新节点城市，总体上和迈阿密、海牙、圣地亚哥、苏黎世、布拉格、布里斯班、阿布扎比等城市接近。

普华永道《机遇之都报告》排名专门考察了城市的创新能力。在智力资本和创新方面，巴黎位居全球第1位，伦敦居于第2位，处于前列城市多数为英语城市，北京在智力资本和创新方面排名较为落后，排名第20位，即使同首尔（第12位）、马德里（第15位）、米兰（第16位）相比也差距明显。在技术成熟度方面，伦敦和首尔并列第1位，北京为第20位，但具体得分不及香港（第4位）的一半，这说明北京的技术积淀仍严重匮乏。

此外，《世界财富报告》按照知识影响力排名，前五位城市是伦敦、纽约、巴黎、新加坡、波士顿。日本森纪念财团“全球城市实力指数”认为从科研开发能力看，纽约、东京、伦敦、洛杉矶居首，中国城市最好的是香港，排在第10位，而北京居于第22位，在莫斯科、阿姆斯特丹之后。

“全球创业生态系统指数”由西班牙的两家咨询企业 Startup Genome 和 Telefonica Digital 于2013年开发，主要考察全球范围城市在激发创业方面的能力表现。该指标主要基于8个方面的考察，包括：区域内创新活动的规模、新兴企业可得资金、公司的平均绩效、地方心智、对快速变化的适应能力、精神和商业服务、地方技术及人才。这项指标以硅谷作为创业生态系统原型，识别了位于12个国家的20个创业生态系统城市。这20个生态系统，有5个来自新兴市场，为新加坡，莫斯科，班加罗尔，圣保罗和圣地亚哥。然而中国城市北京、上海都没有位列其中，这说明北京在创业能力尤其在新兴企业培育方面，即使和一些发展中国家城市相比也有所不足。

5. 生态宜居情况评价

生态宜居几乎成为北京的最短板，直接影响了北京在有关综合类排名中的位置。

“宜居城市指数”是由英国《经济学家》杂志情报组（EIU）开发的，从生活和宜居角度对城市进行排名。主要指标包括稳定性、健康安全、文化和环境、教育、基础设施。经过评估，2014年度世界上最宜居的城市是墨尔本、维也纳、温哥华、多伦多、阿德莱德、卡尔加里、悉尼、赫尔辛基、珀斯、奥克兰。但以上排名并未考虑到城市规模的差异。2012年 EIU 还附加城市规模因素后，对70个全球大城市进行“全球宜居指数”考察，前十位分别为香港、阿姆斯特丹、大阪、巴黎、悉尼、斯德哥尔摩、柏林、多伦多、慕尼黑和东京。北京排名第 30 位。

“城市生活质量指数”是世界上最大的由使用者来贡献数据的数据库能比奥（Mumbeo）开发，该数据库对 113 个城市的生活质量按照指数量化进行排名，包括购买力指数、安全指数、健康指数、消费者价格指数、财产价格和收入之比、通勤时间指数、污染指数。2014 年最新的统计指数显示生活质量最佳的前十位城市是澳大利亚的堪培拉、加拿大的渥太华、德国的法兰克福、瑞士的苏黎世、加拿大的卡尔加里、德国的慕尼黑、美国的丹佛、美国的西雅图、新西兰的威灵顿、美国的波士顿。北京在所有 113 个城市排名中位列第 105 位，仅好于菲律宾的马尼拉、印度尼西亚的雅加达、埃及的开罗、印度的孟买、伊朗的德黑兰、巴西的里约热内卢、蒙古的乌兰巴托、委内瑞拉的加拉加斯。上海也仅略好于北京，排在印度的加尔各答、巴西的圣保罗、意大利的罗马之上。从分项指标看，购买力指数方面，北京不算高，只有 46 分，和印度的孟买相当，和发达国家城市 80 ~ 110 分的主流指数有着明显差距，和上海的 45 分不相上下，这说明物价水平北京仍相对便宜。交通指数方面包括时间、效率和二氧化碳排放，北京在 113 座城市中位于中间位置，略好于美国的纽约、旧金山，但要比波士顿、乌拉巴托、渥太华等要差。污染指数方面，113 个样本城市中污染最严重的 4 个城市是加纳首都阿克拉、印度密拉特、尼泊尔加德满都和中国西安。沈阳、广州、北京分别是居第 10、11、12 位污染严重的城市。从健康指数看，北京在所有城市处于中间位置，接近新加坡和雅加达。从犯罪指数看，目前北京接近澳大利亚的布里斯班和德国汉堡的水平，明显好于巴黎等很多发达国家城市，当然北京和日本的大阪、东京、德国慕尼黑等城市还有明显差距。上海的犯罪率和东京接近，是较为安全的城市。城市资产价格指数考察价格/收入比，目前最高的是新几内亚和马尔代夫，北京、香港、上海也异常高，分别是 33 倍，30 倍和 28 倍。很多发达国家城市譬如巴黎、温哥华、纽约也就 16、11 和 10 倍左右，这说明中国样本城市的资产价格严重偏离正常收入水平，人力资本没有得到应有的重视。

6. 文化和旅游排名

国际视野而言，北京在文化方面的吸引力并不特别突出。首都的文化软实力并没有充分转化为国际性的影响力，这需要予以警惕。

日本森纪念财团的“全球城市实力指数”，分析从文化交流方面，伦敦、纽约、巴黎居首，而北京则排第6位，要好于维也纳、东京、洛杉矶。

“全球年轻城市排名”是由国际城市文化推广组织“年轻城市”（YouthfulCities）于2012年开发，力图创造第一个通过15~29岁青年人的独特视角评价城市文化吸引力的评选模式。2014年度“全球年轻城市排名”从五大洲各选取人口排名前5位的城市作为评比对象，全球访谈了2000名青年，并结合数据以“工作”、“生活”、“娱乐”三大板块为框架，设计了“公民参与度”、“多元化”、“国内交通”、“网络发达程度”、“环境可持续性”、“安全与精神健康”、“教育机会”、“青年就业”、“金融准人”、“创业”、“经济水平”、“饮食与夜生活”、“音乐与电影”、“时尚与艺术”、“公共空间及运动与游戏设施”、“区域和全球连通性”等16个大类80个小类作为评选指标。这25个候选城市的前十位为：多伦多、柏林、纽约、达拉斯、巴黎、芝加哥、伦敦、洛杉矶、东京、首尔。北京没有进入25个候选城市名单，但上海的排名也许可以作为一定的参考。作为中国唯一入选城市，上海最终排在25个城市中的第20位，甚至低于孟买（第16位）。数据显示，上海在“青年就业率”指数上排名第1位，在“公共空间、运动与游戏设施”指数上也名列前茅，位列第5位。不过，上海的劣势同样明显，不仅“音乐与电影”指数排名第23位，在“环境可持续性”指数上更是位列最末。

“全球旅游目的地城市指数”由万事达卡公司基于信用卡消费大数据开发，对全球132个城市进行排名。2014年全球旅游目的地城市前20位中，伦敦居第1位、曼谷居第2位，中国城市中香港、上海分别排名第9位和第16位。上海国际游客消费额为53亿美元，北京为42亿美元，未进入全球前20位。

四　总结

从综合性排名看，北京已进入世界城市体系的前二十名甚至前十名，且有较好的成长前景，部分反映国家崛起的整体态势，也是经济实力和政治影响力有效融合的结果。从具体维度看，北京的经济指标、政治影响力指标明显好于金融、环境、文化、创新和宜居，这意味着北京在城市建设存在着短板，硬实力比重过大，软实力和制度建设不足。事关未来城市核心竞争力的创新、金融和文化，即使同一些亚太主要城市譬如东京、新加坡、香港比较，也有着明显不足；在和城市居民生活息息相关的交通、生态环境、物价等方面和其他世界城市相比也有显著落后。这意味着北京需要扭转依靠要素投入的增长模式转换到科技文化创新和保护生态环境上来，并继续推进公共基础设施建设，提升城市运行的效率，最终使城市结构更为合理、功能更为强大、居民生活更为宜居舒适，切实做到以人为本。

参考文献

Financial Centre Futures, *The Global Financial Centres Index 15*, March 2014.

Mori Memorial Foundation, *Global Power Index 2014*.

YouthfulCities：《全球年轻城市排名2014》。

PWC, *Cities of Opportunity 6*.

Yuwa Hedrick-Wong, Desmond Choong, *Mastercard*, *2014 GLobal Destination Cities Index*.

Mumbeo, Quality of Life Index 2014.

Economist, Intelligence Unit, *Global Livability Ranking and Report*, August 2014.

Startup Genome and Telefonica Digital, *The Startup Ecosystem Report 2012*.

Foreign Policy, A. T. Kearney, and the Chicago Council on Global Affairs, *The Global Cities Index 2010*.

世界知识产权组织（WIPO）、康奈尔大学、欧洲商学院（INSEAD）：《全球创新指数报告》。

新华社－道琼斯：《国际金融中心发展指数报告》。

B.29

基于国际评价的上海城市功能综合报告

屠启宇　李　健

摘　要：上海在21世纪初就确定了“四个中心”目标，并持续予以坚持，但是有关“四个中心”目标实现与否的具体任务指标则是空白。本研究认为不必介意上海是否自我设定了若干标尺。关键是看国际社会是否认可上海的具体功能定位。本研究基于多项国际评价对上海城市功能予以综合考察。

关键词：上海　城市功能　国际评价

一　上海城市功能定位与评价难题

自改革开放以来，上海城市的功能定位整体上始终稳定于经济中心的范畴。《上海城市总体规划（1999～2020）》确定了上海建设国际经济中心、国际金融中心、国际贸易中心和国际航运中心（简称“四个中心”）和社会主义现代化国际大都市的目标。并进一步细化了时间表，即：到2010年全面建成“四个中心”的框架；到2020年基本建成“四个中心”。值得注意的是，无论是《上海城市总体规划（1999～2020）》，还是21世纪以来的历次国民经济与社会发展五年规划等正式文件，都没有就上海建成“四个中心”和国际大都市设定具体的任务指标。

我们认为，在全球范围的城市中，实际上还是存在着一些有关城市影响力的评价共识。因此不必介意上海是否自我设定了若干标尺。关键是国际社会是否认可上海的功能定位。

为此，本文选择6套较有代表性的国际城市指标对上海“四个中心”和国际大都市定位功能开展评价。这6套指标体系包括综合性评价体系和专项功能评价体系。其中城市综合功能评价体系为麦肯锡“全球流量经济枢纽城市”研究和《全球城市实力指数》研究。城市专项功能评价体系包括：全球化与世界城市（GaWC）、城市联系度指标（GNC）、新华－道琼斯“国际金融中心发展指数”、新华－波罗的海“航运指数”、2thinknow“创新城市”研究和普华永道的“机遇之都”排名。

二 上海“四个中心”功能综合评价

1. 基于全球流量经济视野的上海功能评价

麦肯锡全球研究院在《数字时代的全球流量》的研究中，从港口枢纽、航空枢纽、金融枢纽、人员枢纽、数据枢纽5个维度对全球流量经济（货物、服务、人员、资金和信息）进行全面考察。

2个城市处于第一集团，纽约、香港在5个维度上都进入全球前25位。6个城市处于第二集团，伦敦、东京、洛杉矶、旧金山、新加坡、迪拜分别在4个不同流量维度上进入全球前25位。7个城市处于第三集团，上海（货物、服务、资金）、北京（考虑京津同城，货物、服务、信息）、吉隆坡、芝加哥、巴黎、法兰克福、华盛顿分别在3个不同流量维度上进入全球前25位。11个城市处于第四集团，广州、布鲁塞尔、汉堡、雅加达、达拉斯、阿姆斯特丹、首尔、多伦多、迈阿密、悉尼、维也纳分别在2个不同流量维度上进入全球前25位。

上海整体处于第三集团，但除港口货运排名第一外，航空和金融排名仍比较靠后分别位于第20位和第16位。人员流动和信息流动则没有进入全球前25位。与上海同处第三集团的美欧城市，则恰恰是依靠人员、信息和资金流动功能的突出表现（见表1）。

表1 麦肯锡全球流量经济枢纽城市排名

排名 \ 功能 / 流量	港口枢纽	空港枢纽	金融枢纽	移民枢纽	信息枢纽
	货物流	货物、服务、人员流	资金流	人员流	数据和通信流
1	上海	亚特兰大	伦敦	纽约	法兰克福
2	新加坡	北京	纽约	洛杉矶	伦敦
3	香港	伦敦	香港	香港	阿姆斯特丹
4	深圳	芝加哥	新加坡	多伦多	巴黎
5	釜山	洛杉矶	东京	迈阿密	纽约
6	宁波	迪拜	苏黎世	伦敦	洛杉矶
7	广州	巴黎	波士顿	芝加哥	斯德哥尔摩
8	青岛	达拉斯/沃斯堡	日内瓦	悉尼	旧金山
9	迪拜	雅加达	法兰克福	旧金山	迈阿密
10	鹿特丹	香港	首尔	莫斯科	东京
11	天津	法兰克福	多伦多	休斯敦	新加坡
12	高雄	新加坡	旧金山	巴黎	米兰
13	吉隆坡	阿姆斯特丹	卢森堡	迪拜	香港
14	汉堡	丹佛	芝加哥	利雅得	莫斯科
15	布鲁塞尔	广州	悉尼	华盛顿	汉堡
16	洛杉矶	曼谷	上海	达拉斯	马德里
17	丹绒柏乐巴斯(印度尼西亚)	伊斯坦布尔	华盛顿	墨尔本	华盛顿
18	厦门	纽约	蒙特利尔	新加坡	维也纳
19	大连	吉隆坡	温哥华	吉达	布鲁塞尔
20	长滩	上海	维也纳	—	布拉格
21	不来梅	旧金山	卡尔加里(加拿大)	—	哥本哈根
22	林查班(泰国)	夏洛特	吉隆坡	—	华沙
23	雅加达	旧金山	摩纳哥	—	布达佩斯
24	纽约	拉斯维加斯	卡塔尔	—	北京
25	东京	首尔(仁川)	迪拜	—	台北

资料来源：引自麦肯锡《数字时代的全球流量》，2014，专栏31。

2.《全球城市实力指数》对上海功能的评价

在森纪念财团《全球城市实力指数2013》研究报告中，上海的综合排名为第14位。在分项指标考察中，上海在经济指数指标方面处于领先地位。在研发指数和可达性指数两个指标方面处于中间水平。但研发指标的得分与领先城市差距较大。上海在文化交流指数、宜居指数、环境指数三个指标方面排名较差，反映出上海未来建设全球城市，必须强化在这三个方面的重点建设（见表2）。

表 2　全球实力城市排名及上海的地位

城　市	总排名	总指数	排名	经济指数	排名	研发指数	排名	文化交流指数	排名	宜居指数	排名	环境指数	排名	可达性指数
纽　约	2	1376.6	2	327.5	1	217.3	3	263.7	32	215.0	22	155.6	7	197.5
伦　敦	1	1452.5	4	282.0	4	130.8	1	353.5	20	253.4	12	182.2	2	250.6
东　京	4	1324.9	1	338.9	2	162.1	7	157.0	11	271.0	1	208.4	8	187.5
香　港	9	1038.2	5	262.9	10	88.7	17	125.2	30	218.3	30	137.9	5	205.2
新加坡	5	1118.6	6	259.4	8	108.6	5	167.4	26	226.4	15	174.0	9	182.8
上　海	14	964.5	7	253.6	13	70.3	22	109.7	22	245.4	35	123.0	11	162.4
法兰克福	12	966.7	18	207.4	34	34.7	33	67.3	19	262.0	10	191.0	6	204.3
巴　黎	3	1349.6	9	234.1	3	133.8	2	264.4	1	298.7	18	167.3	1	251.3
苏黎世	18	937.9	8	236.4	18	59.9	35	47.8	16	264.1	4	202.7	29	127.0
芝加哥	28	854.1	26	178.5	9	96.6	20	114.7	36	205.4	34	125.1	26	133.8
北　京	11	978.3	3	297.0	15	66.6	9	150.2	27	226.3	39	107.9	28	130.3
悉　尼	15	962.8	12	226.4	19	57.7	13	145.3	25	226.7	14	174.9	27	131.8
旧金山	31	833.3	23	189.1	11	80.4	26	92.5	34	208.0	25	152.7	34	110.6
阿姆斯特丹	7	1068.3	16	211.4	17	61.8	18	124.9	6	280.0	16	173.6	3	216.5
日内瓦	26	867.8	11	229.6	27	45.6	40	31.0	14	267.0	3	203.2	38	91.4
多伦多	21	925.6	15	212.6	20	54.3	24	97.6	17	263.9	26	150.4	17	146.9
华盛顿	30	836.5	10	231.8	14	70.1	27	79.9	39	188.7	19	161.9	36	104.2
波士顿	27	858.4	25	182.8	5	117.8	32	70.4	35	205.7	28	143.5	22	138.3
首　尔	6	1081.1	13	222.6	7	109.1	15	126.6	24	237.0	13	179.5	4	206.3

资料来源：引自森纪念财团城市战略研究所《全球城市实力指数 2013》。

三　上海的国际金融中心功能评价

新华－道琼斯“国际金融中心发展指数”强调金融产业发展及服务环境水平。具体包括金融市场、金融产业成长、产业支撑、服务水平、国家环境五大指标，分别代表市场规模和发育、产业本身发展、产业支撑体系、综合服务水平以及国家支持水平等内容。

在2013年度综合排名中，上海位列纽约、伦敦、东京、香港和新加坡之后的第6位，显示出上海初步具备了核心竞争力，但总体上仍属于第二梯队，与我国全球第二大经济体的地位不相称。

基于分指标考察，上海在金融产业成长、产业支撑体系两个指标方面较好，分别居于第1位和第4位；金融市场规模和发育情况居于第6位；但是在金融市场综合服务水平及国家产业发展环境分别仅居第12位和第16位（见表3）。

表3　新华－道琼斯“国际金融中心发展指数”及上海的地位

城　市	总排名	指数	金融市场排名	金融市场指数	产业成长排名	产业成长指数	产业支撑排名	产业支撑指数	服务水平排名	服务水平指数	国家环境排名	国家环境指数
纽　约	1	87.27	1	89.88	2	82.16	1	90.61	1	88.35	1	83.80
伦　敦	2	85.62	2	89.76	3	78.72	2	89.40	2	86.69	2	83.65
东　京	3	72.93	3	84.50	6	65.24	3	77.41	3	72.84	5	64.38
香　港	4	72.18	4	81.11	4	77.13	5	67.00	4	69.44	3	65.45
新加坡	5	64.11	7	69.59	7	64.01	6	64.30	6	61.22	6	61.12
上　海	6	63.80	6	71.36	1	81.61	4	73.08	12	47.90	16	44.08
法兰克福	7	62.61	5	72.13	10	55.58	7	59.33	7	60.85	4	64.92
巴　黎	8	60.65	8	68.86	9	56.92	9	57.40	5	63.01	8	56.77
苏黎世	9	55.32	9	60.75	11	52.46	12	44.44	8	58.83	7	59.88
芝加哥	10	51.30	10	57.32	13	49.05	10	50.97	9	54.24	13	44.68
北　京	11	49.99	11	53.23	5	67.99	8	59.30	35	32.00	27	36.47
悉　尼	12	47.35	12	51.00	15	47.29	14	43.37	10	49.36	12	45.48
旧金山	13	46.54	13	49.61	12	49.61	13	43.90	14	47.17	19	42.49
阿姆斯特丹	14	45.99	18	44.61	21	41.80	11	46.74	13	47.38	10	49.71
日内瓦	15	44.90	15	46.13	22	40.97	27	36.40	11	49.24	9	51.83
多伦多	16	44.65	14	46.46	20	42.35	18	39.43	15	47.00	11	47.98

续表

城市	总排名	指数	金融市场排名	金融市场指数	产业成长排名	产业成长指数	产业支撑排名	产业支撑指数	服务水平排名	服务水平指数	国家环境排名	国家环境指数
华盛顿	17	42.86	17	44.66	19	42.50	19	39.34	16	45.39	20	42.30
迪　拜	18	40.95	16	44.84	17	46.12	16	42.09	27	37.05	32	34.18
深　圳	19	40.30	20	41.06	8	61.17	17	41.58	40	26.41	36	30.31
波士顿	20	39.24	19	41.54	23	40.81	29	34.67	17	43.03	28	35.93

资料来源：引自新华－道琼斯“国际金融中心发展指数”2014。

这样的排名情况反映出上海金融产业较好的发展情况，特别是在市场本身、产业支撑体系方面具备较好的基础。但在综合服务水平及国家政策支持方面仍然不足，未来发挥国际金融中心功能，必须从这个方面予以提升。

从上海建设国际金融中心的功能短板分析，主要还是在三个方面发展不足：第一是金融服务能力弱，金融资产配置效率较低；第二是面向国际的投融资中心功能较差，国际化生态环境发展尚不完善；第三金融企业体系存在结构不均衡的局面，银行业独大；证券、期货以及保险机构规模偏小；外资金融机构总部偏少。

基于以上缺陷和短板，上海金融中心目标增进功能应该主要包括：第一，推进上海全球人民币集散中心建设，推进多层次金融市场体系建设，特别是扩大债券市场规模、种类。第二，基本形成符合发展需要和国际惯例的税收、信用和监管等法律法规体系，培育具有国际竞争力的金融发展环境，推进国际融资中心建设和离岸金融中心建设。第三，吸纳各非银行金融行业的内、外资龙头企业落户上海。第四，建设上海外资金融机构总部基地。

四　上海的国际贸易中心功能评价

英国拉夫堡大学全球化与世界城市项目（GaWC）关注的是城市基于生产服务企业的全球服务中心联系网络。这一指标可以在单纯的海关、口岸贸易量之外，给出关于国际贸易服务质量与管控能力的评价。

GaWC 的研究依据网络模型将全球 308 个城市网络（经济）联系性变化进行测度，包括会计公司、广告公司、银行/金融、保险、法律、管理咨询等六个行业的 100 家公司成为考察对象。GaWC 通过对企业网络在城市中的分布进行打分，得出各城市的“全球网络联系度”（GNC）值。

对比 2000 年和 2010 年的考察数据可见，上海在全球网络联系度的全球排名从第 28 位上升到第 9 位，充分说明了上海在全球贸易服务领域地位的快速上升，上海基于企业的生产联系与世界城市网络中其他城市保持密切联系。

但上海的全球网络联系度得分与全球顶级城市，特别是与伦敦、纽约比较仍较大差距，得分差距在 30% 以上（见表 4）。

表 4　GaWC 世界城市体系排名及上海的地位

单位：分

排名	城　市	城市联系度总分	排名	城　市	城市联系度总分
1	伦　敦	96267	26	都柏林	52062
2	纽　约	95838	27	曼　谷	51974
3	香　港	80330	28	台　北	51793
4	巴　黎	75322	29	伊斯坦布尔	50673
5	新加坡	72594	30	罗　马	50604
6	东　京	70773	31	里斯本	49831
7	悉　尼	68263	32	法兰克福	48165
8	米　兰	65988	33	斯德哥尔摩	47414
9	上　海	65950	34	布拉格	46808
10	北　京	65939	35	维也纳	46574
11	马德里	62599	36	布达佩斯	46420
12	莫斯科	61387	37	雅　典	46068
13	首　尔	60597	38	卡拉卡斯	45063
14	多伦多	60454	39	洛杉矶	44637
15	布鲁塞尔	60253	40	奥克兰	44582
16	布宜诺斯艾利斯	58091	41	圣地亚哥	44177
17	孟　买	57902	42	华盛顿	42831
18	吉隆坡	57523	43	墨尔本	41957
19	芝加哥	55324	44	约翰内斯堡	41541
20	华　沙	53880	45	亚特兰大	41144
21	圣保罗	53319	46	巴塞罗那	40866
22	苏黎世	53197	47	旧金山	40735
23	阿姆斯特丹	53105	48	马尼拉	40282
24	墨西哥城	52903	49	波哥大	40113
25	雅加达	52645	50	特拉维夫	39639

资料来源：PJ Taylor，P Ni，B Derudder，*Global Urban Analysis*，2011。

在国际贸易中心功能建设的短板方面，上海的新型贸易业态发展与香港等城市比较尚不活跃，在综合性贸易服务平台建设上，还缺少物流业、金融业与通信业的相互融合发展，未来发展的目标是提高第三方贸易的规模、集聚具有全球影响力的贸易中间商，跨越内制造业供应链管理的内外贸综合交易平台，建成一个全国乃至地区性的订单中心、资金管理中心和物流控制中心。当然，中国（上海）自由贸易试验区建设将是重要抓手。

五　上海的国际航运中心功能评价

从国际航运运量规模而言，上海已然地位显赫。上海的海港总运量和集装箱运量已双双排名世界第1位。上海在空港枢纽领域，货运（仅含浦东机场）全球排名第3位，客流（仅含浦东机场）全球排名第21位。

然而，国际航运中心的功能显然并不只限于运输规模。2014年度新华－波罗的海“航运指数”强调港口服务及航运能力的比较，包括了港口条件、航运服务和综合环境3大类18项指标。上海位居全球国际航运中心排名第7位，进入国际航运中心第一梯队（见表5）。总结上海排名靠前的领域，其中主要是港口条件要素贡献最大，包括集装箱吞吐量、干散货吞吐量、桥吊数量、集装箱泊位长度、港口吃水深度条件都位列全球港口前茅。

表5　新华－波罗的海“航运指数”研究及上海的地位

城　市	航运指数总排名	集装箱量排名	城　市	集装箱量排名	航运指数总排名
新加坡	1	2	上　海	1	7
伦　敦	2	35	新加坡	2	1
香　港	3	4	深　圳	3	21
鹿特丹	4	11	香　港	4	3
汉　堡	5	15	釜　山	5	10
迪　拜	6	9	宁波舟山	6	20
上　海	7	1	青　岛	7	23
东　京	8	23	广　州	8	26
纽　约	9	22	迪　拜	9	6
釜　山	10	5	天　津	10	17

资料来源：引自新华－波罗的海“航运指数”2014。

但是上海在航运服务、航运环境两个二级指标方面排名较后，其中航运服务被公认为是国际航运中心发展的核心驱动力，决定着航运资源要素的全球聚集和配置；综合环境是港口城市航运发展的商业经济环境、政策配套措施等，也是影响国际航运中心发展的重要条件，相应体现出上海港口在国际航运管理、国际航运服务两大领域亟待完善。

未来上海在国际航运中心方面亟待完善的功能包括：国际航运管理主要指标：政府透明度、数字化管理程度、经济自由度、关税税率、海事仲裁、船舶管理；国际航运服务方面：航运经纪、航运保险、船舶工程、船舶维修、信息通达与处理能力、营商便利指数、物流绩效指数。

六　上海的国际创新中心功能评价

2014 年 4 月习近平总书记对上海提出了加快建设具有全球影响力的科技创新中心的新要求。我们也尝试综合多项国际有关城市创新指标，对上海的创新功能地位现状给予评价。

1. 2thinknow 创新城市指标关于上海文化创意功能

在 2thinknow 研究中上海排 24 位，认为影响城市创新能力的基本要素包括文化资产、人力基础及市场网络。其中，优良的文化资产是提升城市创新能力的重要保障。其次，城市必须拥有厚实的“人力基础”，包括大学和专门从事研究与开发的商业机构。再次，这些城市一般必须拥有广泛的“市场网络”，有能力与世界其他的地方分享这些创新，通过实物贸易和数字互联来实现。具体评价指标体系有 162 个因子。其中，文化资产包括艺术、文化、体育、音乐、环境、公园和场地等要素；人力基础则包括产业、商务、制造、技术、创意、零售、交通、流动性等；市场网络包括经济、军事、贸易及其他全球网络联系。

从上海的情况看，通过与其他城市密切的联系，市场网络得到最高分；人力基础、文化资产则得分相对较低，其中尤以文化资产与领先城市差距较大（见表 6）。

表6 2thinknow 创新城市报告及上海的地位

单位：分

城市	位次	文化资产	人力基础	市场网络	城市	位次	文化资产	人力基础	市场网络
波士顿	1	9	10	10	斯图加特	18	8	9	9
旧金山湾区	2	9	10	10	巴塞罗那	19	9	8	8
巴　黎	3	10	9	10	悉　尼	20	8	8	9
纽　约	4	10	9	10	斯德哥尔摩	21	8	8	9
维也纳	5	10	9	9	东　京	22	8	8	9
阿姆斯特丹	6	9	9	10	罗　马	23	9	7	9
慕尼黑	7	9	10	9	上　海	24	7	8	10
里　昂	8	9	8	10	西雅图	25	8	9	8
哥本哈根	9	9	9	9	新加坡	26	7	9	9
多伦多	10	9	9	9	斯特拉斯堡	27	8	8	9
伦　敦	11	9	9	9	首　尔	28	8	8	9
法兰克福	12	8	9	10	洛杉矶	29	8	8	9
汉　堡	13	9	9	9	京　都	30	8	8	9
柏　林	14	9	8	9	蒙特利尔	31	9	9	7
香　港	15	8	9	9	曼彻斯特	32	8	9	8
米　兰	16	9	8	9	费　城	33	7	9	9
墨尔本	17	9	9	8	—	—	—	—	—

资料来源：引自2thinknow，《全球创新城市报告2013》。

2. 普华永道“机遇之都”关于上海创新、创业与创投功能的评价

在普华永道“机遇之都”研究中，上海综合得分处于第19位。分指标考察，上海在经济影响力及门户城市两个指标方面处于领先地位。在交通与基础设施、成本两个指标方面与领先城市差距不大。

但是在智力资本与创新、技术准备、健康安全与治安、可持续与自然环境、商业环境、人口与宜居性六个指标方面与领先城市存在较大差距（见表7）。

表7 普华永道“机遇之都”排名及上海的地位

单位：分

城市	智力资本与创新	技术准备	交通与基础设施	健康安全与治安	可持续与自然环境	经济影响力	商业环境	成本	人口与宜居性	门户城市	综合得分
纽约	189	91	101	97	83	119	182	70	59	121	1112
伦敦	184	79	99	96	65	119	181	71	72	145	1111
多伦多	198	66	109	116	101	98	175	89	75	69	1096
巴黎	194	65	99	89	86	120	137	58	82	143	1073
斯德哥尔摩	205	89	103	119	88	83	161	86	73	55	1062
旧金山	191	93	92	107	101	76	154	86	76	85	1061
新加坡	122	80	114	103	69	110	202	71	75	99	1045
香港	150	71	103	71	59	99	198	78	78	108	1015
芝加哥	170	81	92	109	72	67	158	93	67	88	997
东京	167	80	107	93	58	92	156	51	59	111	974
悉尼	179	56	66	117	103	90	147	54	78	77	964
柏林	147	48	95	101	91	68	135	124	74	72	955
洛杉矶	171	79	59	91	79	59	160	99	65	92	954
首尔	137	96	109	61	58	81	146	108	37	82	915
马德里	119	44	99	81	82	76	136	96	55	115	903
米兰	131	34	86	95	89	90	111	71	51	69	827
北京	82	49	71	35	65	125	80	79	48	135	769
吉隆坡	66	41	80	55	55	64	154	106	53	87	761
上海	99	48	80	38	44	118	56	83	40	123	729
莫斯科	109	54	73	19	86	95	62	77	50	87	712
墨西哥城	82	24	93	42	53	60	117	102	43	57	673
迪拜	87	28	89	93	33	68	89	90	57	16	650
布宜诺斯艾利斯	63	28	93	43	74	67	60	80	48	41	597
伊斯坦布尔	45	33	67	24	49	61	78	102	34	85	578
约翰内斯堡	49	23	32	46	55	42	102	100	46	39	534
圣保罗	60	22	54	16	64	67	88	57	49	50	527
孟买	48	27	70	25	58	82	59	93	23	30	515

资料来源：引自普华永道“机遇之都”，2014。

七　总结

整体上，可以判断上海已实现了基本建成“四个中心”的目标。上海自四个中心的相关单项评价上都进入或接近全球前十的位置。具体上海在对外开放与吸引跨国公司、产业经济包括高等级的金融产业、对外贸易、基础设施建设、社会安全等方面都已经取得突出成绩，在硬件方面已经初步具备全球城市的水平。但是，上海在国际移民、信息枢纽、科技研发创新、文化产业及文化资产积累、对外文化交流、社会综合服务水平、可持续与城市生态环境、城市宜居性等方面都存在较大不足，有待未来予以强化。

与此同时，上海城市功能的主要短板则已从四个中心转向创新中心功能。在创新创业能力相关的评价方面，上海的排名位置基本上还处在全球20名左右，这也影响了上海的综合性城市排名，其也处在20名左右。

参考文献

Mckinsey Global Institute, *Global Flows in a Digital Age*, 2014.

Financial Centre Futures, *The Global Financial Centres Index15*, March 2014.

Mori Memorial Foundation, *Global Power Index 2014*.

YouthfulCities:《全球年轻城市排名2014》。

PWC, *Cities of Opportunity 6*.

Yuwa Hedrick-Wong, Desmond Choong, *Mastercard*, *2014 GLobal Destination Cities Index*.

Mumbeo, *Quality of Life Index 2014*.

Economist, Intelligence Unit, *Global Livability Ranking and Report*, August 2014.

Startup Genome and Telefonica Digital, *The Startup Ecosystem Report 2012*.

Foreign Policy, A. T. Kearney, and the Chicago Council on Global Affairs, *The Global Cities Index 2010*.

世界知识产权组织（WIPO）、康奈尔大学、欧洲商学院（INSEAD）:《全球创新指数报告》。

新华社－道琼斯:《国际金融中心发展指数报告》。

Abstract

The founding of World Trade Organization (WTO) in 1st January 1995 has declared a milestone of global free-trade system. During the 20 years' period afterwards, globalization has prevailed the world and most part of the world has been integrated into Global Production Network (GPN). Cities over continents have become World Cities or Global Cities due to their key role in commodity trade, service exchange and capital flow in GPN.

The global trade system is experiencing a profound restructuring at the moment. Different international trade agreements have more emphasis on innovation by the protection of Intellectual Property Rights (IPRs) and labor welfare standards. The interconnection of global economy has shifted from GPN to GIN (Global Innovation Network). Cities as pivots of global information, knowledge and human capital have become leading roles and can be termed "Global Innovation Cities".

From 2010 to 2014, the assessment of Innovation Cities worldwide has its candidates increased from 330 to more than 440 (2thinknow innovation-cities-index). The competition focusing on innovation between cities has started and this will be decisive to the hierarchy of global cities. Yet characteristics, functions, development and interrelationships of innovation cities are not completely understood. Innovation is the reshaping of a city, whereas not simple multiplication of capital investment or imitation of innovation system. This is the theme of "World City 2.0". The report has studied the development of World City 2.0 based on the evaluation of strategy, innovation, economy, society, culture, governance and space of 40 cities worldwide. This is a method for cities to upgrade their competence.

Contents

ⅠB Ⅰ General Reports

Abstract: With no doubt, the Keyword of City theories and practices in 2015 shall be innovation. Innovation transforms itself from one of the policy choices in fighting against the New Great Recession since 2008 to the only strategy in positioning a city in the new round of world city network formation. The paper provides a full introduction of the concept, characters as well as functions of International Innovation hub. The authors believe that the "World City 2. 0" Index developed by this annual report indicates the path leading to the formation of International Innovation hubs.

Keywords: International Innovation Hub; World City 2. 0; Global Innovation Network

ⅠB Ⅱ Urban Innovation

Abstract: To understand the evolution mechanism of spatial organization in innovation districts and then to guide the development practice is an important task in now. Based on Analysis of assets in innovation districts from Brookings report, the paper knows well about the roles in evolution process of innovative districts, and then studies the growth mechanism of innovative districts separately from dimensions of enterprises and government. Finally, the paper proposes Enlightenment for Chinese cities.

Keywords: Innovation Districts; Geography of Innovation; Growth Mechanism

B. 3 The Development of Local Creative Economy in Developing Countries *Lin Lan* / 060

Abstract: Development of local scale of creative economy has already caused the widespread attention of experts and scholars. Local scale creative economic development aims to establish the association between cultural sectors, expand cultural selection, improve the cultural survival, and ensure the economic life not only sustainable but also can be changed. Based on local scale "culture", the report analyzed the necessary conditions of local creative economic development and its positive results.

Keywords: Local; Culture; Creative Economy

B. 4 A New Trend of Innovation Geography in USA *Su Ning* / 073

Abstract: This paper, based on the report "The Rise of Innovation Districts: A New Geography of Innovation in America Strategy" issued by Brookings Institution, tried to capture this emerging trend of Innovation Districts. It explored the large forces and local practices and practitioners that are driving innovation and provide initial guidance to U. S. city and metropolitan leaders on how best to recognize and extend the growth of their own innovation districts. The paper analyzed the multiple assets of innovation districts, and provided real-world guidance and insights for cities trying to start or extend this model in their own communities.

Keywords: Innovation District; United States; Urban Regeneration; Innovation Policy

B Ⅲ Urban Strategy

Abstract: This paper, based on the long term plan of OPEN Sydney: Future directions for Sydney at night, Strategy and action plan 2013 –2030 issued by City of Sydney, tried to study roadmap for improving Sydney's night-time economy. The study focused on the problems such as growing visitor volumes, transport availability and capacity, the diversity of leisure options available at night and how to better balance growth to ensure Sydney is a place where people can live as well as do business.

Keywords: Sydney; Global Night-time City; Night-time Economy; Strategy Planning

Abstract: Twin cities have been the major type of urban communication. However, the new economic partnership signed by Chicago and Mexico launches a series of initiative in trade, innovation, education and other fields and, promotes employment and competitiveness in advanced industries. The world is evolving as a network of trading cities, seamlessly integrating the exchange of people, goods, services, energy, capital, ideas, and culture. North America as a unique competitive producing and trading platform has been driven by cities and metro regions which in turn become the engine and center for trading and investment. The partnership of Chicago and Mexico city has implications for Chinese cities in following aspects: (1) integrated economic trading relationship between twin cities; (2) proper economic trading in conform to industries and development, sharing innovative policy and enhancing competitiveness; and, (3) deepened cooperation in innovation, education and human capital.

Keywords: City Economic Partnership; Urban and Metro Trading Network; Chicago; Mexico City.

B. 7 Johannesburg 2040 Growth and Development Strategy

Zhang Jiantao / 107

Abstract: As the economic center of South Africa and an emerging global city, Johannesburg plays a key role in the social-economic progress of Africa. To be adaptive to the rapidly changing global context, to promote the city's sustainability and competitiveness, the Municipal Government has forwarded *Joburg 2040 Growth and Development Strategy* (*GDS*) in view of the city's potential and characteristics. Major goals of Joburg 2040 are: (1) Improved quality of life and development-driven resilience for all; (2) Provide a resilient, liveable, sustainable urban environment-underpinned by infrastructure supportive of a low-carbon economy; (3) An inclusive, job-intensive, resilient and competitive economy that harnesses the potential of citizens; and, (4) A high performing metropolitan government that pro-actively contributes to and builds a sustainable, socially inclusive, locally integrated and globally competitive Gauteng City Region.

Keywords: Johannesburg; 2040; Growth and Development Strategy; Sustainability

Ⅳ Urban Economy

Abstract: Hamburg Free Trade Zone has a long history of over 125 years and is one of the best global free trade zones. In the long period of development, relying on the superior geographical location and the support of local government, Hamburg free trade zone developed successfully and accumulated a lot of experience. During the process of China to promote the construction of the free trade zone, we can make reference from Hamburg free trade zone.

Keywords: Hamburg Free Trade Zone; Supervision Mechanism; Port Economy

Abstract: With the aging of the population, social economic development in Singapore will face a major crisis. In 2013 Singapore introduced population white paper. With in-depth study on size and structure of family, population, labor force, the white paper puts forward to the core idea of taking family and population as the core of social development, promoting marriage and family planning, modulating foreign labor policy according to the needs of social and economic development. The white paper has the important enlightenment to Chinese big city which already entered the aging of the population development pathway.

Keywords: Singapore; Population; White Paper

B. 10 Prediction of London's Employment Growth for 2023

Yan Yanming / 136

Abstract: London used to be an influential industrial center in the world. After industrialization, London City Hall have made snap to the industry development planning and reform, put forward several industry development planning with forward-looking. This effectively promoted the economic prosperity and employment growth.

Keywords: London; Employment; Economic Outlook; Services Industry

B V Urban Society

B. 11 Singapore's Governance Strategy in the Promotion of Innovation-oriented Economy

Li Jian / 147

Abstract: The report focuses on the organic combination of opportunity and local governance measures of Singapore in the period of transformation from traditional capital intensive industry to innovation-oriented economy and, gives more expanded solutions for transformation development of Chinese cities.

Keywords: Innovation-oriented Economy; Local Governance; Singapore

B. 12 Non-profit Organization Ability Construction in the New Orleans Metropolitan Area

Tao Xidong / 156

Abstract: The city of New Orleans is a port city in Louisiana, and is a largest port city second to New York. Since 2005, the incidence of Hurricane Katrina, its urban development, political system, social governance have undergone tremendous impact and change, but during the non-profit organizations play a very important role. Over the past decade, New Orleans has a high poverty rate, the economy in recession consistent, that how to re- assess the development issues and health and human services is a very real problem. With the help of the analysis report on the status of the city's non-profit organizations of the U. S. Urban Institute (The Urban Institute) in 2012, the paper promotes some inspiring suggestions for social governance of China cities.

Keywords: New Orleans; Nonprofit Organizations; Experience; Inspira-tion

Abstract: The bicycling sport and culture has been widely recognized in international city. The bicycling is more for transportation than other objective in China city, and the development and promotion of bicycle culture was quite weak. The briefing wants to introduce development, operation management and public service condition of YouBike project in Taipei, and then analyzes reference and inspiration to city of mainland.

Keywords: Taipei; Urban Transportation; YouBike

B VI Urban Culture

Abstract: Culture is crucial in sustainable development. Urban heritage, as cultural resource, plays an essential role in the urban development and drives the social and economic improvement, especially in the historic cities whose cultures keep alive. Based on the concept of living urban heritage (LUH) and its dynamism, four interwoven issues on safeguarding LUH will be addressed: authenticity, management, community and disaster risk, which also inspire the heritage practice in China.

Keywords: Living Urban Heritage; Safeguarding Cultural Heritage; Authenticity; Management; Community; Disaster Risk

B. 15 Vancouver Culture Plan 2018

Zhang Jiantao / 185

Abstract: Vancouver is a young global city famous for its cultural diversity. The Culture Plan 2018 has put forwarded goals including diversity and prosperity, contribution and collaboration, and, value and vision. To become a creative city, innovation, learning, communication, community and value are key components of the Culture Plan. Practicable policy instruments are helpful to the application of the Culture Plan.

Keywords: Vancouver; Culture; Plan; Creativity

B. 16 The Rise of Culture Entrepreneurship: London's Experiences

Su Ning / 193

Abstract: This paper, based on the report "Cultural Innovation and Entrepreneurship in London" issued by City of London Corporation, provides an overview of London's creative, cultural and technology landscape and in particular, highlights how these industries are developing increasingly innovative ways. The paper also highlights the importance of the right support and training for entrepreneurs, and the ways in which the cultural industry might be able to learn from successful models.

Keywords: Entrepreneurship; Culture; Innovation; London

B. 17 Johannesburg's Tourism Strategy and Competitiveness

Zhang Jiantao / 203

Abstract: Tourism is a key sector of Johannesburg's economy. The success of its tourism industry is based on the realization of its advantage and market, the construction of business infrastructure, the combination of value chain of related industries, and the focus on business tourism and retail tourism.

Keywords: Johannesburg; Tourism; Business tourism; Retail tourism

B VII Urban Ecology

Abstract: The frequency and severity of natural disasters are increasing, posing threats to the urban security. Swiss Re issued a report of "Mind the risk, A global ranking of cities under threat from natural disasters" which devised a risk scenario per natural peril (five natural perils: storm, storm surge, river flood, earthquake, Tsunami) for each metropolitan area from both perspectives of human and economic toll. The report finds the aggregated ranking for all five perils, the absolute number of people potentially affected, the value of working days lost in relation to the local and national economy. With some exception, the world's riskiest metropolitan areas are located in Asia, especially in China, Taiwan, the Philippines and Japan. In locations with a multi-hazard risk, the probability of an event substantially. Tokyo-Yokohama, Osaka-Kobe and Nagoya, Pearl River Delta, Taipei and Tainan-Kaohsiung Manila face a high likelihood of being impacted by different perils. In dealing with Natural Perils, Chinese cities must invest more in key infrastructures like water supply, hospitals, and main roads.

Keywords: Natural Disasters; Cities; Asia-Pacific Rim

Abstract: This paper, based on the report "Better Growth, Better Climate:

The New Climate Economy" issued by The Global Commission on the Economy and Climate, tried to explore the growing contribution of cities both to the world economy and carbon emissions. It reviewed the most common form of urban expansion across countries today, and examines an alternative growth pathway, giving special attention to urban form, transport, and initiatives which boost short to medium-term resource productivity. The paper discussed the kinds of urban policy frameworks needed to scale up that alternative pathway, through planning policy, pricing instruments, fiscal and finance mechanisms, governance, and legal powers.

Keywords: Urban Area; Economy; Sustainable Development

B. 20 Green 2. 0: The Integration of Urban Eco-Tech and Digital Evolution

Su Ning / 232

Abstract: This paper focused on the ideal of Green 2. 0, issued by New York City 2025 planning, and the opportunities in cleantech's digital evolution. The analysis showed that the next evolution of the green industry, which we call "Green 2. 0," strongly aligns with New York City's assets and strengths in software, finance, data and analytics. As the market for Green 2. 0 grows, it brings an opportunity for New York City to lead the future of green and cleantech innovation.

Keywords: New York City; Green 2. 0; Urban Sustainability

B Ⅷ Urban Management

B. 21 The Integration Policy of Immigrants in the Netherlands Metropolitan Areas

Gao Hui / 241

Abstract: As a country of immigrants, more than one fifth of the Netherlands population are immigrants. Based on diverse and inclusive policies and measures, the Netherlands has progressive steps towards the integration of immigrants, particularly in metropolitan areas of Amsterdam, Rotterdam and Hague. This is useful to the immigrant policy of China.

Keywords: The Netherlands; Immigrants; Integration Policy; Metropolitan Areas

Abstract: Up to 3/4 of commuters take bus in Curitiba Brazil. It was chosen as the most livable city by the United Nations tied with Paris, Vancouver, Sydney and Rome. It has a good urban planning, good public transportation systems, good waste management and better environmental protection. What had happened during last 40 years? In simple word, Curitiba had solved the core problem of urban development: traffic, green space and waste disposal. This is an important reference to the most Chinese cities because of the same city problem in terms of a lower level of economic development.

Keywords: Curitiba; Liveable Cities; Transportation Systems; Waste Disposal Systems; Green Exchange System

Abstract: In a long time, Great London Authority has accumulated plenty of experience in housing management. In recent years, the rapid increase of migrants and booming of overseas investors in London real estate investment have resulted in residential crowding in downtown area of London. Great London Authority has therefore put forward a series of measures targeted to the issue, and caused good results.

Keywords: London; Overcrowded Housing; Low-income Housing; Property Tax

ⅨB Ⅸ Urban Space

B. 24 The Future of Urban Mobility *Zhang Jiantao* / 281

Abstract: Urban mobility is the key to urban development. The long-term goals for urban mobility system are to meet the urban mobility demand and to establish a system with safety, security, efficiency, convenience, sustainability and affordability. The paper, based on the study of 84 cities over the world, has proposed strategies for the future of urban mobility.

Keywords: Cities; Mobility system; Future Mobility

B. 25 The Development and Evolution of Innovation Districts in USA *Li Jian* / 293

Abstract: To understand the evolution mechanism of spatial organization in innovation districts and then to guide the development practice is an important task in now. Based on Analysis of assets in innovation districts from Brookings report, the paper knows well about the roles in evolution process of innovative districts, and then studies the growth mechanism of innovative districts separately from dimensions of enterprises and government. Finally, the paper proposes Enlightenment for Chinese cities.

Keywords: Innovation Districts; Geography of Innovation; Growth Mechanism

B. 26 The Shift and Reshaping of American Shopping Centers *Zhang Jiantao* / 302

Abstract: Lifestyle centers have become the largest shift of American shopping centers since the new Millennium. Correspondingly emerging shifts are e-commerce, the young dynamics, diverse market and analytic investments. These provide foresight to shopping developments in China.

Keywords: America; Shopping Centers; Lifestyle Centers; E-commerce; Shopping Behaviors

Abstract: Because of people and logistics, the train station and its surrounding area in city center have been accompanied with chaos. The same problem existed at King's Cross railway station and its surrounding areas in London. The development plan proposed in 1996, but the construction work started at 2007. London and Camden government had implemented a series of development programs, in particular putting through the cultural continuity and injection plan, now the area around the Kings Cross station is becoming an new attractive area in London, including London central Saint Martins College of Design and Art, Google (Google) UK headquarters and a series of institutions and enterprises settling in the area.

Keywords: London; Cultural Continuity; Culture Planting; Regeneration; King's Cross Station

B X Best Practice of Chinese Cities

Abstract: The paper, based on 15 latest sets of international cities evaluation indexes, analyzed the assessment of Beijing in those indexes. Therefore a comprehensive evaluation of Beijing as a world city can be defined.

Keywords: Beijing; International City Ranking; World Cities

B. 29 An Analysis of Shanghai based on International City Rankings

Tu Qiyu, *Li Jian* / 330

Abstract: The paper, based on 7 latest sets of international cities evaluation indexes, analyzed the assessment of Shanghai's performances in those indexes. Therefore a comprehensive evaluation of Shanghai as a world city can be defined.

Keywords: Shanghai; International City Ranking; World Cities

皮书起源

“皮书”起源于十七、十八世纪的英国，主要指官方或社会组织正式发表的重要文件或报告，多以“白皮书”命名。在中国，“皮书”这一概念被社会广泛接受，并被成功运作、发展成为一种全新的出版型态，则源于中国社会科学院社会科学文献出版社。

皮书定义

皮书是对中国与世界发展状况和热点问题进行年度监测，以专业的角度、专家的视野和实证研究方法，针对某一领域或区域现状与发展态势展开分析和预测，具备权威性、前沿性、原创性、实证性、时效性等特点的连续性公开出版物，由一系列权威研究报告组成。皮书系列是社会科学文献出版社编辑出版的蓝皮书、绿皮书、黄皮书等的统称。

皮书作者

皮书系列的作者以中国社会科学院、著名高校、地方社会科学院的研究人员为主，多为国内一流研究机构的权威专家学者，他们的看法和观点代表了学界对中国与世界的现实和未来最高水平的解读与分析。

皮书荣誉

皮书系列已成为社会科学文献出版社的著名图书品牌和中国社会科学院的知名学术品牌。2011 年，皮书系列正式列入“十二五”国家重点图书出版规划项目；2012~2014 年，重点皮书列入中国社会科学院承担的国家哲学社会科学创新工程项目；2015 年，41 种院外皮书使用“中国社会科学院创新工程学术出版项目”标识。

法律声明

权威·前沿·原创

社会科学文献出版社

皮书系列

2015年

盘点年度资讯 预测时代前程

社会科学文献出版社 学术传播中心 编制

社会科学文献出版社成立于1985年，是直属于中国社会科学院的人文社会科学专业学术出版机构。

成立以来，特别是1998年实施第二次创业以来，依托于中国社会科学院丰厚的学术出版和专家学者两大资源，坚持“创社科经典，出传世文献”的出版理念和“权威、前沿、原创”的产品定位，社科文献立足内涵式发展道路，从战略层面推动学术出版的五大能力建设，逐步走上了学术产品的系列化、规模化、数字化、国际化、市场化经营道路。

先后策划出版了著名的图书品牌和学术品牌“皮书”系列、“列国志”、“社科文献精品译库”、“全球化译丛”、“气候变化与人类发展译丛”、“近世中国”等一大批既有学术影响又有市场价值的系列图书。形成了较强的学术出版能力和资源整合能力，年发稿5亿字，年出版图书1400余种，承印发行中国社科院院属期刊70余种。

依托于雄厚的出版资源整合能力，社会科学文献出版社长期以来一直致力于从内容资源和数字平台两个方面实现传统出版的再造，并先后推出了皮书数据库、列国志数据库、中国田野调查数据库等一系列数字产品。

在国内原创著作、国外名家经典著作大量出版，数字出版突飞猛进的同时，社会科学文献出版社在学术出版国际化方面也取得了不俗的成绩。先后与荷兰博睿等十余家国际出版机构合作面向海外推出了《经济蓝皮书》《社会蓝皮书》等十余种皮书的英文版、俄文版、日文版等。截至目前，社会科学文献出版社共推出各类学术著作的英文版、日文版、俄文版、韩文版、阿拉伯文版等共百余种。

此外，社会科学文献出版社积极与中央和地方各类媒体合作，联合大型书店、学术书店、机场书店、网络书店、图书馆，逐步构建起了强大的学术图书的内容传播力和社会影响力，学术图书的媒体曝光率居全国之首，图书馆藏率居于全国出版机构前十位。

上述诸多成绩的取得，有赖于一支以年轻的博士、硕士为主体，一批从中国社科院刚退出科研一线的各学科专家为支撑的300多位高素质的编辑、出版和营销队伍，为我们实现学术立社，以学术的品位、学术价值来实现经济效益和社会效益这样一个目标的共同努力。

作为已经开启第三次创业梦想的人文社会科学学术出版机构，社会科学文献出版社结合社会需求、自身的条件以及行业发展，提出了新的创业目标：精心打造人文社会科学成果推广平台，发展成为一家集图书、期刊、声像电子和数字出版物为一体，面向海内外高端读者和客户，具备独特竞争力的人文社会科学内容资源供应商和海内外知名的专业学术出版机构。

社长致辞

我们是图书出版者，更是人文社会科学内容资源供应商；

我们背靠中国社会科学院，面向中国与世界人文社会科学界，坚持为人文社会科学的繁荣与发展服务；

我们精心打造权威信息资源整合平台，坚持为中国经济与社会的繁荣与发展提供决策咨询服务；

我们以读者定位自身，立志让爱书人读到好书，让求知者获得知识；

我们精心编辑、设计每一本好书以形成品牌张力，以优秀的品牌形象服务读者，开拓市场；

我们始终坚持“创社科经典，出传世文献”的经营理念，坚持“权威、前沿、原创”的产品特色；

我们“以人为本”，提倡阳光下创业，员工与企业共享发展之成果；

我们立足于现实，认真对待我们的优势、劣势，我们更着眼于未来，以不断的学习与创新适应不断变化的世界，以不断的努力提升自己的实力；

我们愿与社会各界友好合作，共享人文社会科学发展之成果，共同推动中国学术出版乃至内容产业的繁荣与发展。

社会科学文献出版社社长

中国社会学会秘书长

2015 年 1 月

皮书起源

“皮书”起源于十七、十八世纪的英国，主要指官方或社会组织正式发表的重要文件或报告，多以“白皮书”命名。在中国，“皮书”这一概念被社会广泛接受，并被成功运作、发展成为一种全新的出版形态，则源于中国社会科学院社会科学文献出版社。

皮书定义

皮书是对中国与世界发展状况和热点问题进行年度监测，以专业的角度、专家的视野和实证研究方法，针对某一领域或区域现状与发展态势展开分析和预测，具备权威性、前沿性、原创性、实证性、时效性等特点的连续性公开出版物，由一系列权威研究报告组成。皮书系列是社会科学文献出版社编辑出版的蓝皮书、绿皮书、黄皮书等的统称。

皮书作者

皮书系列的作者以中国社会科学院、著名高校、地方社会科学院的研究人员为主，多为国内一流研究机构的权威专家学者，他们的看法和观点代表了学界对中国与世界的现实和未来最高水平的解读与分析。

皮书荣誉

皮书系列已成为社会科学文献出版社的著名图书品牌和中国社会科学院的知名学术品牌。2011 年，皮书系列正式列入“十二五”国家重点出版规划项目；2012~2014 年，重点皮书列入中国社会科学院承担的国家哲学社会科学创新工程项目；2015 年，41 种院外皮书使用“中国社会科学院创新工程学术出版项目”标识。

经 济 类

经济类皮书涵盖宏观经济、城市经济、大区域经济，
提供权威、前沿的分析与预测

经济蓝皮书

2015 年中国经济形势分析与预测

李　扬 / 主编　　2014 年 12 月出版　　定价 :69.00 元

◆　本书课题为“总理基金项目”，由著名经济学家李扬领衔，联合数十家科研机构、国家部委和高等院校的专家共同撰写，对 2014 年中国宏观及微观经济形势，特别是全球金融危机及其对中国经济的影响进行了深入分析，并且提出了 2015 年经济走势的预测。

城市竞争力蓝皮书

中国城市竞争力报告 No.13

倪鹏飞 / 主编　　2015 年 5 月出版　　估价 :89.00 元

◆　本书由中国社会科学院城市与竞争力研究中心主任倪鹏飞主持编写，汇集了众多研究城市经济问题的专家学者关于城市竞争力研究的最新成果。本报告构建了一套科学的城市竞争力评价指标体系，采用第一手数据材料，对国内重点城市年度竞争力格局变化进行客观分析和综合比较、排名，对研究城市经济及城市竞争力极具参考价值。

西部蓝皮书

中国西部发展报告（2015）

姚慧琴　徐璋勇 / 主编　　2015 年 7 月出版　　估价 :89.00 元

◆　本书由西北大学中国西部经济发展研究中心主编，汇集了源自西部本土以及国内研究西部问题的权威专家的第一手资料，对国家实施西部大开发战略进行年度动态跟踪，并对 2015 年西部经济、社会发展态势进行预测和展望。

中部蓝皮书

中国中部地区发展报告（2015）

喻新安 / 主编　　2015 年 5 月出版　　估价 :69.00 元

◆　本书敏锐地抓住当前中部地区经济发展中的热点、难点问题，紧密地结合国家和中部经济社会发展的重大战略转变，对中部地区经济发展的各个领域进行了深入、全面的分析研究，并提出了具有理论研究价值和可操作性强的政策建议。

世界经济黄皮书

2015 年世界经济形势分析与预测

王洛林　张宇燕 / 主编　　2014 年 12 月出版　　估价 :69.00 元

◆　本书为“十二五”国家重点图书出版规划项目，中国社会科学院创新工程学术出版资助项目，作者来自中国社会科学院世界经济与政治研究所。该书总结了 2014 年世界经济发展的热点问题，对 2015 年世界经济形势进行了分析与预测。

中国省域竞争力蓝皮书

中国省域经济综合竞争力发展报告（2015）

李建平　李闽榕　高燕京 / 主编　　2015 年 3 月出版　估价 :198.00 元

◆　本书充分运用数理分析、空间分析、规范分析与实证分析相结合、定性分析与定量分析相结合的方法，建立起比较科学完善、符合中国国情的省域经济综合竞争力指标评价体系及数学模型，对 2013~2014 年中国内地 31 个省、市、区的经济综合竞争力进行全面、深入、科学的总体评价与比较分析。

城市蓝皮书

中国城市发展报告 No.8

潘家华　魏后凯 / 主编　2015 年 9 月出版　　估价 :69.00 元

◆　本书由中国社会科学院城市发展与环境研究中心编著，从中国城市的科学发展、城市环境可持续发展、城市经济集约发展、城市社会协调发展、城市基础设施与用地管理、城市管理体制改革以及中国城市科学发展实践等多角度、全方位地立体展示了中国城市的发展状况，并对中国城市的未来发展提出了建议。

金融蓝皮书

中国金融发展报告（2015）

李　扬　王国刚 / 主编　2014 年 12 月出版　估价 :69.00 元

◆　由中国社会科学院金融研究所组织编写的《中国金融发展报告（2015）》，概括和分析了 2014 年中国金融发展和运行中的各方面情况，研讨和评论了 2014 年发生的主要金融事件。本书由业内专家和青年精英联合编著，有利于读者了解掌握 2014 年中国的金融状况，把握 2015 年中国金融的走势。

低碳发展蓝皮书

中国低碳发展报告（2015）

齐　晔 / 主编　2015 年 3 月出版　估价 :89.00 元

◆　本书对中国低碳发展的政策、行动和绩效进行科学、系统、全面的分析。重点是通过归纳中国低碳发展的绩效，评估与低碳发展相关的政策和措施，分析政策效应的制度背景和作用机制，为进一步的政策制定、优化和实施提供支持。

经济信息绿皮书

中国与世界经济发展报告（2015）

杜　平 / 主编　2014 年 12 月出版　估价 :79.00 元

◆　本书由国家信息中心继续组织有关专家编撰。由国家信息中心组织专家队伍编撰，对 2014 年国内外经济发展环境、宏观经济发展趋势、经济运行中的主要矛盾、产业经济和区域经济热点、宏观调控政策的取向进行了系统的分析预测。

低碳经济蓝皮书

中国低碳经济发展报告（2015）

薛进军　赵忠秀 / 主编　2015 年 5 月出版　估价 :69.00 元

◆　本书是以低碳经济为主题的系列研究报告，汇集了一批罗马俱乐部核心成员、IPCC 工作组成员、碳排放理论的先驱者、政府气候变化问题顾问、低碳社会和低碳城市计划设计人等世界顶尖学者、对气候变化政策制定、特别是中国的低碳经济经济发展有特别参考意义。

社会政法类

社会政法类皮书聚焦社会发展领域的热点、难点问题，
提供权威、原创的资讯与视点

社会蓝皮书

2015年中国社会形势分析与预测

李培林　陈光金　张　翼/主编　2014年12月出版　定价:69.00元

◆　本报告是中国社会科学院“社会形势分析与预测”课题组2014年度分析报告，由中国社会科学院社会学研究所组织研究机构专家、高校学者和政府研究人员撰写。对2014年中国社会发展的各个方面内容进行了权威解读，同时对2015年社会形势发展趋势进行了预测。

法治蓝皮书

中国法治发展报告No.13（2015）

李　林　田　禾/主编　2015年2月出版　估价:98.00元

◆　本年度法治蓝皮书一如既往秉承关注中国法治发展进程中的焦点问题的特点，回顾总结了2014年度中国法治发展取得的成就和存在的不足，并对2015年中国法治发展形势进行了预测和展望。

环境绿皮书

中国环境发展报告（2015）

刘鉴强/主编　2015年5月出版　估价:79.00元

◆　本书由民间环保组织“自然之友”组织编写，由特别关注、生态保护、宜居城市、可持续消费以及政策与治理等版块构成，以公共利益的视角记录、审视和思考中国环境状况，呈现2014年中国环境与可持续发展领域的全局态势，用深刻的思考、科学的数据分析2014年的环境热点事件。

反腐倡廉蓝皮书

中国反腐倡廉建设报告 No.4

李秋芳　张英伟 / 主编　2014 年 12 月出版　　定价 :79.00 元

◆　本书抓住了若干社会热点和焦点问题，全面反映了新时期新阶段中国反腐倡廉面对的严峻局面，以及中国共产党反腐倡廉建设的新实践新成果。根据实地调研、问卷调查和舆情分析，梳理了当下社会普遍关注的与反腐败密切相关的热点问题。

女性生活蓝皮书

中国女性生活状况报告 No.9（2015）

韩湘景 / 主编　2015 年 4 月出版　估价 :79.00 元

◆　本书由中国妇女杂志社、华坤女性生活调查中心和华坤女性消费指导中心组织编写，通过调查获得的大量调查数据，真实展现当年中国城市女性的生活状况、消费状况及对今后的预期。

华侨华人蓝皮书

华侨华人研究报告 (2015)

贾益民 / 主编　2015 年 12 月出版　估价 :118.00 元

◆　本书为中国社会科学院创新工程学术出版资助项目，是华侨大学向世界提供最新涉侨动态、理论研究和政策建议的平台。主要介绍了相关国家华侨华人的规模、分布、结构、发展趋势，以及全球涉侨生存安全环境和华文教育情况等。

政治参与蓝皮书

中国政治参与报告（2015）

房　宁 / 主编　2015 年 7 月出版　估价 :105.00 元

◆　本书作者均来自中国社会科学院政治学研究所，聚焦中国基层群众自治的参与情况介绍了城镇居民的社区建设与居民自治参与和农村居民的村民自治与农村社区建设参与情况。其优势是其指标评估体系的建构和问卷调查的设计专业，数据量丰富，统计结论科学严谨。

行业报告类

行业报告类皮书立足重点行业、新兴行业领域，
提供及时、前瞻的数据与信息

房地产蓝皮书

中国房地产发展报告 No.12（2015）

魏后凯　李景国 / 主编　　2015 年 5 月出版　　估价 :79.00 元

◆　本书汇集了众多研究城市房地产经济问题的专家、学者关于城市房地产方面的最新研究成果。对 2014 年我国房地产经济发展状况进行了回顾，并做出了分析，全面翔实而又客观公正，同时，也对未来我国房地产业的发展形势做出了科学的预测。

保险蓝皮书

中国保险业竞争力报告（2015）

姚庆海　王　力 / 主编　2015 年 12 出版　　估价 :98.00 元

◆　本皮书主要为监管机构、保险行业和保险学界提供保险市场一年来发展的总体评价，外在因素对保险业竞争力发展的影响研究；国家监管政策、市场主体经营创新及职能发挥、理论界最新研究成果等综述和评论。

企业社会责任蓝皮书

中国企业社会责任研究报告（2015）

黄群慧　彭华岗　钟宏武　张　蒽 / 编著
2015 年 11 月出版　估价 :69.00 元

◆　本书系中国社会科学院经济学部企业社会责任研究中心组织编写的《企业社会责任蓝皮书》2015 年分册。该书在对企业社会责任进行宏观总体研究的基础上，根据 2014 年企业社会责任及相关背景进行了创新研究，在全国企业中观层面对企业健全社会责任管理体系提供了弥足珍贵的丰富信息。

投资蓝皮书

中国投资发展报告（2015）

杨庆蔚 / 主编　　2015 年 4 月出版　　估价 :128.00 元

◆　本书是中国建银投资有限责任公司在投资实践中对中国投资发展的各方面问题进行深入研究和思考后的成果。投资包括固定资产投资、实业投资、金融产品投资、房地产投资等诸多领域，尝试将投资作为一个整体进行研究，能够较为清晰地展现社会资金流动的特点，为投资者、研究者、甚至政策制定者提供参考。

住房绿皮书

中国住房发展报告（2014~2015）

倪鹏飞 / 主编　　2014 年 12 月出版　　估价 :79.00 元

◆　本报告从宏观背景、市场主体、市场体系、公共政策和年度主题五个方面，对中国住宅市场体系做了全面系统的分析、预测与评价，并给出了相关政策建议，并在评述 2013~2014 年住房及相关市场走势的基础上，预测了 2014~2015 年住房及相关市场的发展变化。

人力资源蓝皮书

中国人力资源发展报告（2015）

余兴安 / 主编　　2015 年 9 月出版　　估价 :79.00 元

◆　本书是在人力资源和社会保障部部领导的支持下，由中国人事科学研究院汇集我国人力资源开发权威研究机构的诸多专家学者的研究成果编写而成。作为关于人力资源的蓝皮书，本书通过充分利用有关研究成果，更广泛、更深入地展示近年来我国人力资源开发重点领域的研究成果。

汽车蓝皮书

中国汽车产业发展报告（2015）

国务院发展研究中心产业经济研究部　中国汽车工程学会
大众汽车集团（中国）/ 主编　2015 年 7 月出版　　估价 :128.00 元

◆　本书由国务院发展研究中心产业经济研究部、中国汽车工程学会、大众汽车集团（中国）联合主编，是关于中国汽车产业发展的研究性年度报告，介绍并分析了本年度中国汽车产业发展的形势。

国别与地区类

国别与地区类皮书关注全球重点国家与地区，
提供全面、独特的解读与研究

亚太蓝皮书

亚太地区发展报告（2015）

李向阳 / 主编　　2015 年 1 月出版　　估价 :59.00 元

◆　本书是由中国社会科学院亚太与全球战略研究院精心打造的品牌皮书，关注时下亚太地区局势发展动向里隐藏的中长趋势，剖析亚太地区政治与安全格局下的区域形势最新动向以及地区关系发展的热点问题，并对 2015 年亚太地区重大动态做出前瞻性的分析与预测。

日本蓝皮书

日本研究报告（2015）

李　薇 / 主编　　2015 年 3 月出版　　估价 :69.00 元

◆　本书由中华日本学会、中国社会科学院日本研究所合作推出，是以中国社会科学院日本研究所的研究人员为主完成的研究成果。对 2014 年日本的政治、外交、经济、社会文化作了回顾、分析与展望，并收录了该年度日本大事记。

德国蓝皮书

德国发展报告（2015）

郑春荣　伍慧萍 / 主编　2015 年 6 月出版　估价 :69.00 元

◆　本报告由同济大学德国研究所组织编撰，由该领域的专家学者对德国的政治、经济、社会文化、外交等方面的形势发展情况，进行全面的阐述与分析。德国作为欧洲大陆第一强国，与中国各方面日渐紧密的合作关系，值得国内各界深切关注。

国际形势黄皮书

全球政治与安全报告（2015）

李慎明　张宇燕 / 主编　2014 年 12 月出版　估价 :69.00 元

◆　本书为“十二五”国家重点图书出版规划项目、中国社会科学院创新工程学术出版资助项目，为“国际形势黄皮书”系列年度报告之一。报告旨在对本年度国际政治及安全形势的总体情况和变化进行回顾与分析，并提出一定的预测。

拉美黄皮书

拉丁美洲和加勒比发展报告（2014~2015）

吴白乙 / 主编　2015 年 4 月出版　估价 :89.00 元

◆　本书是中国社会科学院拉丁美洲研究所的第 14 份关于拉丁美洲和加勒比地区发展形势状况的年度报告。 本书对 2014 年拉丁美洲和加勒比地区诸国的政治、经济、社会、外交等方面的发展情况做了系统介绍，对该地区相关国家的热点及焦点问题进行了总结和分析，并在此基础上对该地区各国 2015 年的发展前景做出预测。

美国蓝皮书

美国研究报告（2015）

黄　平　郑秉文 / 主编　2015 年 7 月出版　估价 :89.00 元

◆　本书是由中国社会科学院美国所主持完成的研究成果，它回顾了美国 2014 年的经济、政治形势与外交战略，对 2014 年以来美国内政外交发生的重大事件以及重要政策进行了较为全面的回顾和梳理。

大湄公河次区域蓝皮书

大湄公河次区域合作发展报告（2015）

刘　稚 / 主编　2015 年 9 月出版　估价 :79.00 元

◆　云南大学大湄公河次区域研究中心深入追踪分析该区域发展动向，以把握全面，突出重点为宗旨，系统介绍和研究大湄公河次区域合作的年度热点和重点问题，展望次区域合作的发展趋势，并对新形势下我国推进次区域合作深入发展提出相关对策建议。

地方发展类

地方发展类皮书关注大陆各省份、经济区域，
提供科学、多元的预判与咨政信息

北京蓝皮书

北京公共服务发展报告（2014~2015）

施昌奎 / 著　　2015 年 2 月出版　估价：69.00 元

◆　本书是由北京市政府职能部门的领导、首都著名高校的教授、知名研究机构的专家共同完成的关于北京市公共服务发展与创新的研究成果。内容涉及了北京市公共服务发展的方方面面，既有综述性的总报告，也有细分的情况介绍，既有对北京各个城区的综合性描述，也有对局部、细部、具体问题的分析，对年度热点问题也都有涉及。

上海蓝皮书

上海经济发展报告（2015）

沈开艳 / 主编　　2015 年 1 月出版　估价 :69.00 元

◆　本书系上海社会科学院系列之一，报告对 2015 年上海经济增长与发展趋势的进行了预测，把握了上海经济发展的脉搏和学术研究的前沿。

广州蓝皮书

广州经济发展报告（2015）

李江涛　朱名宏 / 主编　　2015 年 5 月出版　估价 :69.00 元

◆　本书是由广州市社会科学院主持编写的“广州蓝皮书”系列之一，本报告对广州 2014 年宏观经济运行情况作了深入分析，对 2015 年宏观经济走势进行了合理预测，并在此基础上提出了相应的政策建议。

文化传媒类

文化传媒类皮书透视文化领域、文化产业，
探索文化大繁荣、大发展的路径

新媒体蓝皮书

中国新媒体发展报告 No.5（2015）

唐绪军 / 主编　　2015 年 6 月出版　　估价 :79.00 元

◆　本书由中国社会科学院新闻与传播研究所和上海大学合作编写，在构建新媒体发展研究基本框架的基础上，全面梳理 2014 年中国新媒体发展现状，发表最前沿的网络媒体深度调查数据和研究成果，并对新媒体发展的未来趋势做出预测。

舆情蓝皮书

中国社会舆情与危机管理报告（2015）

谢耘耕 / 主编　　2015 年 8 月出版　　估价 :98.00 元

◆　本书由上海交通大学舆情研究实验室和危机管理研究中心主编，已被列入教育部人文社会科学研究报告培育项目。本书以新媒体环境下的中国社会为立足点，对 2014 年中国社会舆情、分类舆情等进行了深入系统的研究，并预测了 2015 年社会舆情走势。

文化蓝皮书

中国文化产业发展报告（2015）

张晓明　王家新　章建刚 / 主编　　2015 年 4 月出版　　估价 :79.00 元

◆　本书由中国社会科学院文化研究中心编写。 从 2012 年开始，中国社会科学院文化研究中心设立了国内首个文化产业的研究类专项资金——“文化产业重大课题研究计划”，开始在全国范围内组织多学科专家学者对我国文化产业发展重大战略问题进行联合攻关研究。本书集中反映了该计划的研究成果。

经济类

G20国家创新竞争力黄皮书
二十国集团(G20)国家创新竞争力发展报告(2015)
著(编)者:黄茂兴 李闽榕 李建平 赵新力
2015年9月出版 / 估价:128.00元

产业蓝皮书
中国产业竞争力报告(2015)
著(编)者:张其仔 2015年5月出版 / 估价:79.00元

长三角蓝皮书
2015年全面深化改革中的长三角
著(编)者:张伟斌 2015年1月出版 / 估价:69.00元

城乡一体化蓝皮书
中国城乡一体化发展报告(2015)
著(编)者:付崇兰 汝信 2015年12月出版 / 估价:79.00元

城市创新蓝皮书
中国城市创新报告(2015)
著(编)者:周天勇 旷建伟 2015年8月出版 / 估价:69.00元

城市竞争力蓝皮书
中国城市竞争力报告(2015)
著(编)者:倪鹏飞 2015年5月出版 / 估价:89.00元

城市蓝皮书
中国城市发展报告NO.8
著(编)者:潘家华 魏后凯 2015年9月出版 / 估价:69.00元

城市群蓝皮书
中国城市群发展指数报告(2015)
著(编)者:刘新静 刘士林 2015年1月出版 / 估价:59.00元

城乡统筹蓝皮书
中国城乡统筹发展报告(2015)
著(编)者:潘晨光 程志强 2015年3月出版 / 估价:59.00元

城镇化蓝皮书
中国新型城镇化健康发展报告(2015)
著(编)者:张占斌 2015年5月出版 / 估价:79.00元

低碳发展蓝皮书
中国低碳发展报告(2015)
著(编)者:齐晔 2015年3月出版 / 估价:89.00元

低碳经济蓝皮书
中国低碳经济发展报告(2015)
著(编)者:薛进军 赵忠秀 2015年5月出版 / 估价:69.00元

东北蓝皮书
中国东北地区发展报告(2015)
著(编)者:马克 黄文艺 2015年8月出版 / 估价:79.00元

发展和改革蓝皮书
中国经济发展和体制改革报告(2015)
著(编)者:邹东涛 2015年11月出版 / 估价:98.00元

工业化蓝皮书
中国工业化进程报告(2015)
著(编)者:黄群慧 吕铁 李晓华 2015年11月出版 / 估价:89.00元

国际城市蓝皮书
国际城市发展报告(2015)
著(编)者:屠启宇 2015年1月出版 / 估价:69.00元

国家创新蓝皮书
中国创新发展报告(2015)
著(编)者:陈劲 2015年6月出版 / 估价:59.00元

环境竞争力绿皮书
中国省域环境竞争力发展报告(2015)
著(编)者:李闽榕 李建平 王金南
2015年12月出版 / 估价:148.00元

金融蓝皮书
中国金融发展报告(2015)
著(编)者:李扬 王国刚 2014年12月出版 / 估价:69.00元

金融信息服务蓝皮书
金融信息服务发展报告(2015)
著(编)者:鲁广锦 殷剑峰 林义相 2015年6月出版 / 估价:89.00元

经济蓝皮书
2015年中国经济形势分析与预测
著(编)者:李扬2014年12月出版 / 定价:69.00元

经济蓝皮书·春季号
2015年中国经济前景分析
著(编)者:李扬 2015年5月出版 / 估价:79.00元

经济蓝皮书·夏季号
中国经济增长报告(2015)
著(编)者:李扬 2015年7月出版 / 估价:69.00元

经济信息绿皮书
中国与世界经济发展报告(2015)
著(编)者:杜平 2014年12月出版 / 估价:79.00元

就业蓝皮书
2015年中国大学生就业报告
著(编)者:麦可思研究院 2015年6月出版 / 估价:98.00元

临空经济蓝皮书
中国临空经济发展报告(2015)
著(编)者:连玉明 2015年9月出版 / 估价:79.00元

民营经济蓝皮书
中国民营经济发展报告(2015)
著(编)者:王钦敏 2015年12月出版 / 估价:79.00元

农村绿皮书
中国农村经济形势分析与预测(2014~2015)
著(编)者:中国社会科学院农村发展研究所
国家统计局农村社会经济调查司
2015年4月出版 / 估价:69.00元

农业应对气候变化蓝皮书
气候变化对中国农业影响评估报告(2015)
著(编)者:矫梅燕 2015年8月出版 / 估价:98.00元

企业公民蓝皮书
中国企业公民报告（2015）
著(编)者:邹东涛　2015年12月出版 / 估价:79.00元

气候变化绿皮书
应对气候变化报告（2015）
著(编)者:王伟光 郑国光　2015年10月出版 / 估价:79.00元

区域蓝皮书
中国区域经济发展报告（2015）
著(编)者:梁昊光　2015年4月出版 / 估价:79.00元

全球环境竞争力绿皮书
全球环境竞争力报告（2015）
著(编)者:李建建 李闽榕 李建平 王金南
2015年12月出版 / 估价:198.00元

人口与劳动绿皮书
中国人口与劳动问题报告（2015）
著(编)者:蔡昉　2015年11月出版 / 估价:59.00元

世界经济黄皮书
2015年世界经济形势分析与预测
著(编)者:王洛林 张宇燕　2014年12月出版 / 估价:69.00元

世界旅游城市绿皮书
世界旅游城市发展报告（2015）
著(编)者:鲁勇 周正宇 宋宇　2015年6月出版 / 估价:88.00元

西北蓝皮书
中国西北发展报告（2015）
著(编)者:张进海 陈冬红 段庆林　2014年12月出版 / 估价:69.00元

西部蓝皮书
中国西部发展报告（2015）
著(编)者:姚慧琴 徐璋勇　2015年7月出版 / 估价:89.00元

新型城镇化蓝皮书
新型城镇化发展报告（2015）
著(编)者:李伟　2015年10月出版 / 估价:89.00元

新兴经济体蓝皮书
金砖国家发展报告（2015）
著(编)者:林跃勤 周文　2015年7月出版 / 估价:79.00元

中部竞争力蓝皮书
中国中部经济社会竞争力报告（2015）
著(编)者:教育部人文社会科学重点研究基地
南昌大学中国中部经济社会发展研究中心
2015年9月出版 / 估价:79.00元

中部蓝皮书
中国中部地区发展报告（2015）
著(编)者:喻新安　2015年5月出版 / 估价:69.00元

中国省域竞争力蓝皮书
中国省域经济综合竞争力发展报告（2015）
著(编)者:李建平 李闽榕 高燕京
2015年3月出版 / 估价:198.00元

中三角蓝皮书
长江中游城市群发展报告（2015）
著(编)者:秦尊文　2015年1月出版 / 估价:69.00元

中小城市绿皮书
中国中小城市发展报告（2015）
著(编)者:中国城市经济学会中小城市经济发展委员会
《中国中小城市发展报告》编纂委员会
中小城市发展战略研究院
2015年1月出版 / 估价:98.00元

中央商务区蓝皮书
中国中央商务区发展报告（2015）
著(编)者:中国商务区联盟
中国社会科学院城市发展与环境研究所
2015年10月出版 / 估价:69.00元

中原蓝皮书
中原经济区发展报告（2015）
著(编)者:李英杰　2015年6月出版 / 估价:88.00元

社会政法类

北京蓝皮书
中国社区发展报告（2015）
著(编)者:于燕燕　2015年6月出版 / 估价:69.00元

殡葬绿皮书
中国殡葬事业发展报告（2015）
著(编)者:李伯森　2015年3月出版 / 估价:59.00元

城市管理蓝皮书
中国城市管理报告（2015）
著(编)者:谭维克 刘林　2015年10月出版 / 估价:158.00元

城市生活质量蓝皮书
中国城市生活质量报告（2015）
著(编)者:中国经济实验研究院　2015年6月出版 / 估价:59.00元

城市政府能力蓝皮书
中国城市政府公共服务能力评估报告（2015）
著(编)者:何艳玲　2015年7月出版 / 估价:59.00元

创新蓝皮书
创新型国家建设报告（2015）
著(编)者:詹正茂　2015年3月出版 / 估价:69.00元

慈善蓝皮书
中国慈善发展报告（2015）
著(编)者:杨团　2015年5月出版 / 估价:79.00元

大学生蓝皮书
中国大学生生活形态研究报告（2015）
著(编)者:张新洲　2015年12月出版 / 估价:69.00元

法治蓝皮书
中国法治发展报告No.13（2015）
著(编)者:李林 田禾　2015年2月出版 / 估价:98.00元

反腐倡廉蓝皮书
中国反腐倡廉建设报告No.4
著(编)者:李秋芳　张英伟　2014年12月出版 / 定价:79.00元

非传统安全蓝皮书
中国非传统安全研究报告（2015）
著(编)者:余潇枫 魏志江　2015年6月出版 / 估价:79.00元

妇女发展蓝皮书
中国妇女发展报告（2015）
著(编)者:王金玲　2015年9月出版 / 估价:148.00元

妇女教育蓝皮书
中国妇女教育发展报告（2015）
著(编)者:张李玺　2015年1月出版 / 估价:78.00元

妇女绿皮书
中国性别平等与妇女发展报告（2015）
著(编)者:谭琳　2015年12月出版 / 估价:99.00元

公共服务蓝皮书
中国城市基本公共服务力评价（2015）
著(编)者:钟君 吴正杲　2015年12月出版 / 估价:79.00元

公共服务满意度蓝皮书
中国城市公共服务评价报告（2015）
著(编)者:胡伟　2015年12月出版 / 估价:69.00元

公民科学素质蓝皮书
中国公民科学素质报告（2015）
著(编)者:李群 许佳军　2015年6月出版 / 估价:79.00元

公益蓝皮书
中国公益发展报告（2015）
著(编)者:朱健刚　2015年5月出版 / 估价:78.00元

管理蓝皮书
中国管理发展报告（2015）
著(编)者:张晓东　2015年9月出版 / 估价:98.00元

国际人才蓝皮书
中国国际移民报告（2015）
著(编)者:王辉耀　2015年1月出版 / 估价:79.00元

国际人才蓝皮书
中国海归发展报告（2015）
著(编)者:王辉耀 苗绿　2015年1月出版 / 估价:69.00元

国际人才蓝皮书
中国留学发展报告（2015）
著(编)者:王辉耀 苗绿　2015年9月出版 / 估价:69.00元

国家安全蓝皮书
中国国家安全研究报告（2015）
著(编)者:刘慧　2015年5月出版 / 估价:98.00元

行政改革蓝皮书
中国行政体制改革报告（2014~2015）
著(编)者:魏礼群　2015年3月出版 / 估价:89.00元

华侨华人蓝皮书
华侨华人研究报告（2015）
著(编)者:贾益民　2015年12月出版 / 估价:118.00元

环境绿皮书
中国环境发展报告（2015）
著(编)者:刘鉴强　2015年5月出版 / 估价:79.00元

基金会蓝皮书
中国基金会发展报告（2015）
著(编)者:刘忠祥　2015年6月出版 / 估价:69.00元

基金会绿皮书
中国基金会发展独立研究报告（2015）
著(编)者:基金会中心网　2015年8月出版 / 估价:88.00元

基金会透明度蓝皮书
中国基金会透明度发展研究报告（2015）
著(编)者:基金会中心网 清华大学廉政与治理研究中心
2015年9月出版 / 估价:78.00元

教师蓝皮书
中国中小学教师发展报告（2015）
著(编)者:曾晓东　2015年7月出版 / 估价:59.00元

教育蓝皮书
中国教育发展报告（2015）
著(编)者:杨东平　2015年5月出版 / 估价:79.00元

科普蓝皮书
中国科普基础设施发展报告（2015）
著(编)者:任福君　2015年6月出版 / 估价:59.00元

劳动保障蓝皮书
中国劳动保障发展报告（2015）
著(编)者:刘燕斌　2015年6月出版 / 估价:89.00元

老龄蓝皮书
中国老年宜居环境发展报告(2015)
著(编)者:吴玉韶　2015年9月出版 / 估价:79.00元

连片特困区蓝皮书
中国连片特困区发展报告（2015）
著(编)者:冷志明 游俊　2015年3月出版 / 估价:79.00元

民间组织蓝皮书
中国民间组织报告(2015)
著(编)者:潘晨光 黄晓勇　2015年8月出版 / 估价:69.00元

民调蓝皮书
中国民生调查报告（2015）
著(编)者:谢耘耕　2015年5月出版 / 估价:128.00元

民族发展蓝皮书
中国民族区域自治发展报告（2015）
著(编)者:王希恩 郝时远　2015年6月出版 / 估价:98.00元

女性生活蓝皮书
中国女性生活状况报告No.9（2015）
著(编)者:《中国妇女》杂志社 华坤女性生活调查中心
华坤女性消费指导中心
2015年4月出版 / 估价:79.00元

企业国际化蓝皮书
中国企业国际化报告(2015)
著(编)者:王辉耀　2015年10月出版 / 估价:79.00元

汽车社会蓝皮书
中国汽车社会发展报告（2015）
著(编)者:王俊秀　2015年1月出版 / 估价:59.00元

青年蓝皮书
中国青年发展报告No.3
著(编)者:廉思　2015年4月出版 / 估价:59.00元

区域人才蓝皮书
中国区域人才竞争力报告（2015）
著(编)者:桂昭明 王辉耀　2015年6月出版 / 估价:69.00元

群众体育蓝皮书
中国群众体育发展报告（2015）
著(编)者:刘国永 杨桦　2015年8月出版 / 估价:69.00元

人才蓝皮书
中国人才发展报告（2015）
著(编)者:潘晨光　2015年8月出版 / 估价:85.00元

人权蓝皮书
中国人权事业发展报告（2015）
著(编)者:中国人权研究会　2015年8月出版 / 估价:99.00元

森林碳汇绿皮书
中国森林碳汇评估发展报告（2015）
著(编)者:闫文德 胡文臻　2015年9月出版 / 估价:79.00元

社会保障绿皮书
中国社会保障发展报告（2015）
著(编)者:王延中　2015年6月出版 / 估价:79.00元

社会工作蓝皮书
中国社会工作发展报告（2015）
著(编)者:民政部社会工作研究中心
2015年8月出版 / 估价:79.00元

社会管理蓝皮书
中国社会管理创新报告（2015）
著(编)者:连玉明　2015年9月出版 / 估价:89.00元

社会蓝皮书
2015年中国社会形势分析与预测
著(编)者:李培林　陈光金　张　翼
2014年12月出版 / 定价:69.00元

社会体制蓝皮书
中国社会体制改革报告（2015）
著(编)者:龚维斌　2015年5月出版 / 估价:79.00元

社会心态蓝皮书
中国社会心态研究报告（2015）
著(编)者:王俊秀 杨宜音　2015年10月出版 / 估价:69.00元

社会组织蓝皮书
中国社会组织评估发展报告（2015）
著(编)者:徐家良 廖鸿　2015年12月出版 / 估价:69.00元

生态城市绿皮书
中国生态城市建设发展报告（2015）
著(编)者:刘举科 孙伟平　胡文臻
2015年6月出版 / 估价:98.00元

生态文明绿皮书
中国省域生态文明建设评价报告（ECI 2015）
著(编)者:严耕　2015年9月出版 / 估价:85.00元

世界社会主义黄皮书
世界社会主义跟踪研究报告（2015）
著(编)者:李慎明　2015年3月出版 / 估价:198.00元

水与发展蓝皮书
中国水风险评估报告（2015）
著(编)者:王浩　2015年9月出版 / 估价:69.00元

土地整治蓝皮书
中国土地整治发展研究报告No.2
著(编)者:国土资源部土地整治中心　2015年5月出版 / 估价:89.00元

危机管理蓝皮书
中国危机管理报告（2015）
著(编)者:文学国　2015年8月出版 / 估价:89.00元

形象危机应对蓝皮书
形象危机应对研究报告（2015）
著(编)者:唐钧　2015年6月出版 / 估价:149.00元

医改蓝皮书
中国医药卫生体制改革报告（2015～2016）
著(编)者:文学国　房志武　2015年12月出版 / 估价:79.00元

医疗卫生绿皮书
中国医疗卫生发展报告（2015）
著(编)者:申宝忠 韩玉珍　2015年4月出版 / 估价:75.00元

应急管理蓝皮书
中国应急管理报告（2015）
著(编)者:宋英华　2015年10月出版 / 估价:69.00元

政治参与蓝皮书
中国政治参与报告（2015）
著(编)者:房宁　2015年7月出版 / 估价:105.00元

政治发展蓝皮书
中国政治发展报告（2015）
著(编)者:房宁 杨海蛟　2015年5月出版 / 估价:88.00元

中国农村妇女发展蓝皮书
流动女性城市融入发展报告（2015）
著(编)者:谢丽华　2015年11月出版 / 估价:69.00元

宗教蓝皮书
中国宗教报告（2015）
著(编)者:金泽 邱永辉　2015年9月出版 / 估价:59.00元

行业报告类

保险蓝皮书
中国保险业竞争力报告（2015）
著(编)者:王力　2015年12月出版 / 估价:98.00元

彩票蓝皮书
中国彩票发展报告（2015）
著(编)者:益彩基金　2015年10月出版 / 估价:69.00元

餐饮产业蓝皮书
中国餐饮产业发展报告（2015）
著(编)者:邢颖　2015年6月出版 / 估价:69.00元

测绘地理信息蓝皮书
智慧中国地理空间智能体系研究报告（2015）
著(编)者:徐德明　2015年1月出版 / 估价:98.00元

茶业蓝皮书
中国茶产业发展报告（2015）
著(编)者:杨江帆 李闽榕　2015年1月出版 / 估价:78.00元

产权市场蓝皮书
中国产权市场发展报告（2015）
著(编)者:曹和平　2015年12月出版 / 估价:79.00元

电子政务蓝皮书
中国电子政务发展报告（2014~2015）
著(编)者:洪毅 杜平　2015年2月出版 / 估价:79.00元

杜仲产业绿皮书
中国杜仲橡胶资源与产业发展报告（2015）
著(编)者:胡文臻 杜红岩 俞锐
2015年9月出版 / 估价:98.00元

房地产蓝皮书
中国房地产发展报告No.12（2015）
著(编)者:魏后凯 李景国　2015年5月出版 / 估价:79.00元

服务外包蓝皮书
中国服务外包产业发展报告（2015）
著(编)者:王晓红 刘德军　2015年6月出版 / 估价:89.00元

工业设计蓝皮书
中国工业设计发展报告（2015）
著(编)者:王晓红 于炜 张立群　2015年9月出版 / 估价:138.00元

互联网金融蓝皮书
中国互联网金融发展报告（2015）
著(编)者:芮晓武 刘烈宏　2015年8月出版 / 估价:79.00元

会展蓝皮书
中外会展业动态评估年度报告（2015）
著(编)者:张敏　2015年1月出版 / 估价:78.00元

金融监管蓝皮书
中国金融监管报告（2015）
著(编)者:胡滨　2015年5月出版 / 估价:69.00元

金融蓝皮书
中国商业银行竞争力报告（2015）
著(编)者:王松奇　2015年12月出版 / 估价:69.00元

客车蓝皮书
中国客车产业发展报告（2015）
著(编)者:姚蔚　2015年12月出版 / 估价:85.00元

老龄蓝皮书
中国老年宜居环境发展报告（2015）
著(编)者:吴玉韶 党俊武　2015年9月出版 / 估价:79.00元

流通蓝皮书
中国商业发展报告（2015）
著(编)者:荆林波　2015年5月出版 / 估价:89.00元

旅游安全蓝皮书
中国旅游安全报告（2015）
著(编)者:郑向敏 谢朝武　2015年5月出版 / 估价:98.00元

旅游景区蓝皮书
中国旅游景区发展报告（2015）
著(编)者:黄安民　2015年7月出版 / 估价:79.00元

旅游绿皮书
2015年中国旅游发展分析与预测
著(编)者:宋瑞　2015年1月出版 / 估价:79.00元

煤炭蓝皮书
中国煤炭工业发展报告（2015）
著(编)者:岳福斌　2015年12月出版 / 估价:79.00元

民营医院蓝皮书
中国民营医院发展报告（2015）
著(编)者:庄一强　2015年10月出版 / 估价:75.00元

闽商蓝皮书
闽商发展报告（2015）
著(编)者:王日根 李闽榕　2015年12月出版 / 估价:69.00元

能源蓝皮书
中国能源发展报告（2015）
著(编)者:崔民选 王军生　2015年8月出版 / 估价:79.00元

农产品流通蓝皮书
中国农产品流通产业发展报告（2015）
著(编)者:贾敬敦 张东科 张玉玺 孔令羽 张鹏毅
2015年9月出版 / 估价:89.00元

企业蓝皮书
中国企业竞争力报告（2015）
著(编)者:金碚　2015年11月出版 / 估价:89.00元

企业社会责任蓝皮书
中国企业社会责任研究报告（2015）
著(编)者:黄群慧 彭华岗 钟宏武 张蒽
2015年11月出版 / 估价:69.00元

汽车安全蓝皮书
中国汽车安全发展报告（2015）
著(编)者:中国汽车技术研究中心 2015年4月出版 / 估价:79.00元

汽车蓝皮书
中国汽车产业发展报告（2015）
著(编)者:国务院发展研究中心产业经济研究部
中国汽车工程学会 大众汽车集团（中国）
2015年7月出版 / 估价:128.00元

清洁能源蓝皮书
国际清洁能源发展报告（2015）
著(编)者:国际清洁能源论坛（澳门）
2015年9月出版 / 估价:89.00元

人力资源蓝皮书
中国人力资源发展报告（2015）
著(编)者:余兴安 2015年9月出版 / 估价:79.00元

软件和信息服务业蓝皮书
中国软件和信息服务业发展报告（2015）
著(编)者:陈新河 洪京一 2015年12月出版 / 估价:198.00元

上市公司蓝皮书
上市公司质量评价报告（2015）
著(编)者:张跃文 王力 2015年10月出版 / 估价:118.00元

食品药品蓝皮书
食品药品安全与监管政策研究报告（2015）
著(编)者:唐民皓 2015年7月出版 / 估价:69.00元

世界能源蓝皮书
世界能源发展报告（2015）
著(编)者:黄晓勇 2015年6月出版 / 估价:99.00元

碳市场蓝皮书
中国碳市场报告（2015）
著(编)者:低碳发展国际合作联盟
2015年11月出版 / 估价:69.00元

体育蓝皮书
中国体育产业发展报告（2015）
著(编)者:阮伟 钟秉枢 2015年4月出版 / 估价:69.00元

投资蓝皮书
中国投资发展报告（2015）
著(编)者:杨庆蔚 2015年4月出版 / 估价:128.00元

物联网蓝皮书
中国物联网发展报告（2015）
著(编)者:黄桂田 2015年1月出版 / 估价:59.00元

西部工业蓝皮书
中国西部工业发展报告（2015）
著(编)者:方行明 甘犁 刘方健 姜凌 等
2015年9月出版 / 估价:79.00元

西部金融蓝皮书
中国西部金融发展报告（2015）
著(编)者:李忠民 2015年8月出版 / 估价:75.00元

新能源汽车蓝皮书
中国新能源汽车产业发展报告（2015）
著(编)者:中国汽车技术研究中心
日产（中国）投资有限公司 东风汽车有限公司
2015年8月出版 / 估价:69.00元

信托市场蓝皮书
中国信托业市场报告（2015）
著(编)者:李旸 2015年1月出版 / 估价:198.00元

信息产业蓝皮书
世界软件和信息技术产业发展报告（2015）
著(编)者:洪京一 2015年8月出版 / 估价:79.00元

信息化蓝皮书
中国信息化形势分析与预测（2015）
著(编)者:周宏仁 2015年8月出版 / 估价:98.00元

信用蓝皮书
中国信用发展报告（2015）
著(编)者:田侃 2015年4月出版 / 估价:69.00元

休闲绿皮书
2015年中国休闲发展报告
著(编)者:刘德谦 2015年6月出版 / 估价:59.00元

医药蓝皮书
中国中医药产业园战略发展报告（2015）
著(编)者:裴长洪 房书亭 吴篠心 2015年3月出版 / 估价:89.00元

邮轮绿皮书
中国邮轮产业发展报告（2015）
著(编)者:汪泓 2015年9月出版 / 估价:79.00元

支付清算蓝皮书
中国支付清算发展报告（2015）
著(编)者:杨涛 2015年5月出版 / 估价:45.00元

中国上市公司蓝皮书
中国上市公司发展报告（2015）
著(编)者:许雄斌 张平 2015年9月出版 / 估价:98.00元

中国总部经济蓝皮书
中国总部经济发展报告（2015）
著(编)者:赵弘 2015年5月出版 / 估价:79.00元

住房绿皮书
中国住房发展报告（2014~2015）
著(编)者:倪鹏飞 2014年12月出版 / 估价:79.00元

资本市场蓝皮书
中国场外交易市场发展报告（2015）
著(编)者:高峦 2015年8月出版 / 估价:79.00元

资产管理蓝皮书
中国资产管理行业发展报告（2015）
著(编)者:智信资产管理研究院 2015年7月出版 / 估价:79.00元

文化传媒类

传媒竞争力蓝皮书
中国传媒国际竞争力研究报告（2015）
著(编)者:李本乾　2015年9月出版 / 估价:88.00元

传媒蓝皮书
中国传媒产业发展报告（2015）
著(编)者:崔保国　2015年4月出版 / 估价:98.00元

传媒投资蓝皮书
中国传媒投资发展报告（2015）
著(编)者:张向东　2015年7月出版 / 估价:89.00元

动漫蓝皮书
中国动漫产业发展报告（2015）
著(编)者:卢斌 郑玉明 牛兴侦　2015年7月出版 / 估价:79.00元

非物质文化遗产蓝皮书
中国非物质文化遗产发展报告（2015）
著(编)者:陈平　2015年3月出版 / 估价:79.00元

非物质文化遗产蓝皮书
中国少数民族非物质文化遗产发展报告（2015）
著(编)者:肖远平　柴立　2015年4月出版 / 估价:79.00元

广电蓝皮书
中国广播电影电视发展报告（2015）
著(编)者:杨明品　2015年7月出版 / 估价:98.00元

广告主蓝皮书
中国广告主营销传播趋势报告（2015）
著(编)者:黄升民　2015年5月出版 / 估价:148.00元

国际传播蓝皮书
中国国际传播发展报告（2015）
著(编)者:胡正荣 李继东 姬德强
2015年7月出版 / 估价:89.00元

国家形象蓝皮书
2015年国家形象研究报告
著(编)者:张昆　2015年3月出版 / 估价:79.00元

纪录片蓝皮书
中国纪录片发展报告（2015）
著(编)者:何苏六　2015年9月出版 / 估价:79.00元

科学传播蓝皮书
中国科学传播报告（2015）
著(编)者:詹正茂　2015年4月出版 / 估价:69.00元

两岸文化蓝皮书
两岸文化产业合作发展报告（2015）
著(编)者:胡惠林 李保宗　2015年7月出版 / 估价:79.00元

媒介与女性蓝皮书
中国媒介与女性发展报告（2015）
著(编)者:刘利群　2015年8月出版 / 估价:69.00元

全球传媒蓝皮书
全球传媒发展报告（2015）
著(编)者:胡正荣　2015年12月出版 / 估价:79.00元

世界文化发展蓝皮书
世界文化发展报告（2015）
著(编)者:张庆宗　高乐田　郭熙煌
2015年5月出版 / 估价:89.00元

视听新媒体蓝皮书
中国视听新媒体发展报告（2015）
著(编)者:庞井君　2015年6月出版 / 估价:148.00元

文化创新蓝皮书
中国文化创新报告（2015）
著(编)者:于平 傅才武　2015年4月出版 / 估价:79.00元

文化建设蓝皮书
中国文化发展报告（2015）
著(编)者:江畅 孙伟平 戴茂堂
2015年4月出版 / 估价:138.00元

文化科技蓝皮书
文化科技创新发展报告（2015）
著(编)者:于平 李凤亮　2015年1月出版 / 估价:89.00元

文化蓝皮书
中国文化产业供需协调增长测评报告（2015）
著(编)者:王亚南 郝朴宁 张晓明 祁述裕
2015年2月出版 / 估价:79.00元

文化蓝皮书
中国文化消费需求景气评价报告（2015）
著(编)者:王亚南 张晓明 祁述裕 郝朴宁
2015年2月出版 / 估价:79.00元

文化蓝皮书
中国文化产业发展报告（2015）
著(编)者:张晓明 王家新 章建刚
2015年4月出版 / 估价:79.00元

文化蓝皮书
中国公共文化投入增长测评报告(2015)
著(编)者:王亚南　2015年5月出版 / 估价:79.00元

文化蓝皮书
中国文化政策发展报告（2015）
著(编)者:傅才武 宋文玉 燕东升　2015年9月出版 / 估价:98.00元

文化品牌蓝皮书
中国文化品牌发展报告（2015）
著(编)者:欧阳友权　2015年4月出版 / 估价:79.00元

文化遗产蓝皮书
中国文化遗产事业发展报告（2015）
著(编)者:苏杨 刘世锦　2015年12月出版 / 估价:89.00元

文学蓝皮书
中国文情报告（2015）
著(编)者:白烨　2015年5月出版 / 估价:49.00元

新媒体蓝皮书
中国新媒体发展报告（2015）
著(编)者:唐绪军　2015年6月出版 / 估价:79.00元

新媒体社会责任蓝皮书
中国新媒体社会责任研究报告（2015）
著(编)者:钟瑛　2015年10月出版 / 估价:79.00元

移动互联网蓝皮书
中国移动互联网发展报告（2015）
著(编)者:官建文　2015年6月出版 / 估价:79.00元

舆情蓝皮书
中国社会舆情与危机管理报告（2015）
著(编)者:谢耘耕　2015年8月出版 / 估价:98.00元

地方发展类

安徽经济蓝皮书
芜湖创新型城市发展报告（2015）
著(编)者:杨少华 王开玉　2015年4月出版 / 估价:69.00元

安徽蓝皮书
安徽社会发展报告（2015）
著(编)者:程桦　2015年4月出版 / 估价:79.00元

安徽社会建设蓝皮书
安徽社会建设分析报告（2015）
著(编)者:黄家海 王开玉 蔡宪　2015年4月出版 / 估价:69.00元

澳门蓝皮书
澳门经济社会发展报告（2015）
著(编)者:吴志良 郝雨凡　2015年4月出版 / 估价:79.00元

北京蓝皮书
北京公共服务发展报告（2014~2015）
著(编)者:施昌奎　2015年2月出版 / 估价:69.00元

北京蓝皮书
北京经济发展报告（2015）
著(编)者:杨松　2015年4月出版 / 估价:79.00元

北京蓝皮书
北京社会治理发展报告（2015）
著(编)者:殷星辰　2015年4月出版 / 估价:79.00元

北京蓝皮书
北京文化发展报告（2015）
著(编)者:李建盛　2015年4月出版 / 估价:79.00元

北京蓝皮书
北京社会发展报告（2015）
著(编)者:缪青　2015年5月出版 / 估价:79.00元

北京旅游绿皮书
北京旅游发展报告（2015）
著(编)者:北京旅游学会　2015年7月出版 / 估价:88.00元

北京律师蓝皮书
北京律师发展报告（2015）
著(编)者:王隽　2015年12月出版 / 估价:75.00元

北京人才蓝皮书
北京人才发展报告（2015）
著(编)者:于淼　2015年1月出版 / 估价:89.00元

北京社会心态蓝皮书
北京社会心态分析报告（2015）
著(编)者:北京社会心理研究所　2015年1月出版 / 估价:69.00元

北京社会组织蓝皮书
北京社会组织发展研究报告(2015)
著(编)者:李东松 唐军　2015年2月出版 / 估价:79.00元

北京社会组织蓝皮书
北京社会组织发展报告（2015）
著(编)者:温庆云　2015年9月出版 / 估价:69.00元

滨海金融蓝皮书
滨海新区金融发展报告（2015）
著(编)者:王爱俭 张锐钢　2015年9月出版 / 估价:79.00元

城乡一体化蓝皮书
中国城乡一体化发展报告（北京卷）（2015）
著(编)者:张宝秀 黄序　2015年4月出版 / 估价:69.00元

创意城市蓝皮书
北京文化创意产业发展报告（2015）
著(编)者:张京成　2015年11月出版 / 估价:65.00元

创意城市蓝皮书
无锡文化创意产业发展报告（2015）
著(编)者:谭军 张鸣年　2015年10月出版 / 估价:75.00元

创意城市蓝皮书
武汉市文化创意产业发展报告（2015）
著(编)者:袁堃 黄永林　2015年11月出版 / 估价:85.00元

创意城市蓝皮书
重庆创意产业发展报告（2015）
著(编)者:程宇宁　2015年4月出版 / 估价:89.00元

创意城市蓝皮书
青岛文化创意产业发展报告（2015）
著(编)者:马达 张丹妮　2015年6月出版 / 估价:79.00元

福建妇女发展蓝皮书
福建省妇女发展报告（2015）
著(编)者:刘群英　2015年10月出版 / 估价:58.00元

甘肃蓝皮书
甘肃舆情分析与预测（2015）
著(编)者:郝树声 陈双梅　2015年1月出版 / 估价:69.00元

甘肃蓝皮书
甘肃文化发展分析与预测（2015）
著(编)者:周小华 王福生　2015年1月出版 / 估价:69.00元

甘肃蓝皮书
甘肃社会发展分析与预测（2015）
著(编)者:安文华　2015年1月出版 / 估价:69.00元

甘肃蓝皮书
甘肃经济发展分析与预测（2015）
著(编)者:朱智文 罗哲　2015年1月出版 / 估价:69.00元

甘肃蓝皮书
甘肃县域经济综合竞争力评价（2015）
著(编)者:刘进军　2015年1月出版 / 估价:69.00元

广东蓝皮书
广东省电子商务发展报告（2015）
著(编)者:程晓　2015年12月出版 / 估价:69.00元

广东蓝皮书
广东社会工作发展报告（2015）
著(编)者:罗观翠　2015年6月出版 / 估价:89.00元

广东社会建设蓝皮书
广东省社会建设发展报告（2015）
著(编)者:广东省社会工作委员会　2015年10月出版 / 估价:89.00元

广东外经贸蓝皮书
广东对外经济贸易发展研究报告（2015）
著(编)者:陈万灵　2015年5月出版 / 估价:79.00元

广西北部湾经济区蓝皮书
广西北部湾经济区开放开发报告（2015）
著(编)者:广西北部湾经济区规划建设管理委员会办公室
广西社会科学院广西北部湾发展研究院
2015年8月出版 / 估价:79.00元

广州蓝皮书
广州社会保障发展报告（2015）
著(编)者:蔡国萱　2015年1月出版 / 估价:65.00元

广州蓝皮书
2015年中国广州社会形势分析与预测
著(编)者:张强 陈怡霓 杨秦　2015年5月出版 / 估价:69.00元

广州蓝皮书
广州经济发展报告（2015）
著(编)者:李江涛 朱名宏　2015年5月出版 / 估价:69.00元

广州蓝皮书
广州商贸业发展报告（2015）
著(编)者:李江涛 王旭东 荀振英　2015年6月出版 / 估价:69.00元

广州蓝皮书
2015年中国广州经济形势分析与预测
著(编)者:庾建设 沈奎 郭志勇　2015年6月出版 / 估价:79.00元

广州蓝皮书
中国广州文化发展报告（2015）
著(编)者:徐俊忠 陆志强 顾涧清　2015年6月出版 / 估价:69.00元

广州蓝皮书
广州农村发展报告（2015）
著(编)者:李江涛 汤锦华　2015年8月出版 / 估价:69.00元

广州蓝皮书
中国广州城市建设与管理发展报告（2015）
著(编)者:董皞 冼伟雄　2015年7月出版 / 估价:69.00元

广州蓝皮书
中国广州科技和信息化发展报告（2015）
著(编)者:邹采荣 马正勇 冯元　2015年7月出版 / 估价:79.00元

广州蓝皮书
广州创新型城市发展报告（2015）
著(编)者:李江涛　2015年7月出版 / 估价:69.00元

广州蓝皮书
广州文化创意产业发展报告（2015）
著(编)者:甘新　2015年8月出版 / 估价:79.00元

广州蓝皮书
广州志愿服务发展报告（2015）
著(编)者:魏国华 张强　2015年9月出版 / 估价:69.00元

广州蓝皮书
广州城市国际化发展报告（2015）
著(编)者:朱名宏　2015年9月出版 / 估价:59.00元

广州蓝皮书
广州汽车产业发展报告（2015）
著(编)者:李江涛 杨再高　2015年9月出版 / 估价:69.00元

贵州房地产蓝皮书
贵州房地产发展报告（2015）
著(编)者:武廷方　2015年1月出版 / 估价:89.00元

贵州蓝皮书
贵州人才发展报告（2015）
著(编)者:于杰 吴大华　2015年3月出版 / 估价:69.00元

贵州蓝皮书
贵州社会发展报告（2015）
著(编)者:王兴骥　2015年3月出版 / 估价:69.00元

贵州蓝皮书
贵州法治发展报告（2015）
著(编)者:吴大华　2015年3月出版 / 估价:69.00元

贵州蓝皮书
贵州国有企业社会责任发展报告（2015）
著(编)者:郭丽　2015年10月出版 / 估价:79.00元

海淀蓝皮书
海淀区文化和科技融合发展报告（2015）
著(编)者:孟景伟 陈名杰　2015年5月出版 / 估价:75.00元

海峡西岸蓝皮书
海峡西岸经济区发展报告（2015）
著(编)者:黄端　2015年9月出版 / 估价:65.00元

杭州都市圈蓝皮书
杭州都市圈发展报告（2015）
著(编)者:董祖德 沈翔　2015年5月出版 / 估价:89.00元

杭州蓝皮书
杭州妇女发展报告（2015）
著(编)者:魏颖　2015年6月出版 / 估价:75.00元

河北经济蓝皮书
河北省经济发展报告（2015）
著(编)者:马树强 金浩 张贵　2015年4月出版 / 估价:79.00元

河北蓝皮书
河北经济社会发展报告（2015）
著(编)者:周文夫　2015年1月出版 / 估价:69.00元

河南经济蓝皮书
2015年河南经济形势分析与预测
著(编)者:胡五岳　2015年3月出版 / 估价:69.00元

河南蓝皮书
河南城市发展报告（2015）
著(编)者:王建国 谷建全　2015年1月出版 / 估价:59.00元

河南蓝皮书
2015年河南社会形势分析与预测
著(编)者:刘道兴 牛苏林　2015年1月出版 / 估价:69.00元

河南蓝皮书
河南工业发展报告（2015）
著(编)者:龚绍东　2015年1月出版 / 估价:69.00元

河南蓝皮书
河南文化发展报告（2015）
著(编)者:卫绍生　2015年1月出版 / 估价:69.00元

河南蓝皮书
河南经济发展报告（2015）
著(编)者:完世伟 喻新安　2015年12月出版 / 估价:69.00元

河南蓝皮书
河南法治发展报告（2015）
著(编)者:丁同民 闫德民　2015年3月出版 / 估价:69.00元

河南蓝皮书
河南金融发展报告（2015）
著(编)者:喻新安 谷建全　2015年4月出版 / 估价:69.00元

河南商务蓝皮书
河南商务发展报告（2015）
著(编)者:焦锦淼 穆荣国　2015年5月出版 / 估价:88.00元

黑龙江产业蓝皮书
黑龙江产业发展报告（2015）
著(编)者:于渤　2015年9月出版 / 估价:79.00元

黑龙江蓝皮书
黑龙江经济发展报告（2015）
著(编)者:张新颖　2015年1月出版 / 估价:69.00元

黑龙江蓝皮书
黑龙江社会发展报告（2015）
著(编)者:王爱丽 艾书琴　2015年1月出版 / 估价:69.00元

湖北文化蓝皮书
湖北文化发展报告（2015）
著(编)者:江畅　吴成国　2015年5月出版 / 估价:89.00元

湖南城市蓝皮书
区域城市群整合
著(编)者:罗海藩　2014年12月出版 / 估价:59.00元

湖南蓝皮书
2015年湖南电子政务发展报告
著(编)者:梁志峰　2015年4月出版 / 估价:128.00元

湖南蓝皮书
2015年湖南社会发展报告
著(编)者:梁志峰　2015年4月出版 / 估价:128.00元

湖南蓝皮书
2015年湖南产业发展报告
著(编)者:梁志峰　2015年4月出版 / 估价:128.00元

湖南蓝皮书
2015年湖南经济展望
著(编)者:梁志峰　2015年4月出版 / 估价:128.00元

湖南蓝皮书
2015年湖南县域经济社会发展报告
著(编)者:梁志峰　2015年4月出版 / 估价:128.00元

湖南蓝皮书
2015年湖南两型社会发展报告
著(编)者:梁志峰　2015年4月出版 / 估价:128.00元

湖南县域绿皮书
湖南县域发展报告No.2
著(编)者:朱有志　2015年4月出版 / 估价:69.00元

沪港蓝皮书
沪港发展报告（2015）
著(编)者:尤安山　2015年9月出版 / 估价:89.00元

吉林蓝皮书
2015年吉林经济社会形势分析与预测
著(编)者:马克　2015年1月出版 / 估价:79.00元

济源蓝皮书
济源经济社会发展报告（2015）
著(编)者:喻新安　2015年4月出版 / 估价:69.00元

健康城市蓝皮书
北京健康城市建设研究报告（2015）
著(编)者:王鸿春　2015年3月出版 / 估价:79.00元

江苏法治蓝皮书
江苏法治发展报告（2015）
著(编)者:李力 龚廷泰　2015年9月出版 / 估价:98.00元

京津冀蓝皮书
京津冀发展报告（2015）
著(编)者:文魁 祝尔娟　2015年3月出版 / 估价:79.00元

经济特区蓝皮书
中国经济特区发展报告（2015）
著(编)者:陶一桃　2015年4月出版 / 估价:89.00元

辽宁蓝皮书
2015年辽宁经济社会形势分析与预测
著(编)者:曹晓峰　2015年1月出版 / 估价:79.00元

南京蓝皮书
南京文化发展报告（2015）
著(编)者:南京文化产业研究中心
2015年10月出版 / 估价:79.00元

内蒙古蓝皮书
内蒙古反腐倡廉建设报告（2015）
著(编)者:张志华 无极　2015年12月出版 / 估价:69.00元

浦东新区蓝皮书
上海浦东经济发展报告（2015）
著(编)者:沈开艳 陆沪根　2015年1月出版 / 估价:59.00元

青海蓝皮书
2015年青海经济社会形势分析与预测
著(编)者:赵宗福　2015年1月出版 / 估价:69.00元

人口与健康蓝皮书
深圳人口与健康发展报告（2015）
著(编)者:曾序春　2015年12月出版 / 估价:89.00元

山东蓝皮书
山东社会形势分析与预测（2015）
著(编)者:张华 唐洲雁　2015年6月出版 / 估价:89.00元

山东蓝皮书
山东经济形势分析与预测（2015）
著(编)者:张华 唐洲雁　2015年6月出版 / 估价:89.00元

山东蓝皮书
山东文化发展报告（2015）
著(编)者:张华 唐洲雁　2015年6月出版 / 估价:98.00元

山西蓝皮书
山西资源型经济转型发展报告（2015）
著(编)者:李志强　2015年5月出版 / 估价:98.00元

陕西蓝皮书
陕西经济发展报告（2015）
著(编)者:任宗哲 石英 裴成荣　2015年2月出版 / 估价:69.00元

陕西蓝皮书
陕西社会发展报告（2015）
著(编)者:任宗哲 石英 牛昉　2015年2月出版 / 估价:65.00元

陕西蓝皮书
陕西文化发展报告（2015）
著(编)者:任宗哲 石英 王长寿　2015年3月出版 / 估价:59.00元

陕西蓝皮书
丝绸之路经济带发展报告（2015）
著(编)者:任宗哲 石英 白宽犁
2015年8月出版 / 估价:79.00元

上海蓝皮书
上海文学发展报告（2015）
著(编)者:陈圣来　2015年1月出版 / 估价:69.00元

上海蓝皮书
上海文化发展报告（2015）
著(编)者:蒯大申 郑崇选　2015年1月出版 / 估价:69.00元

上海蓝皮书
上海资源环境发展报告（2015）
著(编)者:周冯琦 汤庆合 任文伟
2015年1月出版 / 估价:69.00元

上海蓝皮书
上海社会发展报告（2015）
著(编)者:周海旺 卢汉龙　2015年1月出版 / 估价:69.00元

上海蓝皮书
上海经济发展报告（2015）
著(编)者:沈开艳　2015年1月出版 / 估价:69.00元

上海蓝皮书
上海传媒发展报告（2015）
著(编)者:强荧 焦雨虹　2015年1月出版 / 估价:79.00元

上海蓝皮书
上海法治发展报告（2015）
著(编)者:叶青　2015年4月出版 / 估价:69.00元

上饶蓝皮书
上饶发展报告（2015）
著(编)者:朱寅健　2015年3月出版 / 估价:128.00元

社会建设蓝皮书
2015年北京社会建设分析报告
著(编)者:宋贵伦 冯虹　2015年7月出版 / 估价:79.00元

深圳蓝皮书
深圳劳动关系发展报告（2015）
著(编)者:汤庭芬　2015年6月出版 / 估价:75.00元

深圳蓝皮书
深圳经济发展报告（2015）
著(编)者:张骁儒　2015年7月出版 / 估价:79.00元

深圳蓝皮书
深圳社会发展报告（2015）
著(编)者:叶民辉 张骁儒　2015年7月出版 / 估价:89.00元

深圳蓝皮书
深圳法治发展报告（2015）
著(编)者:张骁儒　2015年4月出版 / 估价:79.00元

四川蓝皮书
四川文化产业发展报告（2015）
著(编)者:侯水平　2015年2月出版 / 估价:69.00元

四川蓝皮书
四川企业社会责任研究报告（2015）
著(编)者:侯水平 盛毅　2015年4月出版 / 估价:79.00元

四川蓝皮书
四川法治发展报告（2015）
著(编)者:郑泰安　2015年2月出版 / 估价:69.00元

四川蓝皮书
2015年四川生态建设报告
著(编)者:四川省社会科学院
2015年2月出版 / 估价:69.00元

四川蓝皮书
四川省城镇化发展报告（2015）
著(编)者:四川省城镇发展研究中心
2015年2月出版 / 估价:69.00元

四川蓝皮书
2015年四川社会发展形势分析与预测
著(编)者:郭晓鸣　李羚　2015年2月出版 / 估价:69.00元

四川蓝皮书
2015年四川经济发展报告
著(编)者:杨钢　2015年2月出版 / 估价:69.00元

天津金融蓝皮书
天津金融发展报告（2015）
著(编)者:王爱俭 杜强　2015年9月出版 / 估价:89.00元

图们江区域合作蓝皮书
中国图们江区域合作开发发展报告（2015）
著(编)者:李铁　朱显平　吴成章　2015年4月出版 / 估价:79.00元

温州蓝皮书
2015年温州经济社会形势分析与预测
著(编)者:潘忠强 王春光 金浩　2015年4月出版 / 估价:69.00元

扬州蓝皮书
扬州经济社会发展报告（2015）
著(编)者:丁纯　2015年12月出版 / 估价:89.00元

云南蓝皮书
中国面向西南开放重要桥头堡建设发展报告（2015）
著(编)者:刘绍怀　2015年12月出版 / 估价:69.00元

长株潭城市群蓝皮书
长株潭城市群发展报告（2015）
著(编)者:张萍　2015年1月出版 / 估价:69.00元

郑州蓝皮书
2015年郑州文化发展报告
著(编)者:王哲　2015年9月出版 / 估价:65.00元

中医文化蓝皮书
北京中医文化发展报告（2015）
著(编)者:毛嘉陵　2015年4月出版 / 估价:69.00元

珠三角流通蓝皮书
珠三角商圈发展研究报告（2015）
著(编)者:林至颖 王先庆　2015年7月出版 / 估价:98.00元

国别与地区类

阿拉伯黄皮书
阿拉伯发展报告（2015）
著(编)者:马晓霖　2015年4月出版 / 估价:79.00元

北部湾蓝皮书
泛北部湾合作发展报告（2015）
著(编)者:吕余生　2015年8月出版 / 估价:69.00元

大湄公河次区域蓝皮书
大湄公河次区域合作发展报告（2015）
著(编)者:刘稚　2015年9月出版 / 估价:79.00元

大洋洲蓝皮书
大洋洲发展报告（2015）
著(编)者:喻常森　2015年8月出版 / 估价:89.00元

德国蓝皮书
德国发展报告（2015）
著(编)者:郑春荣 伍慧萍　2015年6月出版 / 估价:69.00元

东北亚黄皮书
东北亚地区政治与安全（2015）
著(编)者:黄凤志 刘清才 张慧智
2015年3月出版 / 估价:69.00元

东盟黄皮书
东盟发展报告（2015）
著(编)者:崔晓麟　2015年5月出版 / 估价:75.00元

东南亚蓝皮书
东南亚地区发展报告（2015）
著(编)者:王勤　2015年4月出版 / 估价:79.00元

俄罗斯黄皮书
俄罗斯发展报告（2015）
著(编)者:李永全　2015年7月出版 / 估价:79.00元

非洲黄皮书
非洲发展报告（2015）
著(编)者:张宏明　2015年7月出版 / 估价:79.00元

国际形势黄皮书
全球政治与安全报告（2015）
著(编)者:李慎明　张宇燕　2014年12月出版 / 估价:69.00元

韩国蓝皮书
韩国发展报告（2015）
著(编)者:刘宝全 牛林杰　2015年8月出版 / 估价:79.00元

加拿大蓝皮书
加拿大发展报告（2015）
著(编)者:仲伟合　2015年4月出版 / 估价:89.00元

拉美黄皮书
拉丁美洲和加勒比发展报告（2014~2015）
著(编)者:吴白乙　2015年4月出版 / 估价:89.00元

美国蓝皮书
美国研究报告（2015）
著(编)者:黄平 郑秉文　2015年7月出版 / 估价:89.00元

缅甸蓝皮书
缅甸国情报告（2015）
著(编)者:李晨阳　2015年8月出版 / 估价:79.00元

欧洲蓝皮书
欧洲发展报告（2015）
著(编)者:周弘　2015年6月出版 / 估价:89.00元

葡语国家蓝皮书
葡语国家发展报告（2015）
著(编)者:对外经济贸易大学区域国别研究所　葡语国家研究中心
2015年3月出版 / 估价:89.00元

葡语国家蓝皮书
中国与葡语国家关系发展报告·巴西（2014）
著(编)者:澳门科技大学　2015年1月出版 / 估价:89.00元

日本经济蓝皮书
日本经济与中日经贸关系研究报告（2015）
著(编)者:王洛林 张季风　2015年5月出版 / 估价:79.00元

日本蓝皮书
日本研究报告（2015）
著(编)者:李薇　2015年3月出版 / 估价:69.00元

上海合作组织黄皮书
上海合作组织发展报告（2015）
著(编)者:李进峰 吴宏伟 李伟
2015年9月出版 / 估价:89.00元

世界创新竞争力黄皮书
世界创新竞争力发展报告（2015）
著(编)者:李闽榕 李建平　赵新力
2015年1月出版 / 估价:148.00元

土耳其蓝皮书
土耳其发展报告（2015）
著(编)者:郭长刚 刘义　2015年7月出版 / 估价:89.00元

亚太蓝皮书
亚太地区发展报告（2015）
著(编)者:李向阳　2015年1月出版 / 估价:59.00元

印度蓝皮书
印度国情报告（2015）
著(编)者:吕昭义　2015年5月出版 / 估价:89.00元

印度洋地区蓝皮书
印度洋地区发展报告（2015）
著(编)者:汪戎　2015年3月出版 / 估价:79.00元

中东黄皮书
中东发展报告（2015）
著(编)者:杨光　2015年11月出版 / 估价:89.00元

中欧关系蓝皮书
中欧关系研究报告（2015）
著(编)者:周弘　2015年12月出版 / 估价:98.00元

中亚黄皮书
中亚国家发展报告（2015）
著(编)者:孙力 吴宏伟　2015年9月出版 / 估价:89.00元

中国皮书网

www.pishu.cn

发布皮书研创资讯，传播皮书精彩内容
引领皮书出版潮流，打造皮书服务平台

栏目设置：

- □ 资讯：皮书动态、皮书观点、皮书数据、皮书报道、皮书发布、电子期刊
- □ 标准：皮书评价、皮书研究、皮书规范
- □ 服务：最新皮书、皮书书目、重点推荐、在线购书
- □ 链接：皮书数据库、皮书博客、皮书微博、在线书城
- □ 搜索：资讯、图书、研究动态、皮书专家、研创团队

中国皮书网依托皮书系列“权威、前沿、原创”的优质内容资源，通过文字、图片、音频、视频等多种元素，在皮书研创者、使用者之间搭建了一个成果展示、资源共享的互动平台。

自2005年12月正式上线以来，中国皮书网的IP访问量、PV浏览量与日俱增，受到海内外研究者、公务人员、商务人士以及专业读者的广泛关注。

2008年、2011年，中国皮书网均在全国新闻出版业网站荣誉评选中获得“最具商业价值网站”称号；2012年，获得“出版业网站百强”称号。

2014年，中国皮书网与皮书数据库实现资源共享，端口合一，将提供更丰富的内容，更全面的服务。

皮书大事记

☆ 2014年8月，第十五次全国皮书年会（2014）在贵阳召开，第五届优秀皮书奖颁发，本届开始皮书及报告将同时评选。

☆ 2013年6月，依据《中国社会科学院皮书资助规定（试行）》公布2013年拟资助的40种皮书名单。

☆ 2012年12月，《中国社会科学院皮书资助规定（试行）》由中国社会科学院科研局正式颁布实施。

☆ 2011年，部分重点皮书纳入院创新工程。

☆ 2011年8月，2011年皮书年会在安徽合肥举行，这是皮书年会首次由中国社会科学院主办。

☆ 2011年2月，“2011年全国皮书研讨会”在北京京西宾馆举行。王伟光院长（时任常务副院长）出席并讲话。本次会议标志着皮书及皮书研创出版从一个具体出版单位的出版产品和出版活动上升为由中国社会科学院牵头的国家哲学社会科学智库产品和创新活动。

☆ 2010年9月，“2010年中国经济社会形势报告会暨第十一次全国皮书工作研讨会”在福建福州举行，高全立副院长参加会议并做学术报告。

☆ 2010年9月，皮书学术委员会成立，由我院李扬副院长领衔，并由在各个学科领域有一定的学术影响力、了解皮书编创出版并持续关注皮书品牌的专家学者组成。皮书学术委员会的成立为进一步提高皮书这一品牌的学术质量、为学术界构建一个更大的学术出版与学术推广平台提供了专家支持。

☆ 2009年8月，“2009年中国经济社会形势分析与预测暨第十次皮书工作研讨会”在辽宁丹东举行。李扬副院长参加本次会议，本次会议颁发了首届优秀皮书奖，我院多部皮书获奖。

子库介绍
Sub-Database Introduction

中国经济发展数据库

涵盖宏观经济、农业经济、工业经济、产业经济、财政金融、交通旅游、商业贸易、劳动经济、企业经济、房地产经济、城市经济、区域经济等领域，为用户实时了解经济运行态势、把握经济发展规律、洞察经济形势、做出经济决策提供参考和依据。

中国社会发展数据库

全面整合国内外有关中国社会发展的统计数据、深度分析报告、专家解读和热点资讯构建而成的专业学术数据库。涉及宗教、社会、人口、政治、外交、法律、文化、教育、体育、文学艺术、医药卫生、资源环境等多个领域。

中国行业发展数据库

以中国国民经济行业分类为依据，跟踪分析国民经济各行业市场运行状况和政策导向，提供行业发展最前沿的资讯，为用户投资、从业及各种经济决策提供理论基础和实践指导。内容涵盖农业，能源与矿产业，交通运输业，制造业，金融业，房地产业，租赁和商务服务业，科学研究，环境和公共设施管理，居民服务业，教育，卫生和社会保障，文化、体育和娱乐业等 100 余个行业。

中国区域发展数据库

以特定区域内的经济、社会、文化、法治、资源环境等领域的现状与发展情况进行分析和预测。涵盖中部、西部、东北、西北等地区，长三角、珠三角、黄三角、京津冀、环渤海、合肥经济圈、长株潭城市群、关中—天水经济区、海峡经济区等区域经济体和城市圈，北京、上海、浙江、河南、陕西等 34 个省份及中国台湾地区。

中国文化传媒数据库

包括文化事业、文化产业、宗教、群众文化、图书馆事业、博物馆事业、档案事业、语言文字、文学、历史地理、新闻传播、广播电视、出版事业、艺术、电影、娱乐等多个子库。

世界经济与国际政治数据库

以皮书系列中涉及世界经济与国际政治的研究成果为基础，全面整合国内外有关世界经济与国际政治的统计数据、深度分析报告、专家解读和热点资讯构建而成的专业学术数据库。包括世界经济、世界政治、世界文化、国际社会、国际关系、国际组织、区域发展、国别发展等多个子库。